작 은 책

The Little Book

벽암(碧岩) 조영래(趙永來) 著

Rev. Young Rae Cho, Ph. D

| 저자 서문

조영래 목사 |

시작이 반
겨우 겨우 몸부림치다 보니
계획하고 준비하고 있는 량의 반을
넘어서고 있다
허락되고 있는 시간 속에서 12권의 책 중
일곱 권 째의 서문을
기어이 쓰게 되고 있다

멜기세덱, 그는 누구인가?
이 땅의 주, 그는 누구인가?
두 감람나무와 두 촛대, 그들은 누구인가?
네 생물, 그들은 누구인가?
그리고 별도 부른 장안산
이어 666, 그들은 누구인가?
그리고 오늘
작은 책

취중 진언이라 했다
아무리 미세먼지가 지독하다 할지라도
그래도 그 속에는
우리가 마셔야 될 공기가 있다
물론 마스크의 재질에 따라
청정공기의 양이 달라질 수 있다
그래도 다행인 것은
미세먼지로 인해
숨 쉬고 마셔야 될 신선한 공기가
얼마나 중요하다는 것
하나만은 절실한 기도가 될 것이다
그렇다!
지금까지 써온 이 글들이
미세먼지와 같은 글이라고
외면당하고 있다는 것
처음부터 알고 있었다
그런 내용이었기에
너 같은 머저리에게 이 글을 맡긴 것이 아니냐?

지렁이도 밟으면 꿈틀거린다
살기 위해서이다
짓밟는 무게가 클수록

지렁이의 몸은 터지고 만다
지금 이순간이
그런 고통스런 시간이다
차라리
고무풍선처럼 터져버리는 것이 낫지 않을까?
어차피
비웃음의 조롱 손에 갇혀버린
파리한 집비둘기 새끼가 아닌가?
아무리 울고 또 을어보았자
시끄럽다
채찍질만이 돌아오는 메아리일 텐데……
포기해버릴까?
아무리 구전을 받아쓴다고는 하지만
결코
쉬운 일은 아니다
바닥이 빈 기름통 속에
아무리 펌프질을 해보았자
호스를 통해 나오는 것은 땀과 눈물뿐 아닌가?
그런데도
왜 끝내 포기하지 못하는 것일까?

염치 때문이다

받은 것이 많기 때문이다
받은 것에 비해 내 고통은 비교가 되지 않기 때문이다
성경 속에서 살아 역사해왔던
역대 선지 선열의 믿음의 조상들과 아버지
그들을 뵈었기 때문이다
나를 보고 살 자가 없다고 한 그들
본대로 오리라고 하신 그 분을
친히 뵈었기에
먹으라고 했기에
전하라고 했기에
그러면서도 더더욱 부끄러운 것
보여주시고 먹여주신 대로
그 내용의 세계를 반의 반도 전하지 못하고
있다는 것
그러기에
세미나를 통해 나름대로 보충한다고 애써 보지만
부끄러움을 씻어보려는
어설픈 동작 아닌가?

생각해보라!
누가 뭐라 해도 지금 펴내고 있는 책의 주제들이
성경 속에서 가장 난해한 부분들이 아닌가?

이러한 부분들을 조심스럽게 펼쳐가고 있는
내용의 세계를 감히 생각해 본다면
비록 어리석고 비천하지만
재림의 마당에서 이루어지고 있는
일곱 인, 일곱 나팔, 일곱 대접으로 역사되고 있는
중간계시, 다시복음의 세계의 비밀을
조금은 깨닫고 분명하게 쓰고 있다는 사실을
조금은 이해할 수 있지 않을까?

바울은 그 부분을
깨닫고 믿는 자가 있다면
너희의 눈이라도
빼어 나를 주었으리라
그러나 나 같은 주제에……
이 말씀을 읽고 이해하고 깨닫고
믿어주는 자가 있다면
나의 두 눈이라도 빼어드리고자 하는 것이
나의 정직한 신앙 고백이다.

생각해보라!
믿음이 차고 넘치는 오늘 이 때에
인자가 올 때에 믿음을 보겠느냐?

어디 그 뿐인가?
일곱 날과 같다는 광명한 오늘 이 때에
홀연히 도둑같이 오신다는 것
말이 되고 있는가?
이미
해를 입은 여인이 교회이고
철장의 권세를 가진 아이가 예수시라는데
어떻게 도둑같이 올 수 있겠는가?
이미 다 알고 있지 않는가?

어디 그 뿐인가?
하나님이 사람으로 오신 예수께서는
하늘의 대제사장
멜기세덱이 되시기 위해
멜기세덱 반차를 따르셨다고 하셨다
그런데
이 땅 어느 곳에서도
멜기세덱 반차를 가르쳐주는 곳 있는가?
누군가 알고 있다면 소리쳐 보라!
하늘의 대제사장이 되는
하늘로 올라가는 유일한 그 길
하나밖에 없기에

예수께서도 그 길을 따라 가셨다고
맹세로 외치시고 계신다
그런데 오늘에 그대들은
어느 길을 통해 왕 같은 하늘의
제사장들이 되려하고 있는가?
참으로 답답하고 괴롭다

튀어나올 것 같은 두 눈깔이
한심한 듯 비웃고 있다
웃어보라지
마지막 남은 내 편 너까지도
비웃을 줄이야
비웃어보라지
이 세상을 대표해서
내 몸에 붙어있는 너까지도……

그렇다면
잘난 척하는 오늘의 똘아이
너는
우리가 모르고 있다는 그 사실들을
어떻게 알고 있다는 것이냐?
참으로 좋은 반격이다

한 이레 마당의 비밀
그 비밀이 작은 책이다
하나님의 오른손에 있던 책
천상천하에 그 누구도 펴거나 보거나
읽을 수 없었던 그 책
그 책 속에서만이
재림 마당 한 이레 속에서 이루어질
하늘의 역사가 담겨져 있다

그러나 그 책은 공개된 내용이 아니다
하늘에서 구름을 입고 내려오는 힘센 천사
해를 입은 여인을 통해
그 책을 먹은 자만이 알 수 있는 것이다
먹은 자 외에는 그 누구도 알 수 없는 책이다
먹은 그 자만이
마지막 재림의 비밀을 알 수 있는 것이다
그러기에
작은 책을 받지 않고는
재림 마당과는 아무 상관도 없는 존재가 되며
작은 책의 말씀을 받은 자만이 의인이 되며
척량의 대상이 된다
작은 책의 말씀을 받지 않고는

첫째 부활, 산 자의 세계에 들어가지 못한다
그 누구라도 열외가 있을 수 없다
노아, 다니엘, 욥,
이 세 의인이 간청할지라도
도저히 용납되지 않는다
그런데 하물며
신천지 이만희가 자기가
작은 책을 먹은 세상 끝에 온 메시아,
재림주인 것처럼 외치고 있다
참으로 어처구니없는 광기이다

작은 책의 내용은 다시복음이다
물론
그 다시복음 속에는
이 땅의 주, 두 감람나무, 해를 입은 여인,
멜기세덱이 등장한다
다시복음이란
그들을 통해 이 땅에서 이루어지고 있는
하늘의 역사
즉 계시록 11장, 12장, 13장, 14장
삽입된 계시를 통해
이루어지고 있는 하늘의 역사를

많은 백성과 나라와 방언과 임금들에게
다시복음으로 전해야만 하는 내용이다
그러므로
다시복음을 전하는 자는
자신에게 이 복음, 즉 작은 책을 주신
자신의 주인을 증거해야 한다
마치 세례 요한이 주님을 증거하는
광야의 소리처럼……

작은 책은 받는 것이 아니라 먹는 것이다
먹는다는 의미 속에는
주시는 분이 분명히 있다는 것이다
주시는 분과 먹는 관계가
해를 입은 여인이 철장의 권세를 가진 아이를
낳는 관계이다
이 땅의 주가 두 감람나무를 죽였다가
삼일 반 만에 살려내는 관계이다
즉 다시 말해
해를 입은 여인이 철장의 권세를 가진 아이를
낳아 하늘 보좌로 올렸다
이 내용이 죽었던 두 감람나무가 삼일 반 만에
살아나 하늘 보좌로 올라갔다는 것이다

천상천하에 그 누구라도
하늘 보좌로 올라가기 위해서
하나님 아들이 되기 위해서는
부활의 능력으로 사망의 권세를 깨고
부활한 자만이
진정한 메시아가 되는 것이다
여태껏 메시아로 자처했던
그 어느 누구가
성경 말씀대로 예언하고 죽었다가
살아난 자가 있었는가?
자신 스스로가 부활하여 살아날 수가 없기에
통일교, 여호와 증인, 신앙촌, 신천지,
그들 모두가
예수님의 영육 간의 부활을 인정하지
못하고 있는 것 아닌가?

생각해보라!
그리고 자세히 살펴보라!
이 땅에는 분명히
첫째 부활과 변화로 이루어지는
산 자의 세계
천년왕국이 이루어지게 되어 있다

산 자의 세계가 어떻게 이루어지는지
첫째 부활이 어떻게 이루어지는지
재림 마당에서 이루어지는
한 이레의 역사의 세계가 곧
작은 책의 역사이다
작은 책의 말씀을 전하는 자는
예수께서
내가 올 때까지 그를 머물게 할지라도
너와 무슨 상관이 있느냐?
주님께서 주시는 신임장을 가진 자만이
작은 책을 먹을 수 있는 자격자이다
그렇다고 하여
작은 책을 먹은 자가 메시아가 된다는 것은
절대 아니다
굳이 말하자면
양과 염소를 구별하는 그 기준이 되는
소자 같은 사람이라고 말할 수 있다

왜? 성도들이 신천지에 끌리고 있는 이유
거짓이던, 허황되었던 간에
그들의 말은 새 포도주와 같은 것이랄까?
묵고 묵은 포도주에 식상한 성도들에게는

신선한 상품으로 비춰질 수밖에 없을 것이다
그러기에
그리스도의 도의 초보를 버리고
완전한 데로 나오라고 하시는 것이다

그러한 입장에서
뻔뻔스럽게 말한다면
이제는 더 이상 주저하여 눈치보지 말고
당신이 가지고 있는 보검
기득권을 내팽개쳐 버리고
주님께서 말씀하신
겉옷을 팔아 검을 사라고 하신대로
리워야단, 붉은 용, 바다의 짐승
땅에서 올라온 새끼 수양을
단칼에 베어버릴 수 있는 보검 중의 보검
작은 책, 다시복음을 사야만 될
마지막 보루의 시간임을
새겨야 될 것 아닌가?

동일한 말씀의 역사 속에서
닥쳐올 그 날의 영광과 그 날의 심판을 바라보며
작은 책의 서문을

찢어지는 심장을 바라보며 쓰고 있다

작은 책!
비웃고 조롱하고 저주받는
말씀이 되어서는 안 된다
이 땅, 이 민족 백성들이여!
작은 책!
하늘이 이 땅에 주시는 마지막 메시지
주님의 십자가의 피가 솟구치는
일곱 우레의 말씀을 들어보라!
듣는 자만이 살 수 있다
듣는 자만이 남는 자, 이기는 자가 될 수 있다

2019년 3월 28일
저자 조 영 래 목사

목 차

저자서문 ―――――――――――――――――――――― 3

서론: 왜 작은 책을 알아야 하는가? ――――――――― 22

제 1장. 하늘에서 내려와 작은 책을 주는 힘센 다른 천사는 누구인가? ――――――――――――――― 39

   Ⅰ. 구름을 입고 ――――――――――――――――― 48
      1. 구름은 무엇을 상징하는가? ―――――――――― 48
      2. 구름의 사역은 무엇인가? ――――――――――― 57
      3. "본대로 오리라"는 말씀의 의미는 무엇인가? ――― 65

   Ⅱ. 머리에 무지개를 쓰고 ―――――――――――― 78
      1. 노아에게 주신 무지개 언약 ―――――――――― 78
      2. 무지개 언약의 성취 ――――――――――――― 90

   Ⅲ. 얼굴은 해 같고 ――――――――――――――― 107

   Ⅳ. 발은 불기둥 같으며 ―――――――――――――― 115

   Ⅴ. 큰소리로 외칠 때 일곱 우레가 그 소리를 발하더라 126
      1. 일곱 우레의 구약적 원형인 일곱 소리 ―――――― 126
      2. 7수가 가진 구속사적 의미는 무엇인가? ――――― 134
      3. 예수께서 십자가 상에서 발하신 일곱 우레 ――― 159
      4. 일곱 우레는 누가 발하는가? ――――――――― 184

VI. 하늘에서 내려오는 힘센 다른 천사의 원형은 누구인가?
───────────────────────────── 195

제 2장. 일곱째 천사가 부는 나팔은 무엇인가? ─── 201

Ⅰ. 일곱째 천사는 누구인가? ───────────── 203
　1. 일곱째 천사의 실체는 누구인가? ─────── 204
　2. 인자가 아버지의 영광으로 올 때 함께 오는 거룩한 천사
　　들은 누구인가? ───────────────── 224

Ⅱ. 나팔 소리의 내용은 무엇인가? ──────────── 240
　1. 나팔을 부는 자는 누구인가? ───────── 240
　2. 나팔 소리의 내용은 무엇인가? ──────── 248

Ⅲ. 일반계시 속에 들어있는 중간계시의 역사 ──── 261
　1. 일반계시와 중간계시의 차이점은 무엇인가? ─── 261
　2. 중간계시를 마친 시대의 표적 ───────── 282

제 3장. 작은 책의 정체와 실상과 암호는 무엇인가? 293
　1. 힘센 다른 천사는 어떻게 작은 책을 받았는가? ─── 295
　2. 왜 작은 책은 마지막 때에 공개되는가? ─────── 302
　3. 왜 작은 책의 내용을 알아야 하는가? ───────── 311
　4. 작은 책은 일곱 인 중에서 몇째 인을 떼어야 공개되는가?
　　─────────────────────────── 324
　5. 작은 책을 받을 수 있는 자격은 무엇인가? ─────── 330

목 차

6. 작은 책을 알아야 반 시 동안에 주시는 은혜를 받을 수 있다 ---334

제 4장. 작은 책의 비밀을 간직한 사람들 ---349

Ⅰ. 모세 ---354

Ⅱ. 엘리야 ---370

Ⅲ. 엘리사 ---391

Ⅳ. 다윗 ---410

Ⅴ. 사도 요한 ---428

Ⅵ. 사도 바울 ---440

제 5장. 작은 책을 주시는 목적은 무엇인가? ---459

Ⅰ. 산 자의 세계를 이루시는 하나님의 경륜 ---461

Ⅱ. 횃불언약의 영광은 언제 어떻게 이루어질 것인가? ---494

Ⅲ. 두 감람나무의 역사로 성취되는 횃불언약 ---527

작 은 책

제 6장. 맺음말 ---551

1. 왜 하나님 오른손에 있던 책이 사도요한에게 줄 때는
   작은 책이 되었는가? ---553
2. 작은 책의 역사는 언제부터 시작되었는가? ---569
3. 인자의 입장에서 작은 책은 누구라고 할 수 있는가? -594

참고문헌 ---605

왜 작은 책을 알아야 하는가?

　요한계시록은 사도 요한이 밧모섬에서 받은 재림에 대한 계시의 내용이다. 사도 요한이 생의 최후의 순간에 끓는 기름 가마에서 치명적인 화상을 입고 밧모섬에 내던져진 비참한 상황에서 받은 계시이다.

　계 5:1-5 내가 보매 보좌에 앉으신 이의 오른손에 책이 있으니 안팎으로 썼고 일곱 인으로 봉하였더라 또 보매 힘 있는 천사가 큰 음성으로 외치기를 누가 책을 펴며 그 인을 떼기에 합당하냐 하니 하늘 위에나 땅 위에나 땅 아래에 능히 책을 펴거나 보거나 할 이가 없더라 이 책을 펴거나 보거나 하기에 합당한 자가 보이지 않기로 내가 크게 울었더니 장로 중에 하나가 내게 말하되 울지 말라 유대 지파의 사자 다윗의 뿌리가 이기었으니 이 책과 그 일곱 인을 떼시리라 하더라

　하늘 보좌에 앉으신 이의 오른손에 일곱 인으로 봉해진 책이 있는데 하늘 위에나 땅 위에나 땅 아래에 아무도 그 책을 펴거나 볼 자가 없어 사도 요한이 크게 울었다고 하였다.
　하늘 보좌에 계신 분의 오른손에 있는 책의 정체는 무엇인

가? 왜 하나님은 그 책을 일곱 인으로 봉하셨을까? 성경에서 7수는 영적 완전수를 의미한다. 일곱 인으로 봉하셨다는 것은 완전히 봉했기 때문에 어느 누구도 펴거나 볼 자가 없다는 뜻이다. 그만큼 그 책의 내용을 알고 이해하기가 어렵다는 것이다.

과연 하나님께서는 인간들로 하여금 그 책을 영원히 보지 못하게 하기 위해서 인봉하신 것인가? 만일 하나님께서 영원히 감추시기 위한 의중을 가지셨다면 그 책에 대해 언급조차 하실 필요가 없지 않겠는가?

> 계 5:4-5 이 책을 펴거나 보거나 하기에 합당한 자가 보이지 않기로 내가 크게 울었더니 장로 중에 하나가 내게 말하되 울지 말라 유대 지파의 사자 다윗의 뿌리가 이기었으니 이 책과 그 일곱 인을 떼시리라 하더라

사도 요한이 왜 크게 울었겠는가? 하늘 위에나, 땅 위에나, 땅 아래에 아무도 그 책을 펴거나 보거나 할 자, 그 책의 인을 뗄 자가 없기 때문이다. 그 책 자체가 일곱 인으로 봉해져있기 때문에 그 내용을 알 수도, 알지도 못하기 때문이다.

사도 요한이 크게 울었다는 것은 개인적으로 눈물을 흘렸다는 뜻이 아니라 전 우주적으로 울었다는 것이다. 사도 요한은 그 책의 중요성을 알고 있었기에 그런 반응을 나타낸 것이 아니겠는가?

그런 사도 요한이 받은 응답의 내용은 "유대 지파의 사자

다윗의 뿌리에서 이긴 자가 등장하여 이 책과 그 일곱 인을 떼신다"는 것이다. 분명히 그 책의 일곱 인은 영원히 봉해지는 것이 아니라 언젠가 떼어질 날이 있다는 것이다. 그렇다면 왜 하나님께서 그 책을 처음부터 공개하지 않고 인봉해 놓으셨는가? 그 이유가 무엇인가?

왜 작은 책은 마지막 때까지 인봉되었는가?

감추기 위해서는 드러내고, 드러내기 위해서는 감추신다고 하였다(막 4:22). 봉할 때에는 언젠가 공개할 때가 있기에 봉해놓으시는 하나님의 섭리를 깨달아야 한다.

> 계 10:8-11 하늘에서 나서 내게 들리던 음성이 또 내게 말하여 가로되 네가 가서 바다와 땅을 밟고 섰는 천사의 손에 펴 놓인 책을 가지라 하기로 내가 천사에게 나아가 작은 책을 달라 한즉 천사가 가로되 갖다 먹어버리라 네 배에는 쓰나 네 입에는 꿀 같이 달리라 하거늘 내가 천사의 손에서 작은 책을 갖다 먹어버리니 내 입에는 꿀 같이 다나 먹은 후에 내 배에서는 쓰게 되더라 저가 내게 말하기를 네가 많은 백성과 나라와 방언과 임금에게 다시 예언하여야 하리라 하더라

사도 요한이 하늘에서 내려오는 힘센 천사의 손에 있는 작

은 책을 먹는 장면이다. 그리고 "많은 백성과 나라와 방언과 임금에게 다시 예언하라"는 명령을 받고 있다. 왜 그 책이 입에는 다나 배에는 쓴 말씀이라고 했는가? 먹을 때는 수긍이 가는 귀하고 놀라운 말씀이나 소화시키기에는 쓴 말씀, 어려운 말씀, 부담이 가고 괴로운 말씀이기에 그런 표현을 사용한 것이다. 그러나 그 속에는 무언가 중요한 핵심이 들어있기에 다시 예언하라고 하시는 것이 아니겠는가?

> 요 11:25-26 예수께서 가라사대 나는 부활이요 생명이니 나를 믿는 자는 죽어도 살겠고 무릇 살아서 나를 믿는 자는 영원히 죽지 아니하리니 이것을 네가 믿느냐

위 구절에는 산 자가 될 수 있는 두 가지 도맥이 들어있다. 죽은 자가 사망의 권세를 깨고 살아나는 부활과, 살아있는 자가 영원히 죽지 않는 변화의 두 도맥이 들어있다. 예수님이 말씀이 육신으로 이 땅에 오신 목적은 영원한 생명을 주시기 위해서이다.

> 요일 2:25 그가 우리에게 약속하신 약속이 이것이니 곧 영원한 생명이니라

그 영원한 생경을 받으려면 먼저 죄의 문제를 해결해야 하기 때문에 십자가를 통해 인류의 죄를 대속해주신 것이다. 그리고 그 터 위에서 이제는 영생의 말씀, 즉 산 자의 복음을 받

아야 한다. 분명히 "살아서 나를 믿는 자는 영원히 죽지 아니하리니"라고 하셨다.

왜냐하면 하나님은 산 자의 하나님이시기 때문이다(마 22:32, 막 12:27, 눅 20:38). 하나님의 뜻은 죽어서 영혼만 구원을 받게 하시려는 것이 아니다(벧전 1:9). 하나님은 죽은 영혼이나 수집하는 염라대왕이 아니다. 성경에도 죽은 자는 하나님을 찬양하지 못하고 기도하지 못한다고 하였다(시 30:9, 115:17, 사 38:18). 하나님의 뜻은 영육 간에 부활한 영원한 산 자들로 이루어진 신천신지의 세계를 이룩하시는 것이며, 그 산 자들로부터 영광을 받으시려는 것이다. 그 산 자의 세계를 이루시려는 하나님의 경륜과(엡 1:9, 3:2, 3:9, 골 1:25, 딤전 1:4) 비밀과 암호가 작은 책 속에 들어있는 것이다.

그런데 오늘날 기독교 현실의 모습은 어떠한가? 예수 잘 믿으면 복 받고 잘 살다가 죽으면 천당에 간다는 것이 오늘날 목회자들이 가르치는 주된 내용이 아닌가? 그렇게 배운 성도들은 산 자의 세계가 있는 줄도 모른 채, 죽어서 천국 가는 죽는 자의 복음에만 취해 있는 것이 오늘의 기독교 현실이다.

왜 오늘날 신학자들과 목회자들이 산 자의 세계를 이루시는 작은 책을 증거하지 못하는가? 필자도 신학을 전공하고 신학교를 다녀보았지만 작은 책에 대해 증거를 받아본 경험이 전무하다. 왜 신학에서는 이토록 중요한 작은 책에 대해 가르치지 않는가? 가르치는 것은 고사하고 왜 언급조차 못하는가? 그 책이 인봉되었기 때문이다.

더 구체적으로 설명하면 그 책 속에는 가장 귀한 하나님의 구속사에 대한 경륜의 비밀이 기록되었기에 그 귀한 구속사의 비의를 아무나 함부로 깨닫지 못하게 하기 위해서 인봉해 놓으신 것이다. 하나님의 가장 귀한 비밀을 마귀가 빼앗아가도록 공개할 수는 없지 않는가?

> 마 13:19 아무나 천국 말씀을 듣고 깨닫지 못할 때는 악한 자가 와서 그 마음에 뿌리운 것을 빼앗나니 이는 곧 길 가에 뿌리운 자요

아담을 에덴동산에 두시고 "동산 각종 나무의 실과는 네가 임의로 먹되 선악을 알게 하는 나무의 실과는 먹지 말라 네가 먹는 날에는 정녕 죽으리라"(창 2:16-17)고 하셨으나 결국 아담은 불순종으로 인해 타락하고 말았다. 전능하신 하나님께서 아담이 타락할 것을 알지 못하셨는가? 아직 구도의 길을 통해 생령으로서 완성되지 못한 아담은 타락할 소지를 가진 자였다. 그런 아담에게 산 자의 세계를 이룩할 최후의 보루인 작은 책을 맡길 수 있었겠는가?

그 작은 책은 인류 구속사역의 마지막 때까지 인봉되어야 하는 것이다. 오직 하나님의 비밀을 허락받은 자들만이 깨달아야 할 하나님의 비밀이기에 비유와 상징과 암호로 감추어 두신 것이다(마 13:11, 눅 8:10). 만세 전에 택하신 자녀들만이 그 정체와 실상과 비밀과 암호를 깨닫고 그 산 자의 세계를

이룩하는 역사에 동참하여 협력자들이 될 수 있는 것이다(롬 8:28). 그렇기 때문에 그 책은 인봉해 두셨다가 마지막 때에 서야 공개하실 수밖에 없는 것이다.

사도 요한은 어떻게 작은 책을 먹을 수 있었는가?

> 요 19:26-27 예수께서 그 모친과 사랑하시는 제자가 곁에 섰는 것을 보시고 그 모친께 말씀하시되 여자여 보소서 아들이니이다 하시고 또 그 제자에게 이르시되 보라 네 어머니라 하신대 그 때부터 그 제자가 자기 집에 모시니라

사도 요한이 어떻게 재림에 대한 계시를 받을 수 있었는가? 가룟 유다를 제외한 열 제자들은 다 도망갔지만, 요한은 유일하게 예수님의 십자가 앞에 끝까지 남아있던 제자였다. 그 당시 로마 병정들이 지키고 있는 십자가 앞에 서 있던 예수님의 육신의 어머니인 마리아와 요한은 목숨을 내놓고 서 있었던 사람들이다.

그런 그들이었기에 예수께서 "여자여, 보소서! 아들이니이다"라고 하신 후, 요한에게 "네 어머니라"고 하셨다. 예수께서 십자가 상에서 말씀하신 7언 가운데 세 번째로 "여자여, 보소서! 아들이니이다"라고 하신 후, 요한에게 "네 어머니라"고 하신 것은 창조주로서 피조물들에게 마지막으로 베풀어주신 사랑이었다. 비록 포도나무로 오셨지만 본래는 생명

나무이신 예수님을 믿음으로 바라봄으로 생명나무 열매를 따 먹으라는 것이다. 따라서 예수님의 십자가 앞에 섰던 마리아와 요한은 최초로 생명나무 열매를 따먹고 산 자가 된 존재들이다.

그리고 요한에게 마리아를 가리켜 "네 어머니라"고 하셨다. 그 때부터 요한이 마리아를 자기 집에 모셨다고 하였다. 분명히 마리아에게는 예수님 외에도 자식들이 있었다. 그럼에도 불구하고 예수께서는 산 자가 된 마리아를 죽는 그들에게 맡기지 않으시고 산 자가 된 요한에게 맡기셨다.

> 막 3:17 또 세베대의 아들 야고보와 야고보의 형제 요한이니 이 둘에게는 보아너게 곧 우뢰의 아들이란 이름을 더하셨으며

요한이 작은 책을 먹을 수 있는 가장 중요한 이유는 '보아너게', 즉 '우레의 아들'이라는 이름을 받았기 때문이다. 작은 책의 말씀이 곧 일곱 우레의 말씀이기 때문에(계 10:3) 우레와 깊은 인연을 가진 사도 요한이 작은 책의 말씀을 먹을 수 있는 것은 당연한 것이다.

"내가 다시 올 때까지 기다리라"는 의미는 무엇인가?

성경에는 사도 요한을 가리켜 사랑하시는 제자(요 13:23, 19:26), 사랑하시던 그 다른 제자(요 20:2, 21:7, 21:20)라는

별칭을 사용하였다. 그만큼 사도 요한은 큰 은혜와 은총을 받은 제자였다는 것을 알 수 있다.

> 요 21:20-24 베드로가 돌이켜 예수의 사랑하시는 그 제자가 따르는 것을 보니 그는 만찬석에서 예수의 품에 의지하여 주여 주를 파는 자가 누구오니이까 묻던 자러라 이에 베드로가 그를 보고 예수께 여짜오되 주여 이 사람은 어떻게 되겠삽나이까 예수께서 가라사대 내가 올 때까지 그를 머물게 하고자 할찌라도 네게 무슨 상관이냐 너는 나를 따르라 하시더라 이 말씀이 형제들에게 나가서 그 제자는 죽지 아니하겠다 하였으나 예수의 말씀은 그가 죽지 않겠다 하신 것이 아니라 내가 올 때까지 그를 머물게 하고자 할찌라도 네게 무슨 상관이냐 하신 것이러라 이 일을 증거하고 이 일을 기록한 제자가 이 사람이라 우리는 그의 증거가 참인 줄 아노라

요한은 최후의 만찬석에서도 예수님의 품에 안겨 "주를 파는 자가 누구오니이까?"라고 묻던 자였다. 요한의 신앙의 라이벌이었던 베드로가 요한의 마지막이 궁금하여 "주여, 이 사람은 어떻게 되겠습니까?"라고 묻자, 예수께서 요한에 대하여 "내가 다시 올 때까지 그를 머물게 할지라도 네게 무슨 상관이냐?"라고 거듭 말씀하셨다.

그렇다면 요한은 예수께서 다시 오실 때까지 죽지 않고 살아있는 자라는 말인가? 그 당시 제자들도 그 말씀을 이해하

지 못하였다. 그렇다면 "내가 다시 올 때까지 머물게 할지라도"란 무슨 의미인가?

성경에는 세 종류의 사람들이 있다. 죽은 후에 영혼이 하늘로 가는 사람이 있고, 땅 아래로 가는 사람이 있다(전 3:21). 하나님을 잘 믿은 영혼들은 하늘 낙원으로 가고, 하나님을 알지 못하는 짐승 같은 사람들의 영혼은 스올, 음부, 즉 땅 아래로 간다. 그리고 사도 요한이나 엘리사처럼 이 땅에 머물러 있는 사람이 있다(왕하 13:21)[1].

예수님의 열두 제자가 가룟 유다 외에는 다 순교하여 영혼이 하늘로 갔지만 사도 요한만은 이 땅에 머물러 있어야 한다. 사도 요한이 다시 오시는 주님을 위해 이 땅에 머물러 있어야 한다면 거기에는 분명한 이유가 있을 것이다. 사도 요한이 무엇인가 주님을 위해 중요한 사명을 짊어지고 기다려야 한다는 뉘앙스가 풍기지 않는가? 주님과 사도 요한만이 아는, 누구에게나 쉽게 공개할 수 없는 중차대한 사명을 짊어진 것이 아니겠는가? 그런 요한이기에 재림에 대한 가장 중요한 핵심의 내용을 보여주시고, 작은 책을 먹게 하신 것이다.

예수께서 "다시 올 때까지 기다리라"고 말씀하실 때 제자들은 예수께서 곧 다시 오시는 것으로 생각하였다. 그래서 요한이 최소한 주님 오실 때까지는 죽지 않을 것이라고 생각했다.

---

[1] 죽은 엘리사의 뼈에 닿은 시체가 살아났다는 것은 엘리사가 산 자의 도맥을 간직한 채 잠들어 있기 때문이다. '종말론적 구속사 시리즈' 제 3권 <두 감람나무와 두 촛대, 그들은 누구인가?> 433-434쪽, 벽암 조영래 저, 도서출판 오색이슬

지금 예수님은 이 땅에서 사명을 다 마치시고 성자 하나님으로서 영광을 받으시고자 하늘 우편 보좌에서 기다리고 계신다(마 22:44, 26:64, 막 12:36, 14:62, 16:19, 눅 20:43, 22:69, 행 2:25, 2:35, 7:55-56, 롬 8:34, 골 3:1, 히 1:3, 1:13, 8:1, 10:12, 12:2, 벧전 3:22). 그분이 다시 보좌를 버리고 이 땅에 오시는 것은 두 번 십자가를 지시는 것이며, 창조 원리에 어긋난 일이다. 예수님은 두 번 다시 이 땅에 오실 수가 없는 분이다.

　　그렇다면 예수님은 어떤 의미에서 "다시 올 때까지 기다리라"고 말씀하셨는가?

> 요 5:43 나는 내 아버지의 이름으로 왔으매 너희가 영접지 아니하나 만일 다른 사람이 자기 이름으로 오면 영접하리라

　　예수께서 친히 하신 말씀이다. 초림주로 오신 예수님은 아버지의 이름으로 오셨지만 자기 백성이 영접하지 않았으나, 다른 사람이 자기 이름으로 오면 영접한다는 말씀이다. 분명히 예수님이 아닌 다른 사람이 온다는 것이다. 그렇다면 자기 이름으로 오는 다른 사람은 누구인가? 다니엘이 증거한 인류 구속사역의 70이레 중에서 구약 마당에서 62이레가 이루어지고 초림주 예수님으로 인해 7이레가 이루어짐으로 69이레가 이루어졌다. 이제 남은 한 이레의 역사를 재림 마당에서 짊어질 사람이 '자기 이름으로 오는 다른 사람'이다(단 9:24-27). 그는 장차 재림주 멜기세덱의 영광을 이루실 해를 입은

여인이다.

그런데 왜 예수님은 자신이 직접 오시는 것처럼 말씀하셨는가? 초림주와 재림주의 공통점이 있다. 바로 멜기세덱이다. 예수님이 감람산에서 승천하실 때 하늘의 제사장 멜기세덱으로 올라가셨다.

> 히 6:20 그리로 앞서 가신 예수께서 멜기세덱의 반차를 좇아 영원히 대제사장이 되어 우리를 위하여 들어 가셨느니라

분명히 예수께서 멜기세덱 반차를 좇아 하늘의 대제사장이 되셨다고 기록되어 있다. 미래형으로 기록된 것이 아니라 과거완료형으로 기록되었다. 예수님이 멜기세덱 반차를 따라 하나님 아들과 방불한 하늘의 제사장 멜기세덱이 되어 하늘로 승천하셨다는 것이다.[2]

그렇기 때문에 재림 마당에서 멜기세덱이 탄생되어야 한다. 멜기세덱은 창조주 하나님이 아니라 피조물이다. 하나님은 제사를 받으시는 분이고, 멜기세덱은 피조물로서 하나님께 제사를 드리는 사람이다. 그런데 왜 예수님이 멜기세덱이 되셨는가? 예수님은 본래 창조주 하나님이시고, 태초의 말씀이신 분이다. 그런데 "우리를 위하여" 멜기세덱 반차를 좇아

---

2) '종말론적 구속사 시리즈' 제 1권 <멜기세덱, 그는 누구인가?> 244-253쪽, 벽암 조영래 저, 도서출판 오색이슬
'종말론적 구속사 시리즈' 제 5권 <666, 그들은 누구인가?> 284-292쪽, 벽암 조영래 저, 도서출판 오색이슬

그 길로 들어가셨다는 것이다.

　피조물인 인간 중에는 멜기세덱 반차를 완성할 존재가 없기에 예수께서 말씀이 육신으로 이 땅에 오셔서 그 길을 완성하시고, 그 길을 통해 하늘로 승천하신 것이다. 예수님이 멜기세덱으로 승천하셨기에 재림주도 멜기세덱으로 오시는 것이다. 그런 입장에서 예수께서 "내가 다시 올 때까지 기다리라"고 하신 것이다. 즉 재림 마당에 예수님과 같은 멜기세덱이라는 이름으로 다른 사람이 온다는 것이다.

> 마 16:27 인자가 아버지의 영광으로 그 천사들과 함께 오리니 그 때에 각 사람의 행한 대로 갚으리라

> 마 25:31 인자가 자기 영광으로 모든 천사와 함께 올 때에 자기 영광의 보좌에 앉으리니

> 막 8:38 누구든지 이 음란하고 죄 많은 세대에서 나와 내 말을 부끄러워하면 인자도 아버지의 영광으로 거룩한 천사들과 함께 올 때에 그 사람을 부끄러워하리라

　'자기 이름으로 오는 다른 사람'을 가리켜 "인자가 아버지의 영광으로 오리라"고 하신 것이다. 그 '자기 이름으로 오는 다른 사람'이 해를 입은 여인이라는 것이다(계 12:1). 그는 예수님이 간직한 하늘의 보배, 보화를 모두 물려받은 사람이다. 그렇기 때문에 예수께서 하실 일을 대행할 수 있는 것이다.

'해를 입은 여인'에 대해 필자는 "종말론적 구속사 시리즈" 제 1권 <멜기세덱, 그는 누구인가?>, 제 2권 <이 땅의 주, 그는 누구인가?>, 제 3권 <두 감람나무와 두 촛대, 그들은 누구인가?>, 제 4권 <네 생물, 그들은 누구인가?>, 제 5권 <666, 그들은 누구인가?>를 통해 밝히 증거한 바 있다.

중간계시의 종말론이 담긴 작은 책과 성경책은 서로 다른 별개의 책인가?

작은 책은 성경책과 별개의 책이 아니다. 성경 속에 있으나 내용이 구별되어 감추어져 있기에 아무나 쉽사리 깨닫기 어려운 내용의 책을 말한다.

성경책 속에 있는 계시가 일반계시라면 작은 책 속에는 중간계시가 기록되어 있다. 요한계시록 10장, 11장, 12장, 13장, 14장의 내용이 중간계시의 내용이다.

성경에는 일반계시의 입장에서 본 종말론이 있고, 중간계시의 입장에서 본 종말론이 있다. 일반계시의 입장에서 본 종말론은 소위 세상 종말을 말한다. 장차 세계 3차 대전으로 인해 핵전쟁이 발생하므로 지구가 멸망하고 전 인류가 심판을 받는 종말을 말한다. 일반계시의 입장에서의 종말론으로 인해 혹세무민(惑世誣民)하는 여러 사건들이 있었기에 사람들은 '종말론'이라는 단어만 나오면 거부감을 갖게 된다.

그러나 중간계시의 입장에서 본 '종말론'은 세상 종말이 아니다. 하나님께서 재림 마당에서 이룩하시는 인류 구속사의 종말을 말한다.

"인자가 아버지의 영광으로 오리라"고 하신 인자는 장차 재림주 멜기세덱의 영광을 받고자 역사하는 이 땅의 주(계 11:4), 해를 입은 여인이다(계 12:1). 그 인자가 장차 철장으로 만국을 다스릴 권세를 가진 남자를 낳기 위해(계 12:5) 인류 구속사역의 70이레 역사 중에서 남은 한 이레를 통하여(단 9:24-27) 두 감람나무, 두 촛대의 역사(계 11:4)를 하는 내용이 중간계시의 역사가 되는 것이다.

그 역사가 다 이루어지고 난 후, 이 땅에는 신의 아들들과 같은 산 자들이 다스리는 천년왕국의 세계가 전개될 것이다(계 20:4-6). 성경에서 천년왕국의 모습을 찾아보고자 한다.

> 사 65:19-20 내가 예루살렘을 즐거워하며 나의 백성을 기뻐하리니 우는 소리와 부르짖는 소리가 그 가운데서 다시는 들리지 아니할 것이며 거기는 날 수가 많지 못하여 죽는 유아와 수한이 차지 못한 노인이 다시는 없을 것이라 곧 백세에 죽는 자가 아이겠고 백세 못 되어 죽는 자는 저주 받은 것이리라

> 사 65:24-25 그들이 부르기 전에 내가 응답하겠고 그들이 말을 마치기 전에 내가 들을 것이며 이리와 어린 양이 함께 먹을 것이며 사자가 소처럼 짚을 먹을 것이며 뱀은 흙으로 식

물을 삼을 것이니 나의 성산에서는 해함도 없겠고 상함도 없으리라 여호와의 말이니라

산 자들은 나무 수한과 같이 천 년 이상을 사는 자들이다. 산 자의 세계에서는 백 세에 죽는 자는 어린아이와 같고, 백 세가 못 되어 죽는 자는 저주 받은 것과 같다. 산 자의 세계는 시공을 초월하는 세계이다. 무엇이 먹고 싶다고 생각하는 순간 그것이 입에 들어와 있고, 어디에 가고 싶다고 생각하는 순간 그곳에 가 있게 된다.

분명히 예수께서 "나는 부활이요 생명이니 나를 믿는 자는 죽어도 살겠고 무릇 살아서 나를 믿는 자는 영원히 죽지 아니하리니 이것을 네가 믿느냐"(요 11:25-26)라고 하신 그 산 자의 세계가 이 땅에서 이루어져야 하는 것이다. 밥 먹고 생활하는 인간들이 아닌 영원한 생명을 가진 산 자들이 다스리는 천년왕국의 세계가 이루어지고, 그 산 자들로 인해 영광을 받으실 때 비로소 하나님의 인류 구속사역이 완성되는 것이다. 그 역사가 중간계시의 마지막, 종말이다.

중간계시의 모든 역사가 마쳐진 후에는 일반계시의 입장에서 본 종말론의 역사가 이루어진다. 그 때는 하나님의 말씀을 믿지 않고 우상을 섬긴 인간들이 영원한 불 못에 던져지는 심판의 역사가 이루어지는 것이다(계 20:14-15).

필자가 쓴 "종말론적 구속사 시리즈"는 중간계시의 입장에서 본 종말론을 말하는 것이다. 중간계시의 입장에서 본 종말론의 내용이 작은 책에 들어있는 내용들이다. 이 작은 책의 말씀은 하늘이 인류에게 주시는 마지막 자비와 긍휼과 사랑이자, 경고이며 심판이다.
　하나님의 영은 무소부재하시고 전지전능하신 존재이시다. 이 작은 책의 말씀이 정말 마지막 하나님의 메시지인지 그 문제를 놓고 마음과 목숨과 뜻을 두고 정성으로 기도하면 반드시 응답해주실 것이다. 나 자신과 내 사랑하는 가족들의 구원을 위해, 마지막 하나님께서 외치시는 메시지를 외면하지 말고 영접하는 성별된 성도가 되어야 한다.

　필자는 이 작은 책을 통하여 산 자의 세계가 어떻게 이루어질 것인지, 중간계시의 역사와 일반계시의 역사가 어떻게 전개될 것인지, 구속사적 종말론에 대하여 자세하게 소개하고자 한다. 아울러 이 작은 책의 말씀이 하나님의 사랑하시는 자녀들에게 빠짐없이 전달되기만을 두 손 모아 빌고 또 비는 마음으로 이 책을 펴내고자 한다.

제 1장

하늘에서 내려와
작은 책을 주는 힘센
다른 천사는 누구인가?

제 1장
하늘에서 내려와 작은 책을 주는 힘센 다른 천사는 누구인가?

계 5:1-5 내가 보매 보좌에 앉으신 이의 오른손에 책이 있으니 안팎으로 썼고 일곱 인으로 봉하였더라 또 보매 힘 있는 천사가 큰 음성으로 외치기를 누가 책을 펴며 그 인을 떼기에 합당하냐 하니 하늘 위에나 땅 위에나 땅 아래에 능히 책을 펴거나 보거나 할 이가 없더라 이 책을 펴거나 보거나 하기에 합당한 자가 보이지 않기로 내가 크게 울었더니 장로 중에 하나가 내게 말하되 울지 말라 유대 지파의 사자 다윗의 뿌리가 이기었으니 이 책과 그 일곱 인을 떼시리라 하더라

보좌에 앉으신 하나님의 오른손에 있던 책은 안팎으로 썼고 일곱 인으로 봉한 책이다. 그런데 그 책을 펴거나 보거나 할 자가 없기로 사도 요한이 크게 울었다. 하늘 위에나, 땅 위에나, 땅 아래에 그 책을 펴거나 보거나 할 자가 없다는 것은 천상천하에 아무도 그 책을 볼 자가 없다는 것이다. 하나님의 오른손에 있던 그 책이 그만큼 거룩하고 귀중하고 보배로운 구속사의 비밀과 암호가 담겨있는 책이기에 그 책을 받는 것이 어렵다는 것이다.

첫 시조인 아담 이후 두 번째 인류의 시조로 부르심을 입은 노아, 세 번째 인류의 시조로 부르심을 입은 아브라함 등 역대 선지 선열들이 있었고, 구약 마당의 4대 선지자를 비롯해서 뛰어난 빛을 발하는 의인들도 있었지만 아무도 그 책을 펴거나 보거나 할 사람이 없었다는 것이다. 심지어는 동방에서 가장 큰 자인 욥을 통해서도 시험해보았지만 그 책을 받아서 펴거나 읽을 수 있는 대상이 되지 못했다.

그런데 유대 지파의 사자 다윗의 뿌리에서 이긴 자가 그 책과 일곱 인을 뗄 자라는 것이다. 유대 지파의 사자 다윗의 뿌리에서 이긴 자, 그는 누구인가?

> 계 5:6-7 내가 또 보니 보좌와 네 생물과 장로들 사이에 어린 양이 섰는데 일찍 죽임을 당한 것 같더라 일곱 뿔과 일곱 눈이 있으니 이 눈은 온 땅에 보내심을 입은 하나님의 일곱 영이더라 어린 양이 나아와서 보좌에 앉으신 이의 오른손에서 책을 취하시니라

네 생물과 장로들 사이에 있는 어린 양이 보좌에 앉으신 이의 오른손에서 책을 취한다. 분명히 유대 지파의 사자 다윗의 뿌리에서 이긴 자이며, 일곱 뿔과 일곱 눈을 가지고 일찍 죽임을 당한 어린 양은 예수님을 가리킨다. 그리고 네 생물과 장로들을 중심으로 천천만만의 천사들이 그 책을 받으신 어린 양이신 예수님에게 영광을 돌리고 있다(계 5:6-14).

그런데 문제는 책을 받으신 예수님이 사도 요한에게 그 책을

넘겨주는 것이 아니라, 하늘에서 내려오는 힘센 다른 천사가 그 책을 넘겨주고 있다.

> 계 10:8-10 하늘에서 나서 내게 들리던 음성이 또 내게 말하여 가로되 네가 가서 바다와 땅을 밟고 섰는 천사의 손에 펴 놓인 책을 가지라 하기로 내가 천사에게 나아가 작은 책을 달라 한즉 천사가 가로되 갖다 먹어버리라 네 배에는 쓰나 네 입에는 꿀 같이 달리라 하거늘 내가 천사의 손에서 작은 책을 갖다 먹어버리니 내 입에는 꿀 같이 다나 먹은 후에 내 배에서는 쓰게 되더라

그렇다면 책을 받으신 예수님을 가리켜 '힘센 다른 천사'라고 표현한 것인가? 예수님은 창조주 하나님, 태초의 말씀이 육신으로 오신 분이시고 천사는 태초의 말씀으로 창조한 피조물이다. 만약 예수님이 그 책을 받았다면 그분을 '힘센 다른 천사'라고 표현하지 않을 것이다. 당연히 독생하신 하나님의 아들, 은혜와 진리로 오신 예수께서 그 책을 받아 사도 요한에게 주셨다고 기록했을 것이다.

예수님은 인류의 죄를 해결하기 위해 이 땅에서 십자가를 지시고 죽으신지 사흘 만에 부활하시어 이 땅에 40일 계시다 500명이 보는 가운데 승천하여 지금 하늘 우편 보좌에 계신다(행 1:3, 1:9). 그리고 부활하신지 50일째 되는 날 마가 다락방의 120문도에게 보혜사 성령이 강림했다. 그렇다면 자기 사역을 마치시고 하늘 우편 보좌에 계신 예수님이 사도 요한에게 직접 책을 주실 수 있는가? 밧모섬에 사도 요한이 유배되어 있을 때는 이미

예수님은 승천하시고 난 후였다. 예수님이 하늘 우편 보좌에 올라가신 이상, "네 원수가 발등상 앞에 무릎 꿇기까지"(마 22:44, 막 12:36, 눅 20:43, 행 2:35, 히 1:13, 10:13) 그곳에 계셔야 한다. 자기 보좌를 버리고 이 땅에 내려오실 수는 없다. 예수께서 다시 이 땅에 오시기를 바라는 것은 예수님을 두 번 십자가에 못 박겠다는 것과 같다(히 6:6).

그렇다면 사도 바울이 셋째 하늘에 갔다 온 것처럼(고후 12:1-4), 사도 요한도 셋째 하늘에 가서 그 책을 받은 것인가?

> 계 1:1-2 예수 그리스도의 계시라 이는 하나님이 그에게 주사 반드시 속히 될 일을 그 종들에게 보이시려고 그 천사를 그 종 요한에게 보내어 지시하신 것이라 요한은 하나님의 말씀과 예수 그리스도의 증거 곧 자기의 본 것을 다 증거하였느니라

> 계 1:9 나 요한은 너희 형제요 예수의 환난과 나라와 참음에 동참하는 자라 하나님의 말씀과 예수의 증거를 인하여 밧모라 하는 섬에 있었더니

사도 요한이 받은 내용은 '예수 그리스도의 계시'라고 했다. 분명히 사도 요한은 셋째 하늘나라에 가서 계시를 받은 것이 아니라, 이 땅 밧모섬에서 받은 것임을 알 수 있다(계 1:9).

계시는 직접 주고받는 관계에서 발생하는 내용이 아니다. 인격적인 대상끼리 직접 주고받는 것을 가리켜 계시라고 하지는 않는다. 장차 이루어질 세계를 깊은 은혜의 차원에서 보여주시고 가르쳐주시고 알려주시는 것을 계시라고 한다. 사도 요한이 장차 이루어질 역사의 내용을 계시로 받은 것이지 그 예언의 말씀을 이

땅에서 인격적인 관계로 받은 것은 아니다.

위 구절에서 "반드시 속히 될 일을 그 종들에게 보이시려고 그 천사를 그 종 요한에게 보내어 지시하신 것이라"고 하셨다. 여기서 '속히 될 일'이란 신속하고 급하게 이루어질 일이라는 뜻이 아니다. 하나님께서 반드시 이루시기로 확정하신 일이라는 뜻이다.

"그 천사를 그 종 요한에게 보내어 지시하신 것이라"는 천사는 궁창에 있는 일반적인 개념을 가진 천사를 말하는 것이 아니다. 하나님의 특별한 사명을 가진 천사, 마지막 종말론적 입장에서 하늘의 중요한 사명을 짊어지고 등장하는 천사를 가리킨 것이다.

분명히 예수님이 보좌에 앉으신 이의 오른손에 있던 책을 받으셨는데 왜 사도 요한에게 책을 먹인 사람은 하늘에서 내려오는 힘센 다른 천사라고 했는가?

책을 받으신 예수님이 친히 사도 요한에게 그 책을 주시지 않고, 왜 '하늘에서 내려오는 힘센 다른 천사'가 사도 요한에게 책을 주는 것인가? 예수님을 하늘에서 내려오는 힘센 천사라고 표현한 것인가? 천사와 예수님은 전혀 다른 존재이다. 그런 입장에서 보면 사도 요한에게 책을 전해주는 '힘센 다른 천사'는 예수님이 아니라는 것이 분명하다.

그렇다면 하늘에서 내려오는 힘센 다른 천사와 예수님은 어떤 관계를 가진 존재인가?

고전 2:7 오직 비밀한 가운데 있는 하나님의 지혜를 말하는 것이니 곧 감추었던 것인데 하나님이 우리의 영광을 위하사 만세 전에 미리 정하신 것이라 하나님 오른손의 책을 일곱 인으로 봉하여 천상천하에 아무도 그 책을 펴거나 보거나 읽을 자가 없게 하신 것은 하나님께서 자기 자녀들의 영광을 위해서 비밀한 가운데 있는 지혜를 감추시기로 만세 전에 정하신 이치와 같다. 그런 하나님의 지혜는 아무나 쉽게 알 수 없다는 것이다.

그렇다면 하나님 오른손의 책을 일곱 인으로 봉했다고 해서 영원히 비밀로 감추어두실 것인가? "이것을 비사로 너희에게 일렀거니와 때가 이르면 다시 비사로 너희에게 이르지 않고 아버지에 대한 것을 밝히 이르리라"(요 16:25)고 하셨다. 때가 차매 예수께서 말씀이 육신으로 이 땅에 오신 것처럼(갈 4:4), 어느 때가 되면 일곱 인을 떼시는 자가 있다는 것이다.

"하늘에서 이루어진 뜻대로 이 땅에서도 이루어지이다"(마 6:10)라고 하신 말씀처럼, 예수께서 하늘 보좌의 세계에서 일곱 인을 떼신 역사가 이 땅에서도 이루어져야만 한다.

그렇다면 일곱 인으로 봉한 하나님 오른손의 책은 누가 도전할 수 있는가? 만세와 만대로부터 감추어진 그 지혜를 아는 사람만이 그 책에 도전할 수 있다. 그 계시의 비밀을 아는 자가 이 땅에서 도전해서 이긴 자가 되어야 그 책을 받을 수 있다.

결론으로 말하면, 하늘에서 내려오는 힘센 다른 천사가 사도 요한에게 작은 책을 주었다는 것은 분명히 하나님 오른손의 책을 받았다는 것이다. 힘센 다른 천사는 이 땅에서 구도의 길을 통해 이긴 자로서 그 책을 받을 수 있었다는 결론이 된다.

그렇다면 힘센 다른 천사는 누구를 말하는 것인가? 왜 그를 가리켜 인자의 입장으로 표현하지 않고, '하늘에서 내려오는 힘센 다른 천사'라고 한 것인가? 과연 그가 어떤 존재인가? 그의 존재를 알 수 있는 구체적인 내용은 무엇인가?

왜 사도 요한에게 책을 주는 힘센 다른 천사의 정체와 실상과 암호를 정확하게 알아야 하는가? 요한계시록은 장차 재림 마당에서 이루어져야 하는 말씀이다. 힘센 다른 천사의 정체를 정확히 알아야 재림주가 언제, 어떻게, 어떤 이름으로 오시는지 알 수 있기 때문이다.

> 계 10:1-3 내가 또 보니 힘센 다른 천사가 구름을 입고 하늘에서 내려오는데 그 머리 위에 무지개가 있고 그 얼굴은 해 같고 그 발은 불기둥 같으며 그 손에 펴 놓인 작은 책을 들고 그 오른발은 바다를 밟고 왼발은 땅을 밟고 사자의 부르짖는 것 같이 큰 소리로 외치니 외칠 때에 일곱 우레가 그 소리를 발하더라

"구름을 입고 하늘에서 내려오는데 그의 머리에는 무지개가 있고, 얼굴은 해 같고, 발은 불기둥 같고, 작은 책을 들고 오른발은 바다를 밟고 왼발은 땅을 밟고, 사자의 부르짖는 것 같이 외칠 때 일곱 우레가 소리를 발하더라"는 것이 힘센 다른 천사의 모습이다. 성경에서 힘센 천사가 누구인지 알 수 있는 가장 구체적인 표현이다.

과연 하늘에서 내려와 작은 책을 주는 힘센 천사는 누구인지 그 천사를 묘사한 내용을 성경적으로 상고함으로 그의 정체와 실상과 암호를 알아보고자 한다.

I
구름을 입고

1. 구름은 무엇을 상징하는가?

마 24:30 그 때에 인자의 징조가 하늘에서 보이겠고 그때에 땅의 모든 족속들이 통곡하며 그들이 인자가 구름을 타고 능력과 큰 영광으로 오는 것을 보리라

마 26:64 예수께서 가라사대 네가 말하였느니라 그러나 내가 너희에게 이르노니 이후에 인자가 권능의 우편에 앉은 것과 하늘 구름을 타고 오는 것을 너희가 보리라 하시니

막 13:26 그때에 인자가 구름을 타고 큰 권능과 영광으로 오는 것을 사람들이 보리라

막 14:62 예수께서 이르시되 내가 그니라 인자가 권능자의 우편에 앉은 것과 하늘 구름을 타고 오는 것을 너희가 보리라 하시니

눅 21:27 그때에 사람들이 인자가 구름을 타고 능력과 큰 영광으로 오는 것을 보리라

인자가 아버지의 영광으로 오실 때에 구름을 타고 오신다고 하였다. 또 부활하신 예수께서 승천하실 때 구름을 타고 올라가셨다는 구절 때문에(행 1:9), 많은 성도들이 이 구름을 하늘에 떠있는 물리적인 구름으로 생각한다.

과연 인자가 아버지의 영광으로 오실 때 수증기로 이루어진 물리적인 구름을 타고 오시겠는가? 성경에 기록된 구름은 그런 의미가 아니다.

> 시 104:2-4 주께서 옷을 입음 같이 빛을 입으시며 하늘을 휘장같이 치시며 물에 자기 누각의 들보를 얹으시며 구름으로 자기 수레를 삼으시고 바람 날개로 다니시며 바람으로 자기 사자를 삼으시며 화염으로 자기 사역자를 삼으시며

사람들이 옷을 입듯이 하나님은 빛을 입으시고, 구름으로 자기 수레를 삼으시고, 화염으로 자기 사역자를 삼기도 하신다. 불과 구름과 바람과 모든 만물들을 때로는 자신의 거처로 삼으시기도 하고 자신이 이루시고자 하는 목적에 맞게 사용하고 계신다.

표면적으로는 바람, 구름, 불, 지진, 물 등 모든 것이 땅에 있는 물질들이다. 과연 하나님께서 땅에 있는 물질로 이루어진 것들을 사역자로 사용하시는 것인가? 문자적으로 보면 앞뒤가 맞지 않는다. 위 구절에서 말하는 바람, 구름, 불 등 모든 것들은 물질로 이루어진 것이 아니라 하늘에서 이루어진 것으로 하늘에 소속된 존재들이라는 것을 알 수 있다. 그들이 하나님이 정하신 처소를 벗어나지 못한 채 순종하고 있다. 그들은 하나님의 구속사의 세계를 이루는 존재들로서 다양한 표현으로 소개되고 있는 것이다.

이미 바람, 구름, 불 등의 사역자로 쓰임을 받는 대상들의 근본, 본질은 하늘 보좌를 지키는 네 생물이라는 것을 "종말론적 구속사 시리즈" 제 4권 <네 생물, 그들은 누구인가?>에서 소개한 바 있다. 하늘에 소속된 존재들이 이 땅에 올 때는 창조 원리의 길을 통해서 올 수밖에 없다. 따라서 그들이 이 땅에서는 인자로서 쓰임을 받고 있지만 그들의 근본, 본질은 하늘에 소속된 존재들이라는 것이다.

성경에는 여러 가지 유형의 방법으로 하늘로 올라가는 모습이 소개되어 있다.

하나님께서 에녹을 직접 데리고 가셨고(창 5:24), 엘리야는 불말과 불 수레를 타고 하늘로 올라갔다(왕하 2:11). 사사기에 보면 삼손의 아버지 마노아가 삼손의 잉태를 예고해 주는 '기묘'라고 하는 천사와 만나 대화하는 내용이 소개되어 있다(삿 13:17-20). 그 천사가 어떻게 왔다는 내용은 없지만 올라가는 장면은 정확하게 묘사되어 있다. 반석 위에 예물을 놓았는데 그 천사가 지팡이를 반석에 댐으로 반석에서부터 불이 나와서 제물을 삼키고 그 '기묘'라고 하는 사람이 불꽃을 타고 하늘로 올라갔다.

> 계 11:11-12 삼 일 반 후에 하나님께로부터 생기가 저희 속에 들어가매 저희가 발로 일어서니 구경하는 자들이 크게 두려워하더라 하늘로부터 큰 음성이 있어 이리로 올라오라 함을 저희가 듣고 구름을 타고 하늘로 올라가니 저희 원수들도 구경하더라

두 감람나무에게 3일 반 후에 생기가 들어가 살아남으로 하늘

로 올라갈 때 구름을 타고 올라간다고 하였다. 이 구름 역시 물리적인 구름이 아니다.

> 살전 4:16-17 주께서 호령과 천사장의 소리와 하나님의 나팔로 친히 하늘로 좇아 강림하시리니 그리스도 안에서 죽은 자들이 먼저 일어나고 그 후에 우리 살아남은 자도 저희와 함께 구름 속으로 끌어올려 공중에서 주를 영접하게 하시리니 그리하여 우리가 항상 주와 함께 있으리라

위 구절에서 "구름 속으로 끌어올려"라는 구름은 물리적인 구름이 아니라, 거룩한 천사를 말하는 것이다.

> 요 9:2-3 제자들이 물어 가로되 랍비여 이 사람이 소경으로 난 것이 뉘 죄로 인함이오니이까 자기오니이까 그 부모오니이까 예수께서 대답하시되 이 사람이나 그 부모가 죄를 범한 것이 아니라 그에게서 하나님의 하시는 일을 나타내고자 하심이니라

예수님이 말씀이 육신으로 이 땅에 오실 때 마리아를 통해서 혼자 오셨지만 이 땅에서 이루실 하늘의 사역을 위해 부름을 받은 사람들이 많이 있었다.

제자들이 날 때부터 소경된 자를 데리고 와서 "이 사람은 누구의 죄로 장님이 되었습니까? 본인의 죄입니까? 조상의 죄입니까?"라고 묻자, 예수께서 "본인의 죄도 아니고 조상의 죄도 아니고 하나님의 하시는 일을 나타내기 위해서 이 땅에 왔다"고 하셨다. 그 소경은 하늘의 일을 하러 오신 하늘의 주인이신 예수님이

역사하실 역사의 세계를 위해서 이 땅에 온 사람이다. 그가 장님이 되었다가 예수님을 만나서 눈을 뜨게 됨으로 예수님을 하나님의 아들로 믿게 하는 하늘의 일을 위해서 이 땅에 온 것이다.

> 요 19:25 예수의 십자가 곁에는 그 모친과 이모와 글로바의 아내 마리아와 막달라 마리아가 섰는지라

예수님이 이 땅에 오셔서 육신의 어머니 마리아 외에 네 마리아를 찾으셨다. 네 마리아는 영적으로 말하면 에덴동산의 영광을 상실한 네 강과 같다(창 2:10-14). 네 강이 에덴동산을 적심으로써 에덴동산이 기쁨과 즐거움과 감사함과 창화함이 넘치는 동산이 되었다(사 51:3). 예수님을 낳아준 마리아는 생명강을 의미한 것이고 나머지 여자들은 생명강을 통해서 에덴동산을 적신 네 줄기의 강으로 비손, 기혼, 힛데겔, 유브라데강을 상징하는 여자들이다.

또 열두 사도를 세우시며 "인자가 영광의 보좌에 앉을 때 너희들을 열두 보좌에 앉혀서 이스라엘의 열두 지파를 심판하게 하겠다"(마 19:28)고 하셨다. 예수님이 열두 사도와 칠십 문도를 세우셨다. 야곱이 네 여자를 통해서 열두 아들을 생산해 낸 것처럼 영적으로 말하면 예수님도 열두 사도를 세우시고 또 야곱의 칠십 가족을 의미하는 칠십 문도를 택하신 것이다.

그렇게 쓰임을 받을 수 있도록 이 땅에 부르심을 입은 사람들을 가리켜 "나는 길 잃어버린 양을 찾으러 왔노라"고 하셨다. 그 말씀대로 예수님이 일일이 그들을 찾아내셨다. 그들은 우연히 이 땅에 온 사람들이 아니라, 본래 그런 일을 하기 위해서 이 땅에 보

내심을 받은 사람들이다. 예수께서 곳곳에 숨어있는 그들을 찾아 내신 것이다. 따라서 그들은 예수님의 영광을 위해서 예수님과 함께 이 땅에 온 사람들이다. 예수님과 함께 온 그들이 예수께서 타시는 구름이 되고 때로는 천사와 같은 입장도 되는 것이다.

사 14:14 가장 높은 구름에 올라 지극히 높은 자와 비기리라 하도다

구름은 하늘의 탈등상이 되는 지구촌에만 있는 것이 아니라 둘째 하늘, 셋째 하늘에도 있다. 그런 의미에서 볼 때 하늘에 있는 구름은 수증기가 물방울이 된 물리적인 구름이 아니다. 그 구름은 천사, 천군을 말하기도 하는 것이다.

사 19:1 애굽에 관한 경고라 보라 여호와께서 빠른 구름을 타고 애굽에 임하시리니 애굽의 우상들이 그 앞에서 떨겠고 애굽인의 마음이 그 속에서 녹으리로다

여호와께서 타시는 빠른 구름은 물리적인 구름이 아니라 천사들을 말한다. 하나님께서 타시는 가장 거룩한 구름은 네 생물을 가리키는 것이다.

욥 38:1 때에 여호와께서 폭풍 가운데로서 욥에게 말씀하여 가라사대

욥에게 나타나신 여호와 하나님이 폭풍가운데 강림하셨다. 그 폭풍도 자연현상에서 나타나는 폭풍이 아니라 천군, 천사를 의미하는 것이다.

겔 31:3 볼찌어다 앗수르 사람은 가지가 아름답고 그늘은 삼림의 그늘 같으며 키가 높고 꼭대기가 구름에 닿은 레바논 백향목이었느니라

레바논에 심겨진 백향목이 구름에 닿았다. 즉, 구름에 닿은 레바논의 백향목은 애굽의 교만을 상징적으로 말하고 있는 것이다.

겔 31:10 그러므로 나 주 여호와가 말하노라 그의 키가 높고 꼭대기가 구름에 닿아서 높이 빼어났으므로 마음이 교만하였은즉

키가 높아 구름에 닿으면 교만한 자가 되는 것이다.

겔 31:14 이는 물 가에 있는 모든 나무로 키가 높다고 교만치 못하게 하며 그 꼭대기로 구름에 닿지 못하게 하며 또 물 대임을 받는 능한 자로 스스로 높아 서지 못하게 함이니 그들을 다 죽는 데 붙여서 인생 중 구덩이로 내려가는 자와 함께 지하로 내려가게 하였음이니라

에스겔 31장에 나오는 레바논의 백향목은 애굽을 상징하고, 에스겔 26-28장에 나오는 두로는 타락한 루시퍼 천사장을 상징하고 있다.

그들의 공통점은 각자 다 구름에 닿기를 원하는 것이다. 구름에 닿기를 원한다는 의미는 무엇인가? 땅에서 사닥다리를 만들어서 자기를 하늘 구름에 세우려고 하는 마음을 가지고 있다는 것이다. 그것이 바로 구름에 닿고자 하는 마음이다.

기독교는 하나님이 친히 인간들에게 찾아오셔서 땅의 인간들

을 하늘 구속사의 역사에 동참시키는 종교이다. 그러나 다른 종교는 대부분 구도의 길을 통해 구름에 닿게 하고자 하는 것이 신앙의 중심이다. 이 땅의 사람들이 구도의 길을 통해서 자기들의 신을 찾아가려고 하고, 만나려고 하는 그런 신념들을 가리켜서 구름에 닿고자 하는 자라고 한다. 하나님은 절대 그것을 용서치 않으신다.

하나님의 세계는 은혜로 이루어지는 세계이다(엡 2:5, 2:8). 은혜가 모든 것을 책임지시고 인도하신다. 하나님께서 직접 은혜를 주심으로 그 은혜를 입은 사람들이 그 은혜에 의지해서 하나님을 찾아오게 하신다. 그것이 은혜가 은혜 되기 위한 구속의 역사의 세계이다(롬 11:6).

그렇다면 재림주는 이 땅에 어떻게 오실 것인가?

마 16:27 인자가 아버지의 영광으로 그 천사들과 함께 오리니 그때에 각 사람의 행한 대로 갚으리라

막 8:38 누구든지 이 음란하고 죄 많은 세대에서 나와 내 말을 부끄러워하면 인자도 아버지의 영광으로 거룩한 천사들과 함께 올 때에 그 사람을 부끄러워하리라

눅 9:26 누구든지 나와 내 말을 부끄러워하면 인자도 자기와 아버지와 거룩한 천사들의 영광으로 올 때에 그 사람을 부끄러워하리라

위 구절로 보아 초림과 재림에는 차이가 있다는 것을 알 수 있다. 분명히 아버지의 영광으로 오시는 재림주는 구름을 타고 오신다고 하지 않고 "거룩한 천사들과 함께 오리라"고 말씀하셨다. 물론 영적으로는 천사들도 구름이라는 의미를 가지고 있지만 표면적으로는 구름이라는 말을 사용하지 않으셨다.

그렇다면 왜 재림주가 오실 때는 구름이라는 표현을 사용하지 않으시고 거룩한 천사라고 표현하신 것인가? 아버지의 영광으로 오시는 재림주는 감추었던 만나로 도둑같이 오시는 분이시다(계 16:15, 벧후 3:10, 살전 5:2, 계 2:17).

도둑같이 오시려면 많은 사람을 데리고 올 수가 없다. 암행어사가 자신의 신분을 감추려면 많은 부하들을 거느리고 다닐 수가 없는 것처럼 도둑같이 오시는 재림주는 많은 사람을 데리고 오시지 않고 거룩한 천사들, 특별한 소수의 사람들만 데리고 오신다. 그런 입장에서 구름타고 오신다는 표현을 사용하지 않으신 것이다.

아버지의 영광으로 오시는 재림주는 어떤 길을 통해서 오시는가? 재림주는 인자의 길을 통해서 오셔야 한다. 구속사의 세계에 뛰어들기 위해서는, 구속사의 중심에 서기 위해서는 인자가 아니고는 이 땅에 올 수가 없다. 재림주는 비록 도둑같이 오시지만 그분도 여인의 길을 통해서 이 땅에 오지 않으면 안 되는 것이다.

아담이 생령이 된 것도 흙, 사람이라는 과정을 통해서 생령이 된 것이지 흙, 사람의 과정을 거치지 않고 생령으로 이 땅에 등장한다면 그는 구속사의 세계의 주인공이 되지 못한다. 그는 한낱 거룩한 천사에 지나지 않는다는 점을 분명히 알아야 한다.

"인자가 아버지의 영광으로 거룩한 천사들과 함께 온다"고 해서 하늘에서 천사장이 뛰뛰 나팔을 불고 이 땅에 오는 것은 아니다. 재림주도, 거룩한 천사들도 다 인자의 길을 통해서 이 땅에 오는 것이다.

2. 구름의 사역은 무엇인가?

> 신 5:22 여호와께서 이 모든 말씀을 산 위 불 가운데, 구름 가운데, 흑암 가운데서 큰 음성으로 너희 총회에 이르신 후에 더 말씀하지 아니하시고 그것을 두 돌판에 써서 내게 주셨느니라

구름과 흑암 가운데 큰 음성이 났다. 하나님은 어디에서 말씀하시는가? 성경에 보면 하나님은 대부분 구름 속에서, 화염 속에서, 폭풍 가운데에서 말씀하신다.

> 신 31:15 여호와께서 구름 기둥 가운데서 장막에 나타나시고 구름 기둥은 장막문 우에 머물렀더라

구름 속에서 구름으로 장막을 삼아 치신다는 것이다.

> 욥 38:9 그때에 내가 구름으로 그 의복을 만들고 흑암으로 그 강보를 만들고

시편 104:2에서 주께서 옷을 입듯 구름을 입으신다고 하신 것처럼, 하나님은 구름으로 의복을 만드신다는 것이다.

> 시 99:7 여호와께서 구름 기둥에서 저희에게 말씀하시니 저희가 그 주신 증거와 율례를 지켰도다

하나님께서 현현하실 때 구름 기둥 가운데서 말씀하셨다.

> 사 4:5 여호와께서 그 거하시는 온 시온산과 모든 집회 위에 낮이면 구름과 연기, 밤이면 화염의 빛을 만드시고 그 모든 영광 위에 천막을 덮으실 것이며

이스라엘 백성들의 장막을 낮에는 구름과 연기로, 밤에는 화염의 빛으로 덮으셨다. 하나님께서는 자기 백성들의 천막, 장막, 집, 처소를 구름과 연기와 화염으로 지켜주신다는 것이다.

> 계 14:14-16 또 내가 보니 흰구름이 있고 구름 위에 사람의 아들과 같은 이가 앉았는데 그 머리에는 금 면류관이 있고 그 손에는 이한 낫을 가졌더라 또 다른 천사가 성전으로부터 나와 구름 위에 앉은 이를 향하여 큰 음성으로 외쳐 가로되 네 낫을 휘둘러 거두라 거둘 때가 이르러 땅에 곡식이 다 익었음이로다 하니 구름 위에 앉으신 이가 낫을 땅에 휘두르매 곡식이 거두어지니라

금 면류관을 쓰고 이한 낫을 가진 사람이 구름 위에 앉았다. 그가 낫을 휘둘러 땅의 곡식을 거두는 추숫군이라는 것을 알 수 있

다. 추수의 역사를 할 때에도 구름을 타고 역사하는 장면을 보여주고 있다.

왜 구름의 정체와 실상을 깨달아야 하는가?

> 창 9:13-14 내가 내 무지개를 구름 속에 두었나니 이것이 나의 세상과의 언약의 증거니라 내가 구름으로 땅을 덮을 때에 무지개가 구름 속에 나타나면

> 창 9:16 무지개가 구름 사이에 있으리니 내가 보고 나 하나님과 땅의 무릇 혈기 있는 모든 생물 사이에 된 영원한 언약을 기억하리라

하나님께서 "내 무지개를 구름 속에 두었다"는 것이다. 표면적인 무지개는 비가 온 뒤에 볼 수 있다. 그러나 영적인 거룩한 영광의 무지개는 구름 속에 싸여있기 때문에 구름의 도움을 받지 않으면 절대 무지개를 볼 수도 만날 수도 없는 것이다.

> 창 3:24 이같이 하나님이 그 사람을 쫓아내시고 에덴동산 동편에 그룹들과 두루 도는 화염검을 두어 생명나무의 길을 지키게 하시니라

아담이 타락했을 때 여호와 하나님이 "보라 이 사람이 선악을 아는 일에 우리 중 하나 같이 되었으니 그가 그 손을 들어 생명나무 실과도 따먹고 영생할까 하노라"(창 3:22)하시고 그룹들과 화염검으로 생명나무르 가는 길을 지키게 하셨다. 따라서 그룹들과

화염검을 통과하지 않으면 생명나무 열매를 따먹을 수 없다. 즉 그룹들과 화염검이 구름의 역할을 한 것이다.

> 마 17:5 말할 때에 홀연히 빛난 구름이 저희를 덮으며 구름 속에서 소리가 나서 가로되 이는 내 사랑하는 아들이요 내 기뻐하는 자니 너희는 저의 말을 들으라 하는지라

변화산의 사건에 보면 예수님이 아버지의 영광으로 변화 받으셨을 때 베드로가 느닷없이 "주께서 만일 원하시면 내가 여기서 초막 셋을 짓되 하나는 주를 위하여, 하나는 모세를 위하여, 하나는 엘리야를 위하여 하리이다"(마 17:4)라고 하자 구름이 모세와 엘리야와 담소하시는 예수님의 영광을 가리면서 말을 하였다. "이는 내 사랑하는 아들이요 내 기뻐하는 자니 너희는 저의 말을 들으라"고 '홀연히 빛난 구름'이 말을 하고 있다.

구름도 빛난 구름이 있다. 예수님이 아버지의 영광으로 변화 받으셨기 때문에 일반적인 개념의 구름이 아니라 구름 중에서도 가장 거룩한 구름이 호위하고 있는 것이다. 그 구름을 가리켜 빛난 구름이라고 표현하고 있다. 구름이 아버지의 영광으로 변화 받으신 주님과 모세와 엘리야를 볼 수 있게도 하고 또 가릴 수도 있다.

이처럼 구름은 의지를 가지고 있고, 인격을 가진 존재이다. 그렇기 때문에 구름의 도움을 받지 않고는 아버지의 영광으로 변화 받으신 주님을 볼 수도 없고 또 구름 속에 있는 무지개를 볼 수도 없다.

출 16:10 아론이 이스라엘 자손의 온 회중에게 말하매 그들이 광야를 바라
보니 여호와의 영광이 구름 속에 나타나더라

여호와의 영광이 구름 속에 있다. 그렇기 때문에 구름이 가지고 있는 구속사의 비밀과 암호를 올바로 깨달아 알고 믿어야만 무지개의 영광도 볼 수 있고 여호와의 영광도 바라볼 수 있는 것이다.

이처럼 구름의 정체와 실상과 비밀을 알지 못하면 구름 속에 들어있는 무지개의 영광, 구름 속에 들어있는 여호와의 영광을 알 수 없다. 구름 속에서 말씀하시는 하나님의 음성을 들을 수도 없고, 구름을 누각으로 삼으시고 사역자로 삼으시는 하나님의 비밀과 구름을 타고 오시는 하나님의 역사의 세계를 알 수 없다.

구름은 구속사의 역사를 전적으로 도와주는 가장 큰 역할분담을 가지고 있는 존재이기 때문에 구름의 의미를 정확히 깨달아야 궁극적으로 생명나무 앞으로 나아갈 수 있는 것이다.

구름이 될 수 있는 자격자는 누구인가?

요 2:1-4 사흘 되던 날에 갈릴리 가나에 혼인이 있어 예수의 어머니도 거기 계시고 예수와 그 제자들도 혼인에 청함을 받았더니 포도주가 모자란지라 예수의 어머니가 예수에게 이르되 저희에게 포도주가 없다 하니 예수께서 가라사대 여자여 나와 무슨 상관이 있나이까 내 때가 아직 이르지 못하였나이다

예수께서 가나 혼인잔치 집에서 물로 포도주를 만드신 사건이다. 어머니 마리아와 예수님과 제자들이 초대를 받았는데 그 잔치에 포도주가 없는 것을 염려하는 마리아의 입장을 살펴보면 초대 받은 그 집은 마리아의 가까운 친척집이라는 것을 알 수 있다. 잔치가 진행되는 중에 포도주가 떨어지자 어머니 마리아가 예수님에게 포도주가 떨어졌다고 말씀을 하였다. 그러자 예수께서 "여자여 나와 무슨 상관이 있나이까? 내 때가 아직 이르지 못하였나이다"라고 책망하셨다.

공생이 시작되기 전에는 당연히 예수께서 마리아를 어머니라고 불렀을 것이다. 그러나 공생이 시작되는 순간부터 예수님은 마리아를 어머니라고 부른 적이 없다. 예수님이 마리아를 '여자여'라고 하였다고 해서, 어머니의 권위를 실추시키기 위해 의도적으로 한 것은 아니다. 여기에는 깊은 구속사의 신비가 있는 것이다. 십자가 상에서도 세 번째 하신 말씀이 "여자여 보소서 아들이니다"(요 19:26)였다. 모르는 입장에서 보면, 예수께서 윤리와 도덕을 저버린 행위인 것처럼 보이지만, 예수님이 "여자여"라고 부르신 것은 마리아를 진정으로 사랑했기 때문에 그렇게 부르신 것이다. 가나 혼인잔치에서 '여자여'라고 부른 것에는 여러 의미가 있지만, 세 가지로 정리할 수 있다.

첫째, "당신이 무슨 권세로 나에게 명령을 할 수 있습니까?" 즉, 피조물의 입장에서 어떻게 창조주인 하나님에게 무슨 권세로 명할 수 있느냐는 뜻에서 그렇게 말씀하신 것이다.

둘째, "내 때가 아직 이루어지지 않았나이다"라는 그 말씀에는, "말씀이 역사하려면 당신이 때를 이루어주어야 하지 않습니까? 때를 만들어 주어야 될 것이 아닙니까?"라는 의미가 함축되어 있다. 다시 말하면 "말씀이 역사하려면 무대가 있어야 되는데 당신이 무대가 되어 주어야 하지 않습니까? 당신이 구름이 되어 주어야 내가 무지개의 영광을 나타낼 수 있는 것이 아닙니까?"라는 의미로 말씀하신 것이다.

셋째, "당신은 이 세상 사람들이 알지 못하는 나에 관한 모든 비밀을 많이 가지고 있지 않습니까?"라는 의미가 들어있다.

예를 들면, 하나님의 능력이 마리아를 덮어 성령으로 잉태한 것(눅 1:26-38), 마리아가 세례 요한의 모친 엘리사벳을 찾아갔을 때 복중의 태아가 예수님을 증거했던 일(눅 1:39-55), 예수님이 탄생하실 때에 동방박사들이 황금과 몰약과 유향을 가지고 찾아와 경배하며 예물을 바쳤던 것(마 2:9-11), 들에서 양을 치던 목자들이 와서 천사들이 한 말을 마리아에게 전해준 것(눅 2:8-20), 시므온과 안나가 성전에서 아기 예수님을 안고 예수님에 대해서 예언한 것(눅 2:25-38) 등의 내용들이 마리아의 심령의 그릇 속에, 기억의 그릇 속에 담겨져 있었다.

눅 2:19 마리아는 이 모든 말을 마음에 지키어 생각하니라

눅 2:51 예수께서 한가지로 내려가사 나사렛에 이르러 순종하여 받드시더라 그 모친은 이 모든 말을 마음에 두니라

사람들이 필요한 때 요긴하게 사용하고자 은행에 돈을 예금하듯, 마리아도 그 모든 사건의 내용들을 마음에 담고 있었다. 따라서 예수께서 "여자여!"라고 말씀하신 것은 마리아의 영혼의 그릇

속에 담겨있던 하나님 아들에 관한 모든 비밀을 순간적으로 기억나게 하기 위해서 책망하신 것이다. 예수님이 그 말씀을 하시는 순간, 순간적으로 빛이 마리아의 영혼의 그릇 속에 담긴 예수님에 대한 비밀을 비추어주심으로 마리아가 간직했던 기억들을 끄집어낼 수 있었다.

> 요 2:5 그 어머니가 하인들에게 이르되 너희에게 무슨 말씀을 하시든지 그대로 하라 하니라

마리아가 하인들에게 "너희에게 무슨 말씀을 하시든지 그대로 순종하라"고 한 것으로 보아 마리아가 예수께서 책망하신 내용들을 깨달았다는 것을 알 수 있다. 그 순간 마리아가 무지개가 뜰 수 있는 구름이 되어 주었고, 때가 차매 오신 태초의 말씀이 하늘의 일을 역사할 수 있는 믿음의 무대가 되어줄 수 있었다.

이처럼 무지개가 등장하려면 구름이 준비가 되어야 된다. 구름은 믿음의 시간인 '호라'의 시간을 사용할 줄 아는 존재를 말한다. 여기서 '호라'라는 믿음의 시간은 보편적으로 말하는 믿음이 아니라, 무지개의 영광을 나타낼 수 있는 믿음의 시간을 말하는 것이다. 따라서 믿음이 없는 사람은 절대 구름이 되지 못한다.

때에 맞는 말씀이 역사할 수 있도록 준비된 무대가 되어주는 사람이 구름이다. 믿음의 시간인 호라의 시간을 통해서 무지개의 영광을 나타낼 수 있는 무대가 되어주는 사람을 가리켜 구름이라고 한다.

이상으로 볼 때, "하늘에서 내려오는 힘센 천사가 구름을 입고 오신다"는 의미도 이 땅에서 함께 구속사의 역사를 이룰 사역자들을 데리고 오시는 표현이라는 것을 알 수 있다.

3. "본대로 오리라"는 말씀의 의미는 무엇인가?

행 1:9-11 이 말씀을 마치시고 저희 보는 데서 올리워 가시니 구름이 저를 가리워 보이지 않게 하더라 올라가실 때에 제자들이 자세히 하늘을 쳐다보고 있는데 흰옷 입은 두 사람이 저희 곁에 서서 가로되 갈릴리 사람들아 어찌하여 서서 하늘을 쳐다보느냐 너희 가운데서 하늘로 올리우신 이 예수는 하늘로 가심을 본 그대로 오시리라 하였느니라

부활하신 예수님이 500명이 보는 가운데 손을 드시고 축도를 해주시면서 하늘로 올라가셨다(고전 15:6). 예수님이 승천하실 때 구름이 예수님을 모시고 가는 정황을 볼 수 있다. 예수님이 올라가실 때 어느 지점에서 구름이 그를 가리고 그 구름 속에서 말씀이 나왔다. 따라서 그 구름은 수증기로 이루어진 구름이 아니라 하나님의 영광을 나타내는 의지와 인격을 가진 구름이라고 말할 수 있다. 그것이 산 자의 하나님이 가지고 있는 하나님의 거룩하심이라고 말할 수 있는 것이다.

그런데 문제는 "너희가 본대로 오리라"는 것이다. 이 구절 때

문에 많은 성도들이 하늘로 승천하신 예수께서 다시 오실 때에도 하늘에서 구름을 타고 오신다고 믿고 있다. 정말 하늘 우편 보좌에 계신 주님께서 공중에 있는 흰 구름을 타고 다시 오실 것인가?

"너희가 본대로 오리라"는 말씀이 무슨 뜻인가? 예수께서 인자로 오셔서 사망 권세를 깨시고 승리하여 부활하신 몸으로 올라가신 그 모습대로 오신다는 말씀이다. 그 모습은 어떤 모습인가?

> 롬 1:3-4 이 아들로 말하면 육신으로는 다윗의 혈통에서 나셨고 성결의 영으로는 죽은 가운데서 부활하여 능력으로 하나님의 아들로 인정되셨으니 곧 우리 주 예수 그리스도시니라

"죽은 가운데서 부활하여 능력으로 하나님의 아들로 인정받으셨다"는 의미가 무엇인가? 예수님은 본래 태초의 말씀이신데, 그 말씀이 육신으로 오신 분이다(요 1:1, 1:14). "만물이 그로 말미암아 지은바 되었으니 지은 것이 하나도 그가 없이는 된 것이 없느니라"(요 1:1-3)고 하였다. 예수님 자신이 아버지의 태초의 말씀으로서 '창조자'가 되어서 우주만물을 창조하신 분이다(잠 8:30).

그런 분이 십자가를 지심으로 사망 권세를 깨시고 부활의 영광을 입으셨다면 본래의 영광보다 더 큰 영광을 받아야 마땅한데, 부활하신 후에야 '하나님 아들로 인정받으셨다'니 그 말씀이 얼마나 이해할 수 없는 말씀인가? 왜 본래 가진 하나님으로서의 영광보다 더 낮은 아들의 영광을 받으셔야만 하는가? 그 이유가 무엇인가?

예수님은 분명히 유월절 양으로 이 땅에 오신 분이다(출 12:1-12). 유월절 양은 본래 제단 아래서 죽게 되어 있다. 그런데 예수님은 유월절 양으로서 죽지 못하고 아사셀 양으로서 영문 밖 골고다 언덕에서 죽으셨다(레 16:8-10, 히 13:11-13). 유월절 양으로 십자가를 짊어지러 오신 분이 아사셀 양의 입장에까지 내려가셔서 아사셀 양이 걸어야 될 그 사명까지 함께 짊어지게 되었다. 즉 고난의 주로서 십자가를 짊어지셔야 될 분이 영광의 주로서의 십자가도 함께 짊어지셨다(고전 2:8).

고난의 주와 영광의 주는 어떻게 다른 것인가? 다시 말하면 유월절 양과 아사셀 양은 어떤 차이가 있는가?

유월절 양, 즉 고난의 주는 문 인방과 좌우 설주에 피를 바름으로 말미암아 유월(逾越)하는 존재이며(출 12:7) 하나님께 바쳐지는 제물이다. 죄악을 뛰어넘는 존재, 죽음을 뛰어넘는 존재, 사망을 이길 수 있는 영원한 생명과 능력을 가진 존재로 죽기 때문에 유월절 양은 아버지의 도움이 없어도 스스로 예언된 말씀대로 3일 만에 살아날 수 있는 분이다. 그것이 유월절 양이 가진 특징이다.

> 레 16:6-10 아론은 자기를 위한 속죄제의 수송아지를 드리되 자기와 권속을 위하여 속죄하고 또 그 두 염소를 취하여 회막문 여호와 앞에 두고 두 염소를 위하여 제비뽑되 한 제비는 여호와를 위하고 한 제비는 아사셀을 위하여 할찌며 아론은 여호와를 위하여 제비뽑은 염소를 속죄제로 드리고 아사셀을 위하여 제비뽑은 염소는 산대로 여호와 앞에 두었다가 그것으로 속죄하고 아사셀을 위하여 광야로 보낼찌니라

그런데 아사셀 양은 스스로 살아나지 못한다. 아사셀 양은 양이 가진 모든 권능을 빼앗기고 이스라엘 백성들의 모든 죄를 머리에 짊어지게 하고 광야로 내보낸다. "너는 광야에 가서 마귀의 밥이 되라"는 의미로 마귀에게 내어주는 제물이다. 그렇기 때문에 아사셀 양은 스스로 살아나지 못한다.

그렇다면 부활하신 예수님은 어떤 존재가 되신 것인가?

히 7:1-3 이 멜기세덱은 살렘 왕이요 지극히 높으신 하나님의 제사장이라 여러 임금을 쳐서 죽이고 돌아오는 아브라함을 만나 복을 빈 자라 아브라함이 일체 십분의 일을 그에게 나눠주니라 그 이름을 번역한즉 첫째 의의 왕이요 또 살렘 왕이니 곧 평강의 왕이요 아비도 없고 어미도 없고 족보도 없고 시작한 날도 없고 생명의 끝도 없어 하나님 아들과 방불하여 항상 제사장으로 있느니라

아사셀 양으로서 죽었다 부활하신 예수님은 하늘의 대제사장, 멜기세덱이 되신 것이다. 멜기세덱이란 피조물로서 하나님께 제사를 드리는 하늘의 대제사장이다. 멜기세덱이 하나님 아들과 방불한 존재라는 말은 독생하신 하나님의 아들은 아니지만, 사망 권세를 깨시고 부활하심으로 비로소 하나님 아들로 인정받으신 입장을 말한다.

그렇다면 왜 예배를 받으셔야 할 하나님 자신이 피조물인 제사장이 되어야 하는가? 하나님의 영광과 그 하나님께 제사를 드리는 제사장의 영광은 비교가 안 된다. 당연히 제사를 받으시는 분의 영광이 더 크다.

이처럼 영광을 받으시는 하나님이 사람으로 오셔서 이 땅에서 하나님께 영광을 돌리는 제사장의 길을 걸으라고 하시는 하나님의 그 의중은 무엇인가? 바로 그 문제 때문에 예수님이 겟세마네 동산에서 땀방울이 핏방울이 되도록 기도하신 것이다(눅 22:44). 그 결과 "내 원대로 마옵시고 아버지의 뜻대로 하옵소서"(마 26:39, 막 14:36, 눅 22:42)라는 기도를 하신 것은 아버지께로부터 응답을 받으셨기 때문이다.

다시 말하면 하나님께서 예수님에게 하나님 아들로 인정받는 그 길, 즉 멜기세덱이 되는 길을 걸으라고 요구하신 것이다. 멜기세덱 반차를 통해서 멜기세덱의 영광을 이루라고 명령하신 것이다.

예수께서 둘째 아담으로 오셨다는 것은 피조물인 아담으로 오셨다는 것이 아니라, 둘째 아담의 입장으로 오신 것을 말한다. 왜 예수께서 둘째 아담의 입장으로 오셔야 하는가?

그 이유는 첫째 아담이 상실한 생령의 모든 영광을 찾아오시고 회복하기 위해서이고, 그를 지으신 창조주로서 책임을 지시고자 이 땅에 인자로 오셔야만 하는 것이다. 예수님이 하나님 아들로서 죽었다가 부활한다면 그것은 너무도 당연한 일이다. 예수님은 말씀이 육신이 되어 오신 분이기 때문에 스스로 계신 자로서의 영원한 생명과 빛을 가진 분이다. 그분의 생명은 절대 죽는 생명이 아니기 때문에 그분은 천 번을 죽여도 천 번 다 살아나는 분이다.

히 5:7 그는 육체에 계실 때에 자기를 죽음에서 능히 구원하실 이에게 심한

> 통곡과 눈물로 간구와 소원을 올렸고 그의 경외하심을 인하여 들으심을 얻었느니라

그런 예수께서 왜 죽음에서 구원하실 이에게 눈물로 간구하셨는가? 인간 예수로 죽으셔야 하기 때문이다. 예수님은 스스로 살아날 수 없는 상태로 죽으셔야 하기 때문에 아버지께 통곡과 눈물로 기도하신 것이다. 예수님이 스스로 부활할 수 있는 부활의 능력을 가지고 죽는다면 심한 통곡과 눈물로 아버지께 자기를 살려주시라고 기도하실 필요가 없다.

예수께서 아버지의 뜻이 무엇인지 아심으로, 태초의 말씀을 피 속에 넣어 이 땅에 다 쏟으셨다. 예수님은 하나님의 비밀이기 때문에, 하나님의 보배, 보화는 예수님 안에 다 들어있다. 피에는 생명이 있기에(레 17:11) 예수님의 피 속에 그 태초의 말씀을 담아 쏟으신 것이다. 아사셀 양으로 마귀의 제물이 되실 예수께서 태초의 말씀을 간직한 채 제물이 된다면 마귀에게 하나님의 보화가 넘어가고 말 것이다. 그렇기 때문에 예수님이 간직하신 보화가 마귀에게 넘어가지 않도록 태초의 말씀을 이 땅에 다 떨치셔야만 한다.

> 요 19:34 그 중 한 군병이 창으로 옆구리를 찌르니 곧 피와 물이 나오더라

십자가에 달려서 가시관을 쓰신 머리와 양손, 양발에서 피를 쏟으셨다. 그리고 로마 병정이 확인사살 차원에서 두 강도는 다리를 꺾었고, 예수님은 이미 운명하셨기 때문에 창으로 옆구리를 찌르니 피와 물이 나왔다. 몸에 상처가 나면 먼저 피가 나오고, 피가

다 빠지면 물이 나온다. 예수님의 성체에서 피와 물이 나왔다는 것은 한 마디로 예수님의 성체에는 한 방울의 피도 남지 않았다는 것이다.

예수님은 우주만물을 창조하신 그 태초의 말씀을 가지고 말씀 자체로 오신 분이다. 따라서 예수님에게는 완전한 신성과 인성이 있다. 그 신성과 인성을 가지고는 스올에 들어가지 못하신다. 그렇기 때문에 예수님이 가지고 계시는 태초의 말씀은 피 속에 감추시고, 은혜와 진리는 물 속에 감추어 이 땅에 떨치셨다.

그러나 예수께서 흘리신 피 속에 있는 태초의 말씀과 물 속에 있는 은혜와 진리가 아직 완전한 하나를 이루지 못했다. 완전한 하나를 이루어야만 완전한 인격체로서 거룩한 성체가 될 수 있는데 아직은 물과 피 자체로서 스스로 역사할 수 있는 대상이 되지 못한다.

> 요 7:37-39 명절 끝날 곧 큰 날에 예수께서 서서 외쳐 가라사대 누구든지 목마르거든 내게로 와서 마시라 나를 믿는 자는 성경에 이름과 같이 그 배에서 생수의 강이 흘러나리라 하시니 이는 그를 믿는 자의 받을 성령을 가리켜 말씀하신 것이라 (예수께서 아직 영광을 받지 못하신 고로 성령이 아직 저희에게 계시지 아니하시더라)

예수께서 십자가 사역을 마치기 전까지 아직 성령이 계시지 않았다고 하였다(요 7:37-39). 다시 말하면 예수님의 영이 아직 완전한 성령으로서 완성되지 못한 것이다. 그러나 사망 권세를 깨시고 승리하심으로 예수님의 영은 완전한 성령으로서 영광을 받게 된다. 그 예수님의 영이 보혜사 성령으로 오순절 마가 다락방에서 성령의 역사를 행하실 수 있었던 것이다(행 2:1-21).

> 요일 5:8 증거하는 이가 셋이니 성령과 물과 피라 또한 이 셋이 합하여 하나이니라

그렇다면 그 성령께서 예수님이 이 땅에 떨치신 피와 물을 찾지 않겠는가? 따라서 예수님의 성령이 땅에 떨치신 태초의 말씀과 은혜와 진리를 찾아 셋이 합하여 하나가 되는 것이다. 즉, 인격적인 태초의 말씀이 되는 것이다. 그것을 가리켜 성령과 물과 피가 합하여 하나가 된다고 표현한 것이다(요일 5:8). 셋이 합하여 하나가 된 것이 인격적인 태초의 말씀(요 1:1), 인자로서 역사할 수 있는 완전한 인격적인 하나님의 말씀, 완전한 하나님의 신성과 인성을 가진 말씀, 즉 '해'가 되는 것이다.

해는 여호와 하나님(시 84:11), 또는 신랑이라고 하였다(시 19:5). 그 '해'의 정체와 실상과 비밀을 아는 사람이 인자로서 그 해를 입게 되는 것이다. 그 비밀을 아는 자가 누구인가? 변화산에서 해처럼 변형되신 예수님과 십자가 사건을 상론(相論)했던 모세와 엘리야 중 한 사람이라면(마 17:1-3, 막 9:2-4, 눅 9:28-31), 부활한 모세와 변화한 엘리야 중 영광이 더 큰 모세가 아니겠는가?(살전 4:16-17) 그가 재림 마당에서 그 '해'를 입어 해를 입은 여인이 되심으로[3] 장차 우리의 신랑이 되실 이 땅의 주, 아버지로

---

[3] '종말론적 구속사 시리즈' 제 2권 <이 땅의 주, 그는 누구인가?> 199-209쪽, 벽암 조영래 저, 도서출판 오색이슬

등장하는 것이다.

　예수께서 흘리신 피 속에는 태초의 말씀을 감추시고, 옆구리에서 쏟으신 물 속에는 은혜와 진리를 감추셨다. 장차 재림 마당에서 이루어질 신랑과 신부의 역사를 위해 피와 물을 쏟으신 것이다.

　예수님은 하나님 아들로 죽으신 것이 아니라, 우리와 똑같은 성정을 가진 인간 예수로서 스올에 들어가신 것이다. 하나님 아들로서 가지고 계신 모든 신성과 인성까지도 피와 물속에 다 감추시어 이 땅에 떨치시고, 우리와 똑같은 성정을 가진 인간 예수로 스올에 들어가신 것이다.

　벧전 1:9　믿음의 결국 곧 영혼의 구원을 받음이라

　그러나 예수님은 믿음의 주이시다(히 12:2). 비록 말씀은 이 땅에 떨쳤으나, 믿음으로 스올에 들어가셔서 부활의 복음을 전함으로써 물로 심판받은 자들이 영혼 구원을 받게 해 주셨다(벧전 3:18-20, 1:9). 그리고 3일 만에 아버지께서 살려주시어 부활하심으로 하나님 아들로 인정을 받으신 것이다(롬 1:4).

　만일 예수님이 하나님의 아들로서 죽었다 부활하셨다면 예수님의 부활이 우리의 부활이 될 수 있겠는가? 예수께서 우리와 똑같은 사람의 입장으로 죽었다가 부활하셨기 때문에 예수님의 부활이 우리의 부활이 될 수 있는 것이다. 만일 예수께서 하나님 아들로 죽었다 부활하셨다면 피조물로서는 아무도 예수님이 가신 그 길을 따라갈 수 없다. 이처럼 예수께서 피조물의 입장으로서 부활하심으로 하나님 아들로 인정받아 하늘의 대제사장, 멜기세덱이 되신 것은 우리를 위해서 그 길을 걸으신 것이다. 그 길이 멜기세덱 반차이다.

> 히 6:20 그리로 앞서 가신 예수께서 멜기세덱의 반차를 좇아 영원히 대제사장이 되어 우리를 위하여 들어가셨느니라

예수께서 "나는 길이요, 진리요, 생명이니 나로 말미암지 않고는 아버지께로 올 자가 없느니라"(요 14:6)고 하신 길이 바로 멜기세덱 반차를 가리킨 것이다. 그 길이 하늘로 가는 길, 사닥다리인 것이다. 그 길이 얼마나 중요하면 하나님의 아들이신 예수께서도 그 길로 가셨겠는가? 하물며 피조물들이 하늘로 갈 때 그 길이 아닌 다른 길로 갈 수가 있는가?

예수님의 생은 사생 30년, 공생 3년, 그리고 영생 40일이다. 그것이 예수님이 걸으신 삼일길이다. 예수께서 부활하신 후, 멜기세덱으로서 이 땅에 40일 계셨다. 그렇기 때문에 예수님이 승천하실 때의 모습은 멜기세덱으로 승천하신 것이다. 그리고 지금은 성자 하나님으로서 만유 안에서 영광을 받기까지 하늘 우편 보좌에 계신다(마 22:44, 26:64, 막 12:36, 14:62, 16:19, 눅 20:43, 22:69, 행 2:35, 7:55-56, 롬 8:34, 골 3:1, 히 1:3, 1:13, 8:1, 10:12, 12:2, 벧전 3:22).

그렇다면 지금도 그분이 예수님이신가? 예수라는 이름은 이 땅에서 피 흘리는 이름(사 53:2-10, 63:1-3), 자기 백성을 죄에

서 구원할 구세주의 이름이다(마 1:21). 그러면 우편 보좌에 계신 분은 누구인가? 분명히 우편 보좌에 계시는 분은 주(主)님이시며(고전 12:3), 하늘의 대제사장 멜기세덱이시다. 그렇기 때문에 주님은 '재림 예수'로 다시 오실 수가 없는 것이다. 그분이 인자로 다시 이 땅에 오기를 바라는 사람은 예수님을 두 번 십자가에 못 박으려는 사람과 같다(히 6:4-6).

우편 보좌에 계신 주님은 이 땅에서 누군가 원수를 발등상 앞에 무릎 꿇게 하고 주님께 영광을 바치는 사람이 탄생하기까지 우편 보좌에서 기다리신다(시 110:1, 눅 20:43, 행 2:35, 히 1:13, 10:13).

그렇기 때문에 예수께서 "다른 사람이 자기 이름으로 오면 영접하리라"(요 5:43)고 하신 것이다. 하늘 우편 보좌에 계신 예수님이 직접 오시는 것이 아니라, 다른 사람이 자기의 이름으로 오는 분이 있다는 것이다. '자기 이름으로 오는 다른 사람'이 바로 멜기세덱이다. 멜기세덱은 '하나님 아들과 방불한 제사장'이다. 그분이 예수께서 이 땅에 떨치고 가신 태초의 말씀, 해를 입었기에 예수님 안에 있던 보배, 보화의 모든 것을 다 넘겨받은 분이다. 그분이 다 넘겨받았기에 예수님 대신 오셔서 예수께서 행하실 사역을 대행하신다. 따라서 "너희가 본대로 오리라"는 말씀은 예수께서 멜기세덱으로 승천하신 것을 본대로, 재림 마당에 멜기세덱이 재림주로 오신다는 것이다.

"구름을 타고 오리라"는 말씀은 그분이 오실 때에도 구름을 상징하는 사역자들, 거룩한 천사의 역할을 하는 인자들을 데리고 오실 것을 예언하신 것이다. 그것을 정확하게 알아야 구속사의 끝이 어떻게 이루어지는 것인지 알 수 있는 것이다.

> 출 33:18-23 모세가 가로되 원컨대 주의 영광을 내게 보이소서 여호와께서 가라사대 내가 나의 모든 선한 형상을 네 앞으로 지나게 하고 여호와의 이름을 네 앞에 반포하리라 나는 은혜 줄 자에게 은혜를 주고 긍휼히 여길 자에게 긍휼을 베푸느니라 또 가라사대 네가 내 얼굴을 보지 못하리니 나를 보고 살 자가 없음이니라 여호와께서 가라사대 보라 내 곁에 한 곳이 있으니 너는 그 반석 위에 섰으라 내 영광이 지날 때에 내가 너를 반석 틈에 두고 내가 지나도록 내 손으로 너를 덮었다가 손을 거두리니 네가 내 등을 볼 것이요 얼굴은 보지 못하리라

모세가 하나님의 선한 형상을 보여 달라고 할 때, "나를 보고 살 자가 없다"고 하시면서 뒷모습만 보여주셨다. 모세가 보지 못한 하나님의 앞모습은 무엇인가? 예수님의 뒷모습은 고난의 주이고, 앞모습은 영광의 주, 멜기세덱이었다.

> 고전 2:8 이 지혜는 이 세대의 관원이 하나도 알지 못하였나니 만일 알았더면 영광의 주를 십자가에 못 박지 아니하였으리라

지금도 예수님을 고난의 주, 피 흘리는 메시아로만 알고 있는 사람들은 모세가 보았던 뒷모습만 보고 앞모습은 보지 못하는 사람들이다.

> 창 32:30 그러므로 야곱이 그곳 이름을 브니엘이라 하였으니 그가 이르기

를 내가 하나님과 대면하여 보았으나 내 생명이 보전되었다 함이더라

왜 야곱이 하나님과 밤새 씨름하고 나서 그곳 이름을 '브니엘'이라고 했겠는가? '브니엘'이란 하나님의 얼굴이라는 뜻이다. 다시 말하면 야곱이 하나님의 얼굴, 앞모습을 보았다는 것이다. 피조물인 야곱이 어찌 창조주 하나님과 씨름하여 이길 수가 있겠는가? 야곱이 씨름한 하나님의 사자는 하나님을 대신한 사람, 멜기세덱이었기에 그와 싸워 이긴 것을 하나님과 싸워 이긴 것으로 인정해주신 것이다. 야곱이 그 하나님의 사자가 멜기세덱이라는 것을 깨달았기에 '하나님의 얼굴'을 보았다고 한 것이 아니겠는가?

이처럼 구름의 의미를 정확히 깨닫고 신령한 구름이 될 때, 하나님의 선한 형상인 앞모습을 보게 되는 것이다. 그러나 성경 속의 깊은 뜻을 올바로 깨닫지 못하고, 구름의 의미를 정확하고 올바르게 깨닫지 못하는 사람들은 '오직 예수', '재림 예수'만을 부르짖는 사람들과 같다. 그 결과는 엄청난 오류에 빠지게 될 것이다.

우리의 이름이 생명록에 기록되려면 이 땅에서 사용하는 이름으로는 절대 생명록에 기록되지 못한다. 누구든지 이기는 자가 되어 새 이름을 받지 못하면(계 2:17) 절대 생명록에 기록되지 못하고, 하늘에 올라갈 수도 없다.
예수님이라 할지라도 이 땅의 이름, 예수라는 이름으로는 절대 하늘에 올라가지 못한다. 예수께서도 이기는 자가 되어 새 이름을 받아야 하늘에 올라가실 수 있다. 그 새 이름이 바로 멜기세덱이다.

II
머리에 무지개를 쓰고

1. 노아에게 주신 무지개 언약

> 창 9:13-16 내가 내 무지개를 구름 속에 두었나니 이것이 나의 세상과의 언약의 증거니라 내가 구름으로 땅을 덮을 때에 무지개가 구름 속에 나타나면 내가 나와 너희와 및 혈기 있는 모든 생물 사이의 내 언약을 기억하리니 다시는 물이 모든 혈기 있는 자를 멸하는 홍수가 되지 아니할찌라 무지개가 구름 사이에 있으리니 내가 보고 나 하나님과 땅의 무릇 혈기 있는 모든 생물 사이에 된 영원한 언약을 기억하리라

하나님께서 노아 홍수 이후에 다시는 물로 심판하지 않으시겠다고 약속하심으로 무지개 언약을 맺으셨다. 그런데 노아 홍수 이후 오늘에 이르기까지 정말 홍수가 사라졌는가? 매년 지구촌 곳곳에는 홍수로 인한 재해가 끊어지지 않고 있다. 그렇다면 하나님께서 노아에게 언약하신 무지개 언약의 의미는 자연계의 홍수에 대한 내용이 아니라는 것을 알 수 있다.

겔 1:28 그 사면 광채의 모양은 비오는 날 구름에 있는 무지개 같으니 이는 여호와의 영광의 형상의 모양이라 내가 보고 곧 엎드리어 그 말씀하시는 자의 음성을 들으니라

구름 속에 있는 무지개가 여호와의 영광의 형상의 모양이라는 것이다. 따라서 구름의 의미를 알지 못하면 무지개의 의미를 알 수 없고, 무지개의 의미를 알지 못하면 여호와의 영광의 형상의 모양을 알 수 없는 것이다.

계 4:2-3 내가 곧 성령에 감동하였더니 보라 하늘에 보좌를 베풀었고 그 보좌 위에 앉으신 이가 있는데 앉으신 이의 모양이 벽옥과 홍보석 같고 또 무지개가 있어 보좌에 둘렸는데 그 모양이 녹보석 같더라

무지개가 하늘 보좌에 둘렸는데 그 모양이 녹보석과 같다고 하였다. 하늘 보좌에 둘린 무지개란 분명히 대기권에 떠있는 자연 현상의 무지개가 아니라, 영적인 존재라는 것을 알 수 있다.

무지개는 무엇을 상징하는가?

창 9:13 내가 내 무지개를 구름 속에 두었나니 이것이 나의 세상과의 언약의 증거니라

자연계 현상으로 나타나는 무지개는 대부분 비가 온 뒤에 맑은 하늘에 펼쳐지기 때문에 구름이 별로 없다. 그런데 하나님께

서 "내 무지개를 구름 속에 두었나니"(창 9:13)라고 하였다. 하나님의 무지개는 청천 하늘에 떠 있는 무지개가 아니라 구름 속에 떠 있는 무지개를 말한다. 구름 속에 두었다는 말은, 구름으로 하여금 무지개를 지키게 하신다는 의미가 있다. 네 생물이 하나님의 보좌를 호위하는 것처럼, 하나님의 뜻을 아는 하나님의 능력을 가지고 있는 구름들로 하여금 무지개를 호위하게 하신다는 것이다. 따라서 무지개를 호위하는 구름이란, 보좌를 지키는 네 생물과 같은 대상을 말한다.

그렇기 때문에 무지개를 보려면 무지개와 함께 하여 무지개를 호위하며, 무지개의 영광을 나타낼 수 있는 능력의 구름이 어디 있느냐에 따라 무지개의 정체와 실상과 영광을 바라볼 수 있는 것이다.

구름 속에 무지개를 두었다는 것은 많은 인자 속에 무지개를 두었다는 것이다. 야곱의 열두 아들 중에 요셉이 들어 있다. 열두 아들 속에 들어 있는 요셉은 구름 속에 들어있는 무지개라고 말할 수 있는 것이다. 나머지 열한 형제들은 무지개인 요셉을 위해서 존재하는 사람들이다. 열한 형제들이 요셉을 학대하고 애굽으로 팔려가게 하는 역할을 담당해줌으로써 요셉이 무지개가 될 수 있었다. 요셉을 위해 형제들이 구름의 역할을 한 것이다. 이처럼 무지개와 구름은 떼려야 뗄 수 없는 필연적인 인연과 섭리 속에서 함께 하는 사람들이다.

마 17:1-5 엿새 후에 예수께서 베드로와 야고보와 그 형제 요한을 데리시고 따로 높은 산에 올라가셨더니 저희 앞에서 변형되사 그 얼굴이 해 같이 빛나며 옷이 빛과 같이 희어졌더라 때에 모세와 엘리야가 예수로 더불어 말씀하는 것이 저희에게 보이거늘 베드로가 예수께 여짜와 가로되 주여 우리가 여기 있는 것이 좋사오니 주께서 만일 원하시면 내가 여기서 초막 셋을 짓되 하나는 주를 위하여, 하나는 모세를 위하여, 하나는 엘리야를 위하여 하리이다 말할 때에 홀연히 빛난 구름이 저희를 덮으며 구름 속에서 소리가 나서 가로되 이는 내 사랑하는 아들이요 내 기뻐하는 자니 너희는 저의 말을 들으라 하는지라

예수님이 모세와 엘리야와 함께 하고 있는 모습이 거룩한 천사와 함께 하신 무지개의 모습이다. 변화산에 등장한 모세와 엘리야는 변화 받은 산 자들이다. 누구를 막론하고 변화받지 못한 자들은 산 자의 영광에 동참하지 못한다. 죽는 자들은 산 자의 하나님과 가까이 거할 수 없을 뿐 아니라, 산 자의 하나님을 바라볼 수도 없다.

무지개는 구름이 없으면 존재할 수 없다. 무지개를 구름 속에 두었다는 말은 인자 속에 계신 예수님을 말씀하는 것이다. 모세와 엘리야 가운데 계시는 예수님이야말로 빛난 구름 속에 있는 무지개와 같은 존재가 되는 것이다.

시 68:34 너희는 하나님께 능력을 돌릴찌어다 그 위엄이 이스라엘 위에 있고 그 능력이 하늘에 있도다 (개역성경)

시 68:34 하느님은 강하시다, 찬양하여라. 그의 영광 이스라엘 위에 높이 떨치고 그의 힘 구름 위에 힘껏 뻗는다. (공동번역)

같은 구절인데 개역성경에는 구름이라는 말이 나오지 않는데 반해 공동번역에는 하나님의 능력과 영광이 구름 위에 힘껏 뻗는다고 하였다. 시편 68편의 말씀은 시내산이 아닌 다른 산에서 하나님께서 시내산과 같은 동일한 역사를 하시는 내용이 자세하게 소개가 되어 있다. 영적으로 말하면 이스라엘 백성들이 아닌 또 다른 백성들을 하나님의 산으로 이끄시고 그들을 통해서 시내산과 같은 역사를 행하신다는 내용이다. 그렇게 살아 역사하고 있는 예언된 말씀의 현장 속에 등장하는 구름이기 때문에 시편 68:34의 말씀이 강조되고 있다

하나님의 능력이 있는 구름 속에 무지개를 두셨다는 것이다. 따라서 영적인 무지개는 하나님의 능력이 되는 구름 안에서만 존재한다.

> 민 9:17-22 구름이 성막에서 떠오르는 때에는 이스라엘 자손이 곧 진행하였고 구름이 머무는 곳에 이스라엘 자손이 진을 쳤으니 이스라엘 자손이 여호와의 명을 좇아 진행하였고 여호와의 명을 좇아 진을 쳤으며 -(중략)- 이틀이든지 한 달이든지 일 년이든지 구름이 성막 위에 머물러 있을 동안에는 이스라엘 자손이 유진하고 진행치 아니하다가 떠오르면 진행하였으니

이스라엘 백성들이 광야길을 걷는 과정 안에서 구름기둥과 불기둥이 있었다. 그 구름기둥은 하나님의 주권적인 능력으로 나타난 구름이기 때문에 그 구름이 이스라엘 백성들의 행진을 진행하게도 하고 멈추게도 하였다. 구속사적 입장에서 이스라엘 백성과 구름과는 떼려야 뗄 수 없는 필연적인 관계로서 이스라엘 백성

들의 삶의 환경을 친히 지키고 다스리며 통치하고 있었다.
  그 구름기둥은 하나님의 주권적인 은혜, 권세, 능력이 있는 구름이며 의지가 담긴 구름이기 때문에 그 구름이 이스라엘 백성들을 인도하는 길잡이가 되었다. 그런 구름기둥 속에서 이스라엘 백성들이 광야길을 걸었기 때문에 그 험한 노정 속에서도 먹을 걱정, 입을 걱정, 마실 걱정을 하지 않고 살 수 있었다.
  따라서 무지개는 '오늘날'이라고 외치시는 구름기둥과 불기둥이 역사하는 곳에서단 볼 수 있다. 즉 '오늘날'의 역사 속에서만 무지개를 볼 수 있고, 무지개의 축복을 받을 수 있다.

왜 무지개의 축복을 받아야 하는가?

> 창 2:2-3 하나님의 지으시던 일이 일곱째 날이 이를 때에 마치니 그 지으시던 일이 다하므로 일곱째 날에 안식하시니라 하나님이 일곱째 날을 복 주사 거룩하게 하셨으니 이는 하나님이 그 창조하시며 만드시던 모든 일을 마치시고 이 날에 안식하셨음이더라

  하나님께서 첫째 날부터 여섯째 날까지 창조 역사를 마치시고 일곱째 날에 안식하였다. 그리고 일곱째 날에게 복을 주시고 안식하셨다. 그러나 실제로 하나님께서 안식을 다 이루셨는가?
  여섯째 날 창조한 인류의 첫 시조 아담이 타락함으로 일곱째 날 안식도 깨어진 것이다. 따라서 첫째 날부터 여섯째 날까지의 축복은 완전한 축복이 되지 못하고, 근심 있는 축복이며 허무한 축복일 뿐이다.

전도서 기자는 "헛되고 헛되며 헛되고 헛되니 모든 것이 헛되도다"(전 1:2, 12:8)라고 탄식하였다. 그래서 우리의 삶의 현장 속에는 웃음 끝에도 슬픔이 따라오고, 슬픔 후에도 기쁨이 찾아오기도 하는 희로애락(喜怒哀樂)이 항상 깃들어 있다. 그런 운명을 살아가는 인생들에게는 하나님께서 왜 그런 삶을 살게 하는지, 하나님이 하시는 시종의 비밀을 측량하지 못하게 하신다고 하였다(전 3:11, 욥 5:9).

그렇기 때문에 일곱째 날의 완전한 축복을 받아야 한다. 일곱째 날의 축복은 안식의 축복이다. 안식의 축복은 일곱째 날에게 주셨기에 그 날 바깥에서는 절대 받을 수 없는 복이다(창 2:3).

믿음의 조상 아브라함에게 복의 근원이 되게 하시고 복을 맡기셨다(창 12:2-3). 그러나 일곱째 날의 축복, 안식의 축복은 사람에게 맡기지 않고 날에게 맡기셨다. 그렇기 때문에 어느 누구도 그 날 안에 들어가지 못하면 절대 일곱째 날의 축복을 받지 못한다. 주일을 지키지 않는 자는 절대 주일에게 허락하신 날의 축복을 받지 못한다. 한 마디로 말하면 근심이 없는 축복, 기쁨과 즐거움과 감사와 찬화가 넘치는 에덴동산의 축복, 안식의 축복을 받을 수 없는 것이다.

> 히 4:7-9 오랜 후에 다윗의 글에 다시 어느 날을 정하여 오늘날이라고 미리 이같이 일렀으되 오늘날 너희가 그의 음성을 듣거든 너희 마음을 강퍅케 말라 하였나니 만일 여호수아가 저희에게 안식을 주었더면 그 후에 다른 날을 말씀하지 아니하셨으리라 그런즉 안식할 때가 하나님의 백성에게 남아 있도다

왜 하나님께서 이스라엘 백성들을 젖과 꿀이 흐르는 가나안 땅으로 인도하셨는가? 안식을 주시기 위해서였다. 이스라엘 백성들이 40년 동안 걸었던 광야길이 '오늘날'의 역사였다. '오늘날'의 역사는 반드시 광야길을 통해 이루어지고, 광야길에는 만나가 내린다. 그러나 그들이 광야길에서 우상숭배하고 간음하고 하나님을 시험하고 원망하는 네 가지 죄로 인해 안식에 들어가지 못하였다(고전 10:7-10). 그러므로 안식할 때가 남아있다는 것은 장차 안식의 세계가 완성될 때가 있다는 것이다.

그 역사를 위해서 '오늘날'이라는 말씀이 전파될 때 마음을 강퍅하게 하지 말고, 그 오늘날의 말씀을 영접해야 한다는 것이다. 이처럼 '오늘날'의 역사는 구약 마당에도 있었고, 신약 마당에도 있었다.

> 요 1:23 가로되 나는 선지자 이사야의 말과 같이 주의 길을 곧게 하라고 광야에서 외치는 자의 소리로라 하니라

> 요 6:51 나는 하늘로서 내려온 산 떡이니 사람이 이 떡을 먹으면 영생하리라 나의 줄 떡은 곧 세상의 생명을 위한 내 살이로라 하시니라

구약 마당은 실물교육의 때이기에 실제로 보이는 광야길을 걸으며 보이는 물질의 만나를 먹었지만, 신약 마당에서는 인자의 역사로 전환된다. 따라서 신약 마당에서는 세례요한이라는 광야길을 통해 예수께서 공개된 만나로서 '오늘날'의 역사를 행하신 것이다.

> 딤후 4:8 이제 후로는 나를 위하여 의의 면류관이 예비되었으므로 주 곧 의로우신 재판장이 그 날에 내게 주실 것이니 내게만 아니라 주의 나타나심을 사모하는 모든 자에게니라

사도 바울이 의의 면류관을 받기로 예비되었다는 것은 결과적으로 영원한 안식세계에 들어간다는 것을 상징한다. 이 말씀으로 보아 신약 마당에도 '오늘날'의 역사가 있었다는 것을 알 수 있다.

> 계 2:17 귀 있는 자는 성령이 교회들에게 하시는 말씀을 들을찌어다 이기는 그에게는 내가 감추었던 만나를 주고 또 흰 돌을 줄 터인데 그 돌 위에 새 이름을 기록한 것이 있나니 받는 자 밖에는 그 이름을 알 사람이 없느니라

'오늘날'의 역사에는 반드시 광야길과 만나의 역사가 동반된다. 재림 마당에도 '오늘날'의 역사가 있기에 이기는 자에게 감추었던 만나를 주시겠다고 하셨다(계 2:17). 그 '오늘날'의 역사 속에서만 일곱째 날의 축복, 무지개의 축복을 받을 수 있는 것이다. 무지개의 정체와 실상과 비밀을 깨닫고 축복을 받는 사람만이 안식세계에 들어갈 수 있는 것이다.

노아에게 무지개 언약을 주신 이유는 무엇인가?

> 창 9:1 하나님이 노아와 그 아들들에게 복을 주시며 그들에게 이르시되 생육하고 번성하여 땅에 충만하라

노아 때 물심판을 하시고, "생육하고 번성하여 땅에 충만하라"(창 9:1)고 하신 말씀 때문에 "이제 심판이 끝나고 새로운 시대가 열려지는 것이 아닌가?"라고 오해할 수 있는 여지도 있다.

노아를 통해서 물로 심판을 하셨지만, 아담 창조 역사 이후에 전개되었던 역사의 내용은 그 형태가 그대로 유지되어 내려오고 있었다. 노아 때 새로운 시대의 문은 열려졌지만, 아담이 지은 죄의 역사는 그대로 노아 시대에까지 이어져 내려왔다. 그 모습을 어디에서 살펴볼 수 있는가?

방주는 삼층으로 구성되어 있다. 일층은 부정한 짐승, 이층은 정결한 짐승, 삼층은 노아의 가족들이 있었다. 정결한 짐승은 암수 일곱 쌍, 부정한 짐승은 암수 두 쌍씩 태우게 하였다(창 6:16-20). 그런 방주의 구조와 그 방주 안에 탔던 짐승들의 내용을 보아도 아담 창조 역사 이후에 전개되었던 그 모든 죄와 허물이 새로운 문을 여는 노아 시대에까지도 그대로 이어지고 있었다는 것을 알 수 있다.

그러한 이유 때문에 노아에게 무지개 언약을 주신 것이다. 즉, 아담과 하와의 죄와 허물로 말미암아 하나님께서 마귀와 계약을 맺었던 계약의 가장 중심이 되는 내용을 노아를 통해서 이루어야 하기 때문이다.

> 창 3:15 내가 너로 여자와 원수가 되게 하고 너의 후손도 여자의 후손과 원수가 되게 하리니 여자의 후손은 네 머리를 상하게 할 것이요 너는 그의 발꿈치를 상하게 할 것이니라 하시고

예수께서 여자의 후손으로 오셔서 마귀의 머리를 상하게 하고, 그 사건으로 여자의 후손으로 오신 예수님은 발꿈치를 상하게 되는 역사, 즉 십자가 사역을 이루셔야 한다. 그 중차대한 역사의 터를 노아를 통하여 이룩하셔야만 하기에 노아와 무지개 언약을 맺으신 것이다.

두 번째 인류의 시조 노아에게도 "생육하고 번성하여 땅에 충만하라"(창 9:1)는 아담과 동일한 축복을 주셨다. 노아를 통해 전 시대를 심판하고 새로운 시대를 여시고자 하는 하나님의 의지를 엿볼 수 있다. 무지개의 언약은 새 시대의 문을 열기 위해 주신 새로운 언약이다.

> 창 9:20-21 노아가 농업을 시작하여 포도나무를 심었더니 포도주를 마시고 취하여 그 장막 안에서 벌거벗은지라

노아가 받은 그 언약의 말씀을 이루기 위해서 포도농사를 지었다. 노아가 포도나무 농사를 지어서 포도주를 만들어 먹고 취해서 옷을 벗음으로 예수님의 십자가 사역을 연출하였다. 그것은 장차 생명나무이신 예수께서 생명나무 자체로 오시지 못하고, 피 흘리는 포도나무로 오실 것을 예언한 것이다. 예수께서 자신이 창조한 피조물인 인간들의 죄를 책임지시기 위하여 피 흘리는 고난의 주로 오실 것을 노아가 깨닫고 포도나무의 길을 닦아 놓은 것이다.

> 창 9:13-16 내가 내 무지개를 구름 속에 두었나니 이것이 나의 세상과의 언약의 증거니라 내가 구름으로 땅을 덮을 때에 무지개가 구름

속에 나타나면 내가 나와 너희와 및 혈기 있는 모든 생물 사이의 내 언약을 기억하리니 다시는 물이 모든 혈기 있는 자를 멸하는 홍수가 되지 아니할찌라 무지개가 구름 사이에 있으리니 내가 보고 나 하나님과 땅의 무릇 혈기 있는 모든 생물 사이에 된 영원한 언약을 기억하리라

그리고 노아에게 무지개 언약을 주셨다. 떡과 포도주의 언약은 신랑의 탄생에 대한 언약이고, 무지개 언약은 신부의 탄생에 대한 언약이다. 이 두 언약이 아브라함에게 전수되어 아브라함 가(家)를 통해 역사되었다. 떡과 포도주의 언약은 초림 때 말씀이 육신으로 오신 예수께서 이 땅에서 이루셨고, 횃불언약은 재림 때 이 땅의 피조물을 통해서 이루어져야 한다.

그렇다면 노아는 어떻게 무지개 언약을 받을 수 있었는가?

> 창 6:8-9 그러나 노아는 여호와께 은혜를 입었더라 노아의 사적은 이러하니라 노아는 의인이요 당세에 완전한 자라 그가 하나님과 동행하였으며

> 엡 2:5 허물로 죽은 우리를 그리스도와 함께 살리셨고 (너희가 은혜로 구원을 얻은 것이라)

은혜는 스스로 노력해서 입을 수 있는 것이 아니라, 하나님께서 입혀주셔야 하는 것이다. 노아에게 방주를 짓게 하시고, 방주를 통해서 세상을 심판하게 하시고자 노아에게 완전한 은혜를 주신 것이다. 노아가 무지개의 언약을 통하여 완전한 은혜를 받을

수 있었던 것이다.

더 구체적으로 설명한다면, 인류를 구원하시기 위해서 고난의 주로 오시는 예수님의 사역을 위해서 노아로 하여금 예수님이 십자가의 구속사역을 완성할 수 있는 사역의 터를 만들게 하신 것이다. "내가 율법이나 선지자나 폐하러 온 줄로 생각지 말라 폐하러 온 것이 아니요 완전케 하려 함이로라"(마 5:17)고 하신 말씀대로 노아가 이룩한 터 위에서 예수께서 인류 구속사역을 완성하신 것이다.

노아의 무지개 언약은 죽는 자들이 완성시킬 수 없는 언약이다. 산 자들만이 이룰 수 있고, 완성할 수 있는 언약이다. 그런 언약이기에 산 자의 도맥이 살아 역사하는 아브라함 가(家)에게 전수되었다. 노아가 받은 무지개 언약이 아브라함이 받은 횃불 언약으로 그 맥이 이어지게 된다.

2. 무지개 언약의 성취

아브라함이 받은 횃불언약은 무엇인가?

창 8:8-11 그가 또 비둘기를 내어 놓아 지면에 물이 감한 여부를 알고자 하매 온 지면에 물이 있으므로 비둘기가 접족할 곳을 찾지 못하고 방주로 돌아와 그에게로 오는지라 그가 손을 내밀어 방주 속 자기에게로 받아들이고 또 칠일을 기다려 다시 비둘기를 방주에서 내어놓으매 저녁때에 비둘기가 그에게로 돌아왔는데 그 입에 감람 새 잎사귀가 있는지라 이에 노아가 땅에 물이 감한 줄 알았으며

아브라함은 우상장사 데라의 아들로 갈대아 우르에서 태어나 75세에 하나님께로부터 부르심을 받고 젖과 꿀이 흐르는 가나안 땅으로 입성하게 된다. 아브라함은 노아와 동시대에 58년 함께 살면서 노아로부터 친히 은혜를 받은 사람이라고 말할 수 있다.[4] 성경에 표면적인 기록은 없지만 아라랏산에서 노아가 두 번째 비둘기를 내어보냈을 때 감람 새 잎을 물고 왔다는 의미를 깊이 궁구하면 감람 새 잎은 인류의 세 번째 시조인 아브라함 가(家)를 지칭하고 있다는 것을 알 수 있다.

아브라함이 그런 은혜를 받았기에 하나님께로부터 7대 명령과 8대 허락을 받을 수 있었던 것이다. 그 7대 명령과 8대 허락을 통해서 아브라함이 최초로 성령의 사람이 되었다. 최초로 생령 차원의 인격적인 존재, 산 자가 되었기 때문에 산 자인 하나님께서 아브라함에게 "너는 나의 벗이라"고 성경에 세 번 증거해 주셨다 (대하 20:7, 사 41:8, 약 2:23). 성경에 세 번 기록된 것은 성부, 성자, 성령께서 그 내용을 인정하고 계신다는 의미가 된다.

아브라함이 노아의 무지개 언약을 이어받은 사람이었기에 아브라함에게 횃불언약을 주신 것이다. 아브라함이 무지개 언약의 맥을 이어받지 못하면 횃불언약을 받을 수 없다. 아브라함이 횃불언약의 도맥을 이어받음으로 말미암아 아브라함·이삭·야곱·요셉

---

4) '구속사 시리즈' 제 1권 <창세기 족보> 229-230쪽, 박윤식 저, 휘선

을 통해서 이스라엘이라는 국호가 탄생되었고, 그 나라에서 필요한 열두 조직, 열두 지파가 탄생된 것이다. 아브라함 가(家)를 통해서 이루어진 나라가 산 자로 이루어진 이스라엘이다. 지금 중동지역에 있는 이스라엘은 산 자로 이루어진 나라가 아니라 표면적인 유대인일 뿐이다.

> 마 21:43 그러므로 내가 너희에게 이르노니 하나님의 나라를 너희는 빼앗기고 그 나라의 열매 맺는 백성이 받으리라

> 롬 2:28-29 대저 표면적 유대인이 유대인이 아니요 표면적 육신의 할례가 할례가 아니라 오직 이면적 유대인이 유대인이며 할례는 마음에 할찌니 신령에 있고 의문에 있지 아니한 것이라 그 칭찬이 사람에게서가 아니요 다만 하나님에게서니라

분명히 표면적인 이스라엘은 하나님의 나라를 빼앗기고 그 나라의 열매 맺는 백성이 받는다고 하셨다. 열매 맺는 백성은 누구인가? 이면적 이스라엘, 영적 이스라엘이다. 바로 무지개 언약을 가진 사람이 있는 곳이 영적 이스라엘이다. 무지개 언약을 가지고 있는 사람이 있는 곳에 산 자의 하나님이 오실 수 있는 것이다.

창세기 전체 50장 중에서 무지개의 언약과 횃불언약의 성취에 관한 내용이 3분의 2이상을 차지하고 있다. 그 언약의 성취가 가장 중요한 것이기에 창세기 1장부터 5장까지의 창조원리의 역사보다 더 많은 분량을 차지하고 있는 것이다.

다시 말하면, 생명체가 탄생하는 과정에서 머리가 먼저 생기

고 이어서 척추가 생긴다. 인류의 둘째 시조인 노아가 이루어놓은 무지개 언약이 머리라면, 세 번째 시조인 아브라함과 맺은 횃불언약이 척추가 생기는 과정이라고 말할 수 있다.

> 창 14:18-19 살렘 왕 멜기세덱이 떡과 포도주를 가지고 나왔으니 그는 지극히 높으신 하나님의 제사장이었더라 그가 아브람에게 축복하여 가로되 천지의 주재시요 지극히 높으신 하나님이여 아브람에게 복을 주옵소서

> 창 15:1-17 이 후에 여호와의 말씀이 이상 중에 아브람에게 임하여 가라사대 아브람아 두려워 말라 나는 너의 방패요 너의 지극히 큰 상급이니라 -(중략)- 그를 이끌고 밖으로 나가 가라사대 하늘을 우러러 뭇별을 셀 수 있나 보라 또 그에게 이르시되 네 자손이 이와 같으리라 아브람이 여호와를 믿으니 여호와께서 이를 그의 의로 여기시고 또 그에게 이르시되 나는 이 땅을 네게 주어 업을 삼게 하려고 너를 갈대아 우르에서 이끌어낸 여호와로라 -(중략)-네 자손은 사 대만에 이 땅으로 돌아오리니 이는 아모리 족속의 죄악이 아직 관영치 아니함이니라 하시더니 해가 져서 어둘 때에 연기 나는 풀무가 보이며 타는 횃불이 쪼갠 고기 사이로 지나더라

창세기 14장에서 멜기세덱이 아브라함에게 떡과 포도주로 축복을 해 주었고, 창세기 15장에서 여호와 하나님이 아브라함과 횃불언약을 맺는다. 아브라함에게 두 언약을 주었다는 것은, 아브라함 가(家)에게 산 자의 도맥을 이어갈 수 있도록 허락하신 것이

다. 횃불언약이란 장차 산 자의 신부가 탄생됨으로 이 땅에 산 자의 세계를 이룩하는 언약이다. 이 횃불언약을 통해서, 야곱의 칠십 가족을 근간으로 이스라엘이란 국호와 나라가 세워지고 이스라엘 백성들이 하나님의 선민이라는 선택을 받게 되었다.

한 마디로 정리하면 떡과 포도주의 언약은 신랑의 언약이며, 횃불언약은 신부의 언약이다. 두 언약을 통해서 신랑과 신부의 탄생이라는 영광의 세계가 펼쳐지며 이루어질 수 있는 것이다.

떡과 포도주의 언약과 횃불언약의 차이점은 무엇인가?

> 계 10:10-11 내가 천사의 손에서 작은 책을 갖다 먹어버리니 내 입에는 꿀 같이 다나 먹은 후에 내 배에서는 쓰게 되더라 저가 내게 말하기를 네가 많은 백성과 나라와 방언과 임금에게 다시 예언하여야 하리라 하더라

> 계 14:6 또 보니 다른 천사가 공중에 날아가는데 땅에 거하는 자들 곧 여러 나라와 족속과 방언과 백성에게 전할 영원한 복음을 가졌더라

요한계시록 10장에는 다시복음, 요한계시록 14장에는 영원한 복음이 나온다. 영원한 복음이란 처음부터 있었던 복음을 말한다. 그러나 다시복음은 영원한 복음이 아니라 삽입된 계시, 중간 계시, 작은 책이라고도 말할 수 있다.

이 두 가지 복음을 언약으로 비교하면 영원한 복음은 떡과 포도주의 축복이고, 다시복음은 횃불언약이라고 말할 수 있다. 또

횃불언약의 원형은 무지개 언약이라는 것이다.

    떡과 포도주의 축복은 영원한 언약이고 처음부터 있었던 언약이다. 아담이 타락하는 순간부터, 아니 처음부터 하나님은 아담이 타락할 것을 아셨다. 장차 아담이 타락할 것을 모르시는 하나님이 아니다. 그렇기 때문에 에덴동산 한가운데 생명나무를 등장시켜 놓으신 것이다. 하나님은 첫째 아담이 타락할 것을 아셨기 때문에 둘째 아담으로 이 땅에 오셔야 될 생명나무를 에덴동산 한가운데 등장시킨 것이다.
    그런 의미에서 떡과 포도주의 축복은 처음부터 존재했던 영원한 언약이라고 할 수 있다. 그 떡과 포도주의 축복도 예수님이 떡과 포도주의 주인공으로 이 땅에 오셔서 십자가에 달리심으로써 그 언약을 이루셨다.

> 사 24:13 세계 민족 중에 이러한 일이 있으리니 곧 감람나무를 흔듬 같고 포도를 거둔 후에 그 남은 것을 주움 같을 것이니라

    위 구절에서 포도를 거둔 후에 남은 것을 줍는다는 내용 속에는 이미 포도농사를 다 마쳤다는 뜻이 포함되어 있다.

> 요 19:30 예수께서 신 포도주를 받으신 후 가라사대 다 이루었다 하시고 머리를 숙이시고 영혼이 돌아가시니라

    분명히 예수께서 십자가 상에서 "다 이루었다"고 선언하심으로 떡과 포도주의 언약은 이루셨다. 둘째 아담으로 오신 예수님이

첫째 아담이 상실한 그 모든 영광의 세계를 다 이루신 것이다. 그렇기 때문에 그 언약은 또 다시 재림 마당에서 다시 시작하는 언약이 아니라는 것이다. 이 땅에서 둘째 아담으로 오신 예수님이 다 이루신 언약이기 때문에 그 언약은 영원한 언약이 되었다.

그러면 횃불언약은 다 이루어진 언약인가? 표면적으로는 요셉의 해골이 세겜 땅에 묻힘으로 이루어진 것 같으나 영적으로는 이루어지지 않았다(수 24:32). 횃불언약이 이루어지지 못하였다는 것은 횃불언약의 영광이 이루어지지 못하였다는 뜻이다.

혹자는 예수께서 십자가 상에서 "다 이루었다"(요 19:30)고 하셨기에 떡과 포도주의 언약뿐 아니라 횃불언약까지 다 이루신 것이 아닌가 생각할 수도 있다. 사도 바울이 율법이라는 전 남편의 문제를 해결하지 않고는 신랑의 입장으로 오신 예수님께 갈 수 없다고 한 것처럼(롬 7:1-6), 예수께서 율법을 완성하지 않고는 믿음의 의를 나타내실 수가 없기에 율법을 완성하러 오셨다(마 5:17-18). 그런 의미에서 예수님이 하실 일을 다 이루신 것이다.

그런데 성경에는 예수께서 율법의 마침이 되셨다(롬 10:4)는 말씀은 있지만 횃불언약을 이루셨다는 말씀은 기록되어 있지 않다. 그것은 예수께서 능력이 부족해서 이루지 못한 것이 아니라, 장차 재림 마당에서 이루어질 언약이기에 남겨두신 것이다.

횃불언약의 주인공은 누구인가?

> 창 30:25 라헬이 요셉을 낳은 때에 야곱이 라반에게 이르되 나를 보내어 내 고향 내 본토로 가게 하시되

야곱이 외삼촌 라반의 집에 가서 20년을 머물다가 요셉을 낳았을 때 비로소 고향으로 돌아가겠다고 하였다. 야곱이 승리자의 아내를 통해서 승리자의 아들을 얻음으로 비로소 고향으로 돌아갈 수 있는 은혜를 입었다(호 12:12). 그 전에도 야곱이 돌아가기를 갈망했으나 하나님께서 허락지 않으신 것은 성령의 자녀인 요셉, 즉 무지개가 탄생하지 않았기 때문이다. 그러나 요셉이 태어나고 나서야 하나님께서 "고향으로 돌아가겠다"는 말에 허락하신 것을 볼 때, 하나님의 구속사역에 있어서 요셉은 없어서는 안 될 중요한 인물이라는 것을 미루어 짐작할 수 있다.

> 창 37:3 요셉은 노년에 얻은 아들이므로 이스라엘이 여러 아들보다 그를 깊이 사랑하여 위하여 채색옷을 지었더니

> 삼하 13:18 암논의 하인이 저를 끌어내고 곧 문빗장을 지르니라 다말이 채색옷을 입었으니 출가하지 아니한 공주는 이런 옷으로 단장하는 법이라

	야곱이 요셉에게 채색옷을 지어 입혔다. 원래 채색옷은 남자가 입는 옷이 아니다. 그러나 남자라 할지라도 장자의 권리와 축복을 받은 사람들은 절기 때가 되면 채색옷을 입었다. 성경에는 나오지 않지만 이스라엘의 전승(傳承)에 의하면 아버지 야곱도 채색옷을 입었다고 한다. 또 왕가에서는 출가하지 않은 공주가 채색옷을 입는다(삼하 13:18, 시 45:13-14).
	채색옷은 무지개를 상징한다. 그런 의미에서 채색옷을 입은 요셉은 무지개라고 할 수 있다.

창 50:25 요셉이 또 이스라엘 자손에게 맹세시켜 이르기를 하나님이 정녕 너희를 권고하시리니 너희는 여기서 내 해골을 메고 올라가겠다 하라 하였더라

출 13:18-19 그러므로 하나님이 홍해의 광야 길로 돌려 백성을 인도하시매 이스라엘 자손이 애굽 땅에서 항오를 지어 나올 때에 모세가 요셉의 해골을 취하였으니 이는 요셉이 이스라엘 자손으로 단단히 맹세케 하여 이르기를 하나님이 필연 너희를 권고하시리니 너희는 나의 해골을 여기서 가지고 나가라 하였음이었더라

이스라엘 백성들이 출애굽하는 과정에 있어서 두 가지 상징물인 법궤와 요셉의 해골을 메고 나갔다. 이스라엘 백성들이 법궤와 요셉의 해골을 메고 있었기 때문에 설령 광야길에서 아무리 패역한 죄를 지었다고 할지라도 은혜를 베풀어주신 것이다. 하나님께서 무지개가 있는 이상은 물로 심판하지 않는다는 약속을 하셨기 때문에 그 약속을 지키신 것이다(창 9:14-15). 그 말씀의 의미 속에는 무지개가 있는 동안은 아무리 광야길을, 사막 길을 걷는다 할지라도 하나님께서 반석을 통해서 생수를 주시겠다는 것이다. 무지개의 언약 속에는 그런 의미가 들어있다. 이처럼 무지개가 중요한 의미를 가지고 있는 것이다.

노아에게 주신 무지개 언약이 아브라함 가(家)를 통해 횃불언약으로 전환되고, 횃불언약이 인자의 역사로 성취되는 역사에서 요셉이 주인공이 되었다.

계 11:4 이는 이 땅의 주 앞에 섰는 두 감람나무와 두 촛대니

구약 마당의 요셉이 재림 마당에서는 두 감람나무로 전환된다. 두 감람나무의 본래의 이름이 요셉이고, 요셉의 새이름이 두 감람나무가 되는 것이다. 왜 구약 마당의 요셉이 재림 마당에 두 감람나무로 등장해야만 하는가?

포도나무와 감람나무의 공통점은 피 흘리는 나무이다. 포도나무 열매를 으깨고 짓이겨서 포도주를 만들고, 감람나무 열매를 짜내어 만들어진 감람유가 거룩한 성전의 기름으로 사용된다. 그렇기에 두 나무의 공통점은 피 흘리는 나무이다.

예수님이 포도나무로 이 땅에 오셔서 십자가를 지시는 이유 중 하나는 표면적으로는 사망의 권세를 깨시고 부활하시기 위해서 이 땅에서 십자가를 짊어지셨지만 영적으로는 산 자와 죽은 자에게 첫 열매가 되기 위해서 이 땅에 오신 것이다. 횃불언약의 주인공인 요셉이 이 땅에 두 감람나무로 다시 와야 되는 이유도 영적으로는 예수님이 이 땅에 오신 이유와 같은 것이다. 두 감람나무도 이 땅에 와서 죽었다가 3일 반 만에 살아남으로써 의의 첫 열매가 되는 분이다.

하나님께서 인류에게 주신 첫 번째 언약이 무지개 언약이다. 그런데 무지개 언약이 횃불언약으로 바뀐 것이다. 동정녀 마리아가 예수님을 낳은 것처럼, 첫 시조인 아담이 선악을 알게 하는 나무 열매를 먹지 않고 생명나무 열매를 따먹었다면 하와도 영광의 주인 멜기세덱을 탄생시켰을 것이다. 그로 말미암아 이 땅에는 죽는 자의 세계가 아닌 산 자의 세계가 전개되었을 것이다.

둘째 시조인 노아의 가정이 깨어지지 않았다면 무지개의 언약이 무지개의 언약으로서 이어질 수 있었다. 그런데 노아의 성가정(聖家庭)이 깨어짐으로 말미암아 무지개의 언약이 무지개의 언약으로서 이어지지 못하고 횃불언약으로 바뀐 것이다. 무지개의 언약이 횃불언약이라는 고난의 통로를 통해서 표면적으로는 692년 만에 이루어진 것이다.[5]

횃불언약에는 십자가가 들어있다. 죽은 요셉의 해골을 메고 다니는 것이 영적으로 말하면 십자가를 짊어지는 것이다. 또 그 터 위에서 재림 마당의 두 감람나무가 영적인 십자가를 짊어지는 것이다(계 11:8). 노아가 무지개의 언약으로 승리하였다면 신부의 역사인 요셉 안에는 십자가가 없었을 텐데, 노아의 성가정이 깨어짐으로 말미암아 영적으로 말하면 십자가의 고난의 길을 통해 요셉이라는 무지개가 등장하는 것이다.

> 계 12:5 여자가 아들을 낳으니 이는 장차 철장으로 만국을 다스릴 남자라 그 아이를 하나님 앞과 그 보좌 앞으로 올려가더라

이 땅의 주가 철장 권세를 가진 아이를 하늘 보좌로 올리신다. 예수님 외에는 피조물이 이 땅에서 하늘 보좌로 올라간 사람은 아무도 없다. 예수님 이후에 두 감람나무가 최초로 하늘 보좌로 올라가는 첫 사람이다. 예수께서 친히 아버지에게 가는 것이 의라고 말씀하셨다(요 16:10). 두 감람나무가 최초로 의의 열매가 되는 사람이다.

---

5) '구속사 시리즈' 제 2권 <잊어버렸던 만남> 184쪽, 박윤식 저, 휘선

고전 15:22-24 아담 안에서 모든 사람이 죽은 것 같이 그리스도 안에서 모든 사람이 삶을 얻으리라 그러나 각각 자기 차례대로 되리니 던저는 첫 열매인 그리스도요 다음에는 그리스도 강림하실 때에 그에게 붙은 자요 그 후에는 나중이니 저가 모든 정사와 모든 권세와 능력을 멸하시고 나라를 아버지 하나님께 바칠 때라

여기서 말하는 첫 열매인 그리스도는 예수님을 가리키는 것인가? 많은 성도들이 예수께서 십자가에서 "다 이루었다"(요 19:30)라고 하셨기에 예수님으로 인해 인류 구속사역이 모두 완성되었다고 생각한다. 물론 예수께서 부활의 첫 열매가 되시고, 멜기세덱 반차를 완성하기 위한 구속사역은 다 이루셨다. 그것은 예수께서 이 땅에서 이루실 목적을 다 이루셨다는 것이지 "만일 다른 사람이 자기 이름으로 오면 영접하리라"(요 5:43)고 하신 '다른 사람'의 몫까지 완성하신 것은 아니다.

따라서 '나라를 아버지 하나님께 바치는 때'라는 것은 인류 구속사역을 최종적으로 완성하는 재림 마당의 때를 말한다. 재림 마당에서 산 자의 첫 열매로 탄생할 그리스도[6]는 예수님이 아니다. 이 점을 분별할 줄 알아야 한다.

두 감람나무가 영적으로 예수님과 같은 십자가를 짊어지고 죽었다 3일 반 만에 살아나 철장으로 만국을 다스릴 남자가 된다. 그가 재림 마당에서 기름부음을 받은 그리스도이며, 의의 첫 열매, 변화의 첫 열매, 즉 하늘 보좌로 올라가는 무지개가 되는 것이다.

---

6) 그리스도는 기름 부음을 받은 자라는 뜻이다. 두 감람나무는 '기름 발리운 자'라고 스가랴 4:14에 기록되어 있다.

횃불언약은 언제 완성될 것인가?

> 창 50:24-25 요셉이 그 형제에게 이르되 나는 죽으나 하나님이 너희를 권고하시고 너희를 이 땅에서 인도하여 내사 아브라함과 이삭과 야곱에게 맹세하신 땅에 이르게 하시리라 하고 요셉이 또 이스라엘 자손에게 맹세시켜 이르기를 하나님이 정녕 너희를 권고하시리니 너희는 여기서 내 해골을 메고 올라가겠다 하라 하였더라

횃불언약의 주인공인 요셉이 이스라엘 자손에게 이르기를 "너희는 내 해골을 메고 올라가겠다 하라"고 맹세를 시켰다. 그 말대로 모세가 출애굽할 때 요셉의 관을 메고 나갔다(출 13:19). 횃불언약의 주인공인 요셉이 이스라엘 백성들에게 자신의 해골을 메고 나가라고 맹세를 시킨 때가 횃불언약을 맺은지 276년이 되는 해였다.

그리고 나서 이스라엘 백성들이 곧바로 요셉의 해골을 메고 나간 것이 아니라, 요셉이 잠이 든지 360년이 지났을 때 해골을 메고 나갔다. 그 때는 횃불언약을 맺은지 636년이 되는 해였다.

그리고 이스라엘 백성들이 광야길 40년을 지나 젖과 꿀이 흐르는 가나안 땅에 들어가 가나안 족속들과 전쟁을 치르고, 열두 지파에게 기업을 나누어주는 기간이 모두 16년 걸렸다. 요셉의 해골을 짊어지고 나온지 56년이 지나서야 비로소 요셉의 해골을 세겜 땅에 묻었다(수 24:32). 이로써 표면적으로는 아브라함과 횃불언약을 맺은지 692년 만에 횃불언약이 이루어진 것이다.

그러나 본래 횃불언약은 700년 만에 이루어지게 되어 있다. 7수는 영적 완전수이다. 하늘의 3수와 땅의 4수가 합해서 완성되는 수이다. 그 7수가 이 땅에서 이루어지려면 700년이 걸리게 되어 있다. 따라서 횃블언약이 완성되려면 8년이 남아있는 것이다.

재림 마당의 한 이레 역사에서 '이 땅의 주 앞에 섰는 두 감람나무'를 통해 본 가지에서 2-3개의 열매, 무성한 먼 가지에서 4-5개의 열매로 맺히는 8개의 열매로 횃불언약이 완성되는 것이다. 인류 구속사역으로 정해진 70이레 중에서 62이레와 7이레가 지나고 재림 마당에서 이루어지는 한 이레의 과정을 통해서 횃불언약의 영광이 이루어지는 것이다(단 9:24-27).

그렇기 때문에 횃불언약은 아직 완성되지 못한 부분을 다시 이룰 수밖에 없는 언약이다. 아직 다 이루어지지 않은 부분이 있기 때문에, 횃불언약의 주인공이 재림 마당에 와서 그 목적을 다시 이룩해야 한다. 재림 마당은 영의 때이기에 영적 장자가 영의 때의 주인공으로 다시 등장해야 한다(대상 5:2, 계 11:8).

예수께서 죽었다 사망 권세를 깨시고 부활의 능력으로 영광의 주가 되심으로 하나님 아들로 인정받으셨듯이(롬 1:4), 재림 마당에서 횃불언약의 주인공도 이 땅에서 산 자의 신부로서의 영광을 입으려면 죽었다 살아나야 한다. 그 산 자의 신부를 탄생시키기 위해서 한 이레를 통해 이루시는 역사가 "이 땅의 주 앞에 섰는 두 감람나무와 두 촛대"(계 11:4)의 역사이다. 영적 장자인 요셉이 두 감람나무로 다시 와서 횃불언약의 주인공으로서 산 자가 될 때 횃불언약의 영광을 받는 것이다. 재림 마당에서 횃불언약을 이루는 말씀을 가리켜 다시복음이라고 하는 것이다.

정리하면, 무지개의 언약이 횃불언약이 되었고, 횃불언약이 재림의 마당에서 다시복음의 언약이 된 것이다.

그 다시복음을 누가 이룩할 것인가? 힘센 천사가 머리에 무지개를 쓰고 온다(계 10:1). 무지개를 쓴 사람만이 하늘 문을 열 수 있다. 에스겔 1장에서도 네 생물이 등장하는데 부분적인 네 생물이 아니라 완전한 네 생물로 이 땅에 오기 때문에 하늘 문을 열고 올 수 있었다(겔 1:1). 무지개를 쓴 자만이 하늘을 출입할 수 있는 유일한 대상이 되는 것이다.

마 24:37 노아의 때와 같이 인자의 임함도 그러하리라

눅 17:26 노아의 때에 된 것과 같이 인자의 때에도 그러하리라

예수님이 마지막 인자의 역사는 노아 때가 된다고 친히 말씀하셨다. 왜 마지막 인자의 역사가 노아 때가 되는가? 노아 때에도 무지개가 등장했기 때문에 마지막 때를 노아 때라고 말씀하고 있는 것이다.

마지막 때 탄생되는 무지개는 무엇을 의미하는 것일까?

계 4:3 앉으신 이의 모양이 벽옥과 홍보석 같고 또 무지개가 있어 보좌에 둘렸는데 그 모양이 녹보석 같더라

하나님의 보좌에 무지개가 있다는 것은 무지개 언약의 축복을 받고 보좌로 올라가는 사람이 있다는 것이다. 마지막 때 무지개 언약의 축복을 받은 사람이 마지막 때 탄생하는 무지개라고 말할 수 있다.

예수님이 하늘 보좌로 올라가신 후 재림 마당에서 피조물 중에서 최초로 하늘 보좌로 올라가는 사람이 탄생된다.

> 계 12:5 여자가 아들을 낳으니 이는 장차 철장으로 만국을 다스릴 남자라 그 아이를 하나님 앞과 그 보좌 앞으로 올려가더라

해를 입은 여인이 철장의 권세를 가진 아이를 낳아서 하늘 보좌로 올려간다. 무지개가 있는 보좌로 올라가는 그는 무지개의 언약을 받은 사람이다. 그러므로 마지막 때는 노아 때가 되는 것이다. "영적으로 하면 소돔이라고도 하고 애굽이라고도 하니 곧 저희 주께서 십자가에 못 박히신 곳이니라"(계 11:8)는 내용을 볼 때, 그는 예수님처럼 보이는 십자가는 지지 않았지만 영적으로 하면 그도 예수님과 방불한 십자가를 졌다는 것이다.

그는 왜 그런 십자가를 져야만 하는가? 그도 무지개의 언약을 받은 사람이기 때문이다. 그도 영적인 십자가를 통하여 이 땅에서 죽었다 살아남으로써 무지개가 있는 보좌로 올라가게 되는 것이다.

하나님께서 그리스도의 남은 고난을 위해서, 그리스도의 영광을 위해서 구름 위에 하나님의 영광을 주셨다는 것이다. 구름 안에서 무지개의 영광이 이루어지고 나타나야 하기 때문이다. 그 구

름들이 마지막 때 무지개의 영광을 나타내는 것을 가리켜 "그리스도의 남은 고난을 짊어진다"(골 1:24)고 표현하고 있다.

따라서 구름과 무지개는 서로 떼려야 뗄 수 없는 필연적인 관계를 맺고 있다. 시편 104편에서 말한 하나님의 사역자로 쓰임 받는 구름, 바람, 천사들과 무지개를 가지고 있는 구름은 전혀 다른 것이다. 무지개를 싸고 있는 구름은 일반적인 천사들을 상징하는 구름과는 내용과 영광 면에서 전혀 다른 것이다.

신랑의 보좌가 노아에 의해서 이루어진 것처럼, 마지막 때에도 노아 때라면 이 땅에 영적인 노아가 있는 것이다. 상징적으로도 영적인 노아는 '노아의 하나님'을 말씀하는 것이다. 마지막 때에도 노아 때이기에 노아의 하나님이 무지개의 언약을 받은 한 사람을 하늘 보좌로 보내기 위해서 해를 입은 여인의 역사를 진행하는 것이다(계 12:1-5).

따라서 무지개의 언약은 노아로부터 시작한 언약이지만, 재림 마당에서 해를 입은 여인에 의해, 재림주 멜기세덱에 의해 완성되는 언약이다.

Ⅲ
얼굴은 해 같고

계 10:1-3 내가 또 보니 힘센 다른 천사가 구름을 입고 하늘에서 내려오는데 그 머리 위에 무지개가 있고 그 얼굴은 해 같고 그 발은 불기둥 같으며 그 손에 펴 놓인 작은 책을 들고 그 오른발은 바다를 밟고 왼발은 땅을 밟고 사자의 부르짖는 것 같이 큰 소리로 외치니 외칠 때에 일곱 우뢰가 그 소리를 발하더라

힘센 천사의 머리 위에 무지개가 있고, 그 얼굴은 해 같고, 그 발은 불기둥 같으며, 그 오른발은 바다를 밟고 왼발은 땅을 밟고, 사자의 부르짖는 것 같이 큰 소리로 외칠 때 일곱 우레를 발한다고 했다. 이 내용을 볼 때, 힘센 천사는 네 생물이 가진 특징을 모두 가지고 있는 존재이며(겔 1:28, 1:13, 계 6:1, 6:3, 6:5, 6:7), 하나님이 하실 사역을 대신할 수 있는 천사라는 것을 알 수 있다.

겔 1:28 그 사면 광채의 모양은 비 오는 날 구름에 있는 무지개 같으니 이는 여호와의 경광의 형상의 모양이라 내가 보고 곧 엎드리어 그 말씀하시는 자의 음성을 들으니라

겔 1:13 또 생물의 모양은 숯불과 횃불 모양 같은데 그 불이 그 생물 사이에서 오르락 내리락하며 그 불은 광채가 있고 그 가운데서는 번개가 나며

계 6:1 내가 보매 어린 양이 일곱 인 중에 하나를 떼시는 그 때에 내가 들으니 네 생물 중에 하나가 우뢰 소리같이 말하되 오라 하기로

하늘에서 내려오는 천사를 가리켜 '힘센 다른 천사'라고 표현한 의미에는 그 어떤 천사도 가질 수 없는 특징을 가지고 있음을 보여주고 있는 것이다.

이 천사는 무엇이 달라서 '다른' 천사라고 했는가? 이 천사는 단순히 일반 계시 속에 등장하는 보편적인 천사가 아니라 중간계시를 통해서 등장해야 하는 거룩한 특징을 가지고 있는 유일무이한 천사이기 때문이다. 즉 '힘센 다른 천사'라는 것은 그 어떤 천사도 가질 수 없는 특징을 가지고 있으며 하늘에서 주신 유일무이한 거룩한 특징을 가지고 역사하는 천사라는 것을 표현한 것이다.

하늘에서 내려오는 힘센 천사의 특징이 얼굴이 해 같다고 하였다. 그 밖에 성경에서 해 같은 얼굴을 가진 사람은 누구인가? 성경에는 모세, 예수님, 재림주, 해를 입은 여인이 해 같은 얼굴을 가진 사람으로 기록되어 있다.

출 34:29-30 모세가 그 증거의 두 판을 자기 손에 들고 시내산에서 내려오니 그 산에서 내려올 때에 모세는 자기가 여호와와 말씀하였음을 인하여 얼굴 꺼풀에 광채가 나나 깨닫지 못하였더라 아

론과 온 이스라엘 자손이 모세를 볼 때에 모세의 얼굴 꺼풀에 광채 남을 보고 그에게 가까이 하기를 두려워하더니

모세가 시내산에서 십계명의 두 돌비를 받아 내려올 때 얼굴에서 광채가 났다. "정죄의 직분을 가진 모세도 영광이 있어 얼굴을 보지 못하였거늘 하물며 의의 직분, 영광의 직분을 가진 자가 받을 영광이 얼마나 크겠느냐?"는 내용이 있다(고후 3:7-9).

신약 마당에서 예수께서 변화산에서 모세와 엘리야와 함께 계실 때 얼굴이 해처럼 변화되셨다.

마 16:28 진실로 너희에게 이르노니 여기 섰는 사람 중에 죽기 전에 인자가 그 왕권을 가지고 오는 것을 볼 자들도 있느니라

예수께서 제자들에게 "너희 중에서 인자가 왕권을 가지고 오는 것을 보리라"고 말씀하셨다. 그 말씀대로 아버지의 영광으로 변화되신 예수님이 마태복음과 마가복음에는 6일 후에, 누가복음에는 8일 후에 변화산에 나타나셨다(마 17:1-2, 막 9:2, 눅 9:28-29).

마 17:1-2 엿새 후에 예수께서 베드로와 야고보와 그 형제 요한을 데리시고 따로 높은 산에 올라가셨더니 저희 앞에서 변형되사 그 얼굴이 해 같이 빛나며 옷이 빛과 같이 희어졌더라

변화산에 등장하신 예수께서 얼굴이 해 같이 빛나고 옷이 빛

과 같이 희어진 모습이다. 마가복음에서는 "그 옷이 광채가 나며 세상에서 빨래하는 자가 그렇게 희게 할 수 없을 만큼 심히 희어졌더라"(막 9:3)고 했고, 누가복음에서는 "용모가 변화되고 그 옷이 희어져 광채가 나더라"(눅 9:29)고 하였다. 변화산에 등장하신 예수님은 아버지의 영광으로 나타나신 것이다.

예수께서 말씀하신대로 산 자의 하나님의 영광으로 변화하신 주님과 산 자들인 모세와 엘리야의 삼자회담의 모습을 베드로, 야고보, 요한 세 제자가 목격하게 된 것이다(마 17:3, 막 9:4, 눅 9:30). 예수께서 아버지의 영광, 산 자의 하나님으로 변화되셨기에 산 자인 모세와 엘리야를 부르실 수 있었다. 모세와 엘리야 또한 산 자들이었기에 해처럼 변화되신 주님 앞에 설 수 있는 것이다.

> 계 1:12-16 몸을 돌이켜 나더러 말한 음성을 알아보려고 하여 돌이킬 때에 일곱 금 촛대를 보았는데 촛대 사이에 인자 같은 이가 발에 끌리는 옷을 입고 가슴에 금띠를 띠고 그 머리와 털의 희기가 흰 양털 같고 눈 같으며 그의 눈은 불꽃같고 그의 발은 풀무에 단련한 빛난 주석 같고 그의 음성은 많은 물소리와 같으며 그 오른손에 일곱 별이 있고 그 입에서 좌우에 날선 검이 나오고 그 얼굴은 해가 힘 있게 비취는 것 같더라

일곱 금 촛대와 일곱 별을 가지신 분이 재림주라는 것은 여러 주석의 공통된 견해이다. 그의 눈이 불꽃같고, 그의 발은 풀무에 단련한 빛난 주석 같고, 입에서 좌우에 날선 검이 나오고, 그 얼굴은 해가 힘 있게 비취는 것 같다고 했다.

계 12:1-5 하늘에 큰 이적이 보이니 해를 입은 한 여자가 있는데 그 발 아래는 달이 있고 그 머리에는 열두 별의 면류관을 썼더라 이 여자가 아이를 바어 해산하게 되매 아파서 애써 부르짖더라 하늘에 또 다른 이적이 보이니 보라 한 큰 붉은 용이 있어 머리가 일곱이요 뿔이 열이라 그 여러 머리에 일곱 면류관이 있는데 그 꼬리가 하늘 별 삼분의 일을 끌어다가 땅에 던지더라 용이 해산하려는 여자 앞에서 그가 해산하면 그 아이를 삼키고자 하더니 여자가 아들을 낳으니 이는 장차 철장으로 만국을 다스릴 남자라 그 아이를 하나님 앞과 그 보좌 앞으로 올려가더라

또 재림 마당에서 해를 입은 여인이 해 같은 얼굴을 가진 주인공이다. 해를 입은 여인과 붉은 용이 서로 대치하고 있는 하늘의 두 이적이 등장하고 있다. 해를 입은 여인이 장차 철장으로 만국을 다스릴 아이를 낳으려는 아픔에 부르짖고 있고, 그것을 아는 붉은 용이 그 아이를 삼키려고 대기하고 있다. 결과적으로는 해를 입은 여인이 만국을 다스릴 수 있는 철장의 권세를 가진 아이를 낳아서 하나님과 보좌 앞으로 올려 보낸다(계 12:5).

해를 입은 여인이 구로의 아픔 속에서 철장의 권세를 가진 아이를 낳아서 하나님 앞과 보좌 앞으로 올려 보내는 과정을 구체적으로 소개한 내용이 '이 땅의 주 앞에 섰는 두 감람나무와 두 촛대'(계 11:4)의 역사이다. 두 감람나무가 무저갱에서 올라오는 짐승에 의해 죽임을 당해 큰 성길에 3일 반 동안 누워 있다가 살아나서 영육 간에 산 자가 되어서 하늘 보좌로 올라가는 역사이다(계 11:7-11).

하늘의 두 이적으로서 해를 입은 여인과 붉은 용의 관계, 그리

고 해를 입은 여인이 철장 권세 가진 아이를 하늘 보좌로 올린 후의 사건이 요한계시록 12장의 중심 내용이다.

그렇기 때문에 요한계시록 10장에 등장하는 힘센 다른 천사는 요한계시록 12장에 등장하는 해를 입은 여인과 동일인물이라고 볼 수 있는 것이다. 그렇다면 왜 같은 사람인데 요한계시록 10장에서는 힘센 다른 천사로 표현되었고 요한계시록 12장에서는 해를 입은 여인이라고 표현했을까?

요한계시록 10장에서는 하늘에서 구름을 입고 내려오는 천사로서 사도 요한에게 작은 책을 주기 위한 입장으로서 등장하고 있다. 힘센 다른 천사가 개인적으로 사도 요한에게 주는 특별한 은혜의 관계를 이루고 있다.

거기에 반해서 요한계시록 12장에는 하늘의 두 이적이라는 어떤 상대적인 대상과 대치하고 있는 입장으로 표현되고 있다. 해를 입었다는 것은 공의적인 차원에서 그가 하늘의 뜻을 이 땅에서 이루기 위한 공적인 존재로서 그의 모든 일거수일투족이 공개적으로 드러난 입장을 가리킨다.

요한계시록 10장은 아직 미 공개된 입장이고, 요한계시록 12장은 공의적인 입장에서 하늘의 뜻을 짊어진 공인으로서의 입장이다. 해를 입은 여인을 구체적으로 가장 선명하고 확실하게 소개한 부분이 바로 요한계시록 10장에 등장하는 힘센 다른 천사라고 말씀할 수가 있다. 계10:1-3 말씀이 가장 명료하고 확실하게 해를 입은 여인이 행하는 역사의 세계를 나타내는 말씀이다.

그런데 지금까지 신학에서는 해를 입은 여인의 정체와 실상을 깨닫지 못함으로, 다 제 각각으로 설명하고 있다. 이 땅의 주와 두 감람나무의 역사가 다르고, 만국을 다스릴 수 있는 철장의 권세를 가진 아이를 낳는 해를 입은 여인의 역사가 다르다. 그래서 만국을 다스릴 수 있는 철장의 권세를 가진 아이를 예수라고 말하고, 해를 입은 여인을 교회라고 말한다. 그리고 이 땅의 주와 해를 입은 여인을 서로 다른 존재로 설명하고 있다.

왜 신학에서는 해를 입은 여인의 역사와 두 감람나무의 역사를 알지 못하는 것인가? 그 이유는 삽입된 계시, 중간계시를 알지 못하기 때문이다. 즉 그 역사를 하나님의 구속사의 일반계시 속 올바른 위치에 삽입하지 못하므로 연계적으로 이루어져야 될 목적을 알 수 없다는 것이다.

그렇기 때문에 필자는 "종말론적 구속사 시리즈" 제 1권 <멜기세덱, 그는 누구인가?>, 제 2권 <이 땅의 주, 그는 누구인가?>, 제 3권 <두 감람나두와 두 촛대, 그들은 누구인가?>, 제 4권 <네 생물, 그들은 누구인가?>, 제 5권 <666, 그들은 누구인가?> 이 다섯 권의 책을 통해서 여러 각도로 해를 입은 여인을 소개하였다. 다섯 권의 책 속에 공통적으로 들어있는 중심이 해를 입은 여인이다. 그 해를 입은 여인이 장차 멜기세덱으로서 영광을 입는다. 그가 재림주 멜기세덱의 영광을 입기 위해서 큰 독수리의 두 날개로 날아가 광야 자기 곳에서 한 때와 두 때와 반 때를 양육 받는 것이다(계 12:14).

> 사 30:26 여호와께서 그 백성의 상처를 싸매시며 그들의 맞은 자리를 고치시는 날에는 달빛은 햇빛 같겠고 햇빛은 칠 배가 되어 일곱 날의 빛과 같으리라

재림 마당에서 이루어지는 하나님의 영광은 일곱 날의 영광과 같다고 했다. 일곱 날의 영광은 단지 태양의 일곱 배라는 의미가 아니다. 대부분의 사람들은 하나님의 영광은 태양보다 일곱 배나 더 밝다고 생각하지만 정확하게 말하면 그렇지 않다. 하나님의 영광이 태양의 일곱 배라면 하나님의 영광은 우주의 한 티끌에 지나지 않는다. 하나님의 영광은 일곱 날의 빛과 같은 영광이라는 것이다.

IV
발은 불기둥 같으며

계 10:1-3 내가 또 보니 힘센 다른 천사가 구름을 입고 하늘에서 내려오는데 그 머리 위에 무지개가 있고 그 얼굴은 해 같고 그 발은 불기둥 같으며 그 손에 펴 놓인 작은 책을 들고 그 오른발은 바다를 밟고 왼발은 땅을 밟고 사자의 부르짖는 것 같이 큰 소리로 외치니 외칠 때에 일곱 우뢰가 그 소리를 발하더라

하늘에서 내려오는 힘센 다른 천사의 발은 불기둥 같다고 했다. 발이 불기둥 같다는 것이 무슨 의미인가?

계 1:15 그의 발은 풀무에 단련한 빛난 주석 같고 그의 음성은 많은 물 소리와 같으며

위 구절은 재림 마당에 등장하는 재림주의 모습이다. 그의 발이 풀무에 단련한 빛난 주석 같다는 것은 힘센 천사의 발이 불기둥 같다는 말씀과 같은 맥락이 된다.

출 13:21-22 여호와께서 그들 앞에 행하사 낮에는 구름기둥으로 그들의

길을 인도하시고 밤에는 불기둥으로 그들에게 비취사 주야로 진행하게 하시니 낮에는 구름기둥, 밤에는 불기둥이 백성 앞에서 떠나지 아니하니라

이스라엘 백성들이 광야길을 걸을 때 구름기둥과 불기둥이 함께 했다. 낮에는 50도 가까운 뜨거운 사막에서 구름기둥이 그늘이 되어주었고, 밤에는 춥고 캄캄한 사막에서 불기둥이 그들의 앞을 환하게 비추어주었다. 구름기둥과 불기둥은 하나님의 자녀에 대한 완전한 보호와 절대적인 사랑을 나타내고 있다.

그 구름기둥과 불기둥의 정체와 실상은 무엇인가? 하나님 보좌를 호위하던 네 생물이라는 것을 "종말론적 구속사 시리즈" 제4권 <네 생물, 그들은 누구인가?>에서 밝히 증거한 바 있다.[7] 하늘에서 내려오는 힘센 천사의 발이 불기둥 같다는 것은 그가 네 생물에 소속된 존재라는 것을 의미한다.

겔 1:13 또 생물의 모양은 숯불과 횃불 모양 같은데 그 불이 그 생물 사이에서 오르락 내리락하며 그 불은 광채가 있고 그 가운데서는 번개가 나며

겔 1:27 내가 본즉 그 허리 이상의 모양은 단 쇠 같아서 그 속과 주위가 불같고 그 허리 이하의 모양도 불같아서 사면으로 광채가 나며

네 생물의 모양이 숯불과 횃불 같고, 그 불이 생물 사이에서 오

---

7) '종말론적 구속사 시리즈' 제 4권 <네 생물, 그들은 누구인가?> 235-236쪽, 벽암 조영래 저, 도서출판 오색이슬

르락내리락하고, 그 불에서는 광채와 번개가 난다고 했다. 즉 네 생물은 불을 다스리는 존재라는 것을 알 수 있다.

> 사 6:6 때에 그 스랍의 하나가 화저로 단에서 취한바 핀 숯을 손에 가지고 내게로 날아와서

스랍은 불을 다스리는 천사를 말한다. 네 생물과 스랍의 차이는 무엇인가? 간혹 네 생물의 네 가지 얼굴 중에서 하나가 독립적인 사명자로 쓰임 받을 때, 그를 가리켜 스랍이라고 한다(사 6:1-8). 여호와 하나님께서 소돔과 고모라를 심판하기 위해서 두 천사를 데리고 왔을 때, 네 생물 중에서 불을 다스리는 스랍을 데리고 온 것이다(창 18:2, 19:1, 계 14:18)

> 창 3:24 이같이 하나님이 그 사람을 쫓아내시고 에덴동산 동편에 그룹들과 두루 도는 화염검을 두어 생명나무의 길을 지키게 하시니라

타락한 아담이 생명나무 열매를 따먹지 못하도록 화염검과 그룹으로 생명나무로 가는 길을 지켰다. 두루 도는 화염검이란 회전하는 불 칼을 말하고(히 4:12), 그룹은 천사를 말한다. 화염검을 가진 천사는 일반 천사가 아니라 네 생물의 존재를 말한다. 화염검은 철장의 권세를 뜻한다. 그렇기 때문에 화염검은 일반 천사가 가질 수 있는 무기가 아니다. 네 생물이 가질 수 있는 하나님의 의의 병기이다. 네 생물이 화염검을 가지고 있기 때문에 옛 뱀, 마귀, 사단이라는 어둠의 존재들이 네 생물을 이길 수 없는 것이다.

> 겔 10:2 하나님이 가는 베옷 입은 사람에게 일러 가라사대 너는 그룹 밑 바퀴 사이로 들어가서 그 속에서 숯불을 두 손에 가득히 움켜 가지고 성읍 위에 흩으라 하시매 그가 내 목전에 들어가더라

네 생물이 가는 베옷을 입고 서기관의 먹그릇을 찬 사람에게 핀 숯을 내어주는 것을 볼 때(겔 9:2-7), 네 생물은 죄를 사해줄 수도 있고 심판할 수도 있는 권세를 가진 존재라는 것을 알 수 있다.

마찬가지다. 힘센 천사의 발이 불기둥 같다는 것은 그가 완전한 심판을 할 수 있는 존재라는 것을 상징적으로 보여주는 것이다. 그의 심판은 절대 부족하고 모자라거나 허와 실과 틈과 약점이 있는 것이 아니라 완전하게 심판할 수 있는 존재라는 뜻에서 그의 발이 불기둥과 같다고 표현한 것이다. 불기둥 같은 발을 가진 분이 등장하면 부분적인 심판이 아니라 완전한 악을 소멸하는 심판이 이루어진다는 것이다.

따라서 불기둥은 긍정적인 차원에서는 완전한 보호와 절대적인 사랑을 의미하는 반면, 부정적인 차원에서는 어둠의 권세를 심판하는 권세와 능력 있는 발을 말한다.

힘센 천사가 온 세상을 심판하는 이유는 무엇인가?

> 히 12:26-29 그때에는 그 소리가 땅을 진동하였거니와 이제는 약속하여 가라사대 내가 또 한 번 땅만 아니라 하늘도 진동하리라 하셨느니라 이 또 한 번이라 하심은 진동치 아니하는 것을 영존케

하기 위하여 진동할 것들 곧 만든 것들의 변동될 것을 나타내심이니라 그러므로 우리가 진동치 못할 나라를 받았은즉 은혜를 받자 이로 말미암아 경건함과 두려움으로 하나님을 기쁘시게 섬길찌니 우리 하나님은 소멸하는 불이심이니라

예수님 때에는 십자가 상에서 발하신 우레로 땅을 진동시키셨다. 하늘까지 진동시켜 궁창의 세계에서 타락한 존재들까지 심판하신 것은 아니다. 그러나 재림 마당에서는 다시 한 번 땅뿐만 아니라 하늘까지 진동시키신다는 것이다. 하늘을 진동시키시는 이유는 진동치 아니하는 것을 영존하게 하기 위해서, 즉 다시는 진동하지 않는 영원한 나라를 주시기 위해서라는 것이다.

만세 전에 그리스도 안에서 예정되고 선택받아 부르심을 입은 하나님의 자녀들에게 영원히 진동치 않을 나라를 넘겨주시기 위해서 하늘에서 내려오는 힘센 천사, 즉 해를 입은 여인이 타락한 온 세상을 완전히 심판하신다는 것이다. 그가 일곱 우레를 발함으로써 온 세상을 심판할 수 있는 것이다.

오른발은 바다를 밟고 왼발은 땅을 밟고

계 10:2 그 손에 펴 놓인 작은 책을 들고 그 오른발은 바다를 밟고 왼발은 땅을 밟고

하늘에서 내려오는 힘센 다른 천사가 오른발은 바다를 밟고 왼발은 땅을 밟고 있다. 바다와 땅을 밟고 있다는 것은 온 세상을

정복하고 주관하며 다스리는 자의 모습이 아닌가?

> 계 12:1 하늘에 큰 이적이 보이니 해를 입은 한 여자가 있는데 그 발 아래는 달이 있고 그 머리에는 열 두 별의 면류관을 썼더라

해를 입은 여인의 발 아래 달이 있다는 것은 그가 발로 달을 밟고 있다는 뜻이다. 달은 무엇을 상징하고 있는가?

> 욜 2:31 여호와의 크고 두려운 날이 이르기 전에 해가 어두워지고 달이 핏빛 같이 변하려니와

> 계 6:12 내가 보니 여섯째 인을 떼실 때에 큰 지진이 나며 해가 총담같이 검어지고 온 달이 피같이 되며

마지막 때 해와 달이 빛을 잃어 해는 총담 같이 검게 변하고, 달은 피 같이 변한다. 여기서 말하는 해와 달은 자연계의 해와 달이 될 수도 있다. 그러나 영적인 의미에서 본 해와 달은 하나님의 종들을 말한다. 해는 스스로 빛을 낼 수 있는 존재를 말하고, 달은 빛을 받아 반사할 수 있는 존재를 말한다. 하나님의 구속사의 경륜의 비밀을 깨닫고 때에 맞는 말씀으로 양들을 먹일 수 있는 종이 해와 같은 존재라면, 남에게 '배운 예수', '배운 말씀'만을 증거하는 종들은 달과 같은 존재라고 말할 수 있다.

따라서 해를 입은 여인의 발 아래 달이 있다는 것은 재림 마당에서 달을 정복한 모습을 상징적으로 보여주는 것이다. 하늘에서 내려오는 힘센 천사가 곧 해를 입은 여인과 동일한 인물로서 달의

세계를 지배하고 심판할 수 있는 존재라는 것을 보여주고 있다.

나름대로 하나님의 말씀을 전하던 그들이 마지막 때 해보다 칠 배나 밝은 일곱 날의 빛이 등장할 때 스스로 빛을 잃고 사라지는 모습을 가리켜 "해가 총담 같이 검어지고 달이 피 같이 된다"라고 비유로 말씀하신 것이다. 위 구절에서 말하는 해는 '해를 입은 여인'의 '해'와는 구별된다. 해를 입은 여인이 입은 '해'는 여섯째 인을 떼실 때 총담 같이 검어지는 해와 달리, 일곱 날의 빛과 같은 영광을 가진 해이다.

구약 마당의 다니엘이 수천 년 후에 재림 마당에서 이루어질 역사를 계시를 통하여 바라보고 예언한 내용이 있다.

> 단 12:5-7 나 다니엘이 본즉 다른 두 사람이 있어 하나는 강 이편 언덕에 섰고 하나는 강 저편 언덕에 섰더니 그중에 하나가 세마포 옷을 입은 자 곧 강물 위에 있는 자에게 이르되 이 기사의 끝이 어느 때까지냐 하기로 내가 들은즉 그 세다포 옷을 입고 강물 위에 있는 자가 그 좌우 손을 들어 하늘을 향하여 영생하시는 자를 가리켜 맹세하여 가로되 반드시 한 때 두 때 반 때를 지나서 성도의 권세가 다 깨어지기까지니 그렇게 되면 이 모든 일이 다 끝나리라 하더라

위 구절에서 두 사람이 하나는 강 이편 언덕에 섰고 하나는 강 저편 언덕에 서 있다는 것은 강둑 위에 다리를 벌리고 서 있는 한 사람을 그렇게 표현한 것이다. 또 세마포를 입고 강물 위에 있는 자가 있다. 그런데 강 둑 위에 다리를 벌리고 섰는 사람이 강물 위

에 있는 자에게 때를 묻고 있다.

강둑 위에 다리를 벌리고 서 있다는 것은 그 사람이 심히 어려운 고난과 환난 속에 빠져있다는 것을 말한다. 그런 입장에서 이 기사가 언제 끝나는 것이냐고 묻고 있는 것이다. 여기서 말하는 '이 기사'란 무슨 뜻인가? 개국 이래 처음 있는 '창세 이후 전무후무한 환난'을 말한다. 그 환난이 언제 끝나느냐는 것이다(단 12:1).

그러자 강물 위에 있는 자가 영생하시는 하나님을 가리켜 맹세하면서 "반드시 한 때·두 때·반 때를 지나서 성도의 권세가 다 깨어지기까지니 그렇게 되면 이 모든 일이 다 끝나리라"고 했다.

지금 다니엘은 재림 마당의 요한계시록 10장의 사건을 바라보면서 예언을 하고 있는 것이다. 물론 다니엘 12장에서는 강물 위에 있는 자가 등장하고 있고, 요한계시록 10장에서는 바다를 밟고 있는 자가 등장한다는 약간의 차이점이 있지만, 공통점은 물 위에 떠있다는 점이다. 물을 다스리는 자만이 물 위에 떠있을 수 있다.

성경에서 물 위를 걸은 사람이 누구인가? 구약 마당에서는 모세가 물을 다스리는 사람이었고, 신약 마당에서는 예수님이 물 위를 걸으신 분이었다. 재림 마당에서는 하늘에서 내려오는 힘센 천사가 바다를 밟는 자로서 물을 다스리는 존재임을 알 수 있다. 그는 재림 마당의 한 이레 역사 속에서 한 때·두 때·반 때를 주관하며 다스리는 때의 주인공이다. 그가 강물 위에 있다는 것은 세상을 주관하며 다스리는 존재라는 것이다.

강물 위에 있는 자들이 세상을 주관할 수 있는 이유는 무엇인가? 그들은 무지개를 쓰고 있는 자들이기 때문이다. 무지개는 다시는 물로 심판하지 않겠다는 약속이다. 물로 심판하지 않겠다는 약속을 가진 자만이 물 위를 걸을 수 있고, 물을 밟는 자가 된다. 따라서 물 위를 걸을 수 있는 자가 무지개를 쓰는 것은 당연한 일이다.

다니엘 12장의 강물 위에 있는 자와 요한계시록 10장의 하늘에서 내려오는 힘센 다른 천사는 동일한 존재라는 것을 알 수 있다. 왜 그렇게 말할 수 있는가?

첫째, 그들은 둘 다 피조물로서 자신을 가리켜 하나님이라고 하지 않는다. 영생하시는 하나님을 가리켜 맹세했다는 것을 볼 때 자신들이 하나님 앞에 서 있는 거룩한 피조물로서의 존재의 의미를 나타내고 있다. 비록 강물 위에 있지만 자신이 피조물이라는 입장을 표현한 것이다.

둘째, 강물 위에 있는 자가 환난의 끝에 대해 "한 때·두 때·반 때를 지나 성도의 권세가 다 깨어지기까지"라고 말한 것을 보면 작은 책의 비밀을 알고 있다는 것이다. 한 이레의 역사 속에서 성도의 권세가 깨어져야만 하는 비밀은 작은 책 속에서 가장 큰 비밀이다. 그 비밀은 오직 작은 책을 먹은 자만이 알 수 있는 것이다.

노아 때에도 왜 자기들이 물로 심판을 받고 죽어야 하는지 죽는 순간까지도 깨닫지 못한 것처럼(마 24:39), 마지막 때에도 마찬가지다. 믿는 성도들이 창세 이후 전무후무한 환난의 때에 왜 성도의 권세가 깨어지는지 알지 못한다는 것이다. 자기들 나름대로 열심히 신앙생활을 하고 잘 믿은 것 같은데 왜 죽어야 하는지 그 이유조차 알지 못한다는 것이다. 여기서 성도의 권세가 깨어진 다는 의미는 "주 안에서 죽는 자들은 복이 있도다"(계 14:13)라는 긍정적인 차원의 죽음과는 다른 부정적인 차원의 죽음이다. 그들은 심판을 받은 자들로서 구원의 대상이 되지 못하는 자들이다.

이상으로 볼 때 강물 위에 있는 자와 하늘에서 내려오는 힘센 다른 천사는 작은 책과 필연적인 인연이 있는 자들로서 동일인물이라는 것을 알 수 있다.

왜 오른발로 바다를 밟고, 왼발로 땅을 밟는가?

일곱 인·일곱 나팔·일곱 대접을 쏟는 과정의 역사 속에서 그 화가 미치는 영역은 대부분 땅과 바다이다. 즉 땅과 바다가 일곱 인·일곱 나팔·일곱 대접으로 내리시는 심판의 재앙지인 것이다.

> 계 12:12 그러므로 하늘과 그 가운데 거하는 자들은 즐거워하라 그러나 땅과 바다는 화 있을찐저 이는 마귀가 자기의 때가 얼마 못된 줄을 알므로 크게 분내어 너희에게 내려갔음이라 하더라

마지막 때 붉은 용이 하늘의 전쟁에서 패하여 쫓겨 간 곳도 땅과 바다이다. 바다와 땅이 심판의 대상지가 된다. 그 타락한 땅과 바다를 힘센 천사가 불기둥 같은 두 발로 밟음으로써 완전하게 심판하시는 모습을 보여주고 있는 것이다.

바다는 어떤 곳인가?

> 겔 28:2 인자야 너는 두로 왕에게 이르기를 주 여호와의 말씀에 네 마음이 교만하여 말하기를 나는 신이라 내가 하나님의 자리 곧 바다 중심에 앉았다 하도다 네 마음이 하나님의 마음 같은 체할찌라도 너는 사람이요 신이 아니어늘

이 땅의 두로는 하늘의 타락한 천사장 루시퍼를 상징하고 있다. 그가 하나님의 자리인 바다 중심에 앉았다고 했다. 왜 바다의 한 가운데가 하나님의 자리가 되는가? 모든 생명체의 기원은 물로부터 시작되었다. 따라서 바다의 중심은 생명의 기원이 시작되는 창조의 중심 자리가 된다. 그런데 아담이 불순종하여 타락함으로 그 자리를 루시퍼에게 넘겨주고 말았다.

땅에는 표면적인 땅과 이면적인 땅이 있다. 바다는 이면적인 땅이라고 말할 수 있다. 이 세상이 땅이라면, 바다의 중심은 이면적인 세상의 한 가운데가 된다. 그렇기 때문에 왼발에 비해 더 권세와 능력이 있는 오른발로 바다를 밟아야 하고, 왼발로는 땅을 밟아야 하는 것이다.

V
큰소리로 외칠 때 일곱 우레가
그 소리를 발하더라

계 10:1-3 내가 또 보니 힘센 다른 천사가 구름을 입고 하늘에서 내려오는데 그 머리 위에 무지개가 있고 그 얼굴은 해 같고 그 발은 불기둥 같으며 그 손에 펴 놓인 작은 책을 들고 그 오른발은 바다를 밟고 왼발은 땅을 밟고 사자의 부르짖는 것 같이 큰 소리로 외치니 외칠 때에 일곱 우뢰가 그 소리를 발하더라

힘센 다른 천사가 사자의 부르짖는 것 같이 큰 소리로 외칠 때 일곱 우레가 발하였다. 여기서 힘센 천사가 발하는 일곱 우레는 어떤 의미를 가지고 있는가? 일곱 우레의 원형은 무엇이며, 우레를 발하는 사람은 누구이며, 신약과 재림 마당에서는 일곱 우레가 어떻게 선포될 것인지 살펴보고자 한다.

1. 일곱 우레의 구약적 원형인 일곱 소리

시 29:3-10 여호와의 소리가 물 위에 있도다 영광의 하나님이 뇌성을 발하

시니 여호와는 많은 물 위에 계시도다 여호와의 소리가 힘 있음이여 여호와의 소리가 위엄차도다 여호와의 소리가 백향목을 꺾으심이여 여호와께서 레바논 백향목을 꺾어 부수시도다 그 나무를 송아지 같이 뛰게 하심이여 레바논과 시룐으로 들송아지 같이 뛰게 하시도다 여호와의 소리가 화염을 가르시도다 여호와의 소리가 광야를 진동하심이여 여호와께서 가데스 광야를 진동하시도다 여호와의 소리가 암사슴으로 낙태케 하시고 삼림을 말갛게 벗기시니 그 전에서 모든 것이 말하기를 영광이라 하도다 여호와께서 홍수 때에 좌정하셨음이여 여호와께서 영영토록 왕으로 좌정하시도다

구약 마당에서 여호와 하나님이 일곱 우레를 발한 적은 없으나 시편 29편 말씀이 최초로 구약 마당에 펼쳐진 일곱 소리가 된다. 구약 마당에서 여호와 하나님이 발하는 일곱 소리가 신약 마당, 재림 마당을 통하여 일곱 우레가 된다.

위 구절에는 일곱 소리가 등장하며, 그 소리의 능력이 어떠하다는 것이 나온다. 또 그 소리의 주인공이 나온다. 이것이 곧 일곱 우레의 구약적 측면에서의 원형이 된다.

시 29:1-2 너희 권능 있는 자들아 영광과 능력을 여호와께 돌리고 돌릴찌어다 여호와의 이름에 합당한 영광을 돌리며 거룩한 옷을 입고 여호와께 경배할찌어다

위 구절은 일반 성도가 아닌 '권능을 가진 자들'에게 당부하시는 말씀의 내용이다. 여기서 권능이란 하늘의 권세와 능력을 가진

자를 말한다. 즉 정죄의 직분이 아닌 의의 직분에 속한 자들을 말한다. 그들에게 속한 영광과 능력은 개개인이 가지고 있는 영광과 능력이 아니라, 일곱 소리를 발하시는 여호와께로부터 받은 권세와 능력을 말한다.

위 구절에 등장하는 여호와는 정죄의 직분을 가진 표면적인 여호와가 아니라, 여호와의 이름 속에 들어있는 또 다른 여호와를 말하는 것이다. 그 이유는 "여호와의 이름에 합당한 영광을 돌리며 거룩한 옷을 입고 여호와께 경배할지어다"라는 뜻을 깊이 궁구하면 정죄의 직분을 가진 여호와가 아니라는 것을 알 수 있다. 감추어진 의의 직분을 가진 자 멜기세덱을 상징적으로 말한 것인데, 구약 마당에서는 아직 멜기세덱을 소개할 수 없는 때이다. 그래서 여호와라는 표현을 사용할 수밖에 없었다.

스데반이 죽을 때 갈대아우르에서 아브라함을 불러낸 여호와를 가리켜 '영광의 하나님'이라고 증거하였다(행 7:2). 그 영광의 하나님은 재림 마당에서 탄생할 멜기세덱을 말한다.

> 시 29:3 여호와의 소리가 물 위에 있도다 영광의 하나님이 뇌성을 발하시니 여호와는 많은 물 위에 계시도다

위 구절은 "땅이 혼돈하고 공허하며 흑암이 깊음 위에 있고 하나님의 신은 수면에 운행하시니라"(창 1:2)는 말씀과 일맥상통한다. 여기서 여호와의 소리가 물 위에 있다는 것은 물을 다스리는 자를 말한다. 힘센 천사가 땅과 바다를 밟았다고 하였다. 힘센 천사에게 밟힌 땅과 바다는 밟은 이에게 절대적으로 복종해야 하는 것이다.

예수께서 바다 위를 걸어오신 것도 물을 다스리는 자라는 의미를 보여주신 것이다. 즉 예수님이 물위를 걸으셨다는 말은 여호와의 소리가 물 위에 있다는 말씀과 같은 맥락이다.

많은 물은 열국, 즉 백성과 나라와 방언과 임금들이 살고 있는 땅을 말한다. 바다는 영적으로 타락한 세상, 표면적인 세상을 말하기도 한다. "영광의 하나님이 뇌성을 발하시니 여호와는 많은 물 위에 계시도다"라는 말은 세상을 주관하며 다스리시는 영광의 하나님께서 뇌성, 즉 우레를 발하시는 모습을 말한 것이다.

보통 장마철에 낙뢰가 떨어지면 목숨도 잃게 된다. 그런 낙뢰가 한꺼번에 일곱 개가 동시적으로 떨어진다면 그 위력이 얼마나 큰지 상상할 수 없다. 다시 말하면 우레가 하나 발하는 것보다 일곱 우레가 동시적으로 발한다면 그 우레의 위력이 어떠하겠는가? 소리마다의 능력이 한꺼번에 동시에 쏟아진다면 그 능력을 피할 자가 있겠느냐는 것이다.

> 히 12:26 그 때에는 그 소리가 땅을 진동하였거니와 이제는 약속하여 가라사대 내가 또 한 번 땅만 아니라 하늘도 진동하리라 하셨느니라

초림 때는 소리가 온 땅을 진동시켰지만 재림의 마당에는 지금까지 진동되지 아니하였던 하늘까지도 진동된다는 것이다.

예수님은 죄인을 구원하시기 위하여 인류의 죄를 짊어지러 오신 분이기 때문에 일곱 우레는 발하셨지만 표면적으로 우레를 통해서 심판하지는 않으셨다. 그러나 재림 마당에서 발하는 우레는 진동되지 아니하였던 하늘을 진동시킬 수 있는 우레라는 것이다.

히 12:27-29 이 또 한 번이라 하심은 진동치 아니하는 것을 영존케 하기 위하여 진동할 것들 곧 만든 것들의 변동될 것을 나타내심이니라 그러므로 우리가 진동치 못할 나라를 받았은즉 은혜를 받자 이로 말미암아 경건함과 두려움으로 하나님을 기쁘시게 섬길찌니 우리 하나님은 소멸하는 불이심이니라

왜 재림 마당에서는 일곱 우레를 발하심으로 땅뿐 아니라 하늘까지 진동하시는가? 모든 것이 진동되어야 그들이 영원히 진동되지 않을 완전한 제자리를 회복할 수 있기 때문이다. 우레를 발하셔서 본래대로 영원히 진동치 않을 나라를 회복하신다는 하나님의 의지가 담긴 말씀이다.

왜 재림 마당은 일곱 날의 빛과 같다고 했는가?(사 30:26) 일곱 우레를 발하기 때문이다. 재림의 마당은 일곱 우레를 발하시는데 발하는 우레 소리를 아무도 알지 못한다. 그 우레가 아무 능력이 없기 때문에 알지 못한다는 뜻이 아니다. 우레의 능력이 너무 크고, 소리가 너무 크기 때문에 인간의 청력으로는 도저히 들을 수가 없다. 그렇기 때문에 하나님이 '세미한 소리'(사 42:2)를 통해서 진동되지 않았던 하늘을 진동시켜서 본래의 목적이신 진동되지 않을 나라를 이루신다는 것이다.

시 29:4 여호와의 소리가 힘 있음이여 여호와의 소리가 위엄차도다

"여호와의 소리가 힘이 있고, 위엄차다"는 것이 무슨 뜻인가? 소리가 가진 영광과 능력이 거룩하고 영광스럽다는 뜻이다.

신약 마당에 오신 예수님의 말씀은 제사장, 서기관들의 말씀

과 다르게 권세와 능력이 있었다. 말씀에 의해 이루어지는 두 가지 창조의 세계를 이 땅에서 동시에 보여주셨다. 예를 들면, 38년 된 앉은뱅이에게 "네 자리를 들고 걸으라"(요 5:8)고 하시는 말씀과 동시에 그가 일어나 걸었다. 그런가 하면 날 때부터 소경된 자에게 진흙을 침으로 개어 눈에 발라주면서 실로암 못에 가서 씻으라고 하여 그가 말씀대로 순종함으로 눈이 떠지는 역사가 이루어졌다(요 9:6-7).

말씀과 동시에 창조 원리가 적용되는 역사와, 수리성을 두고 창조 원리가 적용되는 두 가지 역사의 세계가 있음을 보여주신 것이다.

> 시 29:5 여호와의 소리가 백향목을 꺾으심이여 여호와께서 레바논 백향목을 꺾어 부수시도다

성경에는 백향목을 애굽의 상징으로 나타내고 있다(겔 31:3). 물가에 심겨져 구름에 닿으려는 나무를 하나님께서 용서하지 않으시고 베어버리신다는 내용이다(겔 31:10-14). 그러나 이 구절에서는 애굽이라는 한 나라를 지칭하는 것이 아니라 누구든지 교만해서 자기 자신이 하늘 구름 위에 닿으려는 나무를 총칭해서 백향목이라고 말할 수도 있다. 여호와의 소리가 그들을 꺾어 심판하신다는 것이다.

> 시 29:6 그 나무를 송아지 같이 뛰게 하심이여 레바논과 시룐으로 들송아지 같이 뛰게 하시도다

말라기 2장에도 "의로운 해가 떠올라서 치료하는 광선을 발하리니 너희가 나가서 외양간에서 나온 송아지 같이 뛰리라"(말 4:2)고 하였다.

위 구절에서 송아지가 두 번 나온다. 하나는 송아지, 하나는 들송아지 같이 뛰게 하신다는 것이다. 여기서 송아지가 뛴다는 말은 부정적인 표현이 아니라 긍정적인 표현이다. 송아지라는 말은 여성적이고, 들송아지는 남성적인 소를 말한다.

> 시 29:7-8 여호와의 소리가 화염을 가르시도다 여호와의 소리가 광야를 진동하심이여 여호와께서 가데스 광야를 진동하시도다

여기서 화염을 가르시고, 광야를 진동하셨다는 진동의 실체는 무엇을 말하는가? 화염은 불꽃, 즉 불기둥을 말한다. 이스라엘 백성들이 광야길을 걸을 때 구름기둥과 불기둥으로 역사하시는 모습을 말씀하신 것이다.

> 시 29:9 여호와의 소리가 암사슴으로 낙태케 하시고 삼림을 말갛게 벗기시니 그 전에서 모든 것이 말하기를 영광이라 하도다

암사자로 낙태케 하신다는 말은 임신한 짐승을 낙태케 하신다는 표면적 의미가 아니다. 여호와의 소리가 생사화복, 출생과 죽음을 주관하신다는 것이다. 여호와께서 주관하신다는 사실을 아는 사람들은 여호와를 영광이라고 하리라는 말씀이다.

> 시 29:10 여호와께서 홍수 때에 좌정하셨음이여 여호와께서 영영토록 왕으로 좌정하시도다 .

위 구절에서 홍수 때란 노아 홍수를 말한다. 홍수 때에 영영토록 왕으로 좌정하셨다는 것은 영원히 영광의 보좌에 만주의 주로서 보좌의 주인으로 앉으셨다는 뜻이다. 노아 때 물심판을 하신 이유는 영과 혼과 몸을 빼앗긴 완전 타락한 인간을 심판하시고 새 창조의 역사를 하기 위해서이다. 영적으로 말하면 새 창조 역사를 위해서 노아 홍수 때에도 일곱 소리를 발하셨다는 것이다.

그렇다면 그 말씀대로 여호와가 영영토록 좌정하셨는가? 예수님이 오심으로 여호와는 사라졌다. 그러나 멜기세덱의 직분은 남아있다. 정죄의 직분으로 다스리던 여호와는 사라지고 의의 직분으로 다스리는 멜기세덱은 남아있는 것이다. 따라서 여기서 말하는 여호와는 정죄의 직분으로 다스리는 여호와가 아니라 의의 직분으로 다스리는 멜기세덱을 말하는 것이다.

> 시 29:11 여호와께서 자기 백성에게 힘을 주심이여 여호와께서 자기 백성에게 평강의 복을 주시리로다

멜기세덱은 평강의 복을 주시는 분이다. 멜기세덱은 의의 왕, 살렘 왕, 평강의 왕이다. 하나님께서 아브라함에게 복을 맡기신 것처럼, 멜기세덱에게 평강을 맡기셨다.

멜기세덱이 가진 의의 왕, 살렘 왕, 평강의 왕이라는 세 가지 이름은 메시아가 가진 세 가지 직분을 말하는 것이다. 사사기 때에도 사사들이 선지자, 제사장, 왕이라는 세 가지 직분을 가졌다. 재림 마당에서는 그 터 위에서 하나님께서 멜기세덱에게 세 가지 직분을 주신 것이다. 그래서 예수께서 부활하시고 처음 만난 제자들에게 "너희에게 평강이 있을찌어다"(눅 24:36, 요 20:19,

20:21, 20:26)라고 하셨다. 부활하신 예수님이 인간 예수로 죽으셨다가 사망 권세를 깨시고 부활하심으로 멜기세덱이 되신 것을 암시하신 것이다. 의의 왕, 살렘 왕, 평강의 왕은 예수님이 멜기세덱에게 주신 메시아의 삼직이다.

> 겔 1:26-28 그 머리 위에 있는 궁창 위에 보좌의 형상이 있는데 그 모양이 남보석 같고 그 보좌의 형상 위에 한 형상이 있어 사람의 모양 같더라 내가 본즉 그 허리 이상의 모양은 단 쇠 같아서 그 속과 주위가 불같고 그 허리 이하의 모양도 불같아서 사면으로 광채가 나며 그 사면 광채의 모양은 비 오는 날 구름에 있는 무지개 같으니 이는 여호와의 영광의 형상의 모양이라 내가 보고 곧 엎드리어 그 말씀하시는 자의 음성을 들으니라

위 구절에서 여호와가 받는 영광, 즉 여호와의 영광의 형상의 모양이 무엇인가? 요한계시록 1장에 등장하는 재림주의 모습이며, 요한계시록 10장에 등장하는 힘센 천사의 모습이다. 다시 말하면 재림 마당에서 여호와가 받는 영광은 곧 멜기세덱이다.

2. 7수가 가진 구속사적 의미는 무엇인가?

> 창 2:2-3 하나님의 지으시던 일이 일곱째 날이 이를 때에 마치니 그 지으시던 일이 다하므로 일곱째 날에 안식하시니라 하나님이 일곱째 날을 복 주사 거룩하게 하셨으니 이는 하나님이 그 창조하시며 만드시던 모든 일을 마치시고 이 날에 안식하셨음이더라

왜 하나님께서 다른 날보다 일곱째 날에게 특별한 복을 주신 것인가? 왜 일곱째 날을 안식일로 정하고 지키게 하셨는가? 구약 마당에서는 안식일을 지키지 않은 자를 실제로 죽인 사례가 빈번하였다. 사람의 목숨보다 안식일을 지키는 것이 더 중요한 이유가 무엇인가?

하나님께서 첫째 날부터 여섯째 날까지 창조하시고 일곱째 날에 안식하고자 하셨으나, 6일째 창조한 아담이 타락함으로 7일 안식이 깨어지고 말았다. 과연 하나님께서 깨어진 안식 세계를 어떻게 회복할 것인가?

일곱째 날에 안식하셨다는 7일, 7수가 가진 구속사적 의미는 무엇인가? 7수는 성부, 성자, 성령 하나님을 의미하는 하늘의 3수와 동서남북을 의미하는 땅의 4수가 합해진 영적 완전수이다. 그렇기 때문에 7수를 이루려면 땅의 4수와 하늘의 3수를 회복해야 한다. 땅의 4수를 회복한 사람만이 하늘의 3수를 이룰 수 있는 도전권을 가질 수 있는 것이다. 땅의 4수와 하늘의 3수를 회복하여 7수를 이룬 사람은 누구인가?

> 계 12:5 여자가 아들을 낳으니 이는 장차 철장으로 만국을 다스릴 남자라 그 아이를 하나님 앞과 그 보좌 앞으로 올려가더라

> 계 12:7 하늘에 전쟁이 있으니 미가엘과 그의 사자들이 용으로 더불어 싸울 쌔 용과 그의 사자들도 싸우나

재림 마당에서 철장 권세를 가진 아이가 하늘 보좌로 올라갈

수 있는 것도(계 12:5) 이 땅에서 이기는 자가 되어 땅의 4수를 이루었기 때문이다. 땅의 4수를 회복했기에 이제는 하늘에 올라가서 하늘의 3수를 회복해야 한다. 그가 하늘의 전쟁을 통하여 이기는 자가 될 때 하늘의 3수가 회복되는 것이다. 그렇기 때문에 하늘의 전쟁은 필연적인 것이다.

또 "하늘에서 이루어진 뜻대로 이 땅에서 이루어지이다"라고 하신 말씀대로 하늘의 3수를 통해서 이 땅에서 4수를 이루실 수 있다. 다시 말하면 성부·성자·성령의 하나님만이 이 땅의 동서남북을 회복하여 7수를 완성할 수 있는 것이다.

예수님은 하늘의 3수를 짊어지고 태어나신 분으로, 이 땅에서 4수를 완성하시고자 40일 금식하시고 성령의 인도를 받아서 들짐승이 우글거리는 광야에 나아가서 마귀에게 세 번 시험받아 이기심으로 7수를 완성하셨다. 그런 입장으로 계셨기에 "광야에서 사십 일을 계셔서 사단에게 시험을 받으시며 들짐승과 함께 계시니 천사들이 수종들더라"(막 1:13)고 하였다. 예수께서 7수를 완성하셨기 때문에 이제 또 다음 일을 행하시고자 세상에 나가서 "회개하라, 천국이 가까이 왔느니라"(막 1:15)고 천국 복음을 외치기 시작하신 것이다.

예수님은 첫째 날부터 일곱째 날까지 깨어진 모든 창조의 날들을 회복하는 과정을 짊어지고 오셨다. 첫째 날을 회복하시는 데에도 하늘의 3수와 땅의 4수를 이루셔야 하고, 둘째 날을 회복하시는 데에도 하늘의 3수와 땅의 4수를 이루셔야 한다. 이렇게 7일 안식일까지 이루시려면 7주, 즉 49수가 필요하다. 그런 입장에서 "이 성전을 헐라 내가 사흘 동안에 일으키리라"(요 2:19)고 하셨다. 예수님이 말씀하신 성전은 헤롯이 46년 동안 지은 성전을 말한다. 예수께서 죽은 지 3일 만에 부활하심으로 46년에 3수가 채워짐으로 49년이라는 완전성전이 이루어진 것이다. 예수께서 이 말씀을 하실 당시에는 제자들도 깨닫지 못했으나 예수께서 죽었다 3일 만에 부활하심으로 그제야 깨달았다고 하였다(요 2:22). 그러므로 완전성전은 7이레, 즉 49년을 통해서 완성되고, 그 다음 해인 50년째에는 희년이 선포된다(레 25:11).

예수께서 타락하기 이전의 창조의 영광의 세계를 회복하심으로 인류 구속사역을 완성하는 기간으로 정하신 70이레 중에서 7이레를 담당하신 것이다(단 9:24-27).

구약 마당의 야곱이 라헬과 결혼하기 위해 7년 동안 봉사하였다(창 29:18). 야곱이 라헬을 사랑하는 마음에 7년을 수일처럼 지낼 수 있었다(창 29:20). 그런데 그 지방 풍습으로는 언니보다 동생을 먼저 결혼시킬 수 없다고 하여 레아를 먼저 주었다. 그 대신 7일을 더 채우면 동생 라헬까지 준다고 하여 7일 후에 라헬을 얻었다(창 29:21-28). 7년을 채움으로 레아를 얻었고, 거기에 다시 7년을 상징하는 7일을 채움으로 라헬까지 얻을 수 있었다.

노아가 비둘기를 내보낼 때에도 7일 간격으로 내보냈다(창 8:8-12). 첫 번째 내보낸 비둘기가 아무 것도 물고 오지 못하였다고 해서 바로 다음날 둘째 비둘기를 내보내는 것이 아니다. 첫 번째 목적이 이루어지지 않으면 두 번째 목적을 이루기까지 반드시 7일을 기다려야 하는 것이다. 7일을 기다려서 그 목적이 이루어지면 다음의 새로운 역사의 세계를 펼칠 수 있다. 하나님께서 "여호와가 새 일을 세상에 창조하였나니 곧 여자가 남자를 안으리라"(렘 31:22)는 새 언약을 주시려고 해도 과거에 준 언약의 성취가 이루어지지 않고는 절대 새 언약을 주실 수 없다.

이처럼 하나의 목적을 이루는 구속사의 과정이 다 7일로 짜여져 있는 것이다. 즉 7수로써 하나의 목적을 이루었기 때문에, 다음 목적을 이루는 새로운 일을 계획할 수 있는 것이다.

왜 일곱째 날을 안식일로 정해놓으시고, 그 일곱째 날을 범하면 죽이라고 하시는 것인가? 일곱째 날은 구속사적인 의미에서 끝이 나는 날을 말하는 것이 아니라, 일곱째 날을 통해서 더 큰 하늘의 역사의 세계를 펼치시고자 하나님께서 최종적으로 우리를 기다려주시는 날이기 때문이다. 하나님께서는 일곱째 날 안식에까지 오는 사람들을 기다리고 계신다.

보편적으로 신학자들과 성도들의 신앙의 개념으로는 "여섯째 날을 창조하시고 일곱째 날 안식하셨다"(창 2:2)고 하니까 일곱째 날로 모든 구속사역이 끝이 나는 것으로 생각한다. 그러나 일곱째 날 안식이 이루어짐으로 구속사역의 다음 단계를 역사할 수 있는 것이다. 이처럼 중차대한 인류 구속사역의 일곱째 날이기에 안식 세계에 들어온 사람에게 큰 복을 주신다. 또 상대적으로 그 중요한 날을 범하는 사람을 죽이라고 하신 것이다.

이처럼 7수를 이루어 안식세계에 들어온 사람을 통해서 다음으로 무슨 역사를 하셔야 되는가? 8수를 의미하는 새 창조의 역사의 세계를 펼쳐 나갈 수 있는 것이다. 7수를 이룬 사람만이 8수를 상징하는 새 창조, 새 역사의 세계에 들어갈 수 있는 것이다.

참고로 7수는 안식을 의미하는 영적 완전수이고, 8수는 새 창조를 의미한다. 9수는 멜기세덱을 상징하고 10수는 아담을 상징한다. 그리고 11수는 브니엘을 의미하고, 12수는 에바다를 의미한다. 7수를 이룬 사람이 하나님의 새 창조, 새 역사의 세계를 펼치면서 하나님께로부터 인침을 받고 승리의 영광의 면류관을 받음으로 9수를 이루게 되는 것이다. 하나님 아들과 방불한 하늘의 제사장 멜기세덱을 상징하는 9수가 이루어짐으로 멜기세덱에 의해 이루어지는 새 창조의 세계가 아담, 브니엘, 그리고 에바다의 세계이다.

그렇다면 구체적으로 어떻게 해야 7수를 이룰 수 있는가?

> 창 17:1 아브람의 구십 구세 때에 여호와께서 아브람에게 나타나서 그에게 이르시되 나는 전능한 하나님이라 너는 내 앞에서 행하여 완전하라

아브람이 99세 때 하나님께서 "완전하라"고 말씀하시고 '아브라함'이라는 새 이름을 주셨다. 그리고 나서 아브라함에게 어떻게 완전하라고 하신 것인지 그 결과에 대한 내용이 표면적으로 기록되어 있지 않다. "완전하라"는 말씀으로 인해 아브라함이 신앙의 완전과 사랑의 완전을 이루었는데 어떻게 그 결과를 이루었는지 구체적인 내용이 성경에 기록된 것이 없다. 그렇다면 아브라함이 언제 완전한 사람이 된 것인가?

하나님께서 아브라함을 시험하시려고 100세에 낳은 만득자 이삭을 번제로 바치라고 하셨다(창 22:2). 아브라함이 아내 사라에게도 말하지 못하고 이삭을 바치려고 모리아의 한 산을 향해 떠났다. 번제는 죽여서 각을 떠서 불로 태움으로 하나님께 바치는 제사이다. 아브라함이 첫째 날, 둘째 날까지도 번민 속에 빠졌다. 자신을 번제로 바치라고 하였다면 기꺼이 기쁨으로 바쳤을 것이나, 차마 100세에 얻은 자식을 바쳐야 하는 인간적인 번민 속에 빠지지 않을 수가 없었다.

그러다가 3일째 되는 날 머리를 들었다(창 22:4). 아브라함이 그제야 고목이 된 자기 부부에게 이삭을 주신 사건을 기억하며, 이삭을 바치면 하나님이 다시 살리시리라는 확신을 가진 것이다. 이 사건을 가리켜 히브리 기자는 "하나님이 능히 죽은 자 가운데서 다시 살리실 줄로 생각한지라 비유컨대 죽은 자 가운데서 도로 받은 것이니라"(히 11:19)고 증거하고 있다.

결과적으로는 아브라함이 의심 없이 칼로 이삭을 내려치는 순간, 하나님의 사자가 급히 아브라함을 부르시면서 "네 독자 이삭을 죽이지 말라 이제야 네가 나를 믿는 것을 알겠노라"(창 22:11-12)고 하셨다. 그 순간 아브라함이 7수를 이룩한 것이다. 아브라함이 걸은 3일 길이 땅의 4수와 하늘의 3수가 하나가 되어서 7수를 이루는 과정이 되었다. 아브라함이 창조의 6일을 지나서 하나님이 기다리고 계시는 안식세계에 들어온 것이다. 그래서 아브라함이 복의 근원이 된 사람이다(창 12:2). 가장 큰 복, 안식의 축복을 최초로 받은 사람이 된 것이다.

7수에 그런 뜻이 담겨있기 때문에 안식일을 범하면 죽이라고 하신 것이다. 따라서 안식에 들어가지 못하는 사람은 7수가 없는 사람이다. 낙원에 들어가지 못하는 사람은 한 마디로 7수를 이루지 못한 사람이다. 아무리 잘 믿는다 해도 7수의 의미를 깨닫지 못한 사람은 절대 아브라함과 같은 축복을 받지 못한다.

"아브라함과 같은 믿음을 가진 사람은 아브라함과 같은 축복을 받는다"(갈 3:6-9)는 아브라함의 믿음이 무엇인가? 한 마디로 말하면 땅의 4수와 하늘의 3수를 온전하게 이루는 것이 아브라함의 믿음이다.

> 단 4:30-33 나 왕이 말하여 가로되 이 큰 바벨론은 내가 능력과 권세로 건설하여 나의 도성을 삼고 이것으로 내 위엄의 영광을 나타낸 것이 아니냐 하였더니 이 말이 오히려 나 왕의 입에 있을 때에 하늘에서 소리가 내려 가로되 느부갓네살 왕아 네게 말하노니 나라의 위가 네게서 떠났느니라 네가 사람에게서 쫓겨나서 들짐승과 함께 거하며 소처럼 풀을 먹을 것이요 이와 같이 일곱 때를 지내서 지극히 높으신 자가 인간나라를 다스리시며 자기의 뜻대로 그것을 누구에게든지 주시는 줄을 알기까지 이르리라 하더니 그 동시에 이 일이 나 느부갓네살에게 응하므로 내가 사람에게 쫓겨나서 소처럼 풀을 먹으며 몸이 하늘 이슬에 젖고 머리털이 독수리 털과 같았고 손톱은 새 발톱과 같았었느니라

느부갓네살이 교만함으로 하나님께서 그를 왕위에서 물러나게 하시고 일곱 때 동안에 광야로 쫓겨나 짐승처럼 살게 하셨다. 의학적으로 말하면 갑자기 뇌에 어떤 이상이 생겨서 미친 사람처

럼 되어 손톱이 자라고 머리도 못 깎고 수염이 자라 이루 형용할 수 없는 상태에서 몸부림을 치는 삶을 산 것이다.

그러다 다니엘이 예언한 대로 일곱 때가 지나서야 다시 그가 가진 본래의 총명이 돌아와서 왕권을 회복할 수가 있었다(단 4:34).

그렇다면 느부갓네살이 왜 그런 입장이 되었는가? 하나님이 왜 느부갓네살에게 일곱 때라는 과정을 지정해주신 것일까?

히스기야 왕이 받은바 은혜대로 하나님께 보답하지 않고 교만하여짐으로 징계를 받게 되었다. 그때 히스기야 왕이 순간적이기는 하지만 자기의 잘못을 깊이 깨달아 자신의 교만을 뉘우치고 깊은 회개를 함으로써 하나님께 용서를 받았다(왕하 20:1-7).

느부갓네살에게 하나님께서 이상을 통해서 계시를 보여주셨다. 바벨론의 술객들 중에는 아무도 그 꿈 내용을 해석해주지 못했지만 다니엘이 가르쳐주었다. 그 밖에 다니엘과 다니엘의 세 친구를 통해서 하나님의 능력과 거룩하심의 영광을 보여주심으로 느부갓네살이 순간적으로나마 하나님을 시인하고 인정하고 찬양을 했었다. 그러나 그는 하나님을 끝끝내 믿지 못하고 우상을 섬겼다. 다시 말해 하나님께서 느부갓네살에게 많은 기사이적을 보여주셨건만 한 편으로는 인정하는 듯하면서도 받은바 은혜대로 보답지 않고 더욱더 우상을 섬기는데 혈안이 되고 말았다. 그래서 하나님께서 그에게 회개할 수 있는 기회와 과정을 주신 것이다.

느부갓네살은 우상 가운데 정금으로 된 머리였다(단 2:38). 느부갓네살도 부정적인 의미에서 땅의 4수를 짊어지고 태어난 존재이다.

　우상의 머리라는 의미는 무엇인가? 야곱이 열두 아들을 축복하는 가운데 요셉에게는 정수리의 축복을 주었다(창 49:26). 상대적인 입장에서 세상을 주관하는 악의 상징적인 존재인 느부갓네살은 우상의 머리와 같은 존재로 태어난 사람이다. 느부갓네살이 짐승처럼 살다가 일곱 때를 지나서 자기 총명이 다시 돌아옴으로 왕권을 잡았다면 그때는 제대로 정신을 차리고 하나님의 의중을 헤아려 드렸어야 했는데 그것을 깨닫지 못하였다.

　그렇다면 하나님의 원하시는 바는 무엇인가? 하나님이 느부갓네살에게 그런 과정을 걷게 하심으로써 느부갓네살이 하나님을 믿고 의지하고 신뢰하고 인정하고 감사하는 믿음을 갖게 되었다면 느부갓네살이 이스라엘 백성들의 고혈을 짜지 말고 하나님을 믿을 수 있는 신앙의 기회를 주어야 한다. 하나님께서 바벨론에 포로로 잡혀간 사람들에게 "내가 비록 그들을 멀리 이방인 가운데로 쫓고 열방에 흩었으나 그들이 이른 열방에서 내가 잠간 그들에게 성소가 되리라"(겔 11:16)고 말씀하셨다. 그 말씀처럼 느부갓네살이 이스라엘 백성에게 신앙의 자유를 허락해주기를 바라셨던 것이다.

　그런 이유에서 느부갓네살에게 세 번의 기회를 주신 것이다. 첫 번째는 다니엘이 느부갓네살의 꿈을 해석해 주었고(단 2:27-45), 두 번째는 다니엘의 세 친구가 평소보다 7배나 뜨거운 용광로 속에 들어갔으나 머리털 하나 다치지 않은 사건을 보여주셨고(단 3:19-30), 세 번째는 다니엘이 다시 또 느부갓네살의 꿈을 해몽해 주었다(단 4:4-37). 그 꿈대로 느부갓네살이 그 과정을 거치는 체험을 한 것이다.

이처럼 하나님께서 세 번의 하늘의 소리를 통해서 그로 하여금 이스라엘 백성들에게 자비와 긍휼을 베풀기를 바라시는 입장에서 그런 능력을 행하신 것이다. 그럼에도 불구하고 느부갓네살이 그 순간에는 놀라운 하나님의 권능 앞에 입으로 시인하고 인정하고 찬양을 했지만 결국은 끝끝내 이스라엘 백성들에게 신앙의 자유를 주지 않고 도리어 우상을 섬기게 하였다. 그것을 가리켜 성경은 "이스라엘은 흩어진 양이라 사자들이 그를 따르도다 처음에는 앗수르 왕이 먹었고 다음에는 바벨론 왕 느부갓네살이 그 뼈를 꺾도다"(렘 50:17)라고 하였다.

하나님께서는 어둠의 권세를 가진 느부갓네살을 통해서도 하늘의 3수로써 세 번 개입하심으로 7수를 이루고자 역사하셨다.

예수님도 하늘의 3수를 소리로써 이 땅에서 이루신 분이다.

첫 번째는 세례 요한으로부터 물로 세례를 받으실 때 하늘 문이 열리고 비둘기 같은 성령이 임하면서 "이는 내 사랑하는 아들이요 내 기뻐하는 자라"(마 3:17)는 하늘의 소리가 있었다.

두 번째는 변화의 산에서 모세, 엘리야와 함께 하시는 것을 바라보는 세 제자들에게 "이는 내 사랑하는 아들이요 내 기뻐하는 자니 너희는 저의 말을 들으라"(마 17:5)는 하늘의 소리가 있었다.

세 번째는 헬라인들이 예수님을 만나려고 찾아왔을 때 예수께서 "인자가 영광을 얻을 때가 되었도다"(요 12:23), "아버지여 아버지의 이름을 영광스럽게 하옵소서"(요 12:28)라고 하시니 하늘에서 "내가 이미 영광스럽게 하였고 또 다시 영광스럽게 하리라"(요 12:28)는 하늘의 우레 소리가 있었다. 예수님의 공생애 과정 안에서 하늘의 소리가 친히 세 번 역사하신 것이다. 이처럼 말씀이 육신으로 오신 예수님도 세 번 하늘의 소리를 통하여 하늘의 3수를 이루셨다.

7수를 이룬 사람이 그 다음에 해야 할 일이 무엇인가?

신학자들이나 성도들의 일반적인 개념으로는 안식에 들어간 사람들은 안식에 들어간 순간부터 마지막 때까지 아무 일도 하지 않고 가만히 쉬다가 하나님의 영광에 동참하는 것이라고 생각한다. 하지만 절대 그런 것이 아니다. 7수를 상징하는 안식은 기다림의 안식을 말하는 것이지, 모든 구속사역의 끝을 이루는 안식을 말하는 것이 아니다. 성경에서는 안식을 이루기 위해 다시 이 땅에 와야 하는 사람들을 가리켜 '예표의 사람'이라고 한다.

> 슥 3:8 대제사장 여호수아야 너와 네 앞에 앉은 네 동료들은 내 말을 들을 것이니라 이들은 예표의 사람이라 내가 내 종 순을 나게 하리라

대제사장 여호수아에게 "네가 만일 내 도를 준행하며 내 율례를 지키면 네가 내 집을 다스릴 것이요 내 뜰을 지킬 것이며 내가 또 너로 여기 섰는 자들 중에 왕래케 하리라"(슥 3:7)는 대상자들을 말한다. 하나님께서 그들로 하여금 안식 세계, 즉 7수를 이루게 하신다는 것이다.

"여호와가 새 일을 세상에 창조하였나니 곧 여자가 남자를 안으리라"(렘 31:22)는 갈씀처럼 그들은 하나님께서 새 일을 행하

시는 역사에 동참하는 사람들이다. 예수께서도 "새 포도주는 새 부대에 담아야한다"(마 9:17, 막 2:22, 눅 5:38)고 하셨다. 그렇기 때문에 새 언약을 이룰 수 있는 새 일을 하는 사람들은 새 사람들이 되어야 한다.

새 사람들이란 말은 바로 7수를 짊어지고 있는, 안식에 들어간 사람들을 말하는 것이다. 안식에 들어간 사람들만이 8수에 도전할 수 있다.

> 창 5:29 이름을 노아라 하여 가로되 여호와께서 땅을 저주하시므로 수고로이 일하는 우리를 이 아들이 안위하리라 하였더라

노아라는 이름의 뜻은 안위(安慰), 즉 안식(安息)이다. 그 이름의 뜻을 보아도 아담이 타락함으로 안식이 깨어지고 10대 만에 탄생한 노아를 통해서 하나님께서 다시금 안식 세계를 이루시려고 시도하셨다는 것을 미루어 짐작할 수 있다.

노아가 하나님의 명령대로 방주를 지었다(창 6:14-22). 노아 600세 되던 해 2월 10일에 방주에 들어가고 2월 17일부터 물심판이 시작되었다(창 7:9-11). 그리고 7월 17일, 아라랏산에 도착하기까지 5개월 동안 물 위를 떠다녔다(창 8:3-4). 그리고 다음해 2월 27일에 땅이 말라 노아와 가족들이 방주에서 내림으로 1년 10일 만에 물심판이 마쳐진 것이다(창 8:13-14).

이처럼 노아가 안식의 주인공이 될 수 있었던 것은 새 시대의 문을 열기 위해서 구시대를 심판하였기 때문이다. 그렇다면 노아의 물심판으로 말미암아 안식세계가 이루어진 것인가?

창 9:20-21 노아가 농업을 시작하여 포도나무를 심었더니 포도주를 마시고 취하여 그 장막 안에서 벌거벗은지라

노아가 하나님의 말씀에 책임 준종해서 일단은 7수를 완성하였다. 그렇기 때문에 아브라함은 믿음의 조상이지만 노아는 의의 조상이다(히 11:7). 그리고 나서 노아가 방주에서 나와서 포도나무 농사를 시작한 것은 7수를 완성한 노아가 그 다음 역사를 진행하고 있는 것이다. 포도나무 농사를 시작한 것은 노아가 더 높은 차원의 영광의 세계를 이루고자 새 일을 시작한 것이다. 즉 포도나무의 시대라는 새 역사의 시대를 열었다는 것이다.

이처럼 노아가 완전한 은혜를 통해서 하늘의 사역을 한 내용은 첫째는 방주를 지은 것이고, 두 번째는 포도농사를 지은 것이다. 그런데 하나님께서 "방주를 지으라"는 말씀은 구체적으로 명백하게 하신 데 반해서, "포도농사를 지으라"는 말씀에 대해서는 표면적으로 기록된 내용이 없다.

그렇다면 노아는 하나님의 명령이 없었음에도 불구하고 포도농사를 지은 것일까? 노아가 포도원을 만들었다는 것은 인류 구속사역을 이루는 큰 의미를 가지고 있다. 노아가 포도농사를 지음으로 생명나무가 포도나무로 올 수 있는 길을 만들어놓았다고 증거한 바 있다.[8] 그런 큰 의미를 가지고 있는 하늘나라의 역사인데 왜 내용이 기록되지 않았을까? 성경을 자세히 살펴보면 포도농사에 대한 명령은 표면적으로는 기록되지 않았지만 이면적으로 기

---

8) '종말론적 구속사 시리즈' 제 1권 <멜기세덱, 그는 누구인가?> 228-231쪽, 벽암 조영래 저, 도서출판 오색이슬

록되어 있다.

왜 노아에게 "방주를 지으라"는 말씀은 표면적으로 말씀하신 반면, "포도농사를 지으라"는 말씀은 영적으로 하셨는가? "방주를 지으라"는 말씀은 노아 당대에 행함으로 이루어져야만 할 일이기 때문에 직접적으로 공개적으로 말씀하셨지만, "포도농사를 지으라"는 말씀은 노아 당대에 이루어질 일이기도 하지만 장차 본방 이스라엘 백성들과 또 영적 이스라엘 백성들을 통해서 이루어질 일이기 때문에 이면적으로 말씀을 하신 것이다.

아담이 타락할 것을 아시는 하나님이시기에 본방 이스라엘 백성들이 그 포도원을 빼앗기게 되어 있다는 것도 이미 알고 계시는 분이다(마 21:43). 그렇기 때문에 표면적인 이스라엘 백성에게서 영적인 이스라엘 백성들에게로 포도원이 넘어간다는 것을 알게 하시고자 노아에게 영적으로 말씀하신 것이다.

노아가 포도농사를 지은 후 새 창조, 새 역사의 세계를 이루기 위해서 수확한 포도로 포도주를 만들어 마시고, 취하여 장막 안에서 벌거벗었다.[9] 노아가 포도주에 취해서 벌거벗은 목적을 이루고 나면, 노아는 다시 9수에 도전할 수 있는 것이다. 9수는 멜기세덱을 상징하는 수이다. 다시 말하면 노아가 9수를 이룩하면 멜기세덱이 될 수 있다는 것이다.

노아가 멜기세덱이 된다면 그 가정은 거룩한 성가정(聖家庭)

---

9) '종말론적 구속사 시리즈' 제 1권 <멜기세덱, 그는 누구인가?> 374-386쪽, 벽암 조영래 저, 도서출판 오색이슬
'종말론적 구속사 시리즈' 제 5권 <666, 그들은 누구인가?> 322-323쪽, 벽암 조영래 저, 도서출판 오색이슬

이 되며, 그 가족들은 거룩한 성가족들이 될 수 있었다. 그러한 목적을 이루기 위해서 하나님께서는 노아의 세 아들들을 통해서 시험하신 것이다. 하나님께서 노아의 세 아들인 셈과 함과 야벳을 시험하셨을 때, 함이 저주를 받을 것은 노아조차도 예측하지 못한 일이었다. 노아가 자기 자녀들에게 가장 간절히 바라고 원한 것은 그 시험을 통과해서 세 아들들이 구속사의 세계를 이어갈 수 있는 자녀가 되기를 바랐다.

야벳은 셈의 종이 되었고 함의 아들인 가나안은 셈의 종의 종이 되었다(창 9:27). 구속사의 세계에도 3단계의 과정, 수리성을 통해서 이루어진다는 것을 노아는 알고 있었다. 그래서 노아는 그 수리성의 과정 안에서 셈과 함과 야벳이 영광의 차이는 있지만, 그래도 다 긍정적인 은혜의 차원의 세계를 이끌어갈 수 있는 주인공들이 되기를 원했던 것이다.

예수님의 십자가의 패 위에도 '이스라엘 왕'이라는 말이 세 가지 언어로 기록되어 있었다. 히브리어, 헬라어, 로마어로 기록되어 있었다. 그것은 세 나라를 중심으로 해서 구속사의 세계가 전개된다는 것을 의미하는 것이다. 마찬가지다. 노아도 함께 방주를 지을 때 고생했던 세 아들들이 구속사의 세계를 각자 주도할 수 있는 주인공들이 되기를 바라고, 하나님께서 자기를 통해 시험하시는 시험의 과정을 통과하기를 간절히 바라는 입장에서 시험을 한 것인데 결과는 뜻대로 되지 않았다는 것이다.

왜 마지막 때가 노아 때와 같은가?

마 24:37 노아의 때와 같이 인자의 임함도 그러하리라

아담의 타락으로 창조의 6일이 깨어짐과 동시에 7일 안식일도 깨어지고 말았다. 땅의 4수와 하늘의 3수가 깨어졌기에 땅의 4수도 회복하고 하늘의 3수도 회복해야 한다.

비록 첫째 아담에게 맡겨 놓은 7일은 실패했지만 그 7수의 회복을 위해서 예수님이 둘째 아담의 입장으로 7일을 다시 시작하셔야만 한다. 산 영인 첫째 아담이 하지 못한 일을 살려주는 영인 예수님이 둘째 아담의 입장으로 오셔서 다시 시작함으로 깨어진 하늘의 3수와 땅의 4수를 완전하게 이루실 수 있는 것이다(고전 15:45). 7수를 영적 완전수라고 하는 것은 땅의 일과 하늘의 일을 다 완전하게 이루신다는 의미가 포함되어 있기 때문이다. 그래서 7수를 안식의 수라고 하지 않고, 영적 완전수라고 말하는 것이다.

예수님이 영적 완전수 7수를 통해서 오신 목적을 분명히 이루셨다. 예수님이 십자가 상에서 7언의 말씀을 통해서 "다 이루었다"(요 19:30)고 하셨다. 여기서 예수님이 "다 이루었다"고 하신 것은 아담이 불순종함으로 빼앗긴 창조의 7일을 다 회복하였다는 것이다. 그렇기 때문에 이제 8이라는 새 창조, 새 역사의 세계를 펼쳐나갈 수 있는 것이다.

왜 "인자의 임함은 노아 때와 같다"고 하셨는가? 재림 마당에서도 그 새 창조 새 역사의 세계를 이루기 위해서 천국을 상징하는 제 밭에 좋은 씨를 뿌린 것이다(마 13:24). 제 밭에 뿌려진 좋

은 씨를 통해서 알곡을 거두는 역사가 새 창조 새 역사의 세계가 되는 것이다.

왜 제 밭의 역사가 새 창조, 새 역사가 되는 것인가? 제 밭에서 이루어지는 새 창조 새 역사의 세계를 통해서 재림주 멜기세덱의 영광이 탄생되기 때문이다.

멜기세덱은 창조주 하나님이 아니다. 피조물로서 산 자가 되어 하나님께 제사를 드리는 산 자를 말한다(히 7:1-3). 이 땅의 사람이 멜기세덱이 되려면 첫째, 태초의 말씀이신 해를 입어야 한다. 그러나 해를 입은 여인이 되었다고 해서 곧바로 재림주 멜기세덱이 될 수 있는가? 멜기세덱은 "아비도 없고 어미도 없고 족보도 없고 시작한 날도 없고 생명의 끝도 없어 하나님 아들과 방불하여 항상 제사장으로 있느니라"(히 7:3)고 했다. 아비도 없고, 어미도 없고, 족보도 없고, 시작한 날도 없고, 생명의 끝도 없는 존재란 산 자를 말한다. 시한부 인생으로 죽는 인간들은 절대 재림주 멜기세덱이 될 수 없다.

그렇기 때문에 해를 입은 사람이 멜기세덱의 영광을 입기 위해서는 반드시 죽었다가 부활해야 한다. 예수께서 부활하신 후에 잠근 문을 통과해서 제자들에게 나타나신 것처럼 시공을 초월하는 산 자, 영원히 죽음을 보지 않는 산 자가 되어야 한다(눅 24:36-39).

창조주이신 예수님도 말씀이 육신으로 오셔서 이 땅에서 사망의 권세를 깨시고 부활의 능력으로 하나님의 아들로 인정을 받으셨다(롬 1:4). 창조주 하나님께서 아들로 오신 것도 모자라 가지고 오신 태초의 말씀을 이 땅에 다 떨치시고 인간 예수로 죽었다 3일 만에 살아나심으로 부활의 능력으로 하나님 아들로 인정받

으셨다. 부활하신 후 예수께서는 이 땅에 40일 동안 멜기세덱으로 계셨다.[10]

창조주께서도 그런 길을 통해서 멜기세덱이 되신 것이다. 하물며 피조물인 해를 입은 여인이 재림주 멜기세덱이 되려면 이 땅에서 그러한 부활의 영광을 입어야 하는 것이 당연한 이치가 아니겠는가? 이러한 멜기세덱 탄생의 역사가 바로 재림 마당의 제 밭에서 이루어지는 새 창조의 역사이다.

멜기세덱이 탄생하면 그 다음으로 10수를 이루는 역사를 행할 수 있다. 10은 아담을 상징하는 수이다.

첫째 아담이 흙에서 사람이 되고, 코에 생기를 받아 생령이 되었다. 생령된 아담이 하나님의 말씀에 불순종하여 선악을 알게 하는 나무 열매를 따먹지 않고 생명나무 열매를 따먹었다면 구도의 길을 통해 멜기세덱으로 탄생되었을 것이다. 멜기세덱이 탄생하면 멜기세덱으로부터 생기를 받을 수 있는데, 생기를 받는 방법은 무엇인가? 생기는 무엇을 말하는 것인가? 작은 책의 말씀이 바로 생령을 만드는 생기이다. "하늘에서 내려온 자, 하나님이 기름 부으신 자, 천상천하에 그 어떠한 자라 할지라도 작은 책의 말씀을 받지 않고는 누구를 막론하고 절대 의인의 부활, 첫째 부활에 들어가지 못한다"는 것이 성경에 감추인 하나님의 보화이다.

엡 4:13 우리가 다 하나님의 아들을 믿는 것과 아는 일에 하나가 되어 온전한 사람을 이루어 그리스도의 장성한 분량이 충만한 데까지 이르리니

---

10) '종말론적 구속사 시리즈' 제 2권 <이 땅의 주, 그는 누구인가?> 163-164쪽, 벽암 조영래 저, 도서출판 오색이슬

우리가 어떻게 그리스도의 장성한 분량이 충만한 데까지 이를 수 있는가? 그리스도란 기름 부음을 받은 자를 말한다(슥 4:14, 요일 2:20, 2:27). 그의 장성한 분량까지 자라려면 작은 책의 말씀의 생기를 받음으로써만 가능한 것이다.

재림주 멜기세덱이 탄생하면 장차 철장으로 만국을 다스릴 남자를 탄생시킬 수 있다. 그는 타락하기 전의 아담과 같은 생령의 존재이기에 아담의 수, 즉 10수가 이루어지는 것이다.

> 창 32:30 그러므로 야곱이 그곳 이름을 브니엘이라 하였으니 그가 이르기를 내가 하나님과 대면하여 보았으나 내 생명이 보전되었다 함이더라

그리고 11수는 브니엘을 상징하는 수이다. 브니엘은 '하나님의 얼굴'이라는 뜻이다.

야곱이 형인 에서가 자기를 죽이려고 400명을 이끌고 온다는 소식을 듣고, 밤새도록 얍복강에서 어떤 사람과 씨름했다. 그 사람이 야곱을 이기지 못함을 보고 야곱의 환도뼈를 쳤다. 그래도 끝까지 그 사람을 놓지 않고 축복해달라고 하니 그 사람이 야곱에게 이긴 자라는 뜻으로 '이스라엘'이라는 새 이름을 주었다. 그러자 야곱이 "내가 하나님과 대면하여 보았으나 내 생명이 보전되었다"는 뜻으로 그곳 이름을 '브니엘'이라고 하였다.

성경에서 하나님을 보는 자는 죽는다고 했다(출 33:20). 하나님 얼굴을 본다는 말은 생명나무를 본다는 것이다. 그렇기 때문에 오직 생령이 된 사람만 하나님의 얼굴을 볼 수 있는 것이다.

> 마 5:8 마음이 청결한 자는 복이 있나니 저희가 하나님을 볼 것임이요

아담의 수인 10수가 이루어지면 생명나무를 바라볼 수 있는 생령 차원의 존재가 되어 '브니엘', 즉 하나님을 대면할 수 있는 11수가 이루어진다는 것이다.

> 막 7:34 하늘을 우러러 탄식하시며 그에게 이르시되 에바다 하시니 이는 열리라는 뜻이라

예수께서 귀먹고 어눌한 자를 고쳐주실 때 손가락을 양 귀에 넣으시고 침을 뱉어 혀에 손을 대시며 하늘을 우러러 탄식하시며 "에바다"라고 외치셨다. 에바다는 '열리라'는 뜻이다. 여기서 "에바다"라고 외치신 것은 피조물이 소리친 것이 아니라, 창조주 하나님께서 외치신 것이다. 아담의 타락으로 인해 생명나무로 가는 하늘 문이 닫힌 것을 탄식하시며(창 3:24) "닫혔던 하늘아! 열리라"는 뜻으로 부르짖으신 것이다.

11수를 완성하여 생명나무 열매를 먹은 사람이 12수를 이룩함으로 12수를 상징하는 에바다의 세계가 이루어지는 것이다. 즉 생명나무 열매를 따먹은 사람만이 하늘 문을 열고 닫을 수 있는 권세를 가진 사람이기 때문에 그 사람으로 인해 하늘 문이 열리는 새 창조의 역사가 이루어진다는 것이다.

이처럼 7수가 안식수라고 해서 어떤 일을 마치고 무조건 편히 쉰다는 뜻이 아니다. 자기 일을 마치고 안식 세계에 들어갔다고 해서 그 사람은 가만히 팔짱끼고 편히 쉬는 것이 아니다. 하나님

께서 구속사의 역사를 위해서 그 사람을 이 땅에 다시 보내기 때문이다.

그래서 같은 사람이 구약 마당, 신약 마당, 재림 마당에 세 번씩 등장하는 것이다. 예를 들면 구약 마당의 다윗도 잠이 들었지만 예레미야, 에스겔에 계속 등장한다(렘 33:21-22, 겔 34:23-24, 37:24-25). 모세도 구약 마당, 신약 마당, 재림 마당에 같은 이름으로 등장한다. 네 생물도 구약 마당, 신약 마당, 재림 마당에 계속 등장한다. 그들이 세 마당에 다 등장한다는 말은, 안식에 들어간 그들도 끊임없이 일하고 있다는 것이다. 구약 마당에서 안식에 들어갔지만, 신약 마당에 또 등장하고, 신약 마당에 다녀간 사람이 또 재림 마당에 등장한다. 안식에 들어갔지만 새 창조 새 역사의 세계를 위해서 끊임없이 구속사에 동참하는 것이다.

> 요 5:17 예수께서 저희에게 이르시되 내 아버지께서 이제까지 일하시니 나도 일한다 하시매

심지어 하나님 아버지께서도 지금까지 일하고 계신다고 예수께서 친히 말씀하셨다.

이처럼 7수, 안식에 들어간 사람은 구속사의 세계에 처음부터 끝까지 쉬지 않고 일하는 사람이다. 안식에 들어간 사람이 하늘나라의 일, 영적인 세계의 일을 끊임없이 하기 때문에 7수를 영적 완전수라고 한다. 그 말을 바꾸어 말하면 안식세계에 들어간 사람만이 영적인 일을 할 수 있는 사람이 되기 때문에 안식의 수, 7수를 가리켜 영적 완전수라고 하는 것이다. 이렇게 하나님의 명을

받들어 끊임없이 구속사의 세계를 넘나드는 사람들을 가리켜 '예표의 사람'이라고 한다(슥 3:8).

일곱째 날을 통해 주시는 하나님의 축복은 무엇인가?

일곱째 날을 통해 주시는 축복은 첫째 날부터 여섯째 날을 통해 주시는 복과는 전혀 본질이 다른 복이다. 첫째 날부터 여섯째 날까지의 축복이 물질적인 복이라면, 일곱째 날의 축복은 영적인 복이다. 첫째 날부터 여섯째 날까지의 축복은 생육하고, 번성하고, 충만하라는 복이며, 인간의 삶을 통해서 얻어지는 물질의 축복이기에 그 복은 영원한 안식을 누릴 수 있는 복이 아니다. 전도서 기자가 탄식한 것처럼 헛되고 헛된 복이며, 근심이 병행하는 복이다(전 1:2, 12:8). 우리가 이 땅에서 아무리 기도를 많이 하고, 아무리 열심히 신앙생활을 한다고 해도 근심이 없는 영원한 축복을 받을 수는 없다. 오직 근심 없는 영원한 축복은 안식에 들어가는 자만이 받을 수 있는 축복이다.

따라서 일곱째 날의 축복은 영원한 안식의 복이다. 구약 마당에서 안식일을 지키지 않고 나무하는 자를 죽이신 것은 그 어떤 날보다 일곱째 날이 가장 거룩하고 귀중한 날이라는 것을 이스라엘 백성들에게 깊이 각인시키기 위해서였다. 안식일에 일하지 말라고 하셨기에 안식일 전날에는 만나를 평소보다 두 배로 주신 것도 안식일의 의미와 중요성을 깨닫게 하기 위한 하나님의 배려이셨다.

요삼 1:2 사랑하는 자여 네 영혼이 잘 됨 같이 네가 범사에 잘 되고 강건하기를 내가 간구하노라

영혼이 잘되어야 범사의 축복을 받을 수 있고, 우리의 몸이 강건하여진다. 내성의 꼴로 외형이 이루어지는 것이다. 그 복은 영적으로 성령을 통해서 받는 축복을 말한다. 그 축복에는 그림자가 없고, 염려와 근심이 없다. 그렇기 때문에 예수님이 "수고하고 무거운 짐진 자들아 다 내게로 오라 내가 너희를 쉬게 하리라"(마 11:28)고 하셨다.

예수께서 부자청년에게 "네 소유를 팔아 가난한 자들을 주라 그리하면 하늘에서 보화가 네게 있으리라 그리고 와서 나를 좇으라 하시니"(마 19:21, 막 10:21, 눅 18:22)라고 하셨다. 그 말의 의미는 "첫째 날부터 여섯째 날까지 네가 받은 복을 다 나누어주고, 내가 주는 일곱째 날의 복을 받으라"는 것이다. 세상 것을 다 버리고 예수님을 따르면 그 일곱째 날의 축복을 주겠다는 것이다. 그것이 영생의 복이다.

딤후 4:7-8 내가 선한 싸움을 싸우고 나의 달려갈 길을 마치고 믿음을 지켰으니 이제 후로는 나를 위하여 의의 면류관이 예비되었으므로 주 곧 의로우신 재판장이 그날에 내게 주실 것이니 내게만 아니라 주의 나타나심을 사모하는 모든 자에게니라

바울이 "하나님이 나를 위해 의의 면류관을 예비하셨다"라고 말한 것은 "비록 나의 죽음이 서서히 다가오고 있지만 상대적으로 하나님이 주시는 영원한 안식의 평강을 예비해주신 그 세계를

바라보고 있다"라는 것이다. 바울은 세상이 주는 축복이 아니라 하나님께서 자기 일을 마친 자들에게 주시는 영적 축복, 즉 일곱째 날의 축복을 바라보았다.

이처럼 일곱째 날의 축복은 사람이 주는 복이 아니라 하나님께서 친히 주시는 복이다. 일곱째 날의 축복을 받지 못하면 완전한 은혜의 사람이 될 수 없다.

노아가 은혜를 받았고(창 6:8), 당대의 의인이요, 완전한 자(창 6:9)가 될 수 있는 것도 일곱째 날의 축복을 받았기 때문이다. 노아가 장이 300규빗, 광이 50규빗, 고가 30규빗으로 성부·성자·성령의 비밀이 담긴 방주를 지을 수 있었고, 비둘기 사역을 할 수 있었던 것도 일곱째 날의 복을 줄 수 있는 사역자였기 때문이다.

왜 아라랏산이 창조의 산, 거룩한 산, 살아있는 산, 아름다운 산인지 깊이 깨달아야 한다. 노아 자신이 일곱째 날의 은혜를 가진 사람이기에 예수께서도 "인자의 임함은 노아 때와 같다"(마 24:37, 눅 17:26)고 친히 말씀하셨다. 그 말씀의 의미는 단순히 시대적 배경의 의미가 노아 때와 같다는 것이 아니라, 노아로부터 일곱째 날의 축복을 받아야 한다는 의미의 말씀이다. 노아가 7일 간격으로 내보낸 비둘기 역사를 통해서 7일의 안식의 비밀을 받아야 한다는 뜻이다.

그 일곱째 날의 축복을 받아야 견고하며 흔들리지 않는 믿음의 사람이 될 수 있다(고전 15:58). 예수님이 부활하신 후 첫 말씀이 "너희에게 평강이 있을지어다"(요 20:21)라고 하셨다. 하나님이 주시는 일곱째 날의 축복으로써만 평강의 사람이 될 수 있는 것이다.

노아가 포도주에 취해 벌거벗었다는 것은 영원한 평강의 안식을 얻은 것을 의미한다. 물질의 복은 복의 근원이 되는 아브라함을 통해 받지만 일곱째 날의 복은 날의 주인공이 되시는 하나님께 친히 받는다. 아브라함에게 "너는 나의 벗이라"(대하 20:7, 사 41:8, 약 2:23)고 말씀하신 것으로 볼 때, 하나님께서 친히 아브라함에게 영원한 안식의 축복을 주신 것을 알 수 있다.

3. 예수께서 십자가 상에서 발하신 일곱 우레

예수님이 오전 9시부터 오후 3시까지 여섯 시간 동안 십자가에 달리셔서 일곱 말씀(가상칠언, 架上七言), 즉 일곱 우레를 발하셨다.

오전 9시부터 12시까지 해가 있는 세 시간 동안에 "저들의 죄를 용서하소서"(눅 23:34), "오늘 네가 나와 함께 낙원에 있으리라"(눅 23:43), "여자여 보소서 아들이니이다, 보라 네 어머니라"(요 19:26-27), 이렇게 세 말씀을 하셨다. 그리고, 해가 빛을 잃은 오후 세 시간에는 운명하시기 직전에 "엘리 엘리 라마 사박다니"(마 27:46, 막 15:34), "목마르다"(요 19:28), "다 이루었다"(요 19:30), "내 영혼을 아버지 손에 부탁하나이다"(눅 23:46), 이렇게 네 말씀을 동시다발적으로 하셨다.

해가 빛을 잃지 않은 오전 세 시간 동안 세 우레를 발하신 것은 거룩한 신성을 가지신 하나님 아들의 입장에서 하신 말씀이었다. 아직 말씀이 떠나지 않은 하나님의 아들의 입장에서 권위를 가지고 하신 말씀이다. 그렇기 때문에 창조주의 입장에서 육신의 어머니인 마리아에게 "여자여!"라고 하실 수 있었던 것이다.

그러나 오후에 발하신 네 우레는 거룩한 신성을 버린 순수한 인성의 차원에서 발하신 것이다. 네 번째 말씀으로 "엘리 엘리 라마 사박다니, 아버지여 아버지여 어찌하여 나를 버리셨나이까"(마 27:46)라고 외치신 것은 자신의 성체에서 떠나가고 있는 태초의 말씀이신 아버지를 바라보시며 외치신 것이다.

그리고 다섯 번째 말씀으로 "목마르다"(요 19:28)라고 하셨다. 예수님에게는 영원히 목마르지 않는 생수, 생명수가 있었다. 수가촌 여인에게도 "내가 주는 물을 먹는 자는 영원히 목마르지 아니하리니 나의 주는 물은 그 속에서 영생하도록 솟아나는 샘물이 되리라"(요 4:14)고 하셨다. 그런 예수께서 "목마르다"라고 하신 것은 태초의 말씀이 떠나고 인간 예수로 달리셨기에 "목마르다"라고 하신 것이다. 그리고 "다 이루었다"(요 19:30), 마지막으로 "내 영혼을 아버지 손에 부탁하나이다"(눅 23:46)라고 하시고 운명하셨다.

예수께서 왜 십자가 상에서 발하신 우레의 내용을 이처럼 신성의 입장과 인성의 입장으로 구별할 수 있는가? 그 이유는 무엇인가?

> 요 1:1-3 태초에 말씀이 계시니라 이 말씀이 하나님과 함께 계셨으니 이 말씀은 곧 하나님이시니라 그가 태초에 하나님과 함께 계셨고 만물

이 그로 말미암아 지은 바 되었으니 지은 것이 하나도 그가 없이는 된 것이 없느니라

요 1:14 말씀이 육신이 되어 우리 가운데 거하시매 우리가 그 영광을 보니 아버지의 독생자의 영광이요 은혜와 진리가 충만하더라

예수님의 본질은 태초의 말씀, 즉 하나님이시다. 그분이 태초의 말씀으로 우주만물을 창조하셨다. 창조주가 타락한 인류의 죄를 구속하기 위해서 말씀이 육신으로, 은혜와 진리로 오신 것이다.

앞서 소개한 것처럼, 예수님은 유월절 양으로 오신 분이다. 그러나 십자가 사건을 앞두고 겟세마네 동산에서 세 번의 기도 끝에 "내 원대로 마옵시고 아버지의 원대로 하옵소서"라는 고백을 하신 것을 볼 때 아사셀 양의 십자가까지 동시에 짊어지라는 응답을 받으신 것이다. 예수님이 아사셀 양으로 마귀에게 바쳐지는 제물이 되는 입장에서 가지고 오신 태초의 말씀을 간직하고 있으면 그 말씀이 마귀의 것이 되고 말 것이다. 그래서 예수님은 태초의 말씀을 이 땅에 두고 가셔야 한다.

십자가 상에서 흘리신 피와 옆구리에서 나온 물 속에 태초의 말씀과 은혜와 진리를 두고 가셨다. 그 물과 피에 예수께서 보내신 보혜사 성령이 하나가 된(요일 5:5-8) 인격적인 태초의 말씀을 '해'(시 19:5, 84:11)라고 한다. 그 비밀을 아는 사람이 장차 재림마당에서 그 해를 입음으로 해를 입은 여인으로 탄생해야 하기에 태초의 말씀을 두고 가셨다.

예수님은 인류의 죄를 사해주는 초림주로서의 사역을 이루셨

을 뿐만 아니라, 재림주가 하실 사역까지 다 예비하신 분이다. 예수께서 "다 이루었다"라고 말씀하셨다고 해서 신약 마당에서 모든 인류 구속사역을 완성하신 입장은 아니라는 것을 구별할 줄 알아야 한다. "내가 아버지의 영광으로 오리라"(마 16:27, 25:31, 막 8:38)는 재림 마당에 오실 '아버지'의 사역의 터를 예비하신 입장에서 "다 이루었다"라고 하신 것이다. "만일 다른 사람이 자기 이름으로 오면 영접하리라"(요 5:43)는 '다른 사람'이 행할 사역의 터를 예비하셨기에 "다 이루었다"라고 하신 것이다.

그렇기 때문에 십자가의 일곱 우레 속에는 초림과 재림의 비밀이 다 들어있고, 무지개의 비밀이 다 들어있다. 그런 입장에서 일곱 우레의 내용을 자세히 분석해보고자 한다.

일곱 우레의 내용과 색깔은 무엇인가?

본래 무지개는 일곱 가지의 색으로 이루어져 있지만 사람의 육안으로는 다 보이지 않는다. 일곱 가지 색 중에서 흰 색과 하늘색은 보이지 않고 나머지 다섯 가지 색깔만 보이기에 오색 무지개라고 말하기도 한다.

예수님이 십자가상에서 여섯 시간 달려 계시는 동안에 일곱 말씀을 하셨는데, 그 일곱 말씀이 동일한 말씀이 아니라 각각 다른 말씀을 하셨다. 무지개의 색깔이 각각 다른 것처럼 예수님이 십자가 상에서 하신 일곱 말씀에도 색깔이 있다는 것이다. 결론적으로 그 말씀의 색과 무지개의 색이 같다는 것이다.

"무지개는 영세까지 세우는 언약의 증거"(창 9:12)라고 했다.

'영세까지 세우는 언약'이란 표면적으로는 구속사의 시작으로부터 끝을 맺기까지 이루는 언약이라고 말할 수 있지만, 영적으로 말하면 영원부터 영원까지 이르는 언약이다. 이러한 무지개의 일곱 색깔과 예수께서 십자가 상에서 하신 일곱 말씀의 색깔이 같은 것이다. 다시 말하면 영세에 이르는 무지개의 언약이 곧 십자가의 언약인 것이다.

그런 의미에서 십자가 상의 일곱 말씀의 내용과 색깔을 분석해 볼 필요가 있다.

1. 용서의 십자가—하늘색

> 눅 23:34 이에 예수께서 가라사대 아버지여 저희를 사하여 주옵소서 자기의 하는 것을 알지 못함이니이다 하시더라 저희가 그의 옷을 나눠 제비 뽑을 째

첫째, "저희를 사해 주소서"라는 용서의 기도를 하셨다. 일반적인 개념으로 "저희를 사해 주소서"에서 '저희'는 예수님을 십자가에 못 박은 로마 병정, 유대의 제사장을 비롯한 종교지도자들, 예수님을 판 가룟유다까지 포함된 간악한 원수를 말한다고 생각한다.

그러나 더 큰 의미로서 '저희'는 타락한 아담으로 인해 진 자로서 죄에 종속되고, 율법에 종속된 사람들을 가리킨다. 구약 때 종들은 주인의 금품, 물건, 재산에 준하는 존저였다(출 21:21). 율법의 종이 된 그들의 죄를 해결하려면 절대 평범하게 해결되지 않

는다. 그런 그들의 죄를 사하려면 속건제사를 드려야 한다.

속건제의 근본은 물질로 배상하는 제사이다. 예를 들면 양을 한 마리 훔치면 네 마리로 갚아야 하고, 소를 한 마리 훔치면 다섯 마리로 갚아야 한다. 또 하나님께 서원한 것을 무르려면 본 물건의 5분의 1을 보태서 배상하는 방법 등이 속건제에 해당하는 제사법이다. 이러한 속건제사에 대한 방법, 기준, 원칙이 있기에 하나님의 아들이라 할지라도 인간의 죄를 거저 사해달라고 요구해서는 안 되고, 그 죄에 대한 대가를 지불해야만 한다. 예수님이 율법에 종속된 사람, 죄에 종속된 인간들의 죄를 사해달라고 요구하시는 대신, 지불해야 할 대가가 무엇인가?

> 사 53:10 여호와께서 그로 상함을 받게 하시기를 원하사 질고를 당케 하셨은즉 그 영혼을 속건제물로 드리기에 이르면 그가 그 씨를 보게 되며 그날은 길 것이요 또 그의 손으로 여호와의 뜻을 성취하리로다

저희의 죄를 사해주시면 내 영혼을 속건제물로 드리겠다는 것이다. 성경에 기록된 율법이 613가지다. 그런데 613개의 율법이 가지를 쳐서 일만 가지로 늘어났다(호 8:12). 형법이 모법이 되어 민사법 등으로 죄의 죄목이 늘어나듯 율법도 일만 가지로 늘어난 것이다. 율법을 주신 이유는 죄를 깨닫게 하기 위해서이다. 죄목이 그만큼 많아진 것은 인간의 죄가 그만큼 깊어졌다는 뜻이다. 하늘 아래 만 가지나 되는 율법을 다 외우고 기억하고 인식하면서 살아갈 수 있는 사람이 있을까? 한 마디로 한 명도 없다. 그렇기 때문에 율법으로는 의롭다 할 종자가 없고, 구원받을 종자가 없는

것이다. 오직 믿음으로써만 의롭다함을 입을 수 있고, 구원받을 수 있는 것이다.

절대 율법으로는 의롭다함을 입을 자가 없다. 율법이 요구하는 요구를 그 누구도 완전하게 이루어 줄 수 없기 때문이다. 그래서 전도서에 선인이라도 죄를 짓지 않는 인간은 없다고 했다(전 7:20). 공자, 석가라고 해도 만 가지 율법의 요구에 응하지 못한다. 오직 거기에서 승리하신 분은 예수님뿐이다.

율법의 시대를 마치려면 율법이 요구하는 그 요구를 완전히 이룰 수 있는 사람이 와야만 한다. 그 사람이 오기 전에는 그 문제를 해결할 수 없다. 율법의 요구를 완전히 이룰 수 있는 사람은 오직 예수님뿐이다. 그분만이 만 가지 율법이 요구하는 죄악의 문제를 해결할 수 있고, 만 가지 죄를 항상 초월할 수 있는 유일한 존재이시다.

그런데 문제는 예수님 자신은 비록 둘째 아담의 입장으로 오셨지만 죄와 상관이 없는 분이다. 본래 율법을 주신 것은 죄가 있기 때문에 주신 것인데, 예수님은 죄가 없기에 율법과는 무관하신 분이다. 그러나 율법을 마감하기 위해서는 율법이 요구하는 것을 다 이루어야 한다. 율법이 요구하는 것을 다 이룬다고 해서 예수님의 생애를 통해 만 가지의 하나하나를 다 이룰 수는 없다.

만 가지 율법의 근본은 십계명이다. 십계명을 크게 나누면 첫째부터 넷째까지는 하나님에 대한 절대적인 사랑과, 다섯째부터 열째까지는 이웃사랑에 대한 절대적인 사랑을 말한 것이다. 즉 하나님 사랑과 인간 사랑으로서 용서와 사랑을 이루셔야 한다. 그렇기 때문에 예수님 안에 율법으로 흠이 될 만한 대상이 있어서는 절대 안 된다. 만 가지 율법에 저촉될만한 대상이 있어서는 절대 안 된다. 만 가지 율법이 요구하는 요구의 결정체가 무엇인가? 원수를 용서하고 사랑하는 것, 두 가지가 만 가지 율법이 요구하는 요구의 결정체였기 때문에 우선은 먼저 용서의 기도를 할 수밖에 없었다.

그래서 예수님은 가룟 유다까지도 용서하셨다. 그렇기 때문에 율법을 완전하게 이룬다는 것은 이런 의미와 같다.

> 사 30:26 여호와께서 그 백성의 상처를 싸매시며 그들의 맞은 자리를 고치시는 날에는 달빛은 햇빛 같겠고 햇빛은 칠 배가 되어 일곱 날의 빛과 같으리라

하나님의 영광은 일곱 날의 빛보다 밝다고 했다. 일곱 날의 영광은 햇빛의 칠 배와는 비교할 수 없는 거룩한 영광이라는 뜻이다. 그런 영광을 입으셔야 할 예수께서 율법을 완전히 이루시기 위해서는 일곱 날의 영광을 포기하지 않으면 율법이 요구하는 내용을 응하고 이룰 수가 없다.

다시 말하면 4천 년 동안 스올에 갇힌 인간을 마귀가 쉽게 내줄 리가 없다. 그들을 끄집어내어 모두 살리려면 마귀가 요구하는 것보다 더 큰 것을 주지 않고는 마귀가 응하지 않는다. 그들을 내주는 대가로 말씀이 육신으로 오신 예수님 자신의 영혼을 속건제물로 준다는 것이다. 즉 일곱 날의 영광을 준다는 것이다. 그렇기 때문에 예수님의 용서와 사랑은 가식적이고 형식적이고 체면적이고 관념적인 것이 아니다. 예수님의 용서와 사랑은 참이다. 자기가 가진 모든 영광을 다 내놓았기 때문이다. 사랑으로 인류의

모든 죄와 허물을 덮고 회복했기에 하나님으로서는 마귀에게 조금도 부족함이 없고 부끄러움이 없다. 그래서 사랑은 모든 허물을 덮는다고 말씀했고, 사랑으로만 율법을 완전히 이루었다고 말씀하신 것이다.

믿지 못하는 자들의 입장에서 보면 저주와 증오의 형구인 십자가이지만(고전 1:18), 하나님의 입장에서 보면 그 십자가가 율법의 완성이자 마침이며 사랑의 완성을 이룬 십자가가 된다. 그럼으로써 우리가 율법에서 해방된 것이다. 우리가 율법에서 자유롭지 못하고 해방되지 못하면 영원히 종의 신세를 벗어나지 못한다. 주님의 십자가의 승리의 완성을 통해서 율법을 마감시키고 끝내주심으로 우리가 율법에서 해방되고, 좀 더 차원이 높은 영광의 세계를 바라볼 수 있는 하나님의 구원의 대상들로 승격된 것이다.

> 롬 5:8 우리가 아직 죄인 되었을 때에 그리스도께서 우리를 위하여 죽으심으로 하나님께서 우리에게 대한 자기의 사랑을 확증하셨느니라

그래서 십자가가 하나님 사랑의 확증을 이룬 것이 되며, 또 한편으로는 율법의 요구를 이룬 것이 된다.

하나님의 주권으로 보면, 용서의 십자가는 말씀의 은혜이다

용서의 십자가를 짊어지지 않는 사람은 절대 은혜가 없는 사람이다. 예수님이 은혜와 진리로 오셨다(요 1:14). 예수님의 은혜는 완전한 은혜이다. 은혜와 진리로 오신 분이 사랑의 완전을 이

루시기 위해서 원수를 위해서 기도하시고, 원수를 위해서 자기 영혼까지도 속건제물로 산 제사를 드리셨다.

노아가 완전한 은혜를 받았다는 것도 용서의 십자가를 가지고 있기 때문이다. 노아가 언제 인류를 위해서 용서를 한 적이 있는가? 표면적으로는 노아가 인간들의 죄를 용서해주었다는 내용이 기록되어있지 않다. 그러나 노아가 방주를 짓는 70-80년 동안에 [11] 끊임없이 방주를 짓는 이유와, 방주를 짓는 내용의 세계를 그 당시 사람들에게 증거를 했을 것이다. "내가 방주를 짓는 것은 하나님이 곧 물로 심판하시기 때문에 방주를 짓고 있으니 너희들도 살기 위해서는 방주로 들어오라"고 전했다는 것을 짐작할 수 있다. 묵묵히 땀 흘려 방주만 짓느라 온 가족이 죽도록 고생만 한 것이 아니다. 방주를 짓는다는 것은 복음을 전한다는 의미도 함께 포함된 것이다. 노아의 복음 증거는 인간들에게 하나님의 은혜를 전달하기 위해 최후로 선택한 최고의 의미를 부여한 역사라고 말할 수 있다는 것이다.

그렇기 때문에 용서의 십자가는 말씀의 은혜가 된다. 그래서 예수님도 일곱 번이 아니라, 70번씩 일곱 번이라도 용서하라고 하셨다. 완전한 은혜를 받은 사람이 행해야 하는 것이 용서와 사랑이기에, "너희는 원수를 위해서 기도하라"(마 5:44)고 하셨고, "오 리를 가자는 자와 십 리를 동행하라"(마 5:41)고 하셨고, "겉옷을 달라는 자에게 속옷까지 주라"(눅 6:29)고 하신 것이다.

---

11) 주석에는 방주를 120년 동안 지었다고 하지만, 노아가 세 아들을 낳은 500세 이후에 방주를 지으라는 명령을 받았고(창 6:14), 600세에 완성하기까지는 70-80년 기간이 소요되었다(창 7:6).

2. 구원의 십자가—녹색(초록색)

> 눅 23:43 예수께서 이르시되 내가 진실로 네게 이르노니 오늘 네가 나와 함께 낙원에 있으리라 하시니라

두 번째, 자신의 죄를 회개하는 우편강도에게 "네가 오늘 나와 함께 낙원에 있으리라"는 구원과 소망을 주셨다. 이 말씀은 거룩한 하나님의 권위로써 하실 수 있는 말씀이다. 병자들에게 "내 말로 네 죄를 사해주노라"하신 것, 38년 된 앉은뱅이 환자에게 "네 자리를 들고 걸으라"고 하는 순간에 걸을 수 있는 것도 하나님 아들로서 권위의 능력을 보여주고 계시는 것이다.

그런데 오늘날 수많은 기독교인들이 "오늘 네가 나와 함께 낙원에 있으리라"는 말씀으로 인해 우편 강도가 예수님과 함께 천국에 갔다고 생각한다. 이 말씀을 표면적으로만 생각하면 앞뒤가 맞지 않는다. 예수님은 십자가 상에서 태초의 말씀을 다 떨치시고, 순수한 인간 예수로 죽었다가 삼일 만에 부활하심으로 그제야 하나님 아들로 인정받으셨다(롬 1:4). 즉 하늘의 대제사장인 멜기세덱이 되셔서 이 땅에 40일 계시다가 500명이 보는 가운데 우편 보좌로 올라가셨다(행 1:3, 1:9, 고전 15:3). 예수님은 지금 셋째 하늘 낙원의 한가운데, 하나님 우편 보좌에 계신다. 그러므로 낙원과 천국은 다른 곳이라는 것을 분명히 구별할 줄 알아야 한다. 이스라엘 백성들이 40년 걸었던 광야길이 이 땅의 구도의 도장이었듯이, 셋째 하늘 낙원이 하늘의 구도의 도장이다. 그 하늘의 구도의 도장에서 생령 차원의 존재들이 이기는 자가 되어야 생명나무 열매를 따먹을 수 있는 것이다.

그런데 왜 "오늘 네가 나와 함께 낙원에 있으리라"고 하셨는가? 예수께서 말씀하신 '오늘'은 크로노스의 세상 시간을 말한 것이 아니다. 인류 구속사역을 완성하는 '오늘'을 말하는 것이다.

> 눅 23:39-42 달린 행악자 중 하나는 비방하여 가로되 네가 그리스도가 아니냐 너와 우리를 구원하라 하되 하나는 그 사람을 꾸짖어 가로되 네가 동일한 정죄를 받고서도 하나님을 두려워 아니하느냐 우리는 우리의 행한 일에 상당한 보응을 받는 것이니 이에 당연하거니와 이 사람의 행한 것은 옳지 않은 것이 없느니라 하고 가로되 예수여 당신의 나라에 임하실 때에 나를 생각하소서 하니

우편 강도와 좌편강도가 처음에는 다 예수님을 비난하고 불평했다. 그러나 예수께서 "저들이 행하는 것을 알지 못하니 저들의 죄를 용서하소서"라고 기도하는 것을 듣고, 우편 강도가 자신의 죄를 회개하기 시작했다. 그리고 예수님을 비난하는 좌편 강도에게 "우리는 당연히 죄에 대한 보응을 받지만 저분은 아무 잘못이 없이 달린 것이 아니냐?"라고 책망하였다. 그리고 나서 "주여! 당신의 나라 임하실 때에 나를 생각하소서"라고 했다. 이 말에 예수님이 낙원을 허락하신 것이다.

> 눅 13:32 가라사대 가서 저 여우에게 이르되 오늘과 내일 내가 귀신을 쫓아내며 병을 낫게 하다가 제 삼일에는 완전하여지리라 하라

만일 좌편 강도가 끝까지 예수님을 부인하고 비난했다면 예수

님은 십자가 상에서 삼일길을 걸으실 수 없었다. '오늘'이신 예수님 앞에 '내일'의 자리가 되는 우편 강도가 있고, '모레' 차원인 좌편 강도가 있다. 내일의 자리에 있었던 우편 강도에게 "오늘 네가 나와 함께 낙원에 있으리라"고 하심으로 우편 강도가 '오늘' 차원의 믿음의 사람이 된 것이다. 만일 좌편 강도가 끝까지 예수님을 부인하고 대적했다면 예수께서 삼일길을 걸으실 수 없었다. 우편 강도가 좌편 강도를 책망하는 순간 그 말을 부인하고 대적하지 않고 묵묵히 침묵을 지킨 것은 그 말에 수긍했다는 것이다.

우편 강도와 좌편 강도로 인해 예수께서 삼일길을 걸으실 수 있었다.

예수님의 열두 제자들은 다 도망가고 말았지만 우편강도는 광명한 빛이 떠나는 그 최후의 순간에 십자가 상에서 예수님을 변론해주었다. 빛이 있는 마지막 순간에 그에게 자비와 긍휼을 베풀어 주심으로써, 그가 주님을 변론해드리고 낙원에 들어갈 수 있는 은총을 입을 수 있었던 것이다(눅 23:43). 우편강도가 예수님을 변론해드린 역사는 제자들이 그 어떠한 일을 한 것보다 백 배, 천 배 존귀한 믿음의 역사가 되는 것이다. 그렇기 때문에 우편강도는 "네가 오늘 나와 함께 낙원에 있으리라"(눅 23:43)고 하신 말씀대로 낙원에 첫 번째 들어갈 수 있는 은혜를 입은 것이다.

세례 요한이 왜 여자가 낳은 자 중에서 제일 큰 사람이 되는가?(마 11:11) 세상 끝에 예수님과 함께 왔기 때문에 가장 큰 자가 된다. 사실 우편강도가 있었던 자리는 세례 요한이 있어야 할 자리였다. 그러나 결과적으로는 세례요한의 영광보다 우편강도의 영광이 더 크다. 세례요한은 이 땅에 와서 실족했기 때문에 천국에서 가장 작은 자가 되었다(마 11:11). 그렇기 때문에 그는 별과 별들의 영광에 해당되는 대상이 되었다(고전 15:41). 그러나 우편강도는 해와 같은 영광을 가지고 낙원에 들어간 사람이다(고전 15:41). 우편강도는 첫째 부활, 의인의 부활로 열매 맺은 첫 사람이 된 것이다.

하나님의 주권으로 보면, 구원의 십자가는 권능이다

"오늘 네가 나와 함께 낙원에 있으리라"고 하실 수 있는 것은 하나님의 권세와 능력을 나타낸다. 만일 아무 권세와 능력이 없는 사람이 "오늘 네가 나와 함께 낙원에 있으리라"고 하는 것은 허황된 말에 불과하다. 자신이 한 말에 대한 책임을 지려면 하나님이 주신 권세와 능력을 가져야 한다. 그래서 예수께서 "내게 주신 권세와 능력은 내 스스로의 것이 아니라 아버지께서 나에게 주신 것이라"고 하셨다. 따라서 두 번째 구원의 십자가는 하나님이 주신 권세와 능력을 가지고 하신 말씀이다.

3. 효도의 십자가―황색

요 19:26-27 예수께서 그 모친과 사랑하시는 제자가 곁에 섰는 것을 보시고 그 모친께 말씀하시되 여자여 보소서 아들이니이다 하시고 또 그 제자에게 이르시되 보라 네 어머니라 하신대 그 때부터 그 제자가 자기 집에 모시니라 세 번째, "여자여 보소서 아들이니이다", "보라 네 어머니라"고 하신 것은 불쌍한 신자에게 권세와 능력을 주신 것이다. 여기서 불쌍하다는 말은 가엾다, 측은하다는 의미도 있지만 '마음은 원이로되 육신이 연약하다'는 의미가 들어있다. 마음으로는 잘 믿으려고 하는데 육신의 연약함으로 믿지 못하는 어린 신앙을 불쌍히 여겨 권세와 능력을 주신 것이다.

효도의 십자가의 내용을 분석하면 '기억'을 의미한다. 마리아에게는 "여자여 보스서 아들이니이다"라고 하셨고, 요한에게는 "네 어미다"라고 하신 것은 그 순간에만 기억하는 것이 아니라 영원히 기억하신다는 것이다. 에베소 교회를 책망하시는 가운데 "너의 처음 사랑을 버렸느니라"(계 2:4)고 책망하시며, "만일 회개치 아니하면 네 촛대를 그 자리에서 옮기리라"(계 2:5)고 하셨다. 마찬가지로, 마리아와 요한에게 첫 사랑의 기억을 영원히 잊지 말라는 당부이기도 하다. 이 땅에 하늘나라의 영광이 이루어질 때에, 이 땅에서 자기를 육신적으로 낳아주신 어머니 마리아에 대한 공로를 영원히 잊지 않고 기억하겠다는 의미이다.

예수께서 어머니 마리아에게 '여자여 보소서!'라고 하신 것은 이 땅에서 마리아의 마음에 담긴 예수님에 대한 모든 정보를 말씀의 은총의 특별하신 능력을 통해서 기억하게 함으로, 마리아에게 마지막으로 하나님의 아들이신 생명나무를 보라는 것이다. 영적으로 말하면 하나님이 마리아에게 생명나무 열매를 따먹을 수 있는 은총을 주신 것이다. "천상천하에 예수의 이름으로써만 구원을 받을 수 있다"(행 4:12)고 하셨다. 육신의 어머니인 마리아라 할지라도 예수님을 하나님의 아들로 믿는 믿음으로써만 구원을 받을 수 있는 것이다.

　가나 혼인잔치에서 "여자여!"라고 하신 것도 그런 이유 때문이다. 마리아로 하여금 "저 분은 비록 육신으로는 내가 낳았지만 저 분의 근본은 인간의 씨가 아닌 하나님의 씨로 탄생하신 분이다"라는 사실을 기억나게 하신 것이다. 이 사실을 다른 사람들은 믿지 못했으나 마리아는 믿을 수가 있었다. 그래서 가나 혼인잔치에서 "여자여!"라고 외치는 순간 마리아가 그것을 깨달은 것이다. 비록 찰나적인 순간이지만 그 순간 마리아에게 겨자씨만한 믿음이 생긴 것이다. 그 믿음을 통해서 하인들에게 여섯 개의 돌 항아리에 물을 채우라고 해서 물로 포도주를 만드실 수 있었다. 예수께서 마리아에게 그 믿음을 주시기 위해 난생 처음 "여자여!"라고 벼락처럼 소리치신 것이다.

　십자가 앞에서 "여자여!"라고 하신 것도 "예전에도 나를 하나님의 아들로 믿은 순간이 있었던 것처럼, 지금도 당신만은 나를 하나님의 아들로 믿어야 하지 않습니까?"라는 뜻이다. "지금도 그 때처럼 당신을 '여자여!'라고 부르지 않습니까? 이 순간부터 나를 아들로 생각하지 마시고 하나님의 아들로 보십시오"라는 것이다.

　두 번째 예수님이 요한에게 "네 어머니다"라고 하신 것은 모자의 관계를 만들어주신 것이다. 그 처절한 고통의 순간에 이들을 모자관계로 맺어주시려는 이유는 무엇인가? 지금 십자가 앞에는 한 명의 남자, 네 명의 여자들이 있다(요 19:25). 성경을 자세히 보면 이 외에도 또 다른 두 무리의 여자들이 있었다(막 15:40). 그 중에서 마리아와 요한에게만 십자가에 달린 예수님을 생명나무로 바라보게 하신 것이다.

　마리아는 최초로 생명나무 열매를 믿음으로 따먹은 사람이다. 은혜가 되신 주님께서 그 믿음을 빠른 시간에 자랄 수 있는 은총을 베풀어주신 것이다. 다만 예수님을 낳았다는 한 가지 사실만으로 구원받을 수 있는 것이 아니다. 그는 이 땅에서 여인으로서 생명나무 열매를 최초로 따먹은 산 자가 된 것이다. 따라서 산 자가 된 마리아를 죽는 자인 동복동생들에게 맡길 수 없어서 산 자의 도맥을 가진 요한에게 맡기신 것이다.

하나님의 주권으로 보면, 효도의 십자가는 사랑이다

　사도 요한을 가리켜서 스스로 증거하기를 별다른 제자, 사랑하는 제자라고 했다. 육신의 어머니 마리아도 예수님에게는 사랑의 대상이다.

　십자가는 인류를 사랑하신 주님께서 우리에게 보여주신 사랑의 확증이다(롬 5:8). 그 사랑의 확증을 통해서 율법의 마침을 이루시고 그 사랑을 통해서 원수를 무릎 꿇게 하셨다는 것도 분명히 알아야 한다. 그래서 효도의 십자가는 예수님이 우리를 얼마나 어떻게 사랑하셨는지, 그 사랑의 신비함을 우리에게 보여주시는 말씀이다.

4. 고난의 십자가—적색

> 마 27:46 제 구시 즈음에 예수께서 크게 소리 질러 가라사대 엘리 엘리 라마 사박다니 하시니 이는 곧 나의 하나님, 나의 하나님, 어찌하여 나를 버리셨나이까 하는 뜻이라

> 막 15:34 제 구시에 예수께서 크게 소리 지르시되 엘리 엘리 라마 사박다니 하시니 이를 번역하면 나의 하나님 나의 하나님 어찌하여 나를 버리셨나이까 하는 뜻이라

네 번째, "엘리 엘리 라마 사박다니"라고 하신 것은 뜻을 품고 있는 심적 고통을 말한다. 이 고백은 하늘의 뜻을 이루시기 위해 주고받는 자만이 아는 거룩한 외침이다.

혹자는 십자가를 앞두신 예수님의 나약한 인성을 표현한 것이라고 오해하기도 한다. 그러나 예수께서 십자가의 고통을 두려워하는 입장에서 부르짖으신 것이 아니다. 예수님 당시의 대제사장들은 유월절에 예수를 처형하면 민요가 날까 두려워 명절이 지나고 예수를 십자가에 못 박기로 의논했다(마 26:5, 막 14:2). 그 사실을 아신 예수께서 유월절에 십자가에 달리고자 가룟 유다를 압박하여 자신을 대제사장들에게 넘기도록 유도했다. 만일 예수께서 십자가 고통을 두려워하셨다면 그런 일을 행하실 리가 없지 않은가?

따라서 "엘리 엘리 라마 사박다니"라고 하신 것은 십자가의 고통을 두려워하는 입장에서 부르짖으신 것이 아니다. 거룩한 성체를 타고 흐르는 피 속에 태초의 말씀을 담아 땅에 떨치고 계셨기

에, 예수님과 분리되어 떠나시는 예수님의 속사람이신 태초의 말씀, 아버지를 바라보시며 외치신 말씀이다. 예수님 안에 계시던 하나님, 태초의 말씀을 핏속에 담아 땅에 떨치려고 하시는 예수님의 심적 고통을 말씀하신 것이다.

참고로 말하면, 예수님만이 이 땅에서 삼위일체 하나님이 되신 분이다. 예수님의 속사람이신 태초의 말씀이 성부 하나님이시고, 예수께서 부활 승천하시어 성자 하나님으로 우편 보좌에 계시고, 예수님의 영이 성령 하나님이 되신 것이다. 성부, 성자, 성령의 하나님이 온전한 하나가 되신 분은 오직 예수님뿐이다.

따라서 고난의 십자가는 순종을 의미한다. "진실한 효자는 소금 가마니를 짊어지고 우물로 들어가라고 해도 들어간다"는 세상 말이 있다. 성경에 등장하는 순종의 조상이 이삭이다. 아브라함이 이삭을 번제로 드릴 때 이삭은 젊은 청년이었다. 만일 이삭이 제물이 되기를 거부했다면 힘으로도 얼마든지 그 자리를 빠져나왔을 것이다. 그러나 이삭이 늙은 아버지 아브라함보다 힘센 청년이었음에도 불구하고 제물이 되고자 단 위에 올라간 것은 아버지의 힘에 의해서 강제로 굴복 당한 것이 아니라 아버지 말씀에 순종하고자 스스로 올라간 것이다. 그렇기 때문에 이삭을 순종의 조상이라고 말할 수 있다.

예수께서 "엘리 엘리 라마 사박다니"라고 외치신 것도 영적으로는 아브라함에게 죽기까지 순종하는 이삭의 입장과 같은 맥락이 된다.

하나님의 주권으로 보면, 고난의 십자가는 희생이다

네 번째 고난의 십자가는 희생을 말씀하신 것이다. "아버지! 아버지여 왜 나를 버리시나이까"라는 말씀 속에는 자기적인 희생이 담겨있다. 자기의 영혼을 희생의 제물로 삼으시기 위해서 예수님 자신이 아버지를 자기에게서 떠나가게 하시는 것이다.

우리가 장성한 자가 되면 부모의 곁을 떠나서 자기 스스로 부모님이 기뻐하시는 그런 대상으로 홀로서기를 해야 한다(창 2:24). 스스로 아버지 곁을 떠나야 하는 것이다. 그것을 가르쳐주기 위해서 탕자의 비유 가운데 기꺼이 아버지가 둘째 아들이 요구하는 것을 다 내어준 것이다. 그것을 주면 다 낭비하고 허비할 것을 알고 있는 아버지이다. 그러나 아버지의 계획하는 바는 무엇인가? 그것을 다 상실했을 때 아들이 겪을 어려움과 그 결과를 생각한 것이다. 허랑방탕 다 쓰고 난 다음에 그가 외국에서 겪을 그 고난이 그가 잃어버릴 많은 물질보다 더 귀하다는 것을 아버지는 알고 있었기에 선뜻 요구하는 재물을 내준 것이다.

과연 아버지 생각대로 그 아들이 결과적으로 어떤 교훈을 가지고 왔는가? "나는 이제부터 아버지 아들이 아니라 아버지 집에서 일하는 종이로소이다"(눅 15:21)라고 고백한 것을 볼 때 아주 겸손한 사람, 은혜로운 사람이 되어서 돌아왔다.

그런 차원에서 고난의 십자가를 가리켜 희생이라고 한다. 자기 스스로 대의를 위해서, 의를 위해서 희생하는 것을 말한다. 남이 시켜서 희생하는 것이 아니라 스스로 자발적으로 희생하는 자, 그것을 짊어질 수 있는 자만이 "엘리 엘리 라마 사박다니"라고 외칠 수 있는 것이다.

5. 생수의 십자가―자색

요 19:28 이 후에 예수께서 모든 일이 이미 이룬 줄 아시고 성경으로 응하게 하려 하사 가라사대 내가 목마르다 하시니

"목마르다"라고 하신 것은 둘째 아담의 입장으로 오신 타락의 육적 고통을 말한다. 본래 예수님은 목마르신 분이 아니다. 예수님에게는 영생을 주는 생명수가 있다. 예수께서 수가촌 여인과 우물 가에서 대화한 내용을 보아도 "내가 주는 물은 영원히 목마르지 않는다"(요 4:13-14)라고 하셨다. 그런 예수께서 태초의 말씀을 이 땅에 떨치시고 순수한 인간 예수로 달리셨기에 목이 마르실 수밖에 없다.

타락한 아담의 후손은 누구나 원죄, 유전죄, 자범죄를 짊어지고 있기 때문에 본질적으로 다 육적 고통을 안고 태어난다. 그런 인간들에게는 만물들과 땅도 가시 엉겅퀴를 내서 절대 도와주지 않는다는 것이다(창 3:18). 타락한 아담의 후손들은 얼굴에 땀을 흘려야 겨우 채소를 먹을 수 있기 때문에(창 3:19) "일하지 않는 자는 먹지도 말라"(살후 3:10)고 하신 것이다.

그렇기 때문에 생수의 십자가는 수난을 의미한다. 아담의 후손은 다 목이 마른 육적인 고통, 아픔을 짊어지게 되어 있다. 죄를 짊어지고 있는 이상은 누구나 무거운 죄의 짐 아래서 헐떡일 수밖에 없는 인생이다. 아무리 많은 것을 가져도, 가지면 가질수록 더 부족함과 갈급함을 느끼는 것이 타락한 인간의 세계에 나타나는 현상이다.

하나님의 주권으로 보면, 생수의 십자가는 겸손이다

"목마르다"라는 말은 겸손을 뜻한다. 겸손하다는 말은 진실하고 참되고 검소하고 유순하다는 것이다.

바울이 작은 일에 만족하는 것을 가리켜 지족하는 자라고 했다(딤전 6:6). 지족할 줄 아는 자가 겸손한 자이다. 물론 세상을 살아가려면 뱀 같이 지혜롭고 비둘기 같이 순결해야 한다. 하지만 말씀 안에서는 참되고 올바르고 정직해야 한다.

6. 승리의 십자가—주황색

> 요 19:30 예수께서 신 포도주를 받으신 후 가라사대 다 이루었다 하시고 머리를 숙이시고 영혼이 돌아가시니라

여섯 번째, "다 이루었다"는 말씀은 과거에 등장했던 선지자들의 예언을 성취한 과거에 대한 만족이다. 예수께서 "천지는 없어지나 율법은 일점일획도 없어지지 않는다"(마 5:18)라고 친히 말씀하셨다. 더군다나 예수님은 역대 선지 선열들의 그 모든 예언의 말씀들을 이루셨다. 특히 둘째 아담의 입장으로 오셨던 예수께서 첫째 아담이 타락함으로 이루지 못한, 본래 이루어야 하는 모든 말씀의 영광을 회복하셨다. 예수님이 엠마오로 가는 두 제자에게 말씀하시는 가운데 "내가 너희와 함께 있을 때에 너희에게 말한바 곧 모세의 율법과 선지자의 글과 시편에 나를 가리켜 기록된 모든 것이 이루어져야 하리라 한 말이 이것이라"(눅 24:44)고 하

셨다.

여섯 번째 승리의 십자가는 승리 자체를 말한다. 진 자는 이긴 자의 종이 된다고 했다. 이긴 자로서 가질 수 있는 기쁨, 즐거움, 감사함을 말하는 것이다.

> 마 5:17 내가 율법이나 선지자나 폐하러 온 줄로 생각지 말라 폐하러 온 것이 아니요 완전케 하려 함이로라

예수님은 율법을 폐하러 오신 분이 아니라, 율법을 완전하게 이루러 오신 분이다. 그런 입장에서 70이레로 정해진 인류 구속사역 중에서 율법으로 진행된 62이레를 이루셨고, 예수님 자신이 완전성전이 되심으로 7이레를 다 이루셨다(요 2:19-21). 그럼으로 인류 구속사역의 70이레 중에서 69이레를 이루시고 한 이레가 남았다.

그렇다면 한 이레는 분명히 재림 마당에서 이루어야 하는 사건인데 왜 "다 이루었다"라고 하셨는가? 예수께서 십자가 상에서 천상천하에 아무도 모르는 가운데 태초의 말씀을 피 속에 담아, 은혜와 진리를 물 속에 담아 이 땅에 떨치셨다. 예수님의 속사람이신 태초의 말씀이 이 땅에 재림하신 것이다. 그 물과 피와 성령이 서로 하나가 되어 인격적인 태초의 말씀이신 '해'가 되었다(요일 5:8). 그 해가 신랑이라고 했다(시 19:5). 그 해를 입은 여인이 재림 마당에서 재림주 멜기세덱으로 탄생될 신랑이다. 그분이 해를 입은 여인으로 역사하여 철장으로 만국을 다스릴 남자를 낳는 역사가 한 이레의 역사이다.

아담은 산 영이었지 살려주는 영이 되지 못함으로 스스로 산 자의 신부를 낳지 못했지만, 해를 입은 여인은 태초의 말씀을 입은 존재이기에 살려주는 영으로서 산 자의 신부를 낳을 수 있다. 예수께서 재림 마당에서 이루어질 한 이레의 역사를 친히 이루시는 것은 아니지만, 태초의 말씀을 떨치심으로 장차 재림 마당에서 역사할 한 이레의 주인을 이 땅에 도적같이 등장시켰기에 "다 이루었다"라고 외치신 것이다. 한 이레의 주인은 해를 입었기에 예수께서 하실 일을 마땅히 대행하여 주관하실 수 있는 것이다.

하나님의 주권으로 보면, 승리의 십자가는 완성이다

그렇기 때문에 승리의 십자가는 완성을 말하는 것이다. 예수께서 사망 권세를 깨시고 승리하신 결과 부활하셨다. 십자가의 도를 완성하실 수 있었기에 "다 이루었다"라고 하신 것이다.

7. 소망의 십자가―흰색(보라색)

눅 23:46 예수께서 큰 소리로 불러 가라사대 아버지여 내 영혼을 아버지 손에 부탁하나이다 하고 이 말씀을 하신 후 운명하시다

예수께서 마지막으로 "내 영혼을 아버지의 손에 부탁하나이다"라고 하신 것은 장차 이 땅에서 이루어질 아버지 나라에 대한 소망을 가지시고 외치신 것이다.

왜 예수께서 "내 영혼을 아버지의 손에 부탁하나이다"라고 하셨는가? 태초의 말씀을 이 땅에 다 떨치신 예수님은 순수한 인간 예수로 죽으시고 스올, 음부로 들어가셨다. 예수님은 인류의 죄를 모두 짊어지고 아사셀 양으로 운명하셨다. 예수님의 영혼은 하늘로 올라가지 못하고 스올에 있었고, 육신은 무덤 속에 머물러 있었다.

예수님은 죽어서도 지금까지 죽어간 많은 영혼들에게 부활의 말씀을 전해야 하는 입장에서 영혼과 육신을 부탁하셔야 한다. 그 결과 예수님의 영혼은 옥에 있는 노아 때 죽은 영들에게 복음을 전파하였고(벧전 3:18-20), 예수님의 육신은 흰 옷을 입은 두 천사가 하나는 머리맡에서, 하나는 발밑에서 지켰다(요 20:12).

그럼으로써 예수께서 영육 간에 부활하실 수 있었고, 부활의 능력으로 하나님 아들로 인정받으신 것이다(롬 1:4).

예수님이 영광의 주, 멜기세덱이 되는 길을 보여주신 대로 장차 재림 마당에 해를 입은 여인이 등장하여 재림주 멜기세덱의 영광을 입게 될 것이다. 그는 해를 입었기에 자신의 신부를 낳을 수 있는 존재이다.

첫째 아담은 스스로 자신의 신부를 낳지 못했으나, 해를 입은 여인은 태초의 말씀인 해를 입었기에 스스로 산 자의 신부를 낳을 수 있는 존재이다. 더욱이 재림 마당은 일곱 날의 빛의 영광이 이루어지는 마당이기 때문에 말씀으로 산 자의 신부를 낳을 수 있는 것이다. 예수께서 장차 재림 마당에서 산 자의 신랑과 산 자의 신부가 탄생함으로 이루어질 산 자의 세계를 바라보며 기도하신 것이다. 즉 아버지 나라 건설에 대한 소망과 확신 속에서 감사의 기도를 올리신 것이다.

하나님의 주권으로 보면, 소망의 십자가는 신뢰이다

일곱 번째, 소망의 십자가는 신뢰를 말한다. 내 영혼을 맡기는 분에 대한 신뢰가 없다면 말이 되지 않는다. 그렇기 때문에 소망의 십자가는 신뢰를 의미한다. 우리가 천상천하에서 유일하게 신뢰할 수 있는 분은 미쁘신 하나님밖에 없다. 미쁘시다는 말에는 믿음직스럽고 의롭고 참되시고 거룩하시다는 내용이 다 들어있다. 그런 분이기에 자신의 영혼을 의탁하신 것이다.

이상으로 십자가 상의 칠언의 의미를 살펴보았다. 무지개의 언약이 영세에 이르는 구원의 언약이라면 십자가는 그 구원의 언약을 확증한 것이다. 왜냐하면 예수께서 친히 십자가를 통해서 '이처럼'의 사랑을 확증하시고 확실하게 이루셨기 때문이다. 따라서 십자가가 정말 인류의 죄를 구속하시고, 인류를 구원하신 사랑의 확증이며, 구원의 확증이라는 사실을 믿는 사람들은 무지개 언약의 축복을 받을 수 있는 것이다.

4. 일곱 우레는 누가 발하는가?

우레를 발할 수 있는 존재는 누구인가?

성경에서 우레를 발할 수 있는 존재는 보좌의 주인과, 보좌의 주인으로부터 허락된 자만이 우레를 발할 수 있다. 하늘의 신령한 존재라고 해서 아무나 우레를 발할 수 있는 것은 아니다.

    다시 말하면 영적 완전수인 7수를 가진 사람만이 일곱 우레를 발할 수 있다. 신약 마당에서는 예수님이 십자가 상에서 일곱 우레를 발하실 수 있었다. 영적으로 말하면 예수님의 머리 위에는 무지개가 있었고, 얼굴은 해 같았고, 발은 불기둥 같았다. 그분이 일곱 우레를 발하신 것이다. 오전 세 시간 동안에 하늘 차원에서 세 우레를 발하셨고, 오후 세 시간 동안에 땅 차원에서 네 우레를 발하셨다. 십자가에서 발하신 일곱 말씀이 일곱 십자가이며, 일곱 무지개이며, 일곱 우레가 된다. 예수께서 발하신 일곱 우레로 땅과 땅 아래 있는 자들, 땅 위에 있는 자들을 진동시켰다. 그 때는 하늘은 진동시키지 않았다. 그러나 재림 마당에서는 땅뿐만 아니라 하늘까지 진동시킨다(히 12:26). 과연 재림 마당에서 일곱 우레로 하늘까지 진동시키는 자가 누구인가?

    우레는 혼자서 발하는 것이 아니다. 예수님은 창조주 하나님이시기에 혼자서도 일곱 우레를 발하실 수 있는 분이지만, 피조물들은 혼자서 우레를 발할 수 없다. 양전기와 음전기가 만나야 우레가 된다. 그래서 신약 마당에서도 요한과 야고보가 우레의 아들이라는 의미의 '보아너게'라는 새 이름을 받은 것이다(막 3:17).

재림 마당에서 우레를 발하는 사람은 누구인가?

    계 10:3 사자의 부르짖는 것 같이 큰 소리로 외치니 외칠 때에 일곱 우뢰가
        그 소리를 발하더라

하늘에서 내려오는 힘센 천사가 큰 소리로 외칠 때 일곱 우레가 발한다고 하였다. 그렇다면 천사가 어떻게 일곱 우레를 발할 수 있는 것인가? 창조 원리의 입장에서 본다면 천사는 일곱 우레를 발할 수 없는 존재이다. 만일 천사가 일곱 우레를 발할 수 있다면 천사가 하나님의 후사가 될 수 있는 아브라함의 자녀들을 심판할 수도 있다는 말이 된다. 일곱 우레는 창조의 7일에 대한 말씀이기에 천사가 일곱 우레를 발한다는 것은 있을 수 없는 일이다.

　그렇다면 위 구절에 등장하는 힘센 천사는 어떻게 일곱 우레를 발할 수 있는 것인가? 이 천사는 일반 계시, 영원한 복음 속에 등장하는 일반적인 천사가 아니라는 것을 알 수 있다. 이 천사는 머리에 무지개를 쓰고, 얼굴은 해 같고, 발은 불기둥 같으며, 보좌에 계신 자가 가지고 있던 책을 가지고 있기 때문이다. 그렇다면 그런 존재는 창조주 하나님이 아닌가?

　창조주는 오직 삼위일체이신 하나님 한 분 뿐이다. 성부 하나님, 성자 하나님, 성령 하나님의 삼위로 등장하여 역사하시는 그 역사 속에서 그 누구도 피조물 이상의 영광을 취할 수 없음을 알아야 한다. 왜 하늘에서 내려오는 존재를 가리켜 천사라고 표현한 것인가? 그는 창조주 하나님 자신이 아니라 피조물이라는 입장을 강조하기 위해서 힘센 다른 천사라고 표현한 것이다.

> 겔 1:28 그 사면 광채의 모양은 비 오는 날 구름에 있는 무지개 같으니 이는 여호와의 영광의 형상의 모양이라 내가 보고 곧 엎드리어 그 말씀하시는 자의 음성을 들으니라

　네 생물 안에 인자 같은 이가 있는데 그를 가리켜 여호와의 영

광의 형상의 모양이라고 했다. 분명히 그의 존재도 창조주는 아니다. 그럼에도 불구하고 여호와의 영광의 형상의 모양이라고 한 것은 그도 평범한 일반적인 천사가 아니라 특별한 천사라는 의미를 갖고 있는 것이다.

> 계 6:1-8 내가 보매 어린 양이 일곱 인 중에 하나를 떼시는 그때에 내가 들으니 네 생물 중에 하나가 우뢰소리 같이 말하되 오라 하기로 내가 이에 보니 흰 말이 있는데 그 탄 자가 활을 가졌고 면류관을 받고 나가서 이기고 또 이기려고 하더라 둘째 인을 떼실 때에 내가 들으니 둘째 생물이 말하되 오라 하더니 이에 붉은 다른 말이 나오더라 그 탄 자가 허락을 받아 땅에서 화평을 제하여 버리며 서로 죽이게 하고 또 큰 칼을 받았더라 셋째 인을 떼실 때에 내가 들으니 셋째 생물이 말하되 오라 하기로 내가 보니 검은 말이 나오는데 그 탄 자가 손에 저울을 가졌더라 내가 네 생물 사이로서 나는 듯하는 음성을 들으니 가로되 한 데나리온에 밀 한 되요 한 데나리온에 보리 석 되로다 또 감람유와 포도주는 해치 말라 하더라 넷째 인을 떼실 때에 내가 넷째 생물의 음성을 들으니 가로되 오라 하기로 내가 보매 청황색 말이 나오는데 그 탄 자의 이름은 사망이니 음부가 그 뒤를 따르더라 저희가 땅 사분 일의 권세를 얻어 검과 흉년과 사망과 땅의 짐승으로써 죽이더라

네 생물이 일곱 인, 일곱 나팔, 일곱 대접의 역사 속에서 우레를 발하는 존재이다. 인을 뗄 때마다 네 생물이 "오라!"고 외치는 소리가 바로 우레 소리이다. 네 생물이 다 같이 한꺼번에 우레를 발하는 것이 아니라, 첫째 인을 뗄 때는 첫째 생물이 우레를 발하

고, 둘째 인을 뗄 때는 둘째 생물이 우레를 발하고, 셋째 인을 뗄 때는 셋째 생물이 우레를 발하고, 넷째 인을 뗄 때는 넷째 생물이 우레를 발한다. 네 생물이 하나씩 순서대로 우레를 발하는 것이다.

이러한 네 생물의 역사가 점점 마지막을 향해 달려오면서 최종적으로 완전히 인자화된 인격적인 네 생물로 등장한다. 하늘 차원의 네 생물이 이 땅에 오면 이 땅의 주 앞에 섰는 두 감람나무로 역사하는 것이다.

예수님은 말씀이 육신으로 오신 분이다. 즉 말씀과 육신이 동등한 인격, 동등한 차원, 동등한 근본, 동등한 영광에서 하나가 되신 분이다. 그러나 하늘 차원의 피조물들은 이 땅에서 역사하려면 인자로서 본래의 형상과 모양을 입어야 한다. 그것이 창조주와 피조물의 차이점이다. 물론 예수님도 독생하신 하나님의 품에 계시다가 말씀이 육신으로 이 땅에 오신 것만은 확실한 사실이다.

그러나 신령한 세계의 형상과 모양을 가진 피조물은 이 땅에 옴으로써 육신을 입게 되는 것이다. 하늘의 신령한 존재들도 완전한 거룩한 영광을 입기 위해서는 이 땅에서 거룩한 몸을 입어야 한다. 다시 말하면 네 생물이 이 땅에서 육신을 입어야만 사람과 만물들에게 나타날 수 있는 거룩한 영광의 존재가 된다. 그래서 네 생물이 재림 마당에서 이 땅의 주 앞에 섰는 두 감람나무로 등장하는 것이다.

계 11:4-6 이는 이 땅의 주 앞에 섰는 두 감람나무와 두 촛대니 만일 누구든지 저희를 해하고자 한즉 저희 입에서 불이 나서 그 원수를 소멸할찌니 누구든지 해하려 하면 반드시 이와 같이 죽임을 당하리라 저희가 권세를 가지고 하늘을 닫아 그 예언을 하는 날 동안 비 오지 못하게 하고 또 권세를 가지고 물을 변하여 피 되게 하고 아무 때든지 원하는 대로 여러 가지 재앙으로 땅을 치리로다

그렇기 때문에 이 땅의 주 앞에 선 두 감람나무가 우레를 발할 수 있다. 그들의 입에서 불이 나와 원수를 소멸한다는 것은 그의 입에서 나오는 말씀으로 심판을 한다는 것이다. 하늘 문을 열고 닫을 수 있는 권세를 가진 존재, 그들이야말로 우레를 발할 수 있는 주인공들이 아니겠는가?

그들은 아브라함이 여호와 하나님과 횃불언약을 맺으며 재림 마당을 위해서 바친 산비둘기와 집비둘기 새끼이며, "내가 다시 올 때까지 기다리라"고 하신 사도 요한과 엘리사와 같은 존재들이며, 창세기 1:16에 등장하는 큰 광명과 작은 광명의 존재이기도 하다.

예수님은 십자가 상에서 일곱 우레를 발하셨다. 예수님은 누가 돕지 않아도 혼자서 우레를 발하실 수 있는 분이다. 오전 세 시간 동안에 세 우레를 발하셨고, 죽음 직전에 동시다발적으로 네 우레를 발하셨다.

그러나 재림 마당에서는 이 땅의 주 앞에 섰는 두 감람나무가 우레를 발한다. 입에서 불이 나온다는 것은 우레를 상징하는 말씀이다. 산비둘기의 사람이 세 우레를 발하고, 집비둘기 새끼의 사람이 네 우레를 발한다. 큰 광명이 되는 사람이 하늘의 3수를 외치고, 작은 광명이 되는 사람이 땅의 4수를 외친다. 그래서 재림 마당에서 일곱 우레를 발하게 되는 것이다.

왜 이 땅의 주께서는 우레를 발하지 않는가? 도적같이 오신 입장에서 우레를 발하면 자신의 근본, 정체, 실상이 다 드러나기 때문이다.

사도 요한이 어떻게 '우레의 아들'이 되었는가?

> 계 10:8-10 하늘에서 나서 내게 들리던 음성이 또 내게 말하여 가로되 네가 가서 바다와 땅을 밟고 섰는 천사의 손에 펴 놓인 책을 가지라 하기로 내가 천사에게 나아가 작은 책을 달라 한즉 천사가 가로되 갖다 먹어버리라 네 배에는 쓰나 네 입에는 꿀 같이 달리라 하거늘 내가 천사의 손에서 작은 책을 갖다 먹어버리니 내 입에는 꿀 같이 다나 먹은 후에 내 배에서는 쓰게 되더라

위 구절은 사도 요한이 우레를 발하는 힘센 천사로부터 작은 책을 받아먹는 장면이다. 우레는 아무나 들을 수 있는 것이 아니다. 우레에 소속된 자, 우레의 계열을 가진 자만이 우레가 가진 보배를 주고받을 수 있는 것이다. 사도 요한은 예수께로부터 '보아너게', 즉 '우레의 아들'이라는 별칭을 받았다(막 3:17). 예수께서 요한에게 '우레의 아들'이라는 별칭을 주셨을 때는 장차 요한으로 하여금 십자가 앞에서 예수님이 발하시는 우레를 보고 듣게 하시고자 그런 은혜를 먼저 주신 것이 아니겠는가?

그리고 "내가 올 때까지 머물게 할지라도"라는 말씀은 마지막 때 사도 요한을 주권적인 사명자로 만들어 재림 마당의 중심에 설 수 있는 대상으로 만드시고자 역사하시는 모습이라는 것을 알 수

있다.

　사도 요한이 언제 그런 존재로 준비되었는가? 사도 요한은 본래 세례 요한의 제자였다. "세상 죄를 짊어지고 가는 저 어린 양을 보라"(요 1:29)는 세례 요한의 말이 떨어지자마자 요한과 안드레가 예수님을 따라가서 예수님과 함께 하룻밤을 같이 유하였다. 그런데 두 제자 중에서 안드레는 소개되어 있는데 사도 요한이 세례 요한의 제자였다는 것은 끝까지 밝혀지지 않았다. 그 이유가 무엇인가? "세례 요한 이후 천국은 침노를 받는다"(마 11:12)는 말씀대로 세례 요한이 실족했기 때문에 그 자리를 빼앗겼다. 누군가 그 자리를 대신 채울 사람이 필요한 입장에서 사도 요한이 그 자리를 침노한 사람이다. 그렇기 때문에 요한을 세례 요한의 제자로 표현할 수 없었다. 이처럼 예수님은 신약 마당의 중심에서 장차 재림의 마당에서 이루어질 일까지도 사전적으로 하나하나 예비하며 준비하셨다.

　그 결과 예수님의 다른 제자들은 다 도망갔지만 '우레의 아들'인 사도 요한은 십자가 앞에 끝까지 서게 된 것이다. 사도 요한이 우레의 아들이었기 때문에 하나님의 주권적인 은혜가 우레를 들을 수 있는 장소에 세워주신 것이다. 도망간 다른 제자들은 칠언의 말씀을 듣지 못했으나, 사도 요한은 예수께서 십자가 상에서 발하신 칠언의 말씀을 다 들을 수 있었다.
　그런데 왜 십자가 상의 칠언의 말씀이 마태복음, 마가복음, 누가복음, 요한복음에 골고루 분배되어 기록되어 있는가? 마태와 마가와 누가는 십자가에서 발하신 말씀을 듣지도 못했는데 왜 일곱 말씀을 부분적으로 기록했는가? 그 이유는 한 사람에게 집중

되면 우레의 비밀이 쉽게 드러날 수 있기 때문에 마지막 때까지 비밀을 유지시키기 위해서 십자가 상의 칠언의 말씀을 분산시켜 기록하신 것이다.

사도 요한이 밧모섬에 위배되었을 때에도 스스로 기도해서 구한 것이 아니라, 하나님의 주권적인 은혜로 말미암아 작은 책을 먹게 된 것이다. 그렇기 때문에 작은 책을 먹은 사도 요한이 재림의 마당에 등장한다는 것은 너무 당연한 일이다. 예수께서 사도 요한에게 "내가 올 때까지 기다리라"고 하셨기에 요한은 다시 오시는 분을 영접하기 위해 필연적으로 재림 마당에 등장해야 하는 것이다.

구약 마당의 엘리야와 엘리사의 관계를 보아도 이것을 이해할 수 있다. 엘리사가 엘리야의 두 배의 영감을 받았다면 당연히 엘리야처럼 하늘에 올라갈 수 있었는데 하늘에 올라가지 않은 것은 어떤 이유에서인가? 스승인 엘리야를 기다리기 위해서 엘리사가 이 땅에 머물러 있었다는 것이다. 그러나 재림 마당의 엘리사는 이 땅에서 자기 사역을 다 마쳤기 때문에 당연히 하늘로 올라갈 것이다. 그것이 구약 마당과 재림 마당에서 이루어지는 동일한 역사의 내용이다.

왜 사도 요한에게 우레를 기록하지 말라고 하셨는가?

계 10:4 일곱 우뢰가 발할 때에 내가 기록하려고 하다가 곧 들으니 하늘에서 소리나서 말하기를 일곱 우뢰가 발한 것을 인봉하고 기록하지 말라 하더라 분명히 하늘에서 내려오는 힘센 다른 천사가 사자 같이 우레를 발할 때 사도 요한이 그것을 기록하려고 하자 "일곱 우레가 발한 것을 인봉하고 기록하지 말라"고 하였다. 왜 일곱 우레의 말씀을 기록하지 말라고 하셨는가?

우레의 말씀은 기록되는 말씀이 아니기 때문이다. 성경에 우레의 말씀이 기록된 부분은 한 군데도 없다. 우레는 기록되는 말씀이 아니라 때의 주인이 직접 외치는 말씀이다. 네 생물 속에서 우레를 발했고, 예수님도 십자가 상에서 일곱 우레를 발하셨다. 시편 29편의 일곱 소리를 생각해보아도 그 소리는 항상 외쳐지거나, 말씀하신다는 의미이지 특정한 그릇에 담겨지거나 기록되는 소리가 아니라는 것을 알게 된다.

더구나 요한계시록 10장은 사도 요한이 밧모섬에서 예수 그리스도의 계시를 통해서 재림 마당의 종말론적인 세계를 바라본 내용이다. 힘센 천사가 발하는 우레의 내용은 사도 요한의 때에 이루어질 말씀이 아니다. 장차 재림 마당에서 중간계시의 종말론적 구속사역의 역사로 이루어질 비밀 중의 비밀이기에 절대 기록해서는 안 된다. 그런 입장에서 우레를 기록하지 말라고 한 것이다.

우레는 인간 개개인이 소유할 수 있는 말씀이 아니다. 우레는 인간이 기록하거나 기록된 내용을 가질 수 있는 그런 차원의 대상이 아니다.

사도 요한이 바다와 땅을 밟고 있는 힘센 천사에게 "작은 책을 달라"고 하니까 "갖다 먹어버리라"고 하여 먹었다. '손으로 받았다'는 것과 '갖다 먹어버리라'는 것에는 내용에 있어 큰 차이가 있다. 손으로 받은 경우에는 그 책을 보는 다른 사람들과 그 책의 내용을 공유할 수가 있다. 그러나 책을 먹어버리면 다른 사람과 공유할 수 없다. 그 내용을 알고 싶으면 오직 먹은 사람을 통해서만 알게 되는 것이다.

예를 들면, 천국에 고구마가 하나 있는데 그 고구마에는 천국의 비밀이 다 담겨있다. 그런데 어느 사람이 그 천국에 도전해서 하나뿐인 고구마를 먹었다면, 천국의 비밀을 알려면 어떻게 해야 하는가? 고구마를 먹은 사람으로부터 들어야 한다.

마찬가지로, 작은 책의 말씀은 오직 먹은 그 사람밖에 모르는 말씀이다. 사도 요한이 작은 책을 먹었기 때문에 그가 하는 모든 말씀은 작은 책에서 나온 말씀이다.

여호와 하나님이 강림하신 시내산에서 번개와 뇌성과 우레와 지진 등이 발생하고 있다(출 19:16, 20:18). 그 말씀을 보아도 우레는 우레의 주인만이 자기의 영광과 능력과 위용을 나타내기 위해서 사용하시는 고유적인 권능이다. 그렇기 때문에 이스라엘 백성들은 죽을까 두려워 떨었지만, 모세는 우레의 사람이기 때문에 우레가 진동하는 그 시내산으로 올라갈 수 있었던 것이다.

모세가 돌비에 십계명을 받았다. 십계명도 어느 의미에서는 우레의 말씀이라고 할 수 있다. 왜냐하면 6일 창조의 모든 창조 역사의 내용을 열 마디 말씀으로 창조하셨기 때문에 열 번의 '가라사대'는 예수님이 십자가 상에서 외친 일곱 말씀과도 같은 맥락이 된다. 그런 입장에서 십계명을 우레라고도 말할 수 있는 것이다. 따라서 우레의 사람인 모세가 우레의 말씀인 십계명을 받을 수 있었던 것이다.

VI
하늘에서 내려오는 힘센 다른 천사의 원형은 누구인가?

눅 9:28-31 이 말씀을 하신 후 팔일쯤 되어 예수께서 베드로와 요한과 야고보를 데리시고 기도하시러 산에 올라가사 기도하실 때에 용모가 변화되고 그 옷이 희어져 광채가 나더라 문득 두 사람이 예수와 함께 말하니 이는 모세와 엘리야라 영광 중에 나타나서 장차 예수께서 예루살렘에서 별세하실 것을 말씀할쌔

변화산에 등장하신 예수께서 별세하시고 난 사후의 일을 모세와 엘리야와 함께 상론(相論)하시는 내용이다. 왜 예수님이 모세와 엘리야를 불러서 십자가 사건을 의논하시고 당부하셔야만 하는가? 그 이유는 예수님이 십자가 사건 이후에 부활하시고 승천하시면 이 땅에 더 이상 오지 못하시기 때문이다. 그래서 남은 역사를 이루기 위해서 예수님이 모세와 엘리야에게 당부하고 계시는 것이다.

그렇다면 예수께서 모세와 엘리야에게 남기신 유언은 무엇인가?
첫째, 예수님이 "어떻게 별세하실 것인가?"에 대한 문제이다.

예수님의 죽음에 감추어진 비밀은 천상천하에 누구도 알 수 없는 비밀이었다. 하늘의 발등상이 되는 지구촌에 살고 있는 인생들은 말할 것도 없고 하늘에 있는 천사들, 아들들도 모르고(마 24:36), 옛 뱀, 마귀, 사단도 모르는 비밀이다. 그런 죽음의 비밀을 먼저 모세와 엘리야에게 말씀하고 있다. 모세와 엘리야가 장차 두 번 다시 주님께서 오실 수 없는 이 땅에서 주님의 뜻을 이루어드릴 수 있는 사람들로 당부하고 계시는 것이다.

그 이유는 예수님은 유월절 양으로 십자가에 달리기는 하지만 운명하실 때는 아사셀 양으로서 마귀에게 주는 제물로 바쳐져야 하기 때문에 성체를 타고 흐르는 그의 피 속에 하나님의 비밀, 하늘의 보배, 보화를 다 감추어 이 땅에 떨치셔야만 한다. 만약 이 비밀을 아무도 모르면 재림 마당에서 그 역사를 이루어드릴 사람이 없기 때문에, 모세와 엘리야를 부르셔서 그 비밀을 가르쳐주고 계시는 것이다.

둘째, 횃불언약의 영광을 이루는 것에 대한 문제이다.

구약 마당에서 62이레가 이루어지고, 예수께서 7이레를 이루심으로 69이레를 통하여 율법과 예언은 다 이루셨다. 이제 재림의 마당에서 남은 한 이레의 시간을 통하여 횃불언약의 영광을 이루셔야 한다. 그 역사는 예수님이 직접 이루시는 것이 아니라, 보혈 속에 감추어 이 땅에 떨치신 태초의 말씀을 입은 자가 이루어야 할 부분이다. 그렇기 때문에 예수님이 직접 담당하지 못하시는 그 남은 역사의 세계를 응당 그들에게 부탁하실 수밖에 없다. 그 남은 역사의 세계를 그들을 통해서 이루려면 그 사람들에게 남은 역사를 이룰 수 있는 마지막 남은 말씀과 권세와 능력을 넘겨주셔야만 한다.

그렇기 때문에 때에 맞게 하나님의 오른손에 있던 책을 이 땅에 있는 누군가에게 넘겨주어야 한다. 그 책의 말씀이 재림의 마당에서 이루어질 한 이레의 중심 내용이기 때문이다.

분명히 유대 지파의 사자 다윗의 뿌리에서 이긴 자로서 책을 넘겨받은 분은 어린 양이신 예수님이었는데, 정작 사도 요한에게는 하늘에서 내려오는 힘센 다른 천사가 책을 넘겨주었다. 힘센 다른 천사가 예수님을 통해서 그 책을 넘겨받은 것을 알 수 있다. 그렇다면 머리 위에는 무지개가 있고, 얼굴은 해 같고, 발은 불기둥 같은 힘센 다른 천사는 누구를 말하는 것인가? 왜 그를 가리켜 힘센 '다른' 천사라고 하는가? 그는 천군의 세계에 존재하는 일반적인 천사가 아닌 특별한 능력을 가진 천사이기 때문이다. 그가 '힘센 천사'라는 것은 천사 중에서 가장 힘이 있는 천사, 가장 큰 권세와 능력을 가진 천사를 말한다. 즉, 네 생물의 존재이다.

그런 입장을 가진 자로서 예수님이 가진 십자가 사건의 비밀, 천상천하에 아무도 알 수 없는 예수님의 죽음의 비밀을 전수받은 자가 누구인가? 예수님이 변화산에서 별세하실 것을 의논하신 모세와 엘리야가 그 대상이 아니겠는가? 다른 사람은 그 비밀을 모른다. 예수님이 영광 중에 친히 불러서 말씀하셨다는 것은 그 비밀은 절대 남이 들을 수 없고 새어나갈 수 없고 넘볼 수 없는 비밀이라는 의미가 된다. 완전히 인봉된 은혜 안에서 주고받은 도담(道談)이기 때문에 절대 그것은 남이 알면 안 될 비밀 중의 비밀이다. 그 비밀을 받은 자만이 예수님에게 그 책을 받아서 사도 요한에게 전해 줄 수 있는 대상이 되는 것이다. 그런 입장에서 본다면 머리 위에 무지개를 쓰고, 얼굴은 해 같고, 발은 불기둥 같은 그 사람은 당연히 모세를 말하는 것이다.

> 겔 1:26-28 그 머리 위에 있는 궁창 위에 보좌의 형상이 있는데 그 모양이 남보석 같고 그 보좌의 형상 위에 한 형상이 있어 사람의 모양 같더라 내가 본즉 그 허리 이상의 모양은 단 쇠 같아서 그 속과 주위가 불같고 그 허리 이하의 모양도 불같아서 사면으로 광채가 나며 그 사면 광채의 모양은 비 오는 날 구름에 있는 무지개 같으니 이는 여호와의 영광의 형상의 모양이라 내가 보고 곧 엎드리어 그 말씀하시는 자의 음성을 들으니라

네 생물의 머리 위에는 보좌가 있고 보좌 위에는 인자 같은 이가 있는데 그 사면 광채의 모양은 비 오는 날 무지개 같으니 그 영광이 여호와의 영광의 형상의 모양이라고 하는 소리를 듣자마자 에스겔 선지자가 머리를 조아렸다는 것이다.

모세가 사자, 송아지, 사람, 독수리라는 메시야가 걸어야 될 과정을 걷는 존재로서 하늘에서 내려온 힘센 다른 천사로 역사하는 것이다. 변화산에서 영광 중에 부르심을 입었기 때문에 모세가 네 생물의 주인공으로서 부르심을 받은 것이라고 말씀할 수 있는 것이다. 그는 궁창에 있는 천사들과는 다른 천사이다. 왜냐하면 그는 네 생물에 소속되어 있는 천사이기 때문이다. 힘센 천사라는 말은 궁창에 있는 천사들과는 다르게 별다른 권세와 능력을 가진 천사라는 의미로 해석할 수 있다.

그런 입장을 감안해본다면 요한계시록 10장에서 하늘에서 내려오는 힘센 다른 천사는 네 생물 속에 들어있는 인자로서 영광을

가진 자, 바로 모세를 말씀하는 것이다. 그렇기 때문에 그만이 어린 양으로부터 책을 넘겨받을 수 있고, 인수인계할 수 있는 존재가 될 수 있는 것이다.

힘센 다른 천사가 이 땅에 와서 인자로 역사하는 분은 누구인가?

> 계 10:1-3 내가 또 보니 힘센 다른 천사가 구름을 입고 하늘에서 내려오는데 그 머리 위에 무지개가 있고 그 얼굴은 해 같고 그 발은 불기둥 같으며 그 손에 펴 놓인 작은 책을 들고 그 오른발은 바다를 밟고 왼발은 땅을 밟고 사자의 부르짖는 것같이 큰 소리로 외치니 외칠 때에 일곱 우뢰가 그 소리를 발하더라

> 계 12:1 하늘에 큰 이적이 보이니 해를 입은 한 여자가 있는데 그 발 아래는 달이 있고 그 머리에는 열두 별의 면류관을 썼더라

이상의 내용으로 보아, 하늘에서 내려오는 힘센 다른 천사는 해를 입은 여인과 동일 인물이라는 것을 알 수 있다. 그가 재림 마당에서 남은 한 이레를 통하여 인류 구속사역을 완성하는 이 땅의 주이시다. 그는 장차 철장으로 만국을 다스릴 남자를 낳는 산 자의 태를 가진 모성의 존재이기에 여인으로 표현된 것이지, 성별상의 여자라는 것이 아니다. 그는 재림 마당에 등장할 산 자의 신랑으로서 스스로 자기의 신부를 탄생시킬 수 있는 존재이다.

그는 예수께서 "나는 내 아버지의 이름으로 왔으매 너희가 영

접지 아니하나 만일 다른 사람이 자기 이름으로 오면 영접하리라"(요 5:43)고 말씀하신 '자기 이름으로 오는 다른 사람'이다. 그는 예수께서 간직하셨던 보배, 보화를 다 받은 존재로서 예수님이 하실 사역을 대행할 수 있는 존재이다.

그가 받는 자기 이름이 무엇인가? 재림주 멜기세덱이다. 이 땅에서 재림주가 되려면 영육 간에 산 자가 되지 않으면 안 된다. 그가 산 자의 영광을 입기 위해 큰 독수리의 두 날개를 받아 광야 자기 곳으로 날아가 한 때·두 때·반 때를 양육 받는다(계 12:14). 그가 광야에서 양육을 받는다는 것은 죽었다 부활하는 과정을 의미하는 것인데, 왜 죽었다 부활한다고 하지 않고 광야에서 한 때·두 때·반 때를 양육 받는다고 표현하고 있는가? 그가 해를 입었다는 것은 태초의 말씀을 입었다는 것이다. 즉 인자로서 하나님 화(化)된 존재를 말한다. 예수님은 태초의 말씀을 이 땅에 다 떨치고 가셨지만, 해를 입은 여인은 해를 입은 채 잠이 들기에 스스로 살아날 수 있는 존재이며, 산 자이기 때문에 죽었다고 표현하지 않는 것이다.

그가 재림 마당에 재림주 멜기세덱으로 탄생할 때 70이레를 통해(단 9:24-27) 이룩하시는 인류 구속사역이 마쳐지는 것이다. 그가 재림주 멜기세덱으로서 모든 원수를 발아래 무릎 꿇게 하고 하늘 우편 보좌에 계신 주님께 영광을 바치는 사람이다.

제 2장

일곱째 천사가 부는 나팔은 무엇인가?

I
일곱째 천사는 누구인가?

계 10:7 일곱째 천사가 소리 내는 날 그 나팔을 불게 될 때에 하나님의 비밀이 그 종 선지자들에게 전하신 복음과 같이 이루리라

하늘에서 내려오는 힘센 천사가 사도 요한에게 작은 책을 먹게 하기 직전에 세세토록 살아계신 자, 곧 하늘과 그 가운데 있는 물건이며 땅과 그 가운데 있는 물건이며 바다와 그 가운데 있는 물건을 창조하신 이에게 맹세하며 "일곱째 천사가 소리내는 날 그 나팔을 불게 될 때에 하나님의 비밀이 그 종 선지자들에게 전하신 복음과 같이 이루리라"고 하는 장면이다.

일곱째 천사가 나팔을 불면 역대 선지선열들이 예언한 모든 예언의 말씀이 이루어진다는 것이다. 여기서 일곱째 천사란 일곱 우레를 발할 수 있는 천사를 말한다. 일곱 우레의 말씀을 통해서만 창조의 7일을 회복할 수 있고, 완성할 수 있고, 구속사의 끝을 이룰 수 있기 때문이다. 그렇기 때문에 일곱째 천사가 나팔을 불면 하늘의 역사가 하나님의 선하신 뜻대로 일점일획도 남김없이 다 이루어진다는 것이다.

"천지가 없어지기 전에는 율법의 일점일획이라도 반드시 없어

지지 아니하고 다 이루리라"(마 5:18)고 하였다. 하물며 일곱째 천사가 나팔을 불면 하나님의 종과 선지자들을 통해서 예언하신 말씀이 하나도 땅에 떨어지지 않고 완전하게 다 이루어진다는 것이다. 그런 의미에서 일곱째 천사는 구속사의 입장에서 매우 중요한 의미를 가지고 있다.

그렇다면 여기서 말하는 일곱째 천사는 누구를 말하는 것인가? 힘센 천사와 일곱째 천사는 어떤 관계인가? 힘센 천사와 일곱째 천사가 동일 인물이 아니라면, 어떤 파트너십을 이루고 있는 것인가? 또, 일곱째 천사가 부는 나팔소리는 무엇인지 그 내용을 알아야 나팔을 부는 자가 누구인지도 알 수 있다.

이 모든 비밀은 사람의 지식이나 지혜로 알 수 있는 것이 아니다. 오직 하나님의 신으로써만 알 수 있고(슥 4:6), 하나님의 은혜를 입어야만 알 수 있다.

1. 일곱째 천사의 실체는 누구인가?

고전 15:51-54 보라 내가 너희에게 비밀을 말하노니 우리가 다 잠잘 것이 아니요 마지막 나팔에 순식간에 홀연히 다 변화하리니 나팔 소리가 나매 죽은 자들이 썩지 아니할 것으로 다시 살고 우리도 변화하리라 이 썩을 것이 불가불 썩지 아니할 것을 입겠고 이 죽을 것이 죽지 아니함을 입으리로다 이 썩을 것이 썩지 아니함을 입고 이 죽을 것이 죽지 아니함을 입을

때에는 사망이 이김의 삼킨 바 되리라고 기록된 말씀이 응하리라

"내가 너희에게 비밀을 말하노니"라고 한 대상은 누구인가? 천국의 비밀은 아무에게나 허락된 것이 아니다. 여기서 비밀을 말할 수 있는 대상들은 일반적인 대상이 아니라, 천국의 비밀을 아는 것을 허락받은 자들(마 13:11), 미리 아신 자들(롬 8:29), 하나님의 뜻대로 부르심을 입은 자들을 말한다(롬 8:28).

"마지막 나팔에 순식간에 홀연히 다 변화하리니"라고 한 대상은 누구인가? 잠자는 자들이 어떻게 순식간에 홀연히 변화한다는 것인가?

막 5:40-41 저희가 비웃더라 예수께서 저희를 다 내어보내신 후에 아이의 부모와 또 자기와 함께한 자들을 데리시고 아이 있는 곳에 들어가사 그 아이의 손을 잡고 가라사대 달리다굼 하시니 번역하면 곧 소녀야 내가 네게 말하노니 일어나라 하심이라

회당장 야이로의 딸, 열두 살 먹은 소녀가 위독하여 예수님을 모셔오는 회당장에게 이미 소녀가 죽었다는 사실을 알고 달려와 통보하는 사람들이 그렇게 말한다. "회당장님, 이미 당신의 딸이 죽었습니다. 공연히 저 선생님을 모셔다가 더 번거롭게 하지 마소서"라고 하니까 예수님이 그 말씀을 듣고 "걱정하지 말라, 근심하지 말라, 내 말을 믿는다면 그가 살아날 것이다"라고 하시고 열두 제자 중에 세 제자를 데리고 죽은 소녀의 방에 들어갔다. "달리다굼! 소녀야 일어나라"는 말과 함께 죽었던 소녀가 일어났다. 죽었

던 소녀를 소생시킨 예수님의 그 말씀의 나팔이 몇 초 걸렸는지는 모르지만 "소녀야! 일어나라"는 말씀과 함께 홀연히 죽었던 소녀가 살아났다.

> 눅 7:13-14 주께서 과부를 보시고 불쌍히 여기사 울지 말라 하시고 가까이 오사 그 관에 손을 대시니 멘 자들이 서는지라 예수께서 가라사대 청년아 내가 네게 말하노니 일어나라 하시매

나인 성 과부의 아들이 죽었는데 예수께서 그 과부를 보시고 불쌍히 여기셔서 과부의 아들을 살려내시는 장면이다. 남편도 없는 과부의 아들로 어미가 청년이 되기까지 키운 자식이다. 하나밖에 없는 아들을 잃은 과부의 그 슬픔이 오죽하겠는가?

아마 예수께서는 독생하신 자기 자신이 십자가를 통해서 운명하실 때 해가 빛을 잃었다(눅 23:44)는 말씀처럼 예수님을 바라보지 못하고 고개를 돌리셔야만 했던 아버지의 슬픔을 생각하신 것 같다. 그래서 메고 가는 상여를 멈추게 하시고 상여에 손을 대시고 슬피 우는 과부에게 "울지 말라!"고 말씀하시고 "청년아 내가 네게 말하노니 일어나라!"고 하시자 죽었던 청년이 홀연히 일어났다.

그것이 잠자는 자들을 깨워 홀연히 변화 받게 하시는 주님의 나팔소리였다. 그래도 그들은 죽은 지 하루가 넘지 않아서 육신이 온전한 상태였다. 그렇기 때문에 구속사의 입장에서는 육신이 부패하지 않은 상태에서 살아난 사람들을 가리켜 부활이라는 말을 쓰지 않고, 소생(蘇生)했다고 말하는 것이다. 몸을 떠났던 영혼이 다시 돌아왔다고 말씀을 하는 것이다.

요 11:40 예수께서 가라사대 내 말이 네가 믿으면 하나님의 영광을 보리라
하지 아니하였느냐 하신대

　회당장 야이로의 딸이나 나인 성 과부의 아들과 다르게 나사로는 죽은 지 나흘이 되어서 시체가 썩어 냄새가 나는 상태였다. 마르다가 예수님께 "주여 죽은지가 나흘이 되었으매 벌써 냄새가 나나이다"(요 11:39)라고 했다. 그 말을 하는 마르다의 입장은 "이미 시체가 부패하여 썩는 냄새가 나는 상태인데 과연 그가 살아날 수 있겠습니까?"라는 의심을 가지고 말씀드린 것이다.
　그러나 예수님은 "나는 부활이요 생명이니 나를 믿는 자는 죽어도 살겠고 무릇 살아서 나를 믿는 자는 영원히 죽지 아니하리니 이것을 네가 믿느냐"(요 11:25-26)라고 하셨다. 그리고 둘러서 있는 모든 사람들에게 "네가 믿으면 아버지의 영광을 보게 되리라"고 하셨다.
　회당장 야이로의 딸과 나인 성 과부의 아들을 소생시킬 때는 "아버지의 영광을 보리라"고 말씀하시지 않았다. 그러나 나사로를 살리실 때에는 "아버지의 영광을 너희가 보게 되리라"고 하셨다. 다시 말하면 나사로는 소생의 대상이 아니라 이미 육체가 부패된 상태에서 살려내는 부활의 대상이기 때문에 "아버지의 영광을 보리라"고 말씀하신 것이다. 즉 부활은 아버지께서 살려주셔야 가능하다는 것을 말씀하신 것이다.
　"나사로야 나오라"는 그 말씀은 예수님 스스로가 소리내는 나팔소리이다. 다시 말하면 예수님이 부신 나팔소리로 말미암아 순간적으로 홀연히 잠자는 자들이 소생하고, 죽었던 자들이 부활하

는 모습을 보게 된다.

이처럼 마지막 때에도 일곱째 천사가 나팔을 불 때에 사람들이 홀연히 변화를 받는다고 했다.

> 마 17:1-3 엿새 후에 예수께서 베드로와 야고보와 그 형제 요한을 데리시고 따로 높은 산에 올라가셨더니 저희 앞에서 변형되사 그 얼굴이 해 같이 빛나며 옷이 빛과 같이 희어졌더라 때에 모세와 엘리야가 예수로 더불어 말씀하는 것이 저희에게 보이거늘

예수께서 열두 제자 앞에서 "인자가 아버지의 영광을 가지고 오는 것을 너희들 중 볼 자가 있으리라"(마 16:28, 막 9:1, 눅 9:27)고 말씀하신 후에 마태복음, 마가복음에는 6일 후에, 누가복음에는 8일 후에 베드로, 야고보, 요한을 데리고 다볼산에 나타나셨다. 예수님이 그 산에서 아버지의 영광으로 변화되신 순간이 있었기 때문에 그 산을 가리켜 변화의 산이라고 말한다. 다볼산에 가셔서 세 제자가 바라보는 가운데 예수님이 아버지의 영광으로 변화 받으셨다. 그런데 혼자 변화 받으신 것이 아니라 그 변화 받으시는 영광 안에 모세와 엘리야가 함께 있었다는 것이다(마 17:3, 막 9:4, 눅 9:30).

한 가지 사실을 꼭 기억해야 한다. 부활의 영광을 입기 위해서는 사전적으로 꼭 변화를 받아야 한다는 점이다.

물론 위 구절에는 예수님이 변화되셨다고 하지 않고 변형되셨다는 표현을 사용했다. 여기서 변형이라고 표현하신 것은 예수님

의 본 모습이 바뀌지 않은 상태에서 외형만 바뀌었다는 뜻이다. 그런 의미에서 변화라는 표현을 쓰지 않고 변형이라고 표현한 것이다.

예수님이 부활하시고 나서 제자들이 예수님을 알아보지 못했다. 그 때의 모습은 변형이 아니라 부활과 동시에 변화를 받으셨기 때문에 완전히 다른 모습으로 변하신 것이다. 그렇기 때문에 불과 3일 전까지만 해도 함께 하셨던 예수님인데 3년 동안이나 동행했던 제자들이 알아보지 못했다(눅 24:16).

> 출 34:29 모세가 그 증거의 두 판을 자기 손에 들고 시내산에서 내려오니 그 산에서 내려올 때에 모세는 자기가 여호와와 말씀하였음을 인하여 얼굴 꺼풀에 광채가 나나 깨닫지 못하였더라

> 고후 3:7 돌에 써서 새긴 죽게 하는 의문의 직분도 경광이 있어 이스라엘 자손들이 모세의 얼굴의 없어질 영광을 인하여 그 얼굴을 주목하지 못하였거든

모세도 죽기 전에 변화를 받았기 때문에 그의 얼굴에 광채가 나서 이스라엘 백성들이 모세의 얼굴을 주목하지 못하기에 모세가 수건을 썼다고 한다. 그런 모세이지만 시편 106:32-33, 민수기 20:10-12에 모세의 죄가 기록되었기에 마귀가 모세의 시체를 가져가려고 했다.

그러자 대군 미가엘 천사장이 모세의 시체를 가져가려는 마귀에게 "다만 하나님께서 너를 책망하시기를 원하노라"(유 1:9)고 했다. 그 말씀의 의미는 "마귀야, 너는 시편 106편, 민수기 20장

에 기록된 모세의 죄를 가지고 모세의 시체를 가져가려고 하지만 모세는 이미 하나님께서 변화시켜주신 사람이다. 또 그의 근본은 천군의 머리격인 네 생물에 소속된 자이다. 그런데 네가 감히 모세의 시체를 가져가려고 하느냐?"라는 의미가 들어있다. 물론 유다서에는 그런 구체적인 책망의 내용이 기록되어 있지 않다. 그러나 성경은 다 짝으로 이루어져 있다(사 34:16).

그렇다면 미가엘 천사장이 마귀를 책망한 구체적인 내용이 성경 어디에 기록되어 있는가?

> 슥 3:1-5 대제사장 여호수아는 여호와의 사자 앞에 섰고 사단은 그의 우편에 서서 그를 대적하는 것을 여호와께서 내게 보이시니라 여호와께서 사단에게 이르시되 사단아 여호와가 너를 책망하노라 예루살렘을 택한 여호와가 너를 책망하노라 이는 불에서 꺼낸 그슬린 나무가 아니냐 하실 때에 여호수아가 더러운 옷을 입고 천사 앞에 섰는지라 여호와께서 자기 앞에 선 자들에게 명하사 그 더러운 옷을 벗기라 하시고 또 여호수아에게 이르시되 내가 네 죄과를 제하여 버렸으니 네게 아름다운 옷을 입히리라 하시기로 내가 말하되 정한 관을 그 머리에 씌우소서 하매 곧 정한 관을 그 머리에 씌우며 옷을 입히고 여호와의 사자는 곁에 섰더라

유다서에서 미가엘 천사장이 마귀를 책망했다면 그 책망한 내용이 성경에 기록되어 있어야 한다. 그 내용을 위 구절에서 찾을 수 있다. 위 구절을 표면적으로 보면 여호와 하나님께서 대제사장 여호수아를 참소하는 사단을 책망하고 여호수아의 더러운 옷

을 벗기고 정한 관을 씌우는 내용이다. 모서가 더러운 죄의 옷을 입었다고 사단이 참소할 때, 이면적으로는 여호와 하나님께서 더러운 옷을 벗기고 아름다운 옷을 입히고, 정한 관을 씌워주셨다는 것이다.

유다서에는 미가엘 천사장이 모세를 책망했다는 말씀만 기록되어 있지, 모세의 시체를 빼앗아왔는지에 더한 결과는 기록되지 않았다. 그러나 모세가 변화산에 산 자로 등장한 결과를 볼 때 모세의 시체를 마귀에게 빼앗기지 않고 찾아왔다는 것을 미루어 짐작할 수 있다.

오늘의 신학에서는 마귀가 모세의 시체를 가져갔다고 주장한다. 만일 마귀가 모세의 시체를 가져갔다면 모세는 영육 간의 부활을 하지 못한다. 그렇다면 변화산에 등장한 모세는 영적인 존재에 불과할 것이다. 만일 모세가 영육 간에 산 자가 아니라면 아버지의 영광으로 변형되신 예수님 앞에 등장하지 못했을 것이다.

예수께서도 세상 끝에 오신 분이기에 마지막 나팔 소리에 홀연히 변형되신 것이다. 그렇다면 예수께서 스스로 일곱째 천사가 부는 나팔을 부심으로 홀연히 변형되신 것인가? 예수님이 홀연히 변화 받으실 수 있도록 마지막 나팔을 불어준 사람이 누구인가? 부활의 상징인 모세와 변화의 상징인 엘리야가 예수께서 어떻게 별세하시고 사후 세계를 어떻게 처리할 것인지 상론(相論)했다 (눅 9:30-31). 그들이 예수님을 위해 일곱째 천사가 되어 마지막 나팔을 불어드린 것이다.

종말론적 구속사의 입장에서 보면 항상 마지막 나팔은 세상 끝에 불게 되어 있다. 전 3년 반의 역사가 마치려면 한 때와 두 때를 거쳐서 마지막 반 때의 말씀을 전하는 자가 등장해야 한다. 세상 끝에는 항상 마지막을 마무리하는 사람이 등장하기 마련이다.

재림 마당에서 이 땅의 주, 해를 입은 여인은 스스로 나팔을 불 수가 없다. 그분은 자신의 정체를 드러내지 않기 위해서 기묘자, 모사로 오신 분이다(사 9:6). 인류 구속사의 목적을 이루기 위해서 도적같이 오신 분이다(계 16:15). 그분은 산 자의 도맥인 감람나무 역사만 행하시는 분이 아니다. 죽는 자의 도맥인 포도를 거둔 후에 남은 것을 줍는 역사도 함께 하셔야 한다(사 24:13). 즉 포도나무 역사와 감람나무 역사라는 두 가지 도맥을 이루고자 오신 분이기에 혼자서 두 가지 색깔의 나팔을 한꺼번에 부실 수가 없다.

그렇기 때문에 '이 땅의 주 앞에 섰는 두 감람나무와 두 촛대'의 역사를 하셔야만 한다. 두 감람나무 역사의 주인공들이 이 땅의 주, 해를 입은 여인을 증거하는 나팔을 불어야 하는 것이다. 그 나팔이 인류 구속사역의 종지부를 찍는 마지막 나팔이 되는 것이다.

> 고전 15:51 보라 내가 너희에게 비밀을 말하노니 우리가 다 잠잘 것이 아니요 마지막 나팔에 순식간에 홀연히 다 변화하리니

왜 마지막 나팔에 순식간에 홀연히 변화하는 것이 비밀인가? "한 번 죽는 것은 사람에게 정하신 것이요 그 후에는 심판이 있으리니"(히 9:27)라는 말씀처럼 '사람은 누구나 죽는다'는 고정관념 속에 있는 인생들은 부활과 변화라는 산 자의 세계가 있다는 말씀

을 쉽게 믿을 수 없기 때문에 그 말씀 자체가 비밀이 될 수밖에 없다는 것이다.

> 고전 15:52-54 나팔 소리가 나매 죽은 자들이 썩지 아니할 것으로 다시 살고 우리도 변화하리라 이 썩을 것이 불가불 썩지 아니할 것을 입겠고 이 죽을 것이 죽지 아니함을 입으리로다 이 썩을 것이 썩지 아니함을 입고 이 죽을 것이 죽지 아니함을 입을 때에는 사망이 이김의 삼킨 바 되리라고 기록된 말씀이 응하리라

마지막 나팔에 썩을 것이 썩지 아니함을 입고, 죽을 것이 죽지 아니함을 입는다. 그렇다면 마지막 나팔은 무엇을 말하는가? 그 나팔이 어떻게 그런 능력을 가질 수 있는 것인가?

그 나팔은 "때가 이르면 다시 비사로 너희에게 이르지 않고 아버지에 대한 것을 밝히 이르리라"(요 16:25)는 아버지의 말씀이다. "초보의 신앙을 버리고 완전한 데로 나아오라"(히 6:1-2)는 완전한 하나님의 말씀이다. 그 말씀으로 아브라함을 완전하게 만드시고, 다윗도 완전하게 만드시고, 다니엘도 완전하게 만드실 수 있었다. 그런 말씀이기에 그 말씀을 받으면 홀연히 변화될 수 있는 것이다. 그 말씀이 궁극적으로는 사도 요한이 먹은 작은 책, 다시복음의 말씀이라는 것이다. 그 말씀을 선포하는 사람을 일곱째 천사라고 하는 것이다.

왜 마지막 나팔을 부는 사람을 가리켜 일곱째 천사라고 하는가?

> 계 1:10-16 주의 날에 내가 성령에 감동하여 내 뒤에서 나는 나팔 소리 같은 큰 음성을 들으니 가로되 너 보는 것을 책에 써서 에베소, 서머나, 버가모, 두아디라, 사데, 빌라델비아, 라오디게아 일곱 교회에 보내라 하시기로 몸을 돌이켜 나더러 말한 음성을 알아보려고 하여 돌이킬 때에 일곱 금 촛대를 보았는데 촛대 사이에 인자 같은 이가 발에 끌리는 옷을 입고 가슴에 금띠를 띠고 그 머리와 털의 희기가 흰 양털 같고 눈 같으며 그의 눈은 불꽃같고 그의 발은 풀무에 단련한 빛난 주석 같고 그의 음성은 많은 물소리와 같으며 그 오른손에 일곱 별이 있고 그 입에서 좌우에 날선 검이 나오고 그 얼굴은 해가 힘있게 비취는 것 같더라

천군의 세계에는 천사가 일곱째 천사만 있는 것은 아니다. 예수께서 겟세마네 동산에서 로마 병정들에게 추포당하실 때 베드로가 말고라는 대제사장의 종의 귀를 칼로 내리치니 "내가 내 아버지께 구하여 지금 열두 영 '더 되는' 천사를 보내시게 할 수 없는 줄로 아느냐?"(마 26:53)라고 하셨다. 하늘에서 이루어진 뜻대로 이 땅에서 이루어지는 구속사의 세계의 원리적 입장으로 본다면 이 땅에서 열세 지파를 만드시고 그 중에서 레위 지파를 택하여 하나님의 제사장 지파로 만드신 것으로 보아 하늘에도 그러한 천사의 조직과 천사장들이 있다는 것이다.

그런데 왜 요한계시록에는 일곱째 천사라고 말하고 있는 것인

가? 종말론적 입장에서 재림 마당에서는 하나님이 열두 지파를 통해서 역사하시는 것이 아니라, 일곱 촛대와 일곱 별을 통해서 역사하시기 때문에(계 1:12-16), 마지막 나팔을 부는 천사를 가리켜 일곱째 천사라고 말씀하고 있는 것이다. 그렇기 때문에 일곱째 천사가 나팔을 불면 역대 선지선열들을 통해서 예언한 모든 말씀들이 다 이루어지는 것이다. 그 역사 속에서 순교의 수가 채워지고, 변화의 세계가 이루어지는 것이다.

일곱째 천사는 혼자 나팔을 부는 것인가?

일곱째 천사라는 단수로 표현되었기에 일곱째 천사 혼자서 나팔을 부는 것처럼 생각된다. 그러나 성경에는 종종 파트너십의 관계로 등장하는 경우가 있다.

> 막 3:17 또 세베대의 아들 야고보와 야고보의 형제 요한이니 이 둘에게는 보아너게 곧 우뢰의 아들이란 이름을 더하셨으며

신약의 마당에서 살로메가 낳은 두 아들 야고보와 요한도 형제지간으로서 보아너게, 즉 '우레의 아들'이라는 새 이름을 받았다. 한 사람으로서는 우레라는 이름이 성립될 수 없다. 양전기와 음전기가 부딪쳐야만 우레를 발할 수 있기 때문이다. 그렇기 때문에 우레의 아들이라는 의미 속에는 두 사람이 필요한 것이다.

> 계 11:4 이는 이 땅의 주 앞에 섰는 두 감람나무와 두 촛대니

재림 마당에서도 두 감람나무의 역사는 혼자서 하는 것이 아니라 파트너십의 관계로 존재한다. 두 감람나무와 두 촛대는 하늘 차원의 네 생물이 이 땅으로 옮겨진 모습이다. 아브라함이 횃불언약을 맺을 때 바친 세 가지 제물 중 산비둘기와 집비둘기 새끼가 재림 마당에서 두 감람나무로 역사할 주인공들이다.

그런 입장에서 보면 두 감람나무도 우레의 아들이라고 할 수 있다. 일곱째 천사가 나팔을 불면 하나님의 비밀이 이루어진다고 했다. 두 감람나무는 일곱 나팔을 불 수 있는 전권을 가지고 있다. 그러나 혼자서 일곱 나팔을 다 부는 것이 아니라 두 사람이 나누어서 나팔을 분다. 예를 들면 산비둘기 역할을 하는 사람이 먼저 한 때와 두 때 안에서 나팔을 불고, 이어서 집비둘기 새끼의 역할을 하는 사람이 반 때 안에서 나머지 나팔을 부는 것이다.

이런 경우와 같다. 구약 마당의 모세가 출애굽하는 과정에서 열 가지 재앙으로 애굽을 쳤다. 그런데 자세히 살펴보면 첫째, 둘째, 셋째 재앙까지는 아론이 지팡이로 역사했고, 나머지는 모세가 지팡이로 역사했고, 마지막 유월절 기적은 하나님이 친히 역사하셨다. 그러나 전체적으로는 모세가 열 가지 기사이적을 행했다고 말한다.

마찬가지다. 재림 마당에서 두 감람나무가 하늘 문을 닫고 예언을 하는 날 동안 비 오지 못하게 하고, 또 권세를 가지고 물을 변하여 피 되게 하고, 여러 가지 재앙으로 땅을 치는 역사(계 11:6)는 혼자서 하는 것이 아니라 둘이 한다는 것이 두 감람나무 역사에 감추어진 비밀이다.

그렇다면 두 감람나무 역사의 주인공을 산비둘기와 집비둘기 새끼라는 두 제물을 통하여 역사하시는 이유가 무엇인가?

마 13:24-30 예수께서 그들 앞에 또 비유를 베풀어 가라사대 천국은 좋은 씨를 제 밭에 뿌린 사람과 같으니 사람들이 잘 때에 그 원수가 와서 곡식 가운데 가라지를 덧뿌리고 갔더니 싹이 나고 결실할 때에 가라지도 보이거늘 집 주인의 종들이 와서 말하되 주여 밭에 좋은 씨를 심지 아니하였나이까 그러면 가라지가 어디서 생겼나이까 주인이 가로되 원수가 이렇게 하였구나 종들이 말하되 그러면 우리가 가서 이것을 뽑기를 원하시나이까 주인이 가로되 가만 두어라 가라지를 뽑다가 곡식까지 뽑을까 염려하노라 둘 다 추수 때까지 함께 자라게 두어라 추수 때에 내가 추숫군들에게 말하기를 가라지는 먼저 거두어 불사르게 단으로 묶고 곡식은 모아 내 곳간에 넣으라 하리라

두 감람나무는 좋은 씨로서 제 밭에 뿌려진 존재이다. 그런데 마귀도 밤중에 가라지를 뿌렸다. 좋은 씨를 뿌린 종들이 주인에게 가라지를 뽑기를 원하는지 묻자 추수 때까지 함께 자라게 두라고 했다. 본래 두 감람나무도 한 때와 두 때와 반 때의 주인공이다. 그러나 좋은 씨와 가라지들이 함께 공존하는 천국을 이루는 제 밭에서 역사해야 하기에 천국의 비밀은 감추어야 한다. 따라서 좋은 씨로 뿌려진 두 감람나무는 가라지와 함께 자라는 제 밭에서 공의적인 입장에서 한 때와 두 때의 말씀만을 증거한다. 정작 반 때를 통해 선포될 부활과 변화, 즉 산 자의 말씀은 할 수가 없다.

그렇기 때문에 두 감람나무는 한 때와 두 때를 통해서만 역사

하고 무저갱에서 올라오는 짐승에 의해 죽임을 당하여 그의 시체가 큰 성길 위에 삼일 반 동안 누워있게 된다. 반 때의 말씀은 반 때의 주인공에게 넘겨주고 잠이 들어야 한다.

마치 예수님이 십자가 상에서 흘리신 피 속에 말씀을 감추고 땅에 떨침으로 마귀를 속이신 것처럼 두 감람나무의 죽음 속에는 그런 비밀이 감추어져 있다. 그렇게 역사하신 내용의 세계를 가리켜 "영적으로 말하면 소돔이라고도 하고 애굽이라고도 하니 곧 저희 주께서 십자가에 못 박히신 곳이니라"(계 11:8)고 하신 것이다. 신랑의 입장으로 오신 예수님처럼, 장차 어린 양의 신부가 될 두 감람나무도 마귀가 뿌린 가라지들을 감쪽같이 속인 것이다.

다시 말하면 산비둘기 역할을 하는 사람이 반 때를 누군가에게 넘겨주고 잠이 든 것이다. 그 반 때에는 누가 대신 나팔을 불어주어야 한다. 그가 자기에게 주어진 한 때와 두 때를 통해 역사하다가 무저갱에서 올라오는 짐승에 의해 죽임을 당하면 남은 반 때에 하나님의 나팔을 부는 선지자가 등장한다. 그가 나팔을 부는 것은 자의적으로 부는 것이 아니라, 이 땅의 주께서 나팔을 불라고 하신 명령에 의해서 부는 것이다. 본래 나팔을 부시던 분이 안 계시니까 그분의 전권을 가지고 대신 반 때의 나팔을 불어드리는 것이다. 따라서 전체적으로는 두 감람나무가 나팔을 부는 사람이지만, 그분의 전권에 의해서 남은 반 때의 나팔을 부는 사람이 있는 것이다.

이처럼 성경에는 대신의 역사가 있다.

창 4:25 아담이 다시 아내와 동침하매 그가 아들을 낳아 그 이름을 셋이라 하였으니 이는 하나님이 내게 가인의 죽인 아벨 대신에 다른 씨를 주셨다 함이며

아담과 하와가 타락하여 에덴동산에서 쫓겨남으로 자신들의 후사를 결정할 권리를 상실했다. 그래서 하나님께서 아담의 후사를 세우시고자 가인과 아벨에게 제사를 드리게 하셨다. 하나님께서 후사를 세우는 기준은 첫째, 믿음이고 둘째, 소속이고 셋째, 예물이다. 마귀는 자신들이 이긴 자로서 소속을 우선으로 생각하여 장자인 가인의 제사를 받아야 한다고 주장하지만, 하나님은 믿음이 최우선이라는 원칙을 세우셨기 때문에 믿음으로 제사를 드린 아벨의 제사를 받으셨고(히 11:4), 그 사실에 분노한 가인이 아벨을 들에서 쳐 죽였다(창 4:8). 그러자 하나님께서 죽은 아벨 대신 셋을 주셨다(창 4:25).

창 22:3-4 아브라함이 아침에 일찌기 일어나 나귀에 안장을 지우고 두 사환과 그 아들 이삭을 데리고 번제에 쓸 나무를 쪼개어 가지고 떠나 하나님의 자기에게 지시하시는 곳으로 가더니 제 삼일에 아브라함이 눈을 들어 그곳을 멀리 바라본지라

또 아브라함에게 백 세에 얻은 이삭을 번제로 바치라는 명령을 하셨다. 아브라함이 아내 사라에게도 말하지 못하고 이삭을 바치기 위해 하나님이 지시하신 곳으로 가는 이틀 동안 깊은 고민에 빠져 얼굴을 들지 못했다. 그러다 삼 일째 되는 날 고개를 들었다는 것은 하나님께서 죽은 고목과 같은 자기 부부에게 이삭을 주

신 것을 깨달았다는 것을 알 수 있다. 죽은 고목과 같은 자기 부부에게 이삭을 주신 하나님께 이삭을 바치면 또 다시 자식을 주시는 분이라는 것을 믿을 수 있었다. 그 결과 이삭을 바치기로 결심하여 칼로 내리치려는 순간 하나님의 사자가 "아브라함아! 아브라함아! 그 아이에게 네 손을 대지 말라"(창 22:11-12)고 하여 막으면서, "네가 네 아들 네 독자라도 내게 아끼지 아니하였으니 내가 이제야 네가 하나님을 경외하는 줄을 아노라"(창 22:12)고 하였다. 아브라함이 이삭 대신 수풀에 걸린 수양을 바치고 그곳을 '여호와이레'(뜻: 여호와께서 준비하시다)라고 했다(창 22:13).

그 사건을 가리켜 히브리 기자는 "저가 하나님이 능히 죽은 자 가운데서 다시 살리실 줄로 생각한지라. 비유컨대 죽은 자 가운데서 도로 받은 것이니라"(히 11:19)고 했다. 이처럼 성경에는 대신의 역사가 있는 것이다.

일곱째 천사는 언제까지 나팔을 부는 것인가?

계 6:1-8 내가 보매 어린 양이 일곱 인 중에 하나를 떼시는 그때에 내가 들으니 네 생물 중에 하나가 우리소리 같이 말하되 오라 하기로 내가 이에 보니 흰 말이 있는데 그 탄 자가 활을 가졌고 면류관을 받고 나가서 이기고 또 이기려고 하더라 둘째 인을 떼실 때에 내가 들으니 둘째 생물이 말하되 오라 하더니 이에 붉은 다른 말이 나오더라 그 탄 자가 허락을 받아 땅에서 화평을 제하여 버리며 서로 죽이게 하고 또 큰 칼을 받았더라 셋째 인을 떼실 때에 내가 들으니 셋째 생물이 말하되 오라 하기로 내가 보니 검은 말이 나오는데 그 탄 자가 손에 저울을 가졌더라 내가 네 생물 사이로서 나는 듯하는 음성을 들으니 가로되 한 데나리온에 밀 한 되요 한 데나리온에 보리 석 되로다 또 감람유와 포도주는 해치 말라 하더라 네째 인을 떼실 때에 내가 네째 생물의 음성을 들으니 가로되 오라 하기로 내가 보매 청황색 말이 나오는데 그 탄 자의 이름은 사망이니 음부가 그 뒤를 따르더라 저희가 땅 사분 일의 권세를 얻어 검과 흉년과 사망과 땅의 짐승으로써 죽이더라

위 구절을 자세히 살펴보면 나팔을 부는 역사는 전 3년 반으로 끝나는 것이 아니라, 후 3년 반에도 누군가 나팔 부는 사람이 있다는 것을 알 수 있다. 일곱째 천사가 나팔 분다고 해서 전 3년 반에 일곱 나팔의 사건이 다 끝나는 것이 아니다. 왜냐하면 첫째 인을 떼면 첫째 나팔을 불고 첫째 나팔을 불면 첫째 대접이 쏟아진다.

따라서 일곱 인·일곱 나팔·일곱 대접의 역사를 살펴보면 일곱째 대접이 쏟아지기까지는 누군가 나팔 부는 사람이 이 땅에 있다는 것을 추정할 수 있다. 후 3년 반에도 나팔을 부는 자가 있어야 한다는 것이다. 그렇게 후 3년 반에도 나팔 부는 사람이 있으니까, 다섯째 나팔을 불면 다섯째 대접이 쏟아지는 것이 아니겠는가? 그 나팔을 불게 하기 위해서 하나님께서 반 때를 감추어 놓으신 것이다.

마귀들의 입장에서는 전 3년 반이 끝나면 하나님의 사람들이 나팔을 다 불었을 것이라고 생각을 한다. 왜냐하면 자기들에게 때가 넘어왔기 때문이다. 자기들의 때가 되었기 때문에 빛의 시간에 빛의 사람들이 할 수 있는 일은 다 끝났고 이제는 완전히 자기들

만의 때라고 생각한다는 것이다. 그런데 "용이 자기가 땅으로 내어 쫓긴 것을 보고"(계 12:13)라고 했다. 그 말은 붉은 용도 무언가 모르고 속은 것이 있다는 것이다. 쫓겨난 후에야 자신이 쫓겨난 사실을 알게 된다는 내용이다.

마찬가지다. 붉은 용의 입장에서 보면 전 3년 반이 끝나고 후 3년 반이 시작되는 경계에서 두 감람나무가 죽었다. 그러면 자기들이 정해진 때를 넘겨받은 것이다. 이제는 자기들의 세상이 되었으니 두려워할 자가 없다.

그런데 하나님은 그렇게 역사하지 않으신다. 왜냐하면 이미 중간계시로 예언된 말씀처럼 일곱 인·일곱 나팔·일곱 대접을 다 쏟으셔야한다. 그러면 누군가 후 3년 반에도 인을 떼고 나팔 부는 사람이 있어야 한다. 나팔을 불려면 나팔수가 존재해야 한다. 나팔수가 나팔을 불면 천사들에 의해서 그 대접이 쏟아진다. 그래서 그 목적을 이루기 위해서 한 때·두 때·반 때의 주인공인 두 감람나무가 마치 한 때·두 때·반 때를 다 이루고 죽어서 큰 성길 위에 누워있는 것처럼 역사하였지만, 여기에는 큰 함정이 있다. 예수님이 십자가에서 흘리신 피 속에 태초의 말씀을 감추어 이 땅에 떨치신 것처럼 두 감람나무도 남은 반 때의 사람에게 반 때에 외칠 말씀을 주고 간 것이다. 예수님이 행하신 것과 동일하게 역사한 것이다.

그렇기 때문에 일곱째 천사장이 나팔을 불면 구속사의 세계가 끝나는 것이다.

겔 2:5 그들은 패역한 족속이라 듣든지 아니 듣든지 그들 가운데 선지자 있은 줄은 알찌니라

> 겔 33:33 그 말이 응하리니 응할 때에는 그들이 한 선지자가 자기 가운데 있었던 줄을 알리라

그렇게 이 땅의 주와 두 감람나무께서 역사하신 역사의 세계를 누군가 이 땅에서 믿든 안 믿든 증거해야 한다. 그래야 그 말씀을 믿지 않던 자들이 그 말씀의 세계가 이 땅에서 다 이루어질 때 "우리는 그런 말씀을 들어보지도 못했습니다"라고 핑계대지 못한다. 그리고 이 땅에 선지자가 있었다는 사실을 통감하게 된다는 것이다.

마지막으로 그것을 증거할 수 있는 존재들을 가리켜 신령한 하늘의 추수꾼, 의의 사자, 또 빛의 복음의 사자들이라고 하는 것이다. 그들이 "많은 백성과 나라와 방언과 임금들에게 다시복음을 전하라"(계 10:11)는 말씀을 받아서 전해야 하는 것이다. "주께서 말씀을 주시니 소식을 공포하는 여자가 큰 무리라"(시 68:11)는 말씀처럼 재림 마당에서 복음을 전파하는 말씀의 사자들이 온 세상에 널리 복음을 전해야 한다.

2. 인자가 아버지의 영광으로 올 때 함께 오는 거룩한 천사들은 누구인가?

> 마 16:27 인자가 아버지의 영광으로 그 천사들과 함께 오리니 그 때에 각 사람의 행한 대로 갚으리라

> 막 8:38 누구든지 이 음란하고 죄 많은 세대에서 나와 내 말을 부끄러워하면 인자도 아버지의 영광으로 거룩한 천사들과 함께 올 때에 그 사람을 부끄러워하리라

> 눅 9:26 누구든지 나와 내 말을 부끄러워하면 인자도 자기와 아버지와 거룩한 천사들의 영광으로 올 때에 그 사람을 부끄러워하리라

위 말씀은 예수께서 친히 하신 말씀들이다. 장차 재림 마당에 오실 재림주는 '인자가 아버지의 영광으로' 오시는데, 거룩한 천사들과 함께 오신다고 했다.

그런데 "나와 내 말을 부끄러워하면 인자도 그 사람을 부끄러워하리라"고 했다. 왜 아버지의 영광으로 오는 분을 부끄러워하는가? 만일 인자가 올 때 하늘에서 천군 천사를 거느리고 천사장의 나팔 소리와 함께 온다면 부끄러울 리가 있겠는가? 그렇게 오지 않고 다른 모습으로 오기 때문에 부끄러운 것이 아니겠는가?

신약 마당에서 말씀이 육신으로 오신 예수님도 인자가 아버지의 영광으로 오신 분이다. "나는 내 아버지의 이름으로 왔으매 너희가 영접지 아니하나 만일 다른 사람이 자기 이름으로 오면 영접하리라"(요 5:43)고 친히 말씀하셨다. 분명히 예수님도 말씀이

육신으로 오셔서 이 땅에 인자로 계시지만 아버지의 이름을 가지신 분이라는 것이다.

그런 예수님을 그 당시 종교지도자는 물론 유대인들이 믿지 못했다(요 8:42-43, 8:51-59, 10:35-36). "너희는 아래서 났고, 나는 위에서 났다"(요 8:23), "나를 보내신 이가 나와 함께 계시도다"(요 8:16), "내 아버지는 만유보다 크시도다"(요 10:29)라고 자신을 가리켜 하나님의 아들이라고 스스로 증거하는 말을 믿지 못하고 대적했다.

바리새인들이 율법을 근거로 "네가 너를 위하여 증거하니 네 증거는 참되지 아니하도다"(요 8:13)라는 말에 "내가 나를 위하여 증거하는 자가 되고 나를 보내신 아버지도 나를 위하여 증거하시느니라"(요 8:18)고 하셨지만 아무도 믿지 못했다. 심지어는 "나와 아버지는 하나이니라"(요 10:30)고 하시니 참람하다고 하면서 돌로 치려고 했다(요 10:31-33).

왜 하나님은 믿기 어려운 인자의 역사를 행하시는가?

히 2:16 이는 실로 천사들을 붙들어 주려 하심이 아니요 오직 아브라함의 자손을 붙들어 주려 하심이라

"하늘에서 이루어진 뜻대로 이 땅에서 이루어지이다"라는 말씀대로 하나님의 뜻은 이 땅에서 인자를 통해서 이루어져야 하기 때문이다. 하나님의 뜻은 아브라함의 후손들을 구원하시려는 것

이지, 하늘의 천사들을 구원하시려는 것이 아니다. 하늘의 천사들을 구원하시려면 굳이 예수께서 말씀이 육신으로 이 땅에 오실 필요가 없다. 창조주께서 피조물, 그것도 여인의 자궁을 통해서 이 땅에 오시는 자체가 얼마나 힘든 십자가의 길인 줄 아는가?

그럼에도 불구하고 말씀이 육신으로 오신 것은 이 땅에서 인류 구속사역을 마치셔야 하기 때문이다.

> 출 19:9 여호와께서 모세에게 이르시되 내가 빽빽한 구름 가운데서 네게 임함은 내가 너와 말하는 것을 백성으로 듣게 하며 또한 너를 영영히 믿게 하려함이니라 모세가 백성의 말로 여호와께 고하였으므로

구약 마당에서도 인자의 역사가 있었다. 모세는 예수님의 그림자로서 구약 마당에서 이 땅의 주의 역할을 한 사람이다.

이스라엘 백성들이 출애굽하여 모세의 인도로 광야길을 걸을 때, 하나님께서 이스라엘 백성들 전체에게 하나님의 음성을 듣게 하신 적이 있다. 그 사건에 대해 "내가 어린아이로부터 노약자에 이르기까지 나의 음성을 다 듣게 한 것은 그들로 너를 믿게 하기 위해서 그렇게 한 것이다"라고 말씀하셨다. 그러나 그 이후로는 하나님이 이스라엘 백성들과 직접 대화한 적은 없다. 다 모세를 통해서 말씀한 것이다. 모세가 이스라엘 백성들에게 하나님의 말씀을 전하고 통보하고 통지하고 가르치고 인도하였다.

그런데 아론과 미리암이 자기들도 똑같이 하나님께 받는다고 하면서 모세를 대적했다. 그 벌로 미리암이 일주일 동안 문둥병에 걸려 진 밖에 쫓겨나 있었다. 그래서 "너희들은 꿈과 계시를 통해서 받지만 모세는 나와 직접 대면하는 자라"(민 12:6-8)고 하

신 것이다. 그렇기 때문에 처음부터 모세는 바로 앞에 신과 같은 존재이고, 아론은 모세의 대언자라고 하셨다. 대언자는 도와주는 사람이지 같은 영광을 가진 사람이 아니다. 인자의 역사는 한 사람을 통해서 역사하는 것이지 아무나 할 수 있는 것이 아니다. 루시엘이 "나도 하나님이 하시는 일을 할 수 있다"라고 하다가 죄의 원조가 된 것이다. 욕심, 탐심을 가지면 그런 결과밖에 얻지 못한다.

또, 구속사의 입장으로 말한다면 아브라함도 하나님의 벗으로서 하나님을 대신하여 이 땅에 온 인자라고 할 수 있는 사람이다.

재림 마당에서 인자로 오시는 분은 누구인가?

계 11:4 이는 이 땅의 주 앞에 섰는 두 감람나무와 두 촛대니

재림 마당에서 '이 땅의 주'로 역사하시는 해를 입은 여인이 인자가 아버지의 영광으로 오신 분이다. 그가 장차 사망 권세를 깨고 산 자가 되어 재림주 멜기세덱의 영광을 입으실 분이다.

예수님과 멜기세덱의 공통점이 무엇인가? 인자가 아버지의 영광으로 오신다는 멜기세덱과 예수님의 공통점은 '태초의 말씀'이다. 예수님은 태초의 말씀의 근본이 되시고, 멜기세덱은 예수님이 피와 물 속에 감추셨던 태초의 말씀을 입은 사람이다. 태초의 말씀이 육신으로 오신 분이나 태초의 말씀을 입은 자나 태초의 말씀을 가졌다는 공통점이 있기 때문에, 재림주로 등장하신 멜기세

덱에 대해 예수께서 "인자가 아버지의 영광으로 오리라"고 하신 것이다.

그렇다면 재림 마당에서 예수님 자신이 아버지의 영광으로 이 땅에 오시는 것인가? 예수님은 하늘 우편 보좌에서 '원수가 네 발등상 앞에 무릎 꿇기까지' 기다리시는 분이다(눅 20:43, 행 2:35, 히 1:13, 10:13). 그 영광을 받으면 만유 밖으로, 아버지 집으로 가시는 것이다(요 14:2). 예수께서 만유 안에서 영광을 받으시면 (고전 15:27-28) 본래 하나님의 보좌로 돌아가시는 것이다(요 19:18). 그곳으로 가시면 이 땅에 있는 인간들이 영광을 올리지 못한다. 그곳은 천사들이 갈 수 있는 영역이 아니다. 그분은 "오직 그에게만 죽지 아니함이 있고 가까이 가지 못할 빛에 거하시고 아무 사람도 보지 못하였고 또 볼 수 없는 자"(딤전 6:16)라고 했다. 따라서 그 보좌로 가시면 영광을 받으실 수 없기 때문에 잠정적으로 우편 보좌에 잠시 계시는 것이다. 만유 안에서 드리는 영광을 받기 위해서 만유 밖으로 가지 않고 만유 안에, 오른쪽 보좌에 계시는 것이다.

그렇기 때문에 부활 승천하여 하나님 우편 보좌에 계신 예수님이 또다시 이 땅에 오시는 것은 있을 수 없는 것이다. 그분이 재림 예수로 다시 오시기를 바라는 사람은 그분을 또다시 십자가에 못 박기를 바라는 사람이나 마찬가지다(히 6:4-6). 그래서 예수께서 '다른 사람'(요 5:43)을 보내는 것이다. 예수님이 가지고 계시던 태초의 말씀, 즉 예수님 안에 있던 보배를 가지고 예수님 대신 오는 그 사람을 가리켜 "인자가 아버지의 영광으로 오리라"고 한 것이다(마 16:27, 25:31, 막 8:38). 그분이 아버지의 영광으로 오실 때 혼자 오시는 것이 아니라 거룩한 천사들과 함께 오신다는 것이다.

인자가 아버지의 영광으로 오실 때 함께 오는 거룩한 천사들은 누구인가?

힘센 다른 천사가 하늘에서 올 때는 '구름을 입고 온다'고 했다(계 10:1). 그렇다면 구름을 입고 오는 경우와 천사들과 함께 오는 차이점은 무엇인가?

예수님은 거룩한 구름을 타고 오신 분이다. 예수께서 타고 오신 구름은 성별된 성도, 경건하고 거룩한 성도를 말하는 것이다. 그러나 재림의 마당은 심판의 마당이 되기 때문에 재림 마당에 함께 오는 그 성도들을 거룩한 천사, 인자화된 천사라고 말씀하고 있다.

예수님은 심판하러 오신 분이 아니다. 죄인들을 구원하러 오신 분이다. 그렇기 때문에 천사들을 데리고 오실 필요가 없다. 거룩한 성도들을 데리고 오시는 것이다. 예수님도 자신이 택한 히브리 민족을 통해서 세상 끝에 오시기 때문에 세상 끝에 오신 인자로서 하늘나라를 이루셔야 한다. 신랑의 보좌를 중심으로 한 거룩한 신성조직, 하늘나라를 이루셔야 하기 때문에 거룩한 성도들을 데리고 오시지 않으면 안 된다.

그렇다고 그분이 올 때 거룩한 성도들과 함께 같은 장소에 오시는 것인가? 대부분의 성도들은 천국은 제 밭에 좋은 씨를 뿌린 것과 같다고 하니까 한 장소에 다 같이 올 것이라고 생각을 한다. 그러나 그것은 영적인 의미이다. 같은 근본, 같은 소속, 같은 목적을 가지고 이 땅에 온 사람들을 가리켜 "천국은 제 밭에 좋은 씨를 뿌린 것과 같다", '제 밭'이라고 표현한 것이지 한 장소에 한 여인의 태를 통해서 함께 온다는 것은 아니다.

물론 특별한 경우도 있다. 예수님의 어머니인 마리아와 세례 요한의 어머니인 엘리사벳은 이종지간의 친척이다. 그렇게 가깝게 오실 수도 있다. 그러나 그것은 파트너십의 입장에서 오는 특별한 경우를 말하는 것이고, 일반적인 개념으로 말한다면 흰 구름을 타고 오신다, 거룩한 성도들과 함께 오신다는 것은 한 장소에 함께 오신다는 뜻이 아니라 영적인 의미로 표현한 말씀이다.

그렇기 때문에 때의 주인이 같이 온 사람들을 일일이 찾아다니신다. 그 모습이 성경에 잘 나타나 있다. 예수님이 이 땅에 오셔서 자기와 함께 온 사람들, 자신에게 소속된 그 사람들을 찾아다니셨다. 예수님이 사마리아 수가촌에 가신 것도 수가촌 여인을 찾고자 의도적으로 가신 것이고, 여리고에 가신 것도 삭개오를 찾아 가신 것이다. 그렇기 때문에 함께 온 자들을 찾으실 때마다 "나는 길 잃어버린 양을 찾으러 왔다"고 하신 것이다. 그들은 예수님을 알지 못하나 예수님은 그들을 아신다. 함께 왔다는 말은 같은 시대에 왔다는 것을 의미하는 것이다. 예수님은 창조주이시고 그들은 피조물이다. 그렇기 때문에 창조주이신 예수께서 하늘의 일을 위해서 같은 시대에 함께 이 땅에 등장한, 자기에게 소속된 그들을 찾아다니신 것이다.

그래서 예수님 안에 다섯 마리아가 있었고, 열두 사도와 70문도도 있었다. 전체적으로 말하면 신랑의 보좌를 중심으로 한 거룩한 하늘나라가, 거룩한 신성조직이 이루어진 것이다. 그래서 500명이 보는 가운데 열한 번째 하늘로 승천하셨지만 500명이 다 신성조직이 된 것은 아니다. 380명은 거룩한 역사의 현장을 보고도 열매 맺지 못하고, 마가 다락방에서 오순절에 보혜사 성령의 역사에 동참한 120문도만이 거룩한 신성조직으로 열매를 맺었다.

왜 마지막 때 인자가 아버지의 영광으로 오실 때 거룩한 천사들과 함께 오신다고 했는가?

첫째, 마지막 때는 죄인이 아니라 의인을 구원하러 오는 때이다. 재림 마당에서는 성도의 권세가 다 깨어진다고 했다. 마지막 때는 성별된 성도, 즉 의인만 남게 되어 있는 것이다. 재림주는 그 의인을 구원하러 오신 분이다. 그러기에 의인 중에 섞여있는 악인을 구별하기 위해서는 의인을 분별할 줄 아는 거룩한 천사들을 데려와야 하는 것이다(마 13:47-49).

둘째, 마지막 때는 불로 심판하는 때이다. 하나님은 소멸하시는 불이라고 했다(신 4:24, 히 12:29). 그렇기 때문에 어떤 불에도 타지 않는 정금과 같은 믿음의 능력을 가진 사람들로 만들어주시기 위해서 불로 연단하신다(욥 23:10, 고전 3:13, 벧전 4:12). 그런 역사를 진행해야 하기 때문에 재림 마당에는 천사들이 등장할 수밖에 없다. 그래서 재림의 마당은 구름을 타고 오신다고 하지 않고 거룩한 천사들과 함께 오리라고 말씀하신 것이다.

재림 마당에 등장하는 천사들은 어떤 천사들인가? 마지막 때에 이 땅에서 이루어지는 하늘나라의 역사가 완성되는 역사의 무대에 어떤 사람들이 등장하는지 알게 되면 마지막 때 등장하는 천사가 누구인지도 알게 된다. 재림 마당의 특징은 초림 때처럼 이십사 보좌가 등장하지 않는다는 것이다.

> 계 1:12-20 몸을 돌이켜 나더러 말한 음성을 알아보려고 하여 돌이킬 때에 일곱 금 촛대를 보았는데 촛대 사이에 인자 같은 이가 발에 끌리는 옷을 입고 가슴에 금띠를 띠고 그 머리와 털의 희기가 흰 양털 같고 눈 같으며 그의 눈은 불꽃같고 그의 발은 풀무에 단련한 빛난 주석 같고 그의 음성은 많은 물소리와 같으며 그 오른손에 일곱 별이 있고 그 입에서 좌우에 날선 검이 나오고 그 얼굴은 해가 힘있게 비취는 것 같더라 -(중략)- 네 본 것은 내 오른손에 일곱 별의 비밀과 일곱 금 촛대라 일곱 별은 일곱 교회의 사자요 일곱 촛대는 일곱 교회니라

재림의 마당은 이 땅에서 신랑, 신부의 보좌가 이루어지지만 그 보좌를 중심으로 한 이십사 보좌가 이루어지는 것이 아니다. 그 대신 일곱 금 촛대와 일곱 별, 즉 일곱 교회와 일곱 사자가 등장한다. 일곱 교회와 일곱 사자가 등장하여 일곱 인·일곱 나팔·일곱 대접을 떼는 역사를 하는 것이다.

> 계 2:7 귀 있는 자는 성령이 교회들에게 하시는 말씀을 들을찌어다 이기는 그에게는 내가 하나님의 낙원에 있는 생명나무의 과실을 주어 먹게 하리라

> 계 2:17 귀 있는 자는 성령이 교회들에게 하시는 말씀을 들을찌어다 이기는 그에게는 내가 감추었던 만나를 주고 또 흰 돌을 줄 터인데 그 돌 위

에 새 이름을 기록한 것이 있나니 받는 자밖에는 그 이름을 알 사람이 없느니라

요한계시록 2-3장에는 성령께서 아시아의 일곱 교회를 책망하거나 축복하는 말씀이 기록되어 있다. 둘째 교회인 서머나 교회와(계 2:8-11) 여섯째 교회인 빌라델비아 교회는(계 3:7-13) 칭찬받는 교회들이고, 나머지 에베소 교회(계 2:1-7), 버가모 교회(계 2:12-17), 두아디라 교회(계 2:18-29), 사데 교회(계 3:1-6), 라오디게아 교회(계 3:14-22) 등은 책망 받는 교회들이다. 아시아의 일곱 교회에 대한 책망과 축복의 대상은 교회의 성도가 아니라 일곱 교회에 소속된 천사들, 즉 인자화된 천사들을 말하는 것이다.

이 교회는 인간이 세운 교회가 아니라 성령이 세운 교회이기 때문에 "성령이 그 교회들에게 하신 말씀을 들을지어다"(계 2:7, 2:11, 2:17, 2:29, 3:6, 3:13, 3:22)라고 하신 것이다. 여기서 일곱 별, 즉 일곱 사자는 일곱 천사장들을 말하는 것이며, 일곱 금 촛대, 즉 일곱 교회는 두 감람나무가 세운 교회를 의미하는 것이다. 그 교회에 기름을 공급하는 사람이 두 감람나무이다. 또 두 감람나무의 두 촛대, 즉 두 감람나무에 소속된 두 교회를 통해서 성령이 세운 일곱 교회에 일곱 관을 통하여 기름을 공급하는 것이다(슥 4:12).

그러기에 성령이 세운 일곱 교회에 소속되어 있는 일곱 천사장들과 그들에게 소속된 천사들을 책망하시고 지적하고 또 사랑하시고 축복하시는 것이다. 따라서 마지막 때에 아버지 영광으로 오신 인자와 함께 하는 천사들은 일곱 교회, 일곱 사자를 상징하는 일곱 천사장과 그들에게 소속된 천사들을 말하는 것이다.

> 단 12:1 그때에 네 민족을 호위하는 대군 미가엘이 일어날 것이요 또 환난이 있으리니 이는 개국 이래로 그때까지 없던 환난일 것이며 그때에 네 백성 중 무릇 책에 기록된 모든 자가 구원을 얻을 것이라

그들뿐만 아니라 '네 민족을 호위하는 대군 미가엘'이 등장할 것이다. 그리고 하나님의 메시지를 전달하는 가브리엘 천사장이 등장한다(단 9:21). 재림 마당에는 일곱 천사장 외에도 처음부터 구속사 세계에 등장했던 대군 미가엘과 가브리엘 천사장이 등장한다.

큰 의미의 개념으로 천사들의 세계를 소개한다면 첫째 대군 미가엘, 둘째 가브리엘, 그 외에 일곱 천사장이 등장한다. 그리고 거기 소속되어 있는 천사들이 등장한다. 요한계시록에는 이 한 낫을 가진 천사(계 14:14, 14:17-18), 불을 다스리는 천사(계 14:18), 포도송이를 거두는 천사(계 14:18). 금 면류관을 쓴 천사(계 4:4, 14:14), 힘센 천사(계 18:21), 힘센 다른 천사(계 10:1), 구름을 입고 오는 천사(계 10:1) 등 다양한 천사의 세계를 표현하고 있다. 그 천사들이 각자 자기에게 소속되어 있는 소속의 일원으로서 인을 떼고 나팔 불고 대접을 쏟는 각자 고유적인 사명 안에서 자기 역할을 분담해서 순종하고 충성하는 것이다.

정리하면 일곱 금 촛대와 일곱 별, 즉 일곱 교회와 일곱 사자는 사람이 세운 일반적인 교회를 말하는 것이 아니다. 구속사의 세계를 완성하고 끝을 이루기 위해서 하나님께서 성령을 통해서 이 땅에서 세운 교회를 말하는 것이다.

> 히 9:26 그리하면 그가 세상을 창조할 때부터 자주 고난을 받았어야 할 것

> 이로되 이제 자기를 단번에 제사로 드려 죄를 없게 하시려고 세상 끝에 나타나셨느니라

예수님이 세상 끝에 오신 것은 본방 이스라엘 백성들을 통해서 이 땅에서 자기 보좌를 이룩하기 위해서이다. 다시 말하면 하늘나라를 이루시고자 오시는 것이다. 예수께서 이 땅에서 하늘나라를 이루시려면 근본적으로 열두 사도와 70문도가 있어야 한다. 또 에덴동산을 적시는 네 강을 의미하는 네 마리아와 생명의 본 강을 의미하는 마리아까지 모두 다섯 마리아가 있어야 한다. 이것이 하늘나라의 조직을 이루어 나갈 수 있는 구조적인 조직의 수를 말한다. 이런 내용은 즉흥적으로 이루어진 것이 아니라 본래 하늘나라를 이루고 있던 구조적인 조직과 수를 말한다.

다시 말하면 "인자가 아버지의 영광으로 거룩한 천사들과 함께 오리라"는 거룩한 천사의 숫자 속에는 마지막 때 이루어지는 하늘나라의 조직과 기구와 또 기구를 운영할 수 있는 공동체의 수가 다 정해진 대로 함께 오는 것이다. 즉흥적으로 필요한 몇 사람을 데려오는 것이 아니다. 완전한 신성조직을 이루기 위해서 완전한 수를 데리고 오시는 것이다. 그렇기 때문에 그 수를 가리켜 거룩한 천사들과 함께 온다고 표현한 것이다. 거룩한 천사들과 함께 온다는 말은 완전한 수, 완전한 조직의 수를 데리고 온다는 것이다.

그런 인자화된 천사들을 이 땅에 데리고 온다는 것이다. "함께 오리라"는 것은 같은 시대, 같은 때 안에 함께 온다는 것이다. 오직 때의 주인만이 같은 시대에 같은 공간 속에서 함께 온 사람이 누구인지를 알 수 있는 것이다. 목자는 양을 알고 양은 목자의 음

성을 안다고 했다(요 10:4, 10:14). 하나님의 씨를 가진 사람은 하나님의 음성을 알아들을 수 있는 그런 독특하고 고유적인 특징을 가지고 있는 것이다.

성령에게 책망 받는 일곱 교회의 제사장들은 누구인가? 그렇게 부름을 받았는데 세상을 살면서 세상에 너무 깊이 빠짐으로 인해 세속적인 사상을 가지고 하나님의 사상을 밀어내고 있기에, 성령이 세운 천사들로 부름 받았으면서도 책망 받는 대상이 될 수밖에 없는 것이다.

> 갈 3:6-9 아브라함이 하나님을 믿으매 이것을 그에게 의로 정하셨다 함과 같으니라 그런즉 믿음으로 말미암은 자들은 아브라함의 아들인 줄 알찌어다 또 하나님이 이방을 믿음으로 말미암아 의로 정하실 것을 성경이 미리 알고 먼저 아브라함에게 복음을 전하되 모든 이방이 너를 인하여 복을 받으리라 하였으니 그러므로 믿음으로 말미암은 자는 믿음이 있는 아브라함과 함께 복을 받느니라

아브라함 같은 믿음의 가장 본질적인 특징은 무엇인가? 사람으로 온 인자화 된 멜기세덱을 믿었고, 인자화 된 여호와를 믿은 것이다. 창세기 14장에서 멜기세덱으로부터 떡과 포도주로 축복 받았다. 창세기 18장에 여호와 하나님이 소돔과 고모라를 멸하러 오셨을 때 두 천사를 데리고 왔다. 분명히 세 사람이 찾아왔을 때 (창 18:2) 그들은 날개가 달린 사람도 아니고, 공중에 날아다니는 사람도 아니고, 우리와 똑같은 사람이었다. 아브라함이 그런 사람을 하나님으로 믿고 영접하여 붉은 암송아지와 무교병으로 융숭

하게 대접하며 함께 먹고 마셨다.

그래서 하나님이 아브라함에게 복을 다 주신 것이다. 복에 관해서는 다 아브라함이 처리하도록 맡기심으로 아브라함이 복의 근원이 되었다(창 12:2). 아브라함이 사람으로 온 멜기세덱을 믿었고, 사람으로 온 여호와 하나님을 믿은 두 가지 사실 때문이다.

따라서 믿음 중 가장 뛰어나고 아름답고 보배로운 믿음이 무엇인가? 인자로 오신 하나님을 믿는 믿음이 믿음 중 최고의 경지의 믿음이다. 인자로 온 멜기세덱을 믿는 믿음, 인자로 온 어린 양의 신부가 되는 그리스도를 믿는 믿음, 이 땅에서 우리와 같은 성정을 가진 인자로서 역사하시는 이 땅의 주와 두 감람나무를 믿는 믿음이 하나님을 가장 영화롭게 영광스럽게 기쁘게 나타내어 드릴 수 있는 산 자의 믿음이다. 그 믿음을 가진 사람을 가리켜 예수님도 "주를 아브라함의 하나님이요 이삭의 하나님이요 야곱의 하나님이시라 칭하였나니 하나님은 죽은 자의 하나님이 아니요 산 자의 하나님이시라. 하나님에게는 모든 사람이 살았느니라"(눅 20:37-38)고 하신 것이다.

아브라함과 같은 믿음을 가진 사람들만이 재림주 멜기세덱을 영접할 수 있는 사람이다. 그렇지 않은 사람은 절대 재림주를 영접할 수 없다. 재림주의 이름은 예수가 아니다. 재림주의 이름이 무엇인가? 인자가 아버지 영광으로 오시겠다는 그분의 이름이 멜기세덱이다. 그분을 믿는 믿음이 아브라함의 믿음이다. 해를 입은 여인을 믿는 믿음이 아브라함의 믿음이다. 어린 양의 신부가 될 그리스도를 믿는 믿음이 아브라함의 믿음이다. 아브라함의 믿음을 가진 자만이 재림의 마당에 등장하는 광명한 자들을 다 알 수 있는 것이다. 아브라함의 믿음은 이미 처음부터 그들을 만나서 그들로부터 축복 받고, 그들로부터 재림에 대한 약속을 받은 믿음이기 때문이다. 세상 성도들이 자주 아브라함을 말하고 아브라함의 믿음을 말하면서도 아브라함의 믿음이 무엇인지조차 알지 못하는 것이 오늘날의 문제점이다.

재림 마당은 인자화된 천사, 천사화된 인자들이 이 땅에서 역사하는 마지막 역사의 세계라는 것을 잊지 말아야 한다. 보이지 않는 무형의 존재가 역사하는 세계가 아니다. 무형의 존재가 역사하는 시대는 이미 끝났다. 예수님 때까지만 해도 보혜사 성령, 불같은 성령, 보이지 않는 성령의 역사 속에서 무형의 성령이 역사했었다. 그런데 무형의 존재였던 성령이 피와 물과 성령, 이 셋이 하나가 되므로(요일 5:8) 더 이상 무형의 존재가 아닌 영원한 생명의 존재인 태초의 말씀, 인격적인 태초의 말씀이 된 것이다. 다른 말로 하면 '해'가 된 것이다. 인격적인 태초의 말씀이 되었다는 것은 인자를 통해서 역사할 수 있는 '해'가 되었다는 것이다. 그렇기 때문에 그 '해'를 입은 사람이야말로 예수님이 말씀하신 "인자가 아버지 영광으로 거룩한 천사들과 함께 오리라"고 하신 '아버지 영광으로' 오신 인자이다.

> 눅 18:8 내가 너희에게 이르노니 속히 그 원한을 풀어 주시리라 그러나 인자가 올 때에 세상에서 믿음을 보겠느냐 하시니라

위 구절은 예수께서 친히 하신 말씀이다. 지금 세상에 교회가 얼마나 많이 있는가? 목회자들이 얼마나 많이 있는가? 그런데 왜

"인자가 올 때에 세상에서 믿음을 보겠느냐?"(눅 18:8)라고 한탄하셨는가? 분명히 인자가 올 때란 예수님 당시를 말하는 것은 아니다. 장차 오실 재림 마당의 인자의 역사를 말하는 것이다. 왜 재림 마당에서 믿음을 볼 수 없다고 탄식하셨는가? 예수께서 말씀하신 믿음은 인자의 역사를 믿을 수 있는 믿음을 말한다. 인자의 역사가 이루어질 때 그 인자를 믿는 믿음이 없다는 것이다. 전부 관념적인 하나님, 하늘 보좌에서 군림하는 하나님만을 믿는다는 것이다.

그래서 마지막 때는 성도의 권세가 다 깨어질 수밖에 없는 것이다. 다니엘 12장에서 강둑 위에서 두 다리를 벌리고 있는 자가 강물 위에 있는 자에게 맹세하며 말하기를 "이 기사의 끝이 언제입니까?"라고 말하자, 세마포 옷을 입고 강물 위에 있는 자가 세세 무궁토록 영생하시는 하나님을 가리켜 두 손을 들고 "성도의 권세가 다 깨어지기까지니"라고 했다. 재림 마당에서는 믿는 자와 믿지 않는 자로 구별되는 것이 아니라, 성도와 성별된 성도로 구별된다는 것을 알아야 한다.

정리하면, 재림의 마당에서 구속사의 세계를 완전히 마칠 수 있는 거룩한 천사들의 신성조직은 일곱 교회와 일곱 별의 사자들이다. 그 안에 요한계시록에 등장하는 모든 천사들이 다 소속되어 있다. 그 천사들은 이 땅에 날개 달린 천사로 오는 것이 아니라, 우리와 똑같은 인자로서 오는 것이다.

II
나팔 소리의 내용은 무엇인가?

1. 나팔을 부는 자는 누구인가?

하나님이 의미 있는 거룩한 날을 선포하실 때는 꼭 나팔을 불게 하셨다. 종교력으로 7월 1일이 나팔주일이다. 그 날에 제사장들로 하여금 나팔을 불게 하셨다. 그리고 전쟁을 나갈 때라든가, 하나님의 특별한 절기 때에도 나팔을 불게 하셨다.

하나님이 시내산에 강림하실 때에도 우레와 번개와 구름과 나팔소리가 있었다. 그 나팔은 사람들이 부는 나팔이 아니라 천사들이 부는 나팔소리였다.

> 출 19:16 제 삼일 아침에 우뢰와 번개와 빽빽한 구름이 산 위에 있고 나팔소리가 심히 크니 진중 모든 백성이 다 떨더라

구약 마당에서는 천사들이 하늘에서 나팔을 불고, 땅에서는 제사장들이 나팔을 불었다.

> 사 27:13 그날에 큰 나팔을 울려 불리니 앗수르 땅에서 파멸케 된 자와 애

굽 땅으로 쫓겨난 자가 돌아와서 예루살렘 성산에서 여호와께 경배하리라

하나님의 택한 백성들이 세상의 열방에 흩어져 있기 때문에, 하나님이 마지막 때 거룩한 나팔소리를 통해서 땅 끝에서 땅 끝까지 흩어져 있던 그들을 인도하시고 이끄신다.

마 24:31 저가 큰 나팔소리와 함께 천사들을 보내리니 저희가 그 택하신 자들을 하늘 이 끝에서 저 끝까지 사방에서 모으리라

'사방에서 모으는 나팔소리'란 입으로 부는 나팔이 아니라 입으로 전하는 말씀이다. 땅 끝에서 땅 끝에 이르러 흩어져 있는 하나님의 백성들을 다 모으기 위해서 말씀을 선포하신다는 것이다. "목자는 양을 알고 양은 목자의 음성을 아나니"라고 했다(요 10:3-4). 목자의 음성을 아는 양들을 모으시기 위해서 때에 맞는 말씀의 나팔을 부신다는 것이다.

욜 2:1 시온에서 나팔을 불며 나의 성산에서 호각을 불어 이 땅 거민으로 다 떨게 할찌니 이는 여호와의 날이 이르게 됨이니라 이제 임박하였으니

여호와의 날이 임박하면 나팔을 부는데 그 나팔은 두려움에 떨 수밖에 없는 나팔이다.

습 1:16 나팔을 불어 경고하며 견고한 성읍을 치며 높은 망대를 치는 날이로다

하나님이 나팔을 불 때에는 나팔을 불어야만 되는 하나님의 의중이 있다. 왜 이러한 때 하나님이 나팔을 부시는 것일까? 그것을 가볍게 생각해서는 안 된다는 것이다. 나팔을 불어야만 되는 분명한 이유가 있기 때문에 나팔을 부신다는 것을 깊이 생각할 줄 알아야 한다.

> 슥 9:14 여호와께서 그 위에 나타나서 그 살을 번개 같이 쏘아내실 것이며 주 여호와께서 나팔을 불리시며 남방 회리바람을 타고 행하실 것이라

하늘의 나팔소리는 하나님의 임재를 상징하는 것이다. 하나님께서 찬양을 통해서 임재하시는 것처럼 나팔소리를 통해서 하나님의 임재가 이루어진다. 그런 의미에서 나팔소리에 마음을 집중해야 될 필요가 있다.

시편 29편에는 일곱 소리가 나온다. 시편 29편에 등장하는 일곱 소리는 신약의 일곱 우레의 근본이 되는 소리이다. 즉 일곱 소리도 일곱 나팔과 같은 것이다. 예수님이 이 말씀의 터 위에서 십자가 상에서 7언의 말씀을 하셨다. 그 7언의 말씀이 일곱 나팔소리와도 같은 것이다. 그 나팔은 땅 끝까지 흩어져 있던 하나님의 택한 백성들을 다 끌어 모으시는 마지막 나팔소리였다.

그러나 그 나팔소리에 귀 기울여 정성을 다해 그 나팔소리를 외치는 목자에게 달려오는 대상이 있는가 하면, 그 나팔소리에 귀를 막고 이를 갈며 저주하며 대적하는 무리들도 있다. "십자가의 도가 멸망하는 자들에게는 미련한 것이요 구원을 얻는 우리에게는 하나님의 능력이라"(고전 1:18)고 했다. 하나님의 자녀들에게는 그 나팔소리, 일곱 우레의 말씀이 하나님의 능력이요, 영광이

요, 구원의 나팔소리가 되는 것이다.

구약 때는 제사장들에 의해서 물질로 만든 나팔이 때에 맞게 울려 퍼지기도 했지만, 이면적으로 말씀한 부분도 많이 있다. 구약 때에도 이면적으로 자기 백성을 찾으시는 하나님의 나팔소리, 하나님의 영광이 임재하시는 임재의 나팔소리 등 여러 종류의 이면적인 나팔소리가 등장하고 있었다.

> 계 10:7 일곱째 천사가 소리내는 날 그 나팔을 불게 될 때에 하나님의 비밀이 그 종 선지자들에게 전하신 복음과 같이 이루리라

예수께서 십자가 상에서 하신 칠언의 말씀도 하나님 자신이 이 땅에서 부르신 최초이자 마지막 나팔소리였다. 다시 말하면 예수님이 십자가 상에서 칠언의 말씀을 하신 것도 일곱째 천사가 나팔을 부는 것과 같은 의미가 된다.

여기서 일곱째 천사라는 말은 누가 불던 간에 그 나팔소리는 인류를 구원하는 마지막 나팔소리라는 의미에서 7이라는 숫자에 주목할 필요가 있다.

예수님의 7언의 말씀도 일곱째 천사가 분 나팔소리와 같은 마지막 나팔이라고 할 수 있다. 지금 작은 책을 먹은 사도 요한에게 "네가 많은 백성과 나라와 방언과 임금들에게 다시 전하라"는 다시복음 또한 유일하게 남은 마지막 복음을 전하라는 의미에서 일곱째 천사의 나팔소리라고 할 수도 있다. 재림 마당에서 때에 맞게 선포되는 다시복음이 일곱째 천사의 나팔소리와 같은 것이다.

> 고전 15:51-52 보라 내가 너희에게 비밀을 말하노니 우리가 다 잠잘 것이

> 아니요 마지막 나팔에 순식간에 홀연히 다 변화하리니 나팔 소리가 나매 죽은 자들이 썩지 아니할 것으로 다시 살고 우리도 변화하리라

"내가 비밀을 말하노니"에서 이 비밀은 어떤 비밀을 말하는 것인가? 나팔소리의 비밀을 말하는 것이다. 일곱째 천사가 나팔을 불게 될 때에 하나님의 선지자들과 종들을 통해서 그 동안에 예언되었던 모든 말씀들이 어떻게 이루어지는지 그 비밀을 가르쳐준다는 것이다.

"나팔 소리가 나매 죽은 자들이 썩지 아니할 것으로 다시 살고 우리도 변화하리라"고 했다. 나팔 소리를 듣는 사람은 한 마디로 살아난다는 것이다.

여기서 나팔소리를 들으면 살아나는 대상은 누구인가? 그 나팔소리의 비밀과 암호를 아는 사람들만이 나팔 소리를 듣고 살아나는 대상들이다. 나팔소리의 비밀과 암호를 모르는 사람들은 절대 살아나지 못한다. 바울이 '때가 찬 경륜(엡 1:9), 은혜의 경륜(엡 3:2), 비밀의 경륜(엡 3:9), 내게 주신 경륜(골 1:25), 믿음 안에 있는 하나님의 경륜(딤전 1:4)'이라는 다섯 가지 경륜의 세계를 말했다. 그 나팔 소리에 들어있는 하나님의 경륜이 무엇인지 그 비밀을 아는 사람들이 나팔소리를 듣고 살아날 수 있는 대상들이다.

나사로가 예수님에 의해서 살아날 수 있었던 것은 예수님이 하나님의 아들이라는 것을 나사로가 믿었기 때문이다. 나사로의 믿음 위에 예수님이 그 이름을 부르신 것이다. 즉 예수님이 산 자

의 하나님으로서 나팔을 부실 때, 나사로가 산 자의 믿음을 가지고 있었기 때문에 나사로가 그 나팔소리를 들은 것이다.

산 자의 믿음을 갖지 못하고 죽는 자의 믿음을 가진 자에게 아무리 이름을 불러 보았자 그가 살아날 수 있는가? 죽는 믿음을 가진 자는 나팔 소리를 들을 수도 없다. 그렇기 때문에 마지막 일곱째 천사가 부는 나팔 소리의 비밀과 암호를 해독한 자만이 그 나팔 소리를 듣고 살아날 수가 있는 것이다.

> 요 5:25 진실로 진실로 너희에게 이르노니 죽은 자들이 하나님의 아들의 음성을 들을 때가 오나니 곧 이 때라 듣는 자는 살아나리라

이 나팔 소리는 어떤 나팔 소리인가? "하나님의 아들의 음성을 듣는 자는 살아나리라"는 말씀과 "마지막 나팔에 순식간에 홀연히 다 변화하리니"(고전 15:51)라는 말씀은 같은 맥락의 말씀이다.

무덤 속에 있는 죽은 자들을 살려낼 수 있는 나팔 소리를 낼 수 있는 하나님 아들은 누구를 말하는 것인가? 마지막 때 의인의 부활에 참여할 수 있는 대상들을 살려낼 수 있는 분을 말한다. 그 나팔소리를 듣고 살아나야 될 사람들이 있기 때문에 나팔의 의미가 커지는 것이다.

> 살전 4:16-17 주께서 호령과 천사장의 소리와 하나님의 나팔로 친히 하늘로 좇아 강림하시리니 그리스도 안에서 죽은 자들이 먼저 일어나고 그 후에 우리 살아남은 자도 저희와 함께 구름 속으로 끌어 올려 공중에서 주를 영접하게 하시리니 그리하여 우리가 항상 주와 함께 있으리라

나팔 소리는 하나님의 임재를 의미한다. 그리스도께서 공중재림하실 때에도 천사장의 나팔소리와 함께 강림하신다. 여기서 천사장의 나팔소리가 가진 의미는 이렇게 설명할 수 있다. 이 땅에서 마지막 일곱째 천사의 나팔을 분 사람이 주님께서 공중재림하실 때 그가 동일한 그 나팔을 불어서 재림하시는 주님의 영광을 이 세상에 선포하는 것이다. 여기에는 그런 비밀이 들어있는 것이다.

이 땅에서 일곱째 천사가 나팔을 부는 것은 이 땅의 주의 영광을 나타내기 위해서 부는 것이다. 그런 관계적인 입장으로 믿음·순종·행함을 가졌던 사람이 다시 재림의 역사 속에서도 동일한 말씀으로 쓰임을 받는다. 동일한 사람들이 그 역사의 세계를 완성하는 나팔을 부는 자가 되는 것이다.

> 계 1:10 주의 날에 내가 성령에 감동하여 내 뒤에서 나는 나팔 소리 같은 큰 음성을 들으니

> 계 4:1 이 일 후에 내가 보니 하늘에 열린 문이 있는데 내가 들은 바 처음에 내게 말하던 나팔소리 같은 그 음성이 가로되 이리로 올라오라 이후에 마땅히 될 일을 내가 네게 보이리라 하시더라

위 구절에서 이 나팔 소리는 재림주의 음성을 상징적으로 나타낸 것이다. 그 이유가 무엇인가? 요한계시록 1장의 역사는 재림주가 이루시는 역사의 내용이다. 따라서 재림주께서 친히 말씀하시는 말씀의 음성을 나팔로 비유해서 상징적으로 나타낸 것이다.

결론으로 정리하던, 일곱이라는 수는 땅의 4수와 하늘의 3수로 이루어진 영적 완전수를 말한다. 그 일곱째 천사가 나팔을 부는 그 나팔 소리에 의해서 구속사의 세계를 완성할 수가 있는 것이다. 그만큼 그 나팔 소리 속에 들어있는 경륜의 비밀이 너무도 놀랍고 두렵고 떨리는 산 자의 하나님의 능력의 말씀이라는 것이다.

후 3년 반, 자기 때에 등장하는 666이라는 세 짐승도 그 나팔 소리 앞에는 절대 견딜 수가 없다. 그 나팔 소리는 영적으로 완전한 나팔 소리이기 때문이다. 왜 일곱째 천사의 나팔 소리가 영적으로 완전한 나팔 소리인가? 그 나팔은 재림주의 음성이며, 재림주의 말씀이시기 때문에 붉은 용이 아무리 큰 권세를 가졌다고 하더라도 재림주를 이길 수는 없는 것이다.

그 이유가 무엇인가? 재림주는 해를 입은 여인이 이 땅에서 사망 권세를 깨시고 승리한 존재이다. 따라서 재림주는 완전한 인자로서 역사하지만, 붉은 용은 영적 차원의 존재이다. 세상 말에도 한 치 건너 두 치라는 말이 있다. 해를 입은 여인은 완전한 인자로 친히 역사하지만, 붉은 용은 이 땅에서 이긴 자로서 인자가 된 존재가 아니기 때문에 간접적으로 다른 사람을 통해 역사하게 된다. 붉은 용은 자기에게 소속된 씨를 통해서 역사해야 하기 때문에 해를 입은 여인의 권세와 능력과는 큰 차이가 있다. 따라서 붉은 용은 절대 해를 입은 여인을 이길 수 없는 것이다.

그렇기 때문에 우리는 마지막 일곱째 천사의 나팔소리에 귀를 기울여야 하는 것이다. "하나님의 말씀을 받을 때에 사람의 말로 아니하고 하나님의 말씀으로 받음이니"(살전 2:13)라고 하신 말씀처럼, 그 나팔 소리는 때의 주인의 음성이기에 그 말씀을 하나님의 말씀으로 믿고 들어야 한다.

    결론으로 정리하면 나팔 소리와 같은 큰 음성이 무엇인가? 하늘이 택한 자에게 주시는 마지막 메시지인 작은 책, 다시복음이다. 그 말씀을 하나님이 주시는 영생의 말씀으로 믿고 영접해야 한다는 것이다.

2. 나팔 소리의 내용은 무엇인가?

    일곱째 천사가 부는 나팔소리의 내용에는 일곱 인·일곱 나팔·일곱 대접의 역사가 들어있다. 표면적으로는 일곱 인·일곱 나팔·일곱 대접의 역사를 볼 때, 일곱 인이 다 떼어지고 나면, 천사들이 일곱 나팔을 불고, 일곱 나팔을 다 불면 일곱 대접이 쏟아지는 것처럼 기록되어 있다. 그러나 내용을 자세히 살펴보면 첫째 인이 떼어지면 첫째 나팔이 불려지고, 첫째 나팔이 불려지면 첫째 대접이 쏟아지는 것이다.

    계 6:1-8 내가 보매 어린 양이 일곱 인 중에 하나를 떼시는 그 때에 내가 들으니 네 생물 중에 하나가 우뢰소리 같이 말하되 오라 하기로 내가 이에 보니 흰 말이 있는데 그 탄 자가 활을 가졌고 면류관을 받고 나가서 이기고 또 이기려고 하더라 둘째 인을 떼실 때에 내가 들으니 둘째 생물이 말하되 오라 하더니 이에 붉은 다른 말이 나오더라 그 탄 자가 허락을 받아 땅에서 화평을 제하여 버리며 서로 죽이게 하고 또 큰 칼을 받았더라 세째 인을 떼실 때에 내가 들으니 세째 생물이 말하되 오라 하기로 내가 보니 검은 말이 나오는데 그 탄 자가 손에 저울을 가졌더라 내가 네 생물 사이로서 나는 듯하는 음성을 들으니 가로되 한 데나리온에 밀 한 되요 한 데나리온에 보리 석 되로다 또 감람유와 포도주는 해치 말라 하더라 네째 인을 떼실 때에 내가 네째 생물의 음성을 들으니 가로되 오라 하기로 내가 보매 청황색 말이 나오는데 그 탄 자의 이름은 사망이니 음부가 그 뒤를 따르더라 저희가 땅 사분 일의 권세를 얻어 검과 흉년과 사망과 땅의 짐승으로써 죽이더라

네 생물 중 첫째 생물이 "오라!"는 우레를 발함으로 흰 말이 등장하고, 둘째 생물이 "오라!"는 우레를 발함으로 붉은 말이 등장하고, 셋째 생물이 "오라!"는 우레를 발함으로 검은 말이 등장하고, 넷째 생물이 "오라!"는 우레를 발함으로 청황색 말이 등장한다. 어린 양이 하나님을 대신하여 인을 떼어줌으로 네 생물이 나팔을 불 수 있는 것이다.

그 후에 넷째 인이 떼어지고 넷째 천사가 나팔을 불 때에 공중에 날아가는 독수리가 큰 소리로 땅에 거하는 자들에게 화, 화, 화가 있을 것이라고 예언하게 된다.

계 8:13 내가 또 보고 들으니 공중에 날아가는 독수리가 큰 소리로 이르되 땅에 거하는 자들에게 화, 화, 화가 있으리로다 이 외에도 세 천사의 불 나팔소리를 인함이로다 하더라

그렇다면 재림 마당에 임할 세 화의 내용은 무엇인가?

계 9:1-12 다섯째 천사가 나팔을 불매 내가 보니 하늘에서 땅에 떨어진 별 하나가 있는데 저가 무저갱의 열쇠를 받았더라 저가 무저갱을 여니 그 구멍에서 큰 풀무의 연기 같은 연기가 올라오매 해와 공기가 그 구멍의 연기로 인하여 어두워지며 -(중략)- 저희에게 임금이 있으니 무저갱의 사자라 히브리 음으로 이름은 아바돈이요 헬라 음으로 이름은 아볼루온이더라 첫째 화는 지나갔으나 보라 아직도 이 후에 화 둘이 이르리로다

첫째 화의 내용은 무엇인가?

이 세 번의 화는 분명히 땅에 거하는 자들에게 쏟아지는 화라고 했다(계 8:13). 위 구절은 세 번의 화 중에서 첫째 화의 사건의 내용이다. 첫째 화는 다섯 번째 천사가 나팔을 불면서 이루어진다. 다섯째 인이 떼어지고 다섯째 나팔이 불리고 다섯째 대접이 쏟아지는 사건이 첫째 화의 내용이 되는 것이다.

첫째 화는 무저갱으로부터 올라오는 황충이 중심이 되어 일으키는 화를 말한다. 황충이 스스로 올라오는 것이 아니라, 하늘에서 땅으로 떨어진 별이 무저갱을 열므로 황충이 올라온다. 그런데 무저갱 열쇠를 받은 천사가 무저갱을 열어서 일부러 황충을 나오게 한다. 그리고 그로 하여금 "다섯 달 동안 나무 같은 것들은 해하지 말고 이마에 하나님의 인을 받지 아니한 인간들만 해하라"고 지시한다. 그러나 죽이지는 말고 다섯 달 동안 괴롭게 하라는

말씀이다.

> 계 9:3-5 또 황충이 연기 가운데로부터 땅 위에 나오매 저희가 땅에 있는 전갈의 권세와 같은 권세를 받았더라 저희에게 이르시되 땅의 풀이나 푸른 것이나 각종 수목은 해하지 말고 오직 이마에 하나님의 인 맞지 아니한 사람들만 해하라 하시더라 그러나 그들을 죽이지는 못하게 하시고 다섯 달 동안 괴롭게만 하게 하시는데 그 괴롭게 함은 전갈이 사람을 쏠 때에 괴롭게 함과 같더라

하나님의 천사가 무저갱을 열고 황충을 불러내서 하나님의 인 맞지 않은 자들을 다섯 달 동안 괴롭게 하는 이유가 무엇인가?

> 계 7:2-3 또 보매 다른 천사가 살아계신 하나님의 인을 가지고 해 돋는 데로부터 올라와서 땅과 바다를 해롭게 할 권세를 얻은 네 천사를 향하여 큰 소리로 외쳐 가로되 우리가 우리 하나님의 종들의 이마에 인치기까지 땅이나 바다나 나무나 해하지 말라 하더라

그들은 하나님의 인을 가진 천사가 144,000명을 인치는 과정에서 제외된 자들이다. 천국이 이루어지는 곳에서 인침을 받지 못했다는 것은 그들의 본질이 하나님의 백성이 아닌 섞인 무리라는 것을 알 수 있다. 그들은 하나님의 뜻과 상관없는 아바돈, 아볼루온(뜻: 파괴자)에게 소속된 자들이다(계 9:11). 그들을 죽이지는 않고 다섯 달 동안 괴롭히는 이유는 인 맞은 자와 인 맞지 않은 자를 구별하기 위해서이다. 이는 마치 가라지를 베어 단으로 묶는 것과 같은 입장이라고 말할 수 있다.

둘째 화의 내용은 무엇인가?

둘째 화는 여섯째 인이 떼어지고 여섯째 나팔이 불려지고 여섯째 대접이 쏟아지는 사건이다. 둘째 화의 내용은 해를 입은 여인이 이 땅의 주로서 이 땅에서 펼치는 두 감람나무 사건의 내용이다.

> 계 9:12-13 첫째 화는 지나갔으나 보라 아직도 이후에 화 둘이 이르리로다 여섯째 천사가 나팔을 불매 내가 들으니 하나님 앞 금단 네 뿔에서 한 음성이 나서

> 계 11:14 둘째 화는 지나갔으나 보라 세째 화가 속히 이르는도다

첫째 화 이후에 등장하는 둘째 화는 두 감람나무의 사건이 중심을 이루고 있다. 재림 마당에서 해를 입은 여인이 산 자의 신랑으로서 자신의 신부를 탄생시키는 역사이다. 생령으로 완성되지 못한 아담은 스스로 자신의 갈비뼈로 신부를 만들지 못했지만, 해를 입은 여인은 태초의 말씀을 가진 산 자이기에 스스로 자신의 갈비뼈로 산 자의 신부를 탄생시킬 수 있다. 두 감람나무 역사를 위해 준비된 두 제물이 산비둘기와 집비둘기 새끼이다. 이 땅의 주께서 영적인 두 제물을 실질적인 제물로 전환하여 역사하는 과정에서 이루어지는 모든 환난과 어려움이 둘째 화의 내용이다.

> 계 11:1-2 또 내게 지팡이 같은 갈대를 주며 말하기를 일어나서 하나님의 성전과 제단과 그 안에서 경배하는 자들을 척량하되 성전 밖 마

당은 척량하지 말고 그냥 두라 이것을 이방인에게 주었은즉 저희가 거룩한 성을 마흔두 달 동안 짓밟으리라

두 감람나무가 갈대자를 가지고 성전 안을 척량하는 이유가 무엇인가? 의인 중에 숨어있는 악인을 골라내기 위해서이다(마 13:49).

성경에는 마지막 악인들을 골라내는 역사의 검을 가진 사람이 있었다. "아람 왕 하사엘의 칼을 피하는 자를 예후가 죽일 것이요, 예후의 칼을 피하는 자를 엘리사가 죽이리라"(왕상 19:17)고 했다. 그 말의 의미는 설령 하사엘과 예후의 칼을 피했다 할지라도 엘리사의 칼은 어느 누구도 피할 도리가 없다는 것이다. 한 마디로 엘리사가 심판의 마지막 단계이며, 마지막으로 통과해야 할 어려운 관문이라는 것이다.

영적으로 말하면 하사엘의 칼이 첫 번째 화가 되고, 예후의 칼이 두 번째 화가 된다. 그 예후의 칼에 이세벨이 죽었다. 이세벨을 죽인 예후에게 기름 부은 사람이 다름 아닌 엘리사이다. 즉 엘리사가 예후를 통해서 이세벨을 죽이게 한 사람이라는 것이다.

그것처럼 둘째 화 안에서 중간계시의 모든 역사가 마감되는 것이다. 이 땅의 주에 의해서 이루어질 중간계시는 둘째 화로써 끝이 나는 것이다.

계 12:7-9 하늘에 전쟁이 있으니 미가엘과 그의 사자들이 용으로 더불어 싸울쌔 용과 그의 사자들도 싸우나 이기지 못하여 다시 하늘에서 저희의 있을 곳을 얻지 못한지라 큰 용이 내어 쫓기니 옛 뱀 곧 마귀라고도 하고 사단이라고도 하는 온 천하를 꾀는 자라 땅으로 내어 쫓기니 그의 사자들도 저와 함께 내어 쫓기니라

철장 권세를 가진 아이가 하늘 보좌로 올라가자마자 하늘의 전쟁을 일으킨다. 그때까지 미가엘 천사장은 하늘에서 영적인 신령한 존재로 있었다. 그는 인자로서 이 땅에서 사망 권세를 깨고 부활의 능력으로써 영육 간의 산 자가 된 존재가 아니라, 신령한 영적인 존재이기 때문에 하늘을 통일시킬 수 있는 그리스도의 때에 찬 경륜을 가지고 있지 못한 존재이다. 그렇기 때문에 그가 이 땅에 두 감람나무라는 인자로 와서 구속사의 과정을 통해 영육 간에 산 자로 탄생해야만 한다. 하나님의 목적은 아브라함의 후손을 통해서 이 땅에서 산 자의 세계를 이룩하시는 것이 창조원리의 세계이며, 구속사의 세계이다(히 2:16).

이처럼 해를 입은 여인이 철장의 권세를 가진 아이를 낳아 하늘보좌로 올리는 그 역사가 두 감람나무 사건이다. 그 사건의 전모가 이루어지는 과정에서 무저갱에서 올라오는 짐승이 두 감람나무를 죽이는 것이(계 11:7) 둘째 화의 내용 중 하나이다.

셋째 화의 내용은 무엇인가?

셋째 화는 일곱째 인이 떼어지고 일곱째 나팔이 불려지고 일곱째 대접이 쏟아지는 사건이다. 셋째 화는 이미 공개되어 있는 화로서, 성전 밖 마당을 척량하는 역사이다(계 11:2). 둘째 화는 두 감람나무라는 하나님의 사람이 성전 안을 척량하였지만, 셋째 화는 666이라는 세 짐승으로 인해 제 밭 안에 있었던 자들과 성전 바깥마당에 있는 사람들이 모두 환난을 받는다.

> 계 11:14-15 둘째 화는 지나갔으나 보라 세째 화가 속히 이르는도다 일곱째 천사가 나팔을 불매 하늘에 큰 음성들이 나서 가로되 세상 나라가 우리 주와 그 그리스도의 나라가 되어 그가 세세토록 왕노릇 하시리로다 하니

둘째 화의 중심이 되는 두 감람나무의 사건이 지나고, 이제 셋째 화 하나만 남았다. 그런데 문제는 셋째 화가 끝나고 나서 재림주가 오시면 창세 이후 전무후무한 환난 속에서 택한 자라도 살아남을 수가 없다는 것이다. 그렇기 때문에 그날과 그때를 감해주지 않으면 견딜 자가 없다(마 24:22). 그날과 그때를 감해주시려면 셋째 화가 이르기 전에 재림주가 오셔야 한다. 그래서 재림주는 도둑같이 오실 수밖에 없다. 즉 누구나 알 수 있게 오시는 것이 아니다.

> 계 16:15 보라 내가 도적 같이 오리니 누구든지 깨어 자기 옷을 지켜 벌거벗고 다니지 아-니하며 자기의 부끄러움을 보이지 아니하는 자가 복이 있도다

그렇다면 당연히 어둠의 권세의 입장에서는 "재림주께서 오시려면 셋째 화가 끝나고 오셔야지, 의롭고 참되시고 거룩하신 분이 왜 그런 원칙을 무시하고 역사하시는 겁니까?"라고 항의할 것이다.

그러나 이미 성경에서는 그날과 그때를 감해주는 역사가 있었다. 법원에서도 판단하기 애매한 사건의 경우에는 판례를 따라 결정한다. 하나님께서도 그날과 그때를 감해준 역사가 있었기에 그

판례대로 역사하시는 것이다. 성경에 기록된 그 역사가 무엇인가?

> 민 33:3 그들이 정월 십오일에 라암셋에서 발행하였으니 곧 유월절 다음 날이라 이스라엘 자손이 애굽 모든 사람의 목전에서 큰 권능으로 나왔으니

> 수 4:19 정월 십일에 백성이 요단에서 올라와서 여리고 동편 지경 길갈에 진 치매

이스라엘 백성들이 출애굽하여 젖과 꿀이 흐르는 가나안으로 향할 때, 유월절 다음 날인 정월 15일에 광야길을 출발하여 만 40년째 되는 해 정월 10일에 가나안 땅 길갈에 진을 쳤다. 이스라엘 백성들이 만 40년에서 5일을 먼저 들어간 것이다.

성경에서는 일 년이 360일이다. 360일을 40년으로 계산하면 얼마나 많은 날짜가 있는가? 표면적으로 40년에서 5일을 감해준다는 것은 극히 일부에 지나지 않는다. 그렇다면 "하나님께서 이스라엘 백성들을 더 체계적이고 조직적으로 강하게 진두지휘해서 인도하셨다면 더 많은 시간을 감해줄 수도 있었는데 왜 5일밖에 감해주시지 않았는가? 감해주실 바에는 더 많은 날들을 감해주시면 안 되는 것인가?"라는 문제를 제기할 수 있을 것이다.

그러나 5일은 참 중요한 의미를 갖고 있다. 그 5일은 표면적인 5일이 아니라 영적인 5일을 말하는 것이다.

> 계 2:10 네가 장차 받을 고난을 두려워 말라 볼찌어다 마귀가 장차 너희 가

운데서 몇 사람을 옥에 던져 시험을 받게 하리니 너희가 십 일 동안 환난을 받으리라 네가 죽도록 충성하라 그리하면 내가 생명의 면류관을 네게 주리라

계 3:10 네가 나의 인내의 말씀을 지켰은즉 내가 또한 너를 지키어 시험의 때를 면하게 하리니 이는 장차 온 세상에 임하여 땅에 거하는 자들을 시험할 때라

성령이 일곱 교회에게 하신 말씀 가운데 빌라델비아 교회에게 시험의 때를 면하게 해주신다는 말씀이다. 그 환난은 10일 동안의 환난이다. 10은 세상사에 속한 최대수이다. 다시 말하면 10일 동안 환난을 받으면 아무도 그 환난에서 살아남을 자가 없기에 거기에서 5일을 감해주신다는 것이다. 따라서 5일을 감해준다는 것은 40년 중에서 5일을 감해준다는 것이 아니라, 10일의 환난에서 5일을 감해준다는 의미가 된다.

단 12:11-12 매일 드리는 제사를 폐하며 멸망케 할 미운 물건을 세울 때부터 일천이백구십 일을 지낼 것이요 기다려서 일천삼백삼십오 일까지 이르는 그 사람은 복이 있으리라

위 구절에서 1290일에서 기다려 1335일을 기다리는 자, 즉 45일을 기다리는 자가 복이 있다는 것이다.

왜 45일을 기다리는 자 복이 있다고 했는가? 오순절 날 50일째 되는 날 마가 다락방에 성령이 임하여 여러 나라의 말로 각종 방언을 하는 등 성령의 능력이 나타났다(행 2:1-4). 즉 노아 방

주의 광이 50규빗이라는 것은 성령의 능력을 나타낸 것이다(창 6:15).

　재림주께서도 본래는 50일 만에 오셔야 하는데, 5일을 단축해서 45일 만에 오시기 때문에 45일을 기다리는 자가 복이 있다는 것이다. 따라서 환난도 5일을 감해주시고, 오시는 날도 5일을 감해주시는 것이다. 이처럼 5일의 영적인 의미를 자기 자녀들에게 새겨주기 위해서 하나님께서 의도적으로 주도면밀한 계획으로 이스라엘 백성들의 40년 광야길을 5일 단축시켜주셨다. 그 5일 속에 영적인 5일의 의미를 감추신 것이다.

> 계 16:12-15 또 여섯째가 그 대접을 큰 강 유브라데에 쏟으매 강물이 말라서 동방에서 오는 왕들의 길이 예비되더라 또 내가 보매 개구리 같은 세 더러운 영이 용의 입과 짐승의 입과 거짓 선지자의 입에서 나오니 저희는 귀신의 영이라 이적을 행하여 온 천하 임금들에게 가서 하나님 곧 전능하신 이의 큰 날에 전쟁을 위하여 그들을 모으더라 보라 내가 도적같이 오리니 누구든지 깨어 자기 옷을 지켜 벌거벗고 다니지 아니하며 자기의 부끄러움을 보이지 아니하는 자가 복이 있도다

　그렇기 때문에 여섯째 인을 떼고 나서 도둑 같이 오시는 것이다. 일곱째 인이 떼어져야 일곱째 나팔을 불고, 일곱째 나팔을 불어야 일곱째 대접이 쏟아진다. 그런데 요한계시록 16:12-15에 보면 여섯째 인을 떼고 나서 일곱째 대접을 쏟기 전에 도둑 같이 오신다고 기록되어있다.

　여섯째 인을 떼고 나서 여섯째 대접을 쏟으니 유브라데 강이

마르고 동방에서 오는 세 왕의 길이 예비된다. 그들에 의해서 아마겟돈 전쟁이 일어나는데, 그 전쟁이 끝나고 재림주가 오시면 하나님의 자녀들이라도 살아남을 자가 없다. 그러니까 아마겟돈 전쟁이 일어나기 전에 오신다는 것이다.

아마겟돈 전쟁을 주관하는 세 왕은 누구인가? 666의 세 짐승들이 아마겟돈 전쟁을 주관하는 자들이다. 노골적으로 표현하면 "우리도 어차피 끝장나는 판인데 우리만 죽으면 억울하니 너도 같이 죽자"는 식으로 이판사판이 되는 것이다. "구원받을 수 있는 구원의 후사들을 싹 죽여 버리자"고 세 왕이 마음과 뜻을 모아서 그들 나름대로 인류를 파멸시키고자 마지막 전쟁을 일으키는 것이다.

그렇기 때문에 재림주 멜기세덱께서 아마겟돈 전쟁이 일어나기 전에 자기 자녀들을 구원하러 오시는 것이다. 그때까지 살아있는 하나님의 자녀도 있겠지만 이미 순교를 당해서 잠들어 있는 자들도 있을 것이다. 그분이 오셔서 그 때까지 살아남은 자들은 영육 간에 산 자로 변화시켜주시고, 순교로 잠이 든 사람들은 그들 각자의 이름을 불러주시고 영육 간의 산 자로 살려내신다.

> 요 5:25 진실로 진실로 너희에게 이르노니 죽은 자들이 하나님의 아들의 음성을 들을 때가 오나니 곧 이때라 듣는 자는 살아나리라

마치 예수께서 죽은지 나흘이 지난 나사로를 친히 불러내시어 부활시켜 주시는 것처럼(요 11:43-44), 재림주 멜기세덱의 영광을 입으신 분이 첫째 부활로 구원받을 자격자들에게 개별적으로 이름을 불러주심으로, 영육 간의 산 자로 부활한 자들이 재림주

멜기세덱의 영광에 함께 동참하는 것이다.

그렇게 오시는 분이 있기에 "신령한 왕벌을 구하라"고 했다. 성경에는 왕벌에 대한 내용이 세 번 등장한다(출 23:28, 신 7:20, 수 24:12). 구약 마당에서 가나안 7족속 중에 가장 막강한 권세와 능력과 힘을 가진 아모리 족속과 헷 족속의 두 왕을 왕벌이 죽인 전적이 있다. 재림 마당에서도 하나님의 성전에 앉아 자기를 가리켜 하나님이라고 하는 음녀를 하나님 입의 기운으로, 즉 말씀의 기운으로 죽이신다고 했다(살후 2:8).

이처럼 일곱째 대접이 쏟아지기 전에 하나님께서 신령한 왕벌로서 자기 백성을 구할 자를 보내주시는 것이다. 그들을 제외한 나머지 사람들은 666이라는 세 짐승에 의해 무참히 짓밟히고 만다.

III
일반계시 속에 들어있는 중간계시의 역사

1. 일반계시와 중간계시의 차이점은 무엇인가?

성경에는 일반계시와 중간계시가 등장한다. 그런데 일반계시 속에 중간계시가 삽입되어 있기에 표면적으로만 보면 두 가지 종류의 계시가 있다는 것을 구별하기가 쉽지 않다.

그렇다면 일반계시와 중간계시의 차이점은 무엇인가?

일반계시는 무엇인가?

계 14:6 또 보니 다른 천사가 공중에 날아가는데 땅에 거하는 자들 곧 여러 나라와 족속과 방언과 백성에게 전할 영원한 복음을 가졌더라

위 구절에는 영원한 복음이 나온다. 영원한 복음은 처음부터 존재했던 복음, 처음부터 존재했던 종말론적인 계시라는 뜻이다. 그 영원한 복음이 일반계시를 말하는 것이다. 따라서 일반계시란 처음부터 준비되어 시작과 끝을 통해서 이루고자 하는 계시를 말

한다.

마 24:15-21 그러므로 너희가 선지자 다니엘의 말한바 멸망의 가증한 것이 거룩한 곳에 선 것을 보거든 (읽는 자는 깨달을찐저) 그때에 유대에 있는 자들은 산으로 도망할찌어다 지붕 위에 있는 자는 집안에 있는 물건을 가질러 내려가지 말며 밭에 있는 자는 겉옷을 가질러 뒤로 돌이키지 말찌어다 그날에는 아이 밴 자들과 젖먹이는 자들에게 화가 있으리로다 너희의 도망하는 일이 겨울에나 안식일에 되지 않도록 기도하라 이는 그때에 큰 환난이 있겠음이라 창세로부터 지금까지 이런 환난이 없었고 후에도 없으리라

막 13:24-27 그때에 그 환난 후 해가 어두워지며 달이 빛을 내지 아니하며 별들이 하늘에서 떨어지며 하늘에 있는 권능들이 흔들리리라 그때에 인자가 구름을 타고 큰 권능과 영광으로 오는 것을 사람들이 보리라 또 그때에 저가 천사들을 보내어 자기 택하신 자들을 땅 끝으로부터 하늘 끝까지 사방에서 모으리라

눅 21:29-35 이에 비유로 이르시되 무화과나무와 모든 나무를 보라 싹이 나면 너희가 보고 여름이 가까운 줄을 자연히 아나니 이와 같이 너희가 이런 일이 나는 것을 보거든 하나님의 나라가 가까운 줄을 알라 내가 진실로 너희에게 말하노니 이 세대가 지나가기 전에 모든 일이 다 이루리라 천지는 없어지겠으나 내 말은 없어지지 아니하리라 너희는 스스로 조심하라 그렇지 않으면 방탕함과 술 취함과 생활의 염려로 마음이 둔하여지고

> 뜻밖에 그날이 덫과 같이 너희에게 임하리라 이날은 온 지구 상에 거하는 모든 사람에게 임하리라

예수께서 친히 종말에 대해 말씀하신 내용들이다. 예수께서 친히 말씀하셨다는 것은 처음부터 존재했던 계시라는 것이다. 마태복음 24장, 마가복음 13장, 누가복음 17:23-37, 21장이 일반 계시의 내용이다. 그 말씀의 대부분은 장차 지구 땅에 임할 창세 이후 전무후무한 환난의 내용이다. 하나님의 구속사역이 완성됨으로 믿지 않은 자들이 받게 되는 심판과 멸망, 대환난의 사건이다. 하나님께서는 이 땅에서 계획하신 인류 구속사역이 다 마쳐지면 미련없이 이 땅을 던지신다.

지구는 영원한 물질이 아니다. 지구는 피조물이기 때문에 마지막 때 세 갈래로 꺼어지게 되어 있다(계 16:19). "천지가 없어지기 전에는 율법의 일점일획이라도 반드시 없어지지 아니하고 다 이루리라"(마 5:18)고 하셨다. 설사 지구가 세 갈래로 깨어진다 할지라도 지구가 존재하는 동안 전해진 하나님의 말씀은 영원히 존재한다는 의미에서 영원한 복음(계 14:6)이라고 하는 것이다.

"그 때에 사람이 너희에게 말하되 보라 그리스도가 여기 있다 혹 저기 있다 하여도 곧지 말라"(마 24:23)고 하셨고, "보라 그리스도가 광야에 있다 하여도 나가지 말고 보라 골방에 있다 하여도 믿지 말라"(마 24:26)고 하셨다. 장차 종말론을 통해 많은 거짓 선지자들이 일어나 하나님의 백성들을 혹세무민(惑世誣民)하는 역사가 일어날 것을 바라보시며 경고하신 내용이다.

중간계시, 다시복음의 내용은 무엇인가?

왜 중간계시, 다시복음이 필요한 것인가? 성경에 기록된 일반계시의 내용만을 가지고는 하나님의 택한 백성들을 구원해 낼 수 없다. 예수께서 "그 날들을 감하지 아니할 것이면 모든 육체가 구원을 얻지 못할 것이나 그러나 택하신 자들을 위하여 그 날들을 감하시리라"(마 24:22)고 하셨다. 장차 올 창세 이후 전무후무한 환난에서 택한 백성들을 구원하기 위해 세우신 방편이 무엇인가?

하나님께서 마지막 때 택한 백성을 구원하시기 위해서는 죄악으로 점점 무섭게 어두워지고 있는 어둠의 권세 속에서 싸워 이길 수 있는 비장의 무기를 주셔야 한다. 그 비장의 무기는 어둠의 권세가 이미 알고 있는 말씀이 아니라, 지금까지 한 번도 공개되지 않은 비상하는 말씀이어야 한다. 그 말씀을 통하여 때에 맞는 빛의 옷을 입게 해 주시고, 때에 맞는 말씀의 권세와 능력을 입게 해 주시고, 때에 맞는 영의 양식을 먹게 해 주셔야만 그들이 장차 올 창세 이후 전무후무한 환란 속에서 싸워 이길 수 있는 것이다. 이런 역사는 일반계시 속에서 막연하게 진행되는 것이 아니라 일반계시의 역사가 진행되는 가운데 중간계시를 통해서 놀라운 다시복음의 역사를 행하신다는 것이다.

> 계 10:11 저가 내게 말하기를 네가 많은 백성과 나라와 방언과 임금에게 다시 예언하여야 하리라 하더라

하늘에서 내려오는 힘센 천사가 사도 요한에게 작은 책을 먹게 하고 나서 "네가 많은 백성과 나라와 방언과 임금에게 다시 예

언하여야 하리라"고 했다. 왜 다시복음이라고 표현하는 것인가? 이미 하나님의 종들을 통해 예언된 복음의 터에서 함께 이루어지는 복음이기 때문이다. 다시복음은 하나님께서 자기 자녀들을 구원하시기 위해 일반계시 속에 특별하고 은밀하게 끼워 넣은 삽입된 계시라는 뜻이다. 그것을 가리켜 중간계시라 한다. 중간계시란 처음부터 계획된 계시가 아니라, 마지막 때를 위하여 다시 새롭게 준비된 계시를 말하는 것이다.

그렇다고 해서 중간계시가 일반계시와 처음부터 같이 시작해서 같이 마쳐지는 것이 아니다. 일반계시 속에 중간계시의 시작과 끝이 있는 것이다. 일곱째 천사가 나팔을 불게 될 때에 중간계시의 내용이 다 이루어진다는 것이다.

> 계 10:7 일곱째 천사가 소리 내는 날 그 나팔을 불게 될 때에 하나님의 비밀이 그 종 선지자들에게 전하신 복음과 같이 이루리라

여기서 '그 종 선지자들'이란 누구인가? 예수께서 세상 끝에 오신 것처럼 재림 마당에서도 세상 끝에 등장하는 마지막 선지자들을 말한다. 또 여기서 말하는 세상 끝은 빛이 역사할 수 있는 마지막 시간을 말한다. 즉 인류 구속사의 끝을 말하는 것이지, 세상 종말을 말하는 것이 아니다. 다시 말하면 일반계시 속에 등장하는 하나님의 종들이 아니라, 중간계시, 특별계시 속에 등장하는 하나님의 종들이 예언하는 말씀이 이루어진다는 것이다. 따라서 '그 종 선지자들'은 전 3년 반에 등장하는 하나님의 종들을 말한다. 전 3년 반의 주인공이신 '이 땅의 주 앞에 섰는 두 감람나무'(계 11:4)를 말한다.

구속사역을 이루는 과정을 살펴보면 각 시대마다 종말론의 때가 있었다. 구약의 마당에도 종말론의 때가 있고, 신약의 마당에도 종말론의 때가 있고, 재림의 마당에도 종말론의 때가 있다. 종말론의 때가 있다는 것은 시작과 끝이 정해진 역사의 과정이 있다는 것이다.

구약 마당의 마지막 선지자가 말라기 선지자이다. 이후 구약 마당에서 시대마다 역사하던 선지자의 시대는 400년 동안 끊어졌다. 다시 말하면 말라기 선지자 이후 예수님이 오시기까지 400년의 기간이 구약 마당의 종말론의 때였다.

> 단 2:32-33 그 우상의 머리는 정금이요 가슴과 팔들은 은이요 배와 넓적다리는 놋이요 그 종아리는 철이요 그 발은 얼마는 철이요 얼마는 진흙이었나이다

짐승이 주관하는 400년을 다니엘에게 큰 우상으로 보여주신 내용이다. 큰 신상의 머리는 정금이고, 팔과 가슴은 은이고, 배와 넓적다리는 놋이고, 그 다음 종아리와 발은 철과 진흙으로 되어 있다. 이 계시의 내용대로 바벨론, 메대 바사, 헬라, 로마라는 네 나라가 중심이 되어 역사되었다.

> 단 7:3-7 큰 짐승 넷이 바다에서 나왔는데 그 모양이 각각 다르니 첫째는 사자와 같은데 독수리의 날개가 있더니 내가 볼 사이에 그 날개가 뽑혔고 또 땅에서 들려서 사람처럼 두 발로 서게 함을 입었으며 또 사람의 마음을 받았으며 다른 짐승 곧 둘째는 곰과 같은데 그것이 몸 한편을 들었고 그 입의 잇사이에는 세 갈빗대가 물렸는

데 그에게 말하는 자가 있어 이르기를 일어나서 많은 고기를 먹으라 하였으며 그 후에 내가 또 본즉 다른 짐승 곧 표범과 같은 것이 있는데 그 등에는 새의 날개 넷이 있고 그 짐승에게 또 머리 넷이 있으며 또 권세를 받았으며 내가 밤 이상 가운데 그 다음에 본 네째 짐승은 무섭고 놀라우며 또 극히 강하며 또 큰 철 이가 있어서 먹고 부숴뜨리고 그 나머지를 발로 밟았으며 이 짐승은 전의 모든 짐승과 다르고 또 열 뿔이 있으므로

또 바다에서 올라오는 짐승으로 보여주셨다. 첫 번째 짐승은 사자, 두 번째는 세 갈빗대를 물고 있는 곰, 세 번째 짐승은 네 날개가 달린 표범, 네 번째 짐승의 이름은 나오지 않지만 가장 무섭다고 했다.

이 비유 역시 바벨론, 메대 바사, 헬라, 로마라는 나라가 차례로 등장해서 400년 동안 어둠의 권세를 가지고 짐승의 시대를 주관할 것을 보여주는 것이다.

말라기 선지자 이후 선지자들을 더 등장시키지 못하게 하고 400년 동안 어둠의 권세가 직접 주관하면서 이 땅에서 자기들의 나라를 세우려 역사한 과정이 구약 마당의 입장에서 본 종말론이라고 할 수 있다. 그 때에도 나름대로 창세 이후 전무후무한 환란이 있었다고도 말할 수 있다.

네 짐승이 역사하면서 아론의 반차를 통해 세운 대제사장들을 다 삼키고, 짐승들의 권세 아래 그들을 다 무릎 꿇게 만들었다. 네 짐승들이 하나님의 성전에 제우스 신을 모셔 놓고 오직 대제사장만이 일 년에 한 번밖에 들어갈 수 없는 지성소를 파괴하고, 자기

들의 신을 섬기는 제구(祭具)를 두는 곳으로 만들어버렸다. 다시 말하면 지구촌 안에서 가장 신성하고 거룩한 하나님 성전의 은밀한 처소를 짓밟고 그 위에다 우상을 모셔 놓고 돼지 피를 받아서 뿌려가며 자기들의 신에게 제사를 드렸다. 이것이 구약 마당에서 종말론적으로 이루어진 마지막 때 참상이었다.

신약 마당의 종말론은 무엇인가? 말씀이 육신이 되어 오신 예수님은 하나님이 사람으로 오신 분이다. 가나 혼인잔치에서도 마리아가 포도주가 떨어졌다고 하니까 예수께서 "여자여 나와 무슨 상관이 있나이까 내 때가 아직 이르지 못하였나이다"(요 2:4)라고 하셨다. 그 말의 의미 속에는 "아직 내 때가 이르지 않았는데, 당신이 감히 나에게 때를 범해가면서 하나님 아들로서의 능력을 나타내라고 말하는 것입니까?"라는 의미가 들어 있는 것이다. 과연 예수님이 말씀하신 '내 때'는 어느 때를 말하는 것인가?

분명히 예수님은 세상 끝에 오셨다고 했다. 예수님이 오셨다 승천하신지 2천 년이 지났는데 왜 예수님이 오신 그 당시를 가리켜 세상 끝이라고 하는가?

> 히 9:26 그리하면 그가 세상을 창조할 때부터 자주 고난을 받았어야 할 것이로되 이제 자기를 단번에 제사로 드려 죄를 없게 하시려고 세상 끝에 나타나셨느니라

그분이 자주 오시면 자주 고난을 받으셔야 하기 때문에 세상 끝에 오셨다는 것이다. 여기서 세상 끝이란 말은 본방 이스라엘 백성들을 통하여 이루고자 하시는 구속사의 세계를 이루시기 위

해서 그 때에 맞게 오셨다는 의미이다. 신약 마당의 종말론을 말씀한 것이다.

유월절 양으로 오신 예수님이 본방 이스라엘 백성뿐 아니라 지구촌 안에 있는 인간들의 모든 죄를 다 짊어지고 아사셀 양으로서 영문 밖에서 십자가에 달려 죽으셨다(히 13:12). 그것이 하나님 아버지께서 예수님에게 명하신 말씀이다. 그래서 겟세마네 동산에서 "할 수만 있으면 이 잔을 피하게 하여 주소서 그러나 내 원대로 마시옵고 아버지 뜻대로 하시옵소서"라는 동일한 기도를 세 번하셨다. 아버지께서 유월절 양으로 오신 예수님에게 유월절 양뿐만 아니라 아사셀 양의 사명까지 짊어지게 하셨다. 즉 아사셀 양으로서 마귀의 제물이 되라는 것이 "아버지의 원대로 하시옵소서"의 겟세마네 기도의 응답이었다.

그 결과 예수님이 인류의 죄를 다 짊어지셨기 때문에 하나님의 본체시요 영광이신데도 불구하고(히 1:3), 자기의 몸을 비우고 낮추어서(빌 2:7) 생축에 이르기까지 내려가 죽으셨다(엡 5:2). 그것이 신약 마당에서 일어나고 있는 창세 이후 전무후무한 환란이라고 할 수 있다. 피조물에 의해서 창조주가 십자가에 달리는 하극상이야말로 지구촌에서 일어난 창세 이후 전무후무한 환난이 아니겠는가? 자기를 낳아주신 부모를 죽여도 패륜아라는 손가락질을 받고 말세라고 혀를 차는데, 하물며 우주만물을 창조하시고 온 인류를 창조하신 창조주 하나님이 피조물들에 의해서 가장 참혹한 십자가 처형을 받으신 것은 창세 이후 가장 무서운 환난이었다.

구약 마당에도 그런 종말론의 때가 있었고 신약 마당에도 그런 종말론의 때가 있었다면 재림 마당에도 그런 때가 있다는 것이다.

구약 마당과 신약 마당에서는 붉은 용은 등장하지 않았다. 그러나 재림 마당에서는 붉은 용이 등장하여 바다의 짐승과 땅의 새끼 양과 함께 666이라는 세 짐승으로 역사하는데 그들은 실로 가공할만한 권세와 능력을 발휘한다(계 13:1-15). 하늘에서 불이 내려오게 하고, 짐승을 상대로 사람의 말로 대화를 하기도 하고, 죽은 사람까지도 살려낼 수 있다. 붉은 용이 그런 능력을 가진 존재이기에 한 번 꼬리를 휘두르면 하늘의 별 삼분의 일이 떨어진다(계 12:4). 하늘의 별이란 택한 백성인데 그들이 붉은 용의 권세에 떨어진다는 것이다. 그렇기 때문에 하나님께서 택한 자녀들에게 중간계시, 다시복음을 주시지 않으면 안 되는 것이다.

> 단 9:24-27 네 백성과 네 거룩한 성을 위하여 칠십 이레로 기한을 정하였나니 허물이 마치며 죄가 끝나며 죄악이 영속되며 영원한 의가 드러나며 이상과 예언이 응하며 또 지극히 거룩한 자가 기름부음을 받으리라 그러므로 너는 깨달아 알찌니라 예루살렘을 중건하라는 영이 날 때부터 기름부음을 받은 자 곧 왕이 일어나기까지 일곱 이레와 육십이 이레가 지날 것이요 그때 곤란한 동안에 성이 중건되어 거리와 해자가 이룰 것이며 육십이 이레 후에 기름부음을 받은 자가 끊어져 없어질 것이며 장차 한 왕의 백성이 와서 그 성읍과 성소를 훼파하려니와 그의 종말은 홍수에 엄몰됨 같을 것이며 또 끝까지 전쟁이 있으리니 황폐할 것이 작정되었느니라 그가 장차 많은 사람으로 더불어 한 이레 동안의 언약을 굳게 정하겠고 그가 그 이레의 절반에 제사와

예물을 금지할 것이며 또 잔포하여 미운 물건이 날개를 의지하여 설 것이며 또 이미 정한 종말까지 진노가 황폐케 하는 자에게 쏟아지리라 하였느니라

　인류 구속사역을 이루시는 전 과정을 70이레로 정하시고 구약 마당과 신약 마당을 통해 69이레를 이루셨다. 이제 재림 마당을 통해 남은 한 이레의 역사가 이루어지는 것이다.
　신학적으로는 재림 마당에서 이루어질 한 이레의 중간지점을 기준으로 전 3년 반과 후 3년 반으로 나누고 있다. 그러나 실제로 전 3년 반과 후 3년 반은 일곱 인·일곱 나팔·일곱 대접의 역사를 통해서 전 3년 반과 후 3년 반을 구별할 수 있다. 일곱 인·일곱 나팔·일곱 대접으로 이루어지는 역사, 다시복음으로 이루어지는 중간계시는 전 세계적으로 종말이 온다는 일반계시와는 전혀 다른 별개의 때를 말하고 있다. 일곱 인·일곱 나팔·일곱 대접으로써 산 자의 세계가 이루어지는 그 때의 시작과 끝을 종말론적인 입장이라고 표현하는 것이다. 성경에서 중간계시의 가장 핵심적인 내용은 요한계시록 10장부터 14장까지의 내용이라고 할 수 있다.

　그렇다면 요한계시록 10장부터 14장까지의 내용을 제외한 나머지 내용들은 중간계시인가, 일반계시인가?
　요한계시록은 사도 요한이 밧모섬에서 예수 그리스도의 계시 안에서 받은 내용이다(계 1:1). 요한계시록 1장부터 일곱 별을 가지고 일곱 촛대 사이를 거니시는 재림주께서 등장하여 역사하시는 내용의 세계가 펼쳐지고 있다.
　2장부터 3장까지는 성령이 아시아의 일곱 교회에게 전하는

말씀이다. 일곱 교회 중에서 두 번째 교회인 서머나 교회와 여섯 번째 교회인 빌라델비아 교회를 제외하고는 다 책망을 받은 내용이 기록되어 있다. 작은 책을 받지 않고는 책망하는 교회와 책망 받지 않는 교회를 구별하지 못한다.

4장에는 하늘 보좌의 구조가 기록되어 있고 네 생물이 등장한다.

5장에는 하나님 보좌에 앉으신 이의 오른 손에 책이 있는데 일곱 인으로 봉해있기에 아무도 그 책을 펴거나 보거나 할 자가 없어서 사도 요한이 크게 울자 장로 중에 하나가 말하되 "유대 지파의 사자 다윗의 뿌리에서 이긴 자가 그 책과 일곱 인을 떼시리라"고 했다. 그리고 어린 양이 그 책을 받음으로 네 생물과 장로들이 찬양과 경배를 드리는 내용이 기록되어 있다.

6장에는 네 생물이 하나님을 대신해서 일곱 인을 떼는 장면이 있고, 이어서 16장까지 일곱 인·일곱 나팔·일곱 대접의 역사가 진행된다.

7장에는 이스라엘 열두 지파에서 인 맞은 14만 4천인과 많은 족속과 방언과 나라 중에서 흰 옷을 입은 셀 수 없는 무리들이 등장한다.

8장은 반 시 동안의 역사가 등장하고, 9장까지 일곱 천사들이 나팔을 부는 내용과 함께 첫째 화의 내용이 소개되고 있다.

10장은 사도 요한이 하늘에서 내려오는 힘센 다른 천사로부터 작은 책을 갖다 먹는 내용이고, 11장은 "이 땅의 주앞에 섰는 두 감람나무와 두 촛대"(계 11:4)의 사건이며, 12장은 해를 입은 여인과 붉은 용의 두 이적이 나온다.

13장은 붉은 용이 바다의 짐승과 땅의 새끼 양과 함께 666이라는 세 짐승으로서 사람들을 미혹하여 이마와 손에 표를 받게 하는 사건이 기록되어 있다.

14장은 어린 양과 함께 시온산에 서서 새 노래를 부르는 14만 4천인이 등장하고, 영원한 복음을 가진 천사가 하나님의 심판을 예고하고 있다.

15장은 짐승의 수와 싸워 이긴 자들이 유리 바닷가에서 모세의 노래, 어린 양의 노래를 부르는 장면이 소개되고 있다.

16장에서는 일곱 대접이 쏟아지는데, 한 달란트나 되는 우박이 하늘에서 쏟아진다고 했다. 한 달란트는 무게가 약 34킬로그램이다. 그런 우박이 하늘에서 비 같이 쏟아진다면 어떻게 되겠는가? 게다가 높은 데서 떨어질수록 무게에는 가속도가 붙는다. 그런데 이 우박은 하늘의 지성소 문이 열리고 떨어지는 진노의 심판의 우박이기 때문에 대기권에 들어와도 마찰로 인하여 불에 타거나 녹는 우박이 아니다. 하늘에서 궁창의 문을 열고 만나를 비 같이 내리셨다는 말씀처럼(시 78:23-24) 하늘에서 우박이 쏟아지기에 그 충격은 이루 말할 수가 없다.

일곱 대접의 역사가 마쳐지면 요한계시록 17장부터 음녀가 심판 받는 사건이 등장한다. 그 다음에 요한계시록 19:11에 '이 한 검을 가진 백마와 탄 자'가 이 땅에 쫓겨 내려오는 붉은 용과 바다의 짐승과 땅의 새끼 양, 이 세 짐승을 다 잡아서 무저갱에 잠근다.

그리고 요한계시록 20장에는 첫째 부활, 의인의 부활로 구원받은 자들과 함께 천년왕국이 이루어진다. 그리고 천년왕국이 끝날 때 다시 잠시 동안 무저갱에 갇혔던 그들을 놓아준다. 끝으로 요한계시록 21장에서 하늘에서 내려오는 새 예루살렘 성을 소개하고 있다.

　이상의 사건들은 일반계시를 통해서 알 수 있는 내용들이 아니라 중간계시를 통해서만 알 수 있는 내용들이다. 요한계시록 19:11이하에 다리에 '만 왕의 왕, 만 주의 주'라고 쓰인 백마와 탄 자가 누구인지 일반계시로는 도저히 알 수가 없다.

　뿐만 아니라 세 짐승으로 역사하는 666의 정체와 실상이 무엇인지 일반계시의 내용으로는 도무지 알 길이 없다. 666이 등장하는 장소는 천국이 이루어지는 제 밭의 역사이기 때문이다. 세 짐승이 등장하는 곳에는 첫째, 해를 입은 여인이 있어야 한다. 해를 입은 여인이 누구인지 그의 실체를 알지 못하면, 그를 대적하는 붉은 용의 정체도 알 수 없고, 해를 입은 여인이 낳는 철장 권세를 가진 아이도 알 수 없다.

　따라서 요한계시록에 기록된 예언의 내용은 일반계시보다는 중간계시, 다시복음의 말씀이 더 집중되어 있다. 요한계시록의 내용의 세계가 이처럼 실타래처럼 엉켜있는 것은 이 땅의 주, 한 사람이 감람나무 역사와 포도나무 역사를 동시에 하고 있기 때문이다.

　요한계시록의 내용은 사도 요한이 밧모섬에서 받은 계시의 말씀이다. 따라서 사도 요한이 작은 책을 먹었다는 것은 요한계시록의 일부분을 받은 것이 아니라, 요한계시록 전체를 받은 것이라고 말할 수 있다. 그렇기 때문에 요한계시록은 받은 자가 아니면 알기 어려운 내용들로 이루어져 있다. 이처럼 누구나 쉽게 요한계시록을 알 수 없기에 대부분 요한계시록은 전혀 다루지 않거나, 혹세무민(惑世誣民)하는 많은 이단들이 요한계시록을 함부로 해석하며 성도들을 미혹하고 있다. 그런 입장에서 일반계시와 중간계시를 구별할 줄 아는 지혜를 가져야 한다.

70이레 중 마지막 한 이레의 역사가 이루어진다고 해서 세상이 완전히 끝나는 게 아니다. 한 이레가 이루어진다고 해도 일반계시로 이루어지는 종말론의 세계는 그대로 남아있다.

한 이레 속에서 산 자의 세계가 이루어진다는 말은 부활과 변화를 통해서 산 자의 세계가 이루어진다는 것이다. 그 부활은 첫째 부활을 말하는 것이다.

첫째 부활은 어떤 부활인가?

성도들의 부활에는 세 종류의 부활이 있다. 첫째 부활, 생명의 부활, 심판의 부활이다. 첫째 부활은 의인의 부활이라고 하는데 영육 간에 산 자가 되는 부활이며, 하나님의 아들이 개별적으로 불러주시는 부활이다(요 5:25, 11:43).

그러나 생명의 부활과 심판의 부활은 인류 구속사역이 다 마쳐진 후에 동시적으로 살아나는 부활이다(요 5:29, 행 24:15).

> 계 20:4-6 또 내가 보좌들을 보니 거기 앉은 자들이 있어 심판하는 권세를 받았더라 또 내가 보니 예수의 증거와 하나님의 말씀을 인하여 목 베임을 받은 자의 영혼들과 또 짐승과 그의 우상에게 경배하지도 아니하고 이마와 손에 그의 표를 받지도 아니한 자들이 살

아서 그리스도로 더불어 천 년 동안 왕노릇 하니 (그 나머지 죽은 자들은 그 천 년이 차기까지 살지 못하더라) 이는 첫째 부활이라 이 첫째 부활에 참예하는 자들은 복이 있고 거룩하도다 둘째 사망이 그들을 다스리는 권세가 없고 도리어 그들이 하나님과 그리스도의 제사장이 되어 천 년 동안 그리스도로 더불어 왕 노릇 하리라

요 5:29 선한 일을 행한 자는 생명의 부활로, 악한 일을 행한 자는 심판의 부활로 나오리라

첫째 부활을 받을 수 있는 자격은 예수의 증거와 하나님의 말씀을 인하여 순교를 당한 자들이고, 우상에게 경배하지 않고 끝까지 신앙의 정절과 순결을 지킨 자들이다. 그들이 마지막 때 부활과 변화로써 영육 간에 산 자가 된다.

부활하신 예수께서 잠근 문을 통과하여 제자들 앞에 나타나서 "나를 만져보라 영은 살과 뼈가 없으되 너희 보는 바와 같이 나는 있느니라"(눅 24:39)고 하시며 산 자의 모습을 친히 보여주셨다. 그리고 "여기 무슨 먹을 것이 있느냐"(눅 24:41)라고 하시며 구운 생선을 잡수셨다. 이처럼 시공을 초월하는 존재로서 영원한 생명을 가진 자를 가리켜 산 자라고 한다. 시한부 생명을 가진 인생들은 음식을 먹으면 뒤로 배설할 수밖에 없으나, 산 자는 음식을 먹어도 순간 빛의 원동력으로 전환되기에 배설할 필요가 없다.

이런 산 자만이 하나님의 제사장이 되어 온 세상을 다스리는 신정국(神政國)을 이룰 수가 있는 것이다.

> 겔 14:13-14 인자야 가령 어느 나라가 불법하여 내게 범죄하므로 내가 손을 그 위에 펴서 그 의뢰하는 양식을 끊어 기근을 내려서 사람과 짐승을 그 나라에서 끊는다 하자 비록 노아, 다니엘, 욥, 이 세 사람이 거기 있을찌라도 그들은 자기의 의로 자기의 생명만 건지리라 나 주 여호와의 말이니라

노아, 다니엘, 욥의 세 의인이 하나님께 네 번씩이나 간절히 구했지만 돌아온 대답은 한결같이 "안 된다"는 것이다. 세 의인이 세 가족 중 한 사람을 위해 간절히 기도해도 생명의 부활로는 구원받을지언정 결코 첫째 부활로는 구원받지 못한다는 내용이다. 오직 첫째 부활은 자기의 믿음으로만 구원에 이르는 것이다.

그 나머지 첫째 부활로 구원받지 못하는 자들은 생명의 부활로 구원받게 된다. 그들은 영육 간에 살아나는 존재가 아니다. 그들은 천사와 같은 존재로서 첫째 부활로 구원받은 자들을 받들며 섬기는 주종관계를 이루게 된다. 그들은 영육 간에 산 자들이 그리스도와 함께 왕노릇하는 천 년 동안 살아나지 못하고 무덤 속에 머물러 있게 된다.

그리고 생명의 부활에도 해당되지 못하는 자들은 심판의 부활로 심판을 받고 둘째 사망, 즉 불 못으로 떨어진다(계 20:14-15).

이처럼 재림 마당의 첫 열매인 그리스도와 첫째 부활, 의인의 부활로 탄생한 산 자들에 의해서 이 땅에서 천 년 동안 산 자의 세계가 펼쳐진다. 70억 인구가 살고 있는 이 세상에서 이 땅의 인생들이 태어나서 죽고, 또 태어나서 죽는 것을 반복하는 동안에 죽

지 않고 시공간을 초월하는 산 자들이 등장하는 세계가 인간들에게 다 나타나며 보여지게 되어 있는 것이다. 일곱째 천사장이 나팔 불 때 온 세상이 다 알게 임하는 것이다.

그 때는 하늘에서 무저갱 열쇠를 가져 온 천사가 붉은 용과 옛 뱀·사단·마귀를 잡아서 천 년 동안 옥에 가둔다(계 20:1-3). 그래서 천 년이 차매 다시 옥에 갇혀 있던 그들을 잠시 풀어놓아(계 20:3) 마지막 기회를 준다. 옛 뱀·마귀·사단들이 산 자가 역사하는 세계에서는 무저갱에 갇혀있기에 꼼짝 못하다가, 천 년이 차면 풀어 준다고 했다. 그 때는 광명한 자들, 산 자들이 이 땅에서 다 떠나가기 때문에(슥 14:6) 옛 뱀·마귀·사단들이 주도권을 잡고 활개를 치는 세상이 온다.

> 단 8:27 이에 나 다니엘이 혼절하여 수일을 앓다가 일어나서 왕의 일을 보았느니라 내가 그 이상을 인하여 놀랐고 그 뜻을 깨닫는 사람도 없었느니라

다니엘서에 보면 놀라운 많은 표현들이 있다. 다니엘이 어떤 환상과 계시를 보고 일주일 동안 쓰러져 몸져누웠다는 내용도 기록되어 있다. 과연 다니엘이 어떤 극적인 상황을 본 것인가? 장차 재림의 마당에서 이루어질 종말론적 입장의 세계를 직접 환상과 계시를 통해서 바라보고 깨달으면서 다니엘이 그처럼 실신할 수밖에 없었다.

그렇다면 다니엘이 바라본 그 세계는 어떤 세계인가? 다니엘이 본 세계가 바로 중간계시, 작은 책의 말씀의 세계라는 것이다. 다니엘이 본 그 사건들이 재림의 마당에서 이루어지고 있는 가장 중심적인 사건들이기에 다니엘이 그것을 바라보면서 혼절했다고

표현한 것이다.

> 단 12:1 그때에 네 민족을 호위하는 대군 미가엘이 일어날 것이요 또 환난이 있으리니 이는 개국 이래로 그때까지 없던 환난일 것이며 그때에 네 백성 중 무릇 책에 기록된 모든 자가 구원을 얻을 것이라

개국 이래 없었던 최대의 환난이 일어나는 사건은 다니엘 시대가 아닌 재림 마당의 사건이다. 다니엘이 재림 마당의 중심을 바라보면서 기록한 것이다. 대군 미가엘이 등장했다는 그 대군 미가엘은 궁창의 세계에 있던 천사장 대군 미가엘이 아니라 이 땅에서 사망의 권세를 깨고 하늘로 올라간 인자화 된 대군(大君)을 말하는 것이다.

구속사의 세계는 하나님께서 천사를 통해서 이루시는 것이 아니다. 구속사의 중심이 되는 아브라함의 후손을 통해서 이루며 성취하며 완성하시는 것이다(히 2:16). 만일 하나님이 궁창의 세계에 처음부터 등장하고 있었던 신령한 천사들을 통해서 구속사의 세계를 이루려고 하셨다면 굳이 아브라함의 후손을 통해서 역사할 필요가 없다. 하늘에 있는 신령한 자들은 하늘의 발등상이 되는 지구촌 이 땅에 사는 인생들보다 훨씬 더 뛰어난 능력을 가진 존재들이다. 한 사람의 천사가 갖고 있는 능력은 지구를 천 번도 더 멸망시킬 수 있는 잠재력이 있는 것이다. 그러나 하나님께서는 그런 천사들을 통해서 하늘나라의 영광과 이 땅에서 이루어질 인류 구속사의 역사를 이루시는 것이 아니라, 아브라함의 후손들을 통해서 이루고자 하시는 것이 하나님의 본래의 목적이며 취지였다.

그렇기 때문에 다니엘 12장에서 말한 대군 미가엘은 본래 하늘에 있던 미가엘 천사장이 아니라 이 땅에서 사망의 권세를 깨고 산 자로서 하나님 앞과 보좌 앞으로 올라갔던 만국을 다스릴 수 있는 철장 권세를 가진 아이를 말한다(계 12:5). 그가 대군 미가엘의 입장이 되어서 하늘의 전쟁을 통해서(계 12:7) 궁창을 중심으로 윗물과 아랫물로 나뉘어져 있던 하늘의 세계를 통일시키는 것이다.

> 단 12:7 내가 들은즉 그 세마포 옷을 입고 강물 위에 있는 자가 그 좌우 손을 들어 하늘을 향하여 영생하시는 자를 가리켜 맹세하여 가로되 반드시 한 때 두 때 반 때를 지나서 성도의 권세가 다 깨어지기까지니 그렇게 되면 이 모든 일이 다 끝나리라 하더라

> 계 10:2 그 손에 펴 놓인 작은 책을 들고 그 오른발은 바다를 밟고 왼발은 땅을 밟고

다니엘이 보고 있는 다니엘 12장의 내용이 곧 요한계시록 10장의 내용과 같다는 것이다. 바다와 땅을 밟고 있는 힘센 다른 천사를 다니엘 12장에서는 강물 위에 있는 자로 표현하고 있다. 그렇기 때문에 재림 마당의 모든 비밀을 올바로 이해하고 깨닫고 믿기 위해서는 다니엘서를 깨닫지 않으면 안 된다.

하나님께서 아브라함에게 복의 일부가 아닌 복의 근원, 복 전체를 맡기셨기에, 우리가 복을 받으려면 아브라함의 이름으로 복을 빌어야 한다(창 12:2-3). 마찬가지다. 다니엘은 때의 비밀을 가지고 있는 자이다. 더 정확히 말하면 70이레의 비밀을 가지고

있는 자이다. 단순히 어떤 부분적인 한 때를 말하는 것이 아니라 인류 구속사역을 완성하는 70이레의 비밀을 가지고 있는 자이다. 그렇기 때문에 다니엘이 깨달은 때의 비밀을 올바로 깨닫지 못하고 믿지 못하면 종말론적인 마지막 한 이레의 비밀을 깨달을 수가 없다.

> 마 24:15 그러므로 너희가 선지자 다니엘의 말한바 멸망의 가증한 것이 거룩한 곳에 선 것을 보거든 (읽는 자는 깨달을찐저)

그런 입장에서 예수께서도 친히 다니엘서를 읽는 자만이 재림 마당에서 일어나는 가장 중요한 사건의 비밀을 깨달을 수 있다고 언급하셨다. 재림 마당에서 일어나는 종말론적인 상황에서 가장 중요한 두 사건이 무엇인가? 첫째, 멸망의 가증한 것이 거룩한 곳에 서는(마 24:15, 단 9:27) 사건과 둘째, 주검이 있는 곳에 독수리들이 모이는 사건이다(마 24:28).

이 두 사건은 무엇을 의미하는가? 거룩한 곳에 멸망의 가증한 것이 서는 사건은 두 감람나무 사건의 중심 내용이고, 주검이 있는 곳에 독수리들이 모이는 사건은 이 땅의 주, 해를 입은 여인이 역사하는 중심 내용이다. 재림 마당에서 이루어질 한 이레의 사건 중에서도 가장 중요한 두 가지 사건을 깨닫기 위해서는 반드시 다니엘서를 읽고 깨달아야 한다는 것이다.

다니엘은 거룩한 곳에 멸망의 가증한 것이 선 역사의 한 단면만을 본 것이 아니라 그 내용 전체의 비밀을 알았다. 주검이 있는 곳에 독수리들이 모이는 한 장면만 본 것이 아니라, 독수리의 세계를 다 보고 알고 깨달았기 때문에 그 계시를 바라보고 몸져누워 쓰러진 것이다.

사도 바울이 셋째 하늘에 가서 '가히' 이르지 못할 세계를 본 것처럼, 다니엘도 차마 인간의 입으로는 말할 수 없는 놀라운 하늘의 역사의 세계를 바라보고 혼절할 수밖에 없었다. 다니엘은 재림 마당에서 일어날 요한계시록 10장의 사건을 본 것이다. 그렇기 때문에 "한 때·두 때·반 때를 지나 성도의 권세가 다 깨어지기까지"의 사건을 기록하려고 하니 "다니엘아 갈찌어다 대저 이 말은 마지막 때까지 간수하고 봉함할 것임이니라"(단 12:9)고 했다. 봉함하라는 말씀은 "인봉하라, 그때까지 아무에게도 누설하지 말라"는 것이다.

다니엘에게 봉함하라고 한 그 말씀의 세계가 무엇인가? 다니엘이 본 세계가 바로 작은 책의 중심 내용이다. 작은 책의 중심 내용은 해를 입은 여인과 두 감람나무의 사건, 그리고 독수리의 사건이다.

2. 중간계시를 마친 시대의 표적

일곱째 천사가 나팔을 불면 중간계시가 다 마쳐지게 된다. 그 때 나타나는 시대의 표적은 무엇인가? 그 때부터 창세 이후 전무후무한 환난이 시작된다. 창세 이후 전무후무한 환난에는 두 가지가 있다.

첫째, 영적인 환난인 야곱의 환난이 온다

렘 30:6-7 너희는 자식을 해산하는 남자가 있는가 물어보라 남자마다 해산하는 여인같이 손으로 각기 허리를 짚고 그 얼굴빛이 창백하여 보임은 어찜이뇨 슬프다 그날이여 비할 데 없이 크니 이는 야곱의 환난의 때가 됨이로다마는 그가 이에서 구하여냄을 얻으리로다

남자가 해산하는 여인처럼 고통스러워 한다는 야곱의 환난은 어떤 환난을 말하는 것인가? 이 야곱의 환난은 영적인 환난이다. 영적인 환난이라는 말은 세상에 공개되어 누구나 알 수 있는 환난이 아니라는 것이다. 즉 천국이 이루어지는 제 밭에 있는 사람들끼리만 받는 환난이다. 제 밭에 본래 뿌려졌던 알곡과 가라지들의 무서운 싸움이기에, 제 밭 밖에 사는 사람들과는 아무 상관이 없는 환난이다.

"아들이 아비를 멸시하며 딸이 어미를 대적하며 며느리가 시어미를 대적하리니 사람의 원수가 곧 자기의 집안 사람이리로다"(미 7:6)는 말씀대로 예수께서 "내가 세상에 화평을 주러 온 줄로 생각지 말라 화평이 아니요 검을 주러 왔노라 내가 온 것은 사람이 그 아비와, 딸이 어미와, 며느리가 시어미와 불화하게 하려 함이니 사람의 원수가 자기 집안 식구리라"(마 10:34-36)고 말씀하셨다. 그것이 야곱의 환난이다. 오죽하면 남자가 해산하는 여인처럼 고통스러워한다는 것이다.

왜 이런 야곱의 환난이 일어나는 것인가?

눅 17:34-35 내가 너희에게 이르노니 그 밤에 두 남자가 한 자리에 누워 있으매 하나는 데려감을 당하고 하나는 버려둠을 당할 것이요 두 여자가 함께 매를 갈고 있으매 하나는 데려감을 당하고 하나는 버려둠을 당할 것이니라

두 여자가 함께 매를 간다는 것은 함께 신앙생활을 하고 교회 활동을 하는 것을 상징적으로 표현한 것이다. 부부가 함께 신앙생활을 했을지라도 한 사람은 데려감을 당하고, 한 사람은 버려둠을 당한다는 것이다.

겔 14:13-20 인자야 가령 어느 나라가 불법하여 내게 범죄하므로 내가 손을 그 위에 펴서 그 의뢰하는 양식을 끊어 기근을 내려서 사람과 짐승을 그 나라에서 끊는다 하자 비록 노아, 다니엘, 욥, 이 세 사람이 거기 있을찌라도 그들은 자기의 의로 자기의 생명만 건지리라 -(중략)- 가령 내가 그 땅에 온역을 내려 죽임으로 내 분을 그 위에 쏟아 사람과 짐승을 거기서 끊는다 하자 비록 노아, 다니엘, 욥이 거기 있을찌라도 나의 삶을 두고 맹세하노니 그들은 자녀도 건지지 못하고 자기의 의로 자기의 생명만 건지리라 나 주 여호와의 말이니라 하시니라

노아, 다니엘, 욥의 세 의인들이 세 가정의 가족들 중에서 한 사람만 구원해 달라고 네 번씩 요청했으나 하나님께서 안 된다고 거절하셨다. 아무리 의인이라도 자녀를 구원할 수 없고 오직 자기 믿음으로 자기 생명만 건질 수 있다는 구원은 첫째 부활, 의인의 부활을 말한 것이다. 이처럼 한 가족일지라도 각자가 받는 상급,

면류관이 다 다르다.

> 계 4:4 또 보좌에 둘려 이십사 보좌들이 있고 그 보좌들 위에 이십사 장로들이 흰 옷을 입고 머리에 금 면류관을 쓰고 앉았더라

> 딤후 4:8 이제 후로는 나를 위하여 의의 면류관이 예비되었으므로 주 곧 의로우신 재판장이 그날에 내게 주실 것이니 내게만 아니라 주의 나타나심을 사모하는 모든 자에게니라

하나님의 보좌에 있는 24장로들은 금 면류관을 쓰고 있는 데 사도 바울은 의의 면류관을 받기로 예비되었다고 했다. 사도 바울이 받는 의의 면류관은 어떤 면류관을 말하는 것인가? 예수께서 의에 대해서 말씀하시면서 "의에 대하여라 함은 내가 아버지께로 가니 너희가 다시 나를 보지 못함이요"(요 16:10)라고 하셨다. 금 면류관은 아들이 주는 면류관인데 비해서 의의 면류관은 아버지께서 주시는 면류관이다. 이처럼 면류관에도 등급이 다르고, 보좌의 세계에서도 각자 다른 영광이 준비되어 있다는 것을 알 수 있다.

예수님의 열두 제자 가운데에도 베드로, 야고보, 요한, 이 세 제자는 특별히 더 사랑하시는 제자들이었다. 예수님이 중요한 자리에는 항상 이 세 제자들을 데리고 동행하셨다. 이렇게 각자 받는 은혜, 상급, 면류관, 영광이 다 다르다는 것이다. 한 가족이라고 해서 다 같은 차원의 길을 걷는 것이 아니다.

부부가 같은 신앙의 길을 걸어서 생명의 면류관을 받는 과정까지는 함께 갔지만 한 사람은 거기에서 더 이상 가지 못하여 생

명의 면류관을 받고, 한 사람은 거기에서 더 발전하여 의의 면류관을 받는 과정까지 갈 수도 있다. 노아, 다니엘, 욥, 세 의인이라도 세 가족 중에서 한 사람을 의인의 부활로 구원시키지 못한다고 했다. 의인의 부활은 자신의 믿음으로만 구원받는 것이지, 다른 사람의 믿음으로 구원받지 못한다. 그렇기 때문에 분리가 될 수밖에 없는 것이다.

그런 경우에 대부분 한 사람이 안 떨어지려고 하고 끝까지 따라오려고 한다. 그러나 하나님께서 자기 영역 밖으로 침범하려는 사람을 용납하시겠는가? 결국 차원이 다른 신앙으로 인해 분리가 될 수밖에 없다. 그럴 때에 더 이상 가지 못하고 구별되어 떨어질 사람이 미련없이 다른 한 사람을 축복하며 보내주는가? 오히려 더 깊은 은혜의 차원의 길을 걷는 사람을 미워하고 저주하고 대적한다. 다시 말하면 하나님의 주권적인 말씀의 권세와 능력으로 분리되는 과정에서 무척 힘들고 어렵고 고통스러운 분리의 아픔이 발생하는 것이다.

그래도 의인의 부활과 생명의 부활로 분리되는 경우는 덜 고통스럽겠지만, 의인의 부활과 심판의 부활로 분리되는 경우는 서로 원수지간이 된다. 그 속에는 미움, 증오, 저주, 살인이 있는 것이다. 그래서 아들이 아버지를 죽이고, 며느리가 시어미를 죽이는 사례가 발생하는 것이다.

> 미 7:6 아들이 아비를 멸시하며 딸이 어미를 대적하며 며느리가 시어미를 대적하리니 사람의 원수가 곧 자기의 집안 사람이리로다

왜 이런 현상이 일어나는 것인가? 재림 마당의 마지막 때는 구

약 마당과 신약 마당에 나타나지 않던 붉은 용이 이 땅에 등장하기 때문이다. 그가 하늘 전쟁에서 패하여 이 땅에 내어 쫓긴 것을 알게 되는 순간부터 이를 갈며 대적한다. 그 때는 먼저 가라지를 단으로 묶는 역사가 이루어진다. 그럼으로 제 밭에 뿌린 가라지들이 알곡과 확실하게 구별되어 상대방의 정체를 밝히 알게 된다.

붉은 용이 자기 자녀를 찾아 인을 치게 될 때, 그들이 붉은 용을 영적인 부모로 섬기는 관계 앞에서는 그동안 맺어왔던 부모 자식간의 천륜은 아무 의미도 없이 무너진다. 붉은 용의 지시와 명령에 의해서 눈 하나 깜박이지 않고 자기와 사상이 다른 부모를 찔러 죽이는 극한 상황에 이르게 된다. 서로 색깔이 다른 신앙을 가진 가족들이 야곱의 환난에 부딪히면 그 때는 이미 가족이 아닌 원수가 된다.

그렇기 때문에 분리의 아픔은 곧 죽음이다. 분리가 얼마나 큰 고통이며 아픔인가? 예수께서 십자가를 지시고 골고다 언덕을 향해 가실 때 울며 따라오는 여인들을 바라보시며 "예루살렘의 딸들아 나를 위하여 울지 말고 너희와 너희 자녀를 위하여 울라"(눅 23:28)고 하셨다. 초림 마당에서도 장차 올 환난을 피할 수 없기에 예수께서 그 환난을 바라보시면서 당부하신 말씀이다.

그러므로 야곱의 환난이 육적인 환난보다 더 무서운 환난이다. 육적인 환난은 육신적으로만 고통 받는 환난이지만 영적인 환난, 야곱의 환난은 내 가족 안에서, 한 교회 안에서 일어나는 환난이기에 더 무서운 환난이라는 것이다. 그러기에 두려워 말라고 하셨다.

사 41:10 두려워 말라 내가 너와 함께 함이니라 놀라지 말라 나는 네 하나님이 됨이니라 내가 너를 굳세게 하리라 참으로 너를 도와 주리라 참으로 나의 의로운 오른손으로 너를 붙들리라

무언가 두려워할 수밖에 없기에 두려워 말라고 하셨고, 놀랄 수밖에 없기에 놀라지 말라고 한 것이 아니겠는가? 그런 환난의 때에 하나님이 함께 해 주시고 굳세게 해 주시고 도와주시고 의의 오른손으로 붙들어주신다는 것이다.

둘째, 육적인 환난인 전쟁이 온다

삼상 17:47 또 여호와의 구원하심이 칼과 창에 있지 아니함을 이 무리로 알게 하리라 전쟁은 여호와께 속한 것인즉 그가 너희를 우리 손에 붙이시리라

이 땅에는 무서운 전쟁이 일어나게 되어 있다. 인간들의 손에 의해 전쟁이 일어나는 것 같지만, 본래 전쟁은 하나님께서 주관하시는 것이다. 이 땅은 운명적으로 쌍태의 아픔을 짊어진 나라이다.

렘 1:13-14 여호와의 말씀이 다시 내게 임하니라 이르시되 네가 무엇을 보느냐 대답하되 끓는 가마를 보나이다 그 면이 북에서부터 기울어졌나이다 여호와께서 내게 이르시되 재앙이 북방에서 일어나 이 땅의 모든 거민에게 임하리라

북쪽에 끓는 가마가 걸린 나라가 대한민국 외에 또 있는가? 그런데 그 면이 북에서 남으로 기울어졌다는 것이다. 성경에 기록된 모든 재앙은 항상 북쪽에서 시작되었다. 마지막 때 하나님의 심판의 도구가 될 곡이라는 나라도 북쪽에 위치한 나라이다(겔 38:2-7).

하나님께서 이 나라 이 민족을 심판하시기 위해서 북쪽에 끓는 가마를 예비하신 것이다. 왜 하나님께서는 이 나라 이 민족을 심판하셔야 하는가? 표면적인 이스라엘에서 자기 땅, 자기 백성에게 메시아로 오신 예수님을 십자가에 못 박는 사건이 일어나듯, 영적 이스라엘에서도 해를 입은 여인이라는 하나님의 사람을 이 땅에서 쫓아내고(계 12:6, 12:14), 두 감람나무를 죽인 죄로 인해(계 11:7-10) 하나님께서 심판하시는 결과이다.

> 계 11:5-6 만일 누구든지 저희를 해하고자 한즉 저희 입에서 불이 나서 그 원수를 소멸할찌니 누구든지 해하려 하면 반드시 이와 같이 죽임을 당하리라 저희가 권세를 가지고 하늘을 닫아 그 예언을 하는 날 동안 비 오지 못하게 하고 또 권세를 가지고 물을 변하여 피 되게 하고 아무 때든지 원하는 대로 여러 가지 재앙으로 땅을 치리로다

두 감람나무는 하늘 문을 닫고 땅을 치는 사람이다. 잘못 믿는 자들을 가차없이 처단하고 그를 대적하는 자는 입에서 불이 나와서 그를 소멸한다고 했다. 진짜 불이 나오는 것이 아니라 불 같은 말씀으로 심판하는 것을 말한다. 그렇기 때문에 그가 권세를 가지고 예언할 때에는 그의 권세에 감히 대적하지 못하다가 그의 사명

이 끝나자 무저갱에서 올라오는 짐승이 그를 죽이고, 그의 죽음을 서로 기뻐하여 예물을 교환한다고 했다(계 11:10).

    6. 25 전쟁이 선지자들의 피 값으로 치른 전쟁이라면, 재림 마당의 전쟁은 하나님을 믿는다고 하는 하나님의 백성들이 광명한 자들을 죽인 피 값이 된다(슥 14:6). 광명한 자들의 피 값으로 이 나라 이 민족은 그런 대가를 치르는 것이다.

    6. 25 전쟁은 어린아이가 가지고 노는 딱총놀이에 불과한 전쟁이었다. 재림 마당에서 일어나는 전쟁은 핵전쟁이다. 게다가 핵무기와 생화학 무기가 터짐으로 방사능으로 인해 공기가 오염되고 물이 오염되어 아무 것도 먹고 마실 수가 없다. 오직 사람만이 그래도 덜 오염된 가장 신선한 먹거리가 되는 것이다. 그런 참상이 벌어지기 때문에 창세 이후 전무후무한 환난이라고 한 것이다.

마 24:15-22   그러므로 너희가 선지자 다니엘의 말한바 멸망의 가증한 것이 거룩한 곳에 선 것을 보거든 (읽는 자는 깨달을찐저) 그 때에 유대에 있는 자들은 산으로 도망할찌어다 지붕 위에 있는 자는 집안에 있는 물건을 가질러 내려가지 말며 밭에 있는 자는 겉옷을 가질러 뒤로 돌이키지 말찌어다 그날에는 아이 밴 자들과 젖먹이는 자들에게 화가 있으리로다 너희의 도망하는 일이 겨울에나 안식일에 되지 않도록 기도하라 이는 그 때에 큰 환난이 있겠음이라 창세로부터 지금까지 이런 환난이 없었고 후에도 없으리라 그날들을 감하지 아니할 것이면 모든 육체가 구원을 얻지 못할 것이나 그러나 택하신 자들을 위하여 그날들을 감하시리라 지금 여섯째 나팔이 불렸다면 곧 이어서 일곱째 천사의 나팔 소리가 들리게 될 것이다. 그 때에 그런 모든 역사의 과정이 우리 삶의 현장에 소낙비같이 퍼부어지게 되어 있다.

> 계 2:17 귀 있는 자는 성령이 교회들에게 하시는 말씀을 들을찌어다 이기는 그에게는 내가 감추었던 만나를 주고 또 흰 돌을 줄 터인데 그 돌 위에 새 이름을 기록한 것이 있나니 받는 자 밖에는 그 이름을 알 사람이 없느니라

그런 환난의 때 오직 감추인 만나를 먹는 자만이 살게 되어 있다. 온 세상이 다 오염되었기 때문에 감추인 만나를 먹지 못하면 절대 살아남을 수가 없다. 감추인 만나는 영적으로는 재림 마당에서 공개되는 말씀이라고 할 수 있지만, 실제로도 보이는 만나를 먹는 것이다.

율법을 믿는 구약 마당에서도 한 달 모자라는 40년 동안 광야에서 만나를 먹고 살았다. 궁창의 문을 여시고 비같이 만나를 쏟아부어 주심으로(시 78:23-24) 일용할 양식을 먹을 수 있도록 베풀어주셨는데, 하물며 일곱 날의 영광이 이루어지는 재림 마당에서 감추인 만나를 베풀어주시지 않겠는가? 작은 책의 말씀, 다시 복음의 말씀, 중간계시의 복음을 믿는 하나님의 자녀들에게는 반드시 감추인 만나를 베풀어주실 것이다.

제 3장

작은 책의 정체와 실상과 암호는 무엇인가?

제 3장
작은 책의 정체와 실상과 암호는 무엇인가?

1. 힘센 다른 천사는 어떻게 작은 책을 받았는가?

계 5:7-8 어린 양이 나아와서 보좌에 앉으신 이의 오른손에서 책을 취하시니라 책을 취하시매 네 생물과 이십사 장로들이 어린 양 앞에 엎드려 각각 거문고와 향이 가득한 금 대접을 가졌으니 이 향은 성도의 기도들이라

계 10:8 하늘에서 나서 내게 들리던 음성이 또 내게 말하여 가로되 네가 가서 바다와 땅을 밟고 섰는 천사의 손에 펴 놓인 책을 가지라 하기로

예수께서 보좌에 앉으신 분의 오른손에 있던 일곱 인으로 봉해진 책을 받으심으로 하늘에 있는 신령한 존재인 네 생물과 장로들이 찬양하였다. 그 책은 천상천하에 그 책을 받은 분 외에는 누구도 만질 수 없는 책이다.

그런데 책을 받은 예수님이 사도 요한에게 직접 책을 주시는 것이 아니라 하늘에서 내려오는 힘센 다른 천사가 사도 요한에게 작은 책을 전해주고 있다. 결론으로 말하면, 하늘에서 내려오

는 힘센 다른 천사가 이긴 자로서 예수께로부터 하나님 오른손에 있던 책을 받았다는 것을 미루어 짐작할 수 있다. 하늘에서 내려오는 힘센 천사가 머리에 무지개를 쓰고, 얼굴은 해 같고, 발은 불기둥 같으며, 오른 발은 바다를 밟고 왼 발은 땅을 밟고 큰 소리로 외칠 때 일곱 우레를 발한다는 내용을 보아 그는 재림 마당에 등장하는 해를 입은 여인이라는 것을 증거한 바 있다(계 12:1).

해를 입은 여인, 그가 하늘에서 내려오는 힘센 다른 천사로서 사도 요한에게 작은 책을 전해주는 것이다. 그는 과연 어떻게 하나님 오른손에 있었던 책을 받을 수 있었는가?

힘센 다른 천사의 근본은 누구인가?

머리 위에는 무지개가 있고, 얼굴은 해 같고, 발은 불기둥 같은데 왼발은 땅을 밟고 오른발은 바다를 밟고, 큰 소리로 외칠 때 일곱 우레를 발하는 천사는 누구를 말하는 것인가? 성경에서 피조물 중에서 무지개의 영광을 가진 존재가 누구인가?

> 겔 1:26-28 그 머리 위에 있는 궁창 위에 보좌의 형상이 있는데 그 모양이 남보석 같고 그 보좌의 형상 위에 한 형상이 있어 사람의 모양 같더라 내가 본즉 그 허리 이상의 모양은 단 쇠 같아서 그 속과 주위가 불같고 그 허리 이하의 모양도 불같아서 사면으로 광채가 나며 그 사면 광채의 모양은 비 오는 날 구름에 있는 무지개 같으니 이는 여호와의 영광의 형상의 모양이라 내가 보고 곧 엎드리어 그 말씀하시는 자의 음성을 들으니라

네 생물의 머리 위에 보좌가 있고, 보좌에 인자 같은 이가 있는데 그의 머리에 있는 무지개는 여호와의 영광의 형상의 모양이라고 했다.

여호와가 장차 받을 영광은 무엇인가? 구약 마당에서 역사한 여호와는 율법이라는 정죄의 직분으로(고후 3:7, 3:9) 역사한 존재이기에 예수님이 오신 이후로 한 번도 등장하지 않는다. '때가 차매' 오신 예수께서 율법의 마침이 되셨기에(롬 10:4) 신약 마당에 여호와는 두 번 다시 등장하지 않는다. 그러나 여호와가 구속사의 세계에서 영원히 사라진 것은 아니다.

구약 마당에서도 의의 직분의 영광을 가진 자들에게는(고후 3:8-9) 멜기세덱이 나타나 역사했다. 창세기 14장에서 믿음의 조상 아브라함에게 나타나 떡과 포도주로 축복해준 멜기세덱이 창세기 15장에서는 여호와 하나님으로 나타나 횃불언약을 맺었다. 여호와와 멜기세덱은 동일인물이나 정죄의 직분의 영광을 받을 자들에게는 여호와 하나님으로, 의의 직분의 영광을 받을 자들에게는 멜기세덱으로 역사하신 것이다.

> 출 6:3 내가 아브라함과 이삭과 야곱에게 전능의 하나님으로 나타났으나 나의 이름을 여호와로는 그들에게 알리지 아니하였고

동일인물로 역사할지라도 아브라함·이삭·야곱에게는 여호와라는 이름으로 역사하지 않고 전능의 하나님으로 역사했다는 것이다. 비록 여호와는 신약 마당 이후로 사라졌지만, 그의 사역은 끝나지 않았기에 재림 마당에서 멜기세덱의 이름으로 새롭게 등

장하는 것이다.

'재림주 멜기세덱', 그것이 장차 여호와가 받을 영광의 이름이다. 그 역사를 이루기 위해 재림 마당에 해를 입은 여인이 등장하는 것이다.

해를 입은 여인은 어떻게 책을 받을 수 있었는가?

예수님이 이 땅에서 십자가 사역을 완성하기 위해서 피 속에 태초의 말씀을 감추시고, 물 속에 은혜와 진리를 감추시고 이 땅에 떨치셨다. 그것은 예수님과 함께 십자가에서 별세할 것을 의논한 모세와 엘리야 외에는 천상천하에 아무도 모르는 비밀이다(눅 9:30-31). 그리고 예수님 자신이 아버지께로부터 영광을 받으심으로 예수님의 영이 보혜사 성령, 진리의 성령이 되었다. 그렇기 때문에 그 성령이 와서 예수님이 천상천하에 아무도 모르게 이 땅에 떨치셨던 피와 물을 찾으셨다. 그래서 피와 물과 성령이 하나가 된 것을(요일 5:5-8) 가리켜 '해'라고 표현한다(시 19:5, 84:11). 즉 인자가 입을 수 있는 인격적인 태초의 말씀이 된 것이다(요 1:1). 예수께서 떨치신 태초의 말씀의 행방을 아는 존재는 모세와 엘리야뿐이다. 그 비밀을 아는 사람이 도전하여 해를 입은 여인이 될 수 있는 것이다.

따라서 그 해를 입은 사람은 예수님이 가지고 계신 하나님의 비밀, 하늘의 보배, 보화, 하늘의 모든 영광을 입는 것이다. 그러나 해를 입은 여인이 되었다고 해서 하나님 오른손의 책을 받는 것은 아니다. 그 책을 받기 위해서는 이 땅에서 이기는 자가 되어야 한다.

요한계시록 5장은 종말론적 계시이기 때문에 초림 때 이루어진 역사가 아니라 재림 마당에서 이루어질 역사이다. 그 책을 받기 위해서 누군가 구도의 길을 걸어 이기는 자가 되어야 한다.

앞에서도 소개한 것처럼, 천국에 보좌가 있는데 그 보좌의 가장 중요한 곳에 고구마가 하나 있다면, 많은 사람들이 하나밖에 없는 그 고구마를 취하기 위해 끊임없이 도전할 것이다. 결국 어떤 사람이 그 고구마에 도전한 결과 승리하여 천상천하에 하나뿐인 고구마를 취해갔다. 그렇다면 다음 사람들이 아무리 도전해 봤자 그 고구마를 취할 수 없다. 그 고구마를 누가 취해갔는지조차 그들은 알지 못한다. 그들은 아직도 천국에 그 고구마가 있는 줄 알고 끊임없이 도전하지만 고구마에 대한 영광이 이루어지기까지는 그 고구마가 사라졌다는 사실조차 아무도 알지 못한다. 그 이유는 고구마를 먹은 사람이 자신이 고구마를 먹은 사람이라고 나타내지 않기 때문이다.

그러나 고구마가 어떤 색인지, 맛은 어떤지, 그것을 먹으면 어떤 효능이 나타나는지, 먹어보지 못한 사람들은 알지 못한다. 그 내용을 알려면 오직 고구마를 먹은 사람에게 가서 물어야 한다.

그 고구마가 바로 하나님의 오른손에 있던 책이다. 그 책은 책의 비밀을 아는 자가 구도의 길을 통해서 도전하여 승리함으로 하나님께로부터 친히 받을 수 있는 것이다.

마 20:20-23 그 때에 세베대의 아들의 어미가 그 아들들을 데리고 예수께 와서 절하며 무엇을 구하니 예수께서 가라사대 무엇을 원하느뇨 가로되 이 나의 두 아들을 주의 나라에서 하나는 주의 우편에, 하나는 주의 좌편에 앉게 명하소서 예수께서 대답하여 가라사대 너희 구하는 것을 너희가 알지 못하는도다 나의 마시려는 잔을 너희가 마실 수 있느냐 저희가 말하되 할 수 있나이다 가라사대 너희가 과연 내 잔을 마시려니와 내 좌우편에 앉는 것은 나의 줄 것이 아니라 내 아버지께서 누구를 위하여 예비하셨든지 그들이 얻을 것이니라

야고보와 요한의 어머니 살로메가 두 아들을 데리고 예수님을 찾아와서 "주께서 영광의 보좌에 앉을 때 우리 두 아들을 하나는 우편에, 하나는 좌편에 앉게 해 주소서"라고 하자, 예수께서 "너희가 말씀을 오해했도다"라고 하지 않으시고, "내 좌우편에 앉는 것은 내 아버지께서 누구를 위하여 예비하셨든지 그들이 얻을 것이니라"고 하셨다. 즉 '우편, 좌편의 자리'에 대한 내용은 인정하시나 예수님이 정하실 소관이 아니라 아버지께서 정하신다는 것이다.

거기서 말하는 아버지는 누구를 말하는 것인가? 구약 마당에서는 아브라함을 말한다. 아브라함은 '믿음의 조상'이다. '조상'이란 '아버지'라는 뜻이다.[12] 아브라함이 여호와 하나님과 횃불언약을 맺을 때 세 가지 제물을 바쳤다(창 15:9). 3년 된 암소와 3년 된 암염소는 구약 마당의 제물이고, 3년 된 수양은 신약 마당의

---

12) 엘리사가 변화 승천하는 엘리야를 보고 '내 아버지여'(왕하 2:12)라고 소리친 것은 엘리야가 변화의 조상이라는 것이다. - '종말론적 구속사 시리즈' 제 2권 <이 땅의 주, 그는 누구인가?> 219-220쪽, 벽암 조영래 저, 도서출판 오색이슬

제물이고, 산비둘기와 집비둘기 새끼는 재림 마당의 제물이다. 아브라함이 인류 구속사역을 완성하기 위하여 이미 재림 마당에 필요한 두 제물을 정한 것이다.

아브라함이 정한 구속사의 원리에 따라 재림 마당에 해를 입은 여인이 등장하여 '이 땅의 주 앞에 섰는 두 감람나무와 두 촛대'(계 11:4)의 역사를 통하여 좌우편 자리에 앉을 자를 정할 것이다.

따라서 예수께서 "인자가 아버지의 영광으로 오리라"(마 16:27, 막 8:38, 눅 9:26)고 말씀하신 '아버지'는 해를 입은 여인을 말한 것이다. "때가 이르면 다시 비사로 너희에게 이르지 않고 아버지에 대한 것을 밝히 이르리라"(요 16:25)는 '아버지' 또한 해를 입은 여인을 말한 것이다.

위 구절에서 공통적으로 등장하는 '아버지'는 모두 해를 입은 여인을 말하는 것이다. 그분이 재림 마당을 주관하실 이 땅의 주로서 우편, 좌편의 보좌를 다 결정한다는 것이다. 그분이 예수님이 가진 비밀, 보배, 보화의 모든 것을 다 받았기 때문에 예수님 대신 역사할 사람이다. 살로메가 요구한 우편, 좌편의 두 보좌는 재림 마당에서 이루어지는 내용이다. 살로메는 오른쪽, 왼쪽 보좌가 있다는 것은 알았지만 그 보좌를 결정하시는 아버지가 누구인지는 알지 못한 것이다.

계 19:11-13 또 내가 하늘이 열린 것을 보니 보라 백마와 탄 자가 있으니 그 이름은 충신과 진실이라 그가 공의로 심판하며 싸우더라 그 눈이 불꽃같고 그 머리에 많은 면류관이 있고 또 이름 쓴 것이 하나가 있으니 자기 밖에 아는 자가 없고 또 그가 피 뿌린 옷을 입었는데 그 이름은 하나님의 말씀이라 칭하더라

백마를 탄 충신과 진실이라는 분이 피 뿌린 옷을 입고 등장하는데, 자기 밖에 모르는 이름을 가지고 있다. 자기 밖에 모르는 이름을 가지고 있다는 것은 천상천하에 그분이 알려주기 전에는 아무도 알지 못하는 대상이라는 것이다.

그렇기 때문에 재림주는 감추인 만나로 오시고(계 2:17), 도적같이 오시고(살전 5:2, 벧후 3:10, 계 16:15), 자기를 바라는 자들에게 두 번째 나타나신다고 했다(히 9:28).

2. 왜 작은 책은 마지막 때에 공개되는가?

계 5:1 내가 보매 보좌에 앉으신 이의 오른손에 책이 있으니 안팎으로 썼고 일곱 인으로 봉하였더라

하나님께서 일곱 인으로 봉하신 책을 힘센 천사가 사도 요한에게 전해줌으로 작은 책은 재림 마당의 끝자락에서야 공개된다. 왜 그 책을 처음부터 공개하지 않으시고 구속사역이 이루어지는 마지막 한 이레의 끝까지 간직하고 계셔야만 하는가?

하나님께서 아담에게 "선악을 알게 하는 나무의 실과는 먹지 말라 네가 먹는 날에는 정녕 죽으리라"(창 2:17)고 하셨다. 하나님께서 그 말씀을 하실 때, 아담이 불순종함으로 말미암아 선악을

알게 하는 나무 열매를 따먹을 것을 모르고 하신 말씀은 아니다. 아담이 하나님의 말씀에 순종했다면 이긴 자로서 새 이름을 받았을 텐데 불순종하여 선악을 알게 하는 나무에게 무릎 꿇음으로 진 자가 되고 말았다. 따라서 "진 자는 이긴 자의 종이라"(벧후 2:19)는 원칙에 의해서 아담은 마귀의 종이 되고 말았다.

> 눅 4:5-6 마귀가 또 예수를 이끌고 올라가서 순식간에 천하만국을 보이며 가로되 이 모든 권세와 그 영광을 내가 네게 주리라 이것은 내게 넘겨준 것이므로 나의 원하는 자에게 주노라

위 구절에서 마귀가 "천하만국의 모든 권세와 영광은 내게 넘겨준 것이라"고 당당하게 큰소리치고 있다. 마귀가 천하만국의 권세와 영광을 언제 넘겨받았는가? 아담이 하나님의 말씀에 불순종하여 선악을 알게 하는 나무에게 경배하는 순간 생령인 아담이 받은 모든 축복권이 마귀에게 넘어갔다는 것을 알 수 있다.

그렇기 때문에 아담에게 작은 책의 비밀을 언급한다면, 아담이 가지고 있는 모든 것은 이긴 자인 마귀에게 넘어가기 때문에 아예 처음부터 아담에게 작은 책의 비밀을 가르쳐줄 수가 없었던 것이다. 아담이 마귀의 종이 되었다는 말은 진 자로서 자기가 받은 모든 달란트, 자기가 받은 하늘의 모든 것을 이긴 자에게 송두리째 내어준다는 뜻이다. 그것을 아셨기 때문에 하나님은 아담에게 그 책을 내어주는 것은 물론 그 책의 존재조차도 아담에게 가르쳐주지 않은 것이다.

하나님의 오른손에 가지고 계신 그 책은 오직 옛 뱀·마귀·사단을 이긴 자에게만 넘겨줄 수 있는 책이다.

그렇다면 사도 요한은 어떤 입장에서 작은 책을 먹은 것인가?

예수님은 초림주로서, 둘째 아담으로서 이 땅에 오셔서 이룰 수 있는 사명, 짊어지고 오신 사명을 다 이루신 분이다. 다 이루신 분이 재림 마당을 위해서 재림의 일을 역사하시려면 재림 마당에 직접 오셔서 역사를 하셔야 되는데, 예수님은 이 땅에 올 수 있는 길이 한 번밖에 주어지지 않았다. 그래서 자신이 이 땅에 머무시는 동안에 예비하시고 준비하신 메시지를 자기 안에 함께하고 있는 사람들에게 전하실 수밖에 없는 것이다.

> 말 4:5 보라 여호와의 크고 두려운 날이 이르기 전에 내가 선지 엘리야를 너희에게 보내리니

위 구절에서 다시 온 엘리야는 누구인가? 예수님이 오시는 길을 닦기 위해서 온 세례 요한이 엘리야인가? 세례 요한은 엘리야가 아니라 엘리야 같은 사람이다. 성경에서 엘리야와 같이 하늘로 올라간 사람이 있다면 에녹이다. 세례 요한은 에녹이 다시 온 사람이라고 할 수 있다. 에녹은 하나님과 300년 동행한 결과 죽음을 보지 않고 하늘로 승천한 존재이다(창 5:22-24). 아담의 7대손 에녹이 이 땅에서 죽지 않고 하늘로 승천한 것은 아담을 통해 이루고자 하셨으나 실패한 산 자의 세계의 모델을 보여준 것이라고 할 수 있다.

그렇다고 해서 에녹이 이긴 자로서 하늘로 올라간 것은 아니다. 에녹을 죽이자니 죄가 없고, 이 땅에 영원히 두자니 창조 원리에 어긋나기에 하나님이 친히 데려가신 것이다. 그러나 엘리야는

이긴 자로서 불 말과 불 수레를 타고 변화 승천한 사람이다(왕하 2:11). 만일 세례 요한이 엘리야로서 다시 온 사람이라면 그는 절대 실족하지 않았을 것이다(마 11:6). 실족한 세례 요한이 엘리야라면 변화산에 나타날 수도 없었을 것이다. 세례 요한은 엘리야로 다시 온 사람이 아니다.

그렇다면 말라기 선지자가 예언한 엘리야는 언제 오게 되어있는가? 엘리야는 재림의 마당에 등장하게 되어 있다. 그러나 엘리야라는 이름으로는 오지 않는다. 다른 사람이 자기 이름으로 오는 것이다.

재림 마당에 엘리야가 다시 와서 역사할 때에 필요한 메시지를 하나님께서 직접 주실 수 있는 것인가? 하나님께서 직접 주실 수가 없다. 그렇기 때문에 엘리야가 다시 이 땅에 와서 역사할 수 있는 역사의 내용, 메시지를 엘리사에게 맡기고 간 것이다. 엘리야가 승천하면서 엘리사에게 갑절의 영감을 맡기고 간 것이다. 엘리사가 그 사명을 간직하고 있다가 엘리야가 다시 올 때에 그 맡겨놓은 내용을 다시 전해주어야 한다.

> 왕하 13:20-21 엘리사가 죽으매 장사하였더니 해가 바뀌매 모압 적당이 지경을 범한지라 마침 사람을 장사하는 자들이 그 적당을 보고 그 시체를 엘리사의 묘실에 들이던지매 시체가 엘리사의 뼈에 닿자 곧 회생하여 일어섰더라

엘리사의 뼈에는 엘리야가 주고 간 갑절의 영감을 간직하고 있었기에 죽은 엘리사의 뼈에 시체가 닿자 살아난 것이 아니겠는가?

이 말씀을 올바로 이해할 수 있다면, 왜 예수님이 밧모섬에 유배된 사도 요한에게 작은 책을 먹게 했는지 그 이유도 알 수 있다. 작은 책은 사도 요한이 밧모섬에서 먹은 것이다. 밧모섬은 육지에서 가까운 조그마한 무인도이다. 사도 요한을 거기에 버린 이유는 이미 사도 요한을 끓는 기름 가마솥에 담갔다가 꺼냈기 때문에 상식적으로 생각해 보아도 전신에 심한 화상을 입어서 곧 죽을 것이라고 생각했기 때문이다. 그래서 건강한 사람이면 누구라도 헤엄쳐 나올 수 있는 아주 가까운 거리의 섬이지만, 사도 요한은 위중한 상태라 헤엄쳐 나오지 못할 것이라고 생각했기 때문에 안심하고 그곳에 버린 것이다.

그런 사도 요한이 밧모섬에서 하나님의 주권적인 은혜로 말미암아 죽지 않고 재림 마당에서 이루어질 종말론의 마지막 구속사의 세계를 본 것이다. 그 때 사도 요한이 받아서 먹은 말씀이 다시 복음, 즉 '작은 책'이다. 그 작은 책이 재림 마당에 등장하는 것이다.

사도 요한이 먹은 비밀을 재림 마당에서 전하는 자는 누구인가?

예수께서 십자가 상에서 흘리신 피 속에는 예수님이 가지고 온 아버지의 말씀이 고스란히 다 담겨 있다. 그것을 아는 사람만이 그 말씀을 찾아 그 '해'를 입을 수가 있다. 해를 입은 여인만이 사도 요한이 작은 책을 먹은 비밀, 엘리야가 엘리사에게 영감의 갑절을 맡긴 비밀을 알고 찾을 수 있다.

그 비밀들을 찾으려면 우선 맡겨놓은 사람들을 찾아야 한다. 그 사람들을 찾는 것을 가리켜 "나는 이 땅에 길 잃어버린 양을 찾으러 왔노라"고 말씀하신 것이다. 사도 요한과 엘리사는 맡겨주신 메시지를 가지고는 있지만 잠들어 있는 그들이 살아있는 사람에게 전해줄 수는 없다. 그렇기 때문에 해를 입은 여인이 잠들어 있는 그들로부터 가지고 있는 내용물을 받아서, 재림 마당에서 그 말씀을 받도록 예비된 사람들에게 그 사명을 주는 것이다. 초림 마당에서 이루어진 구속사역이 재림 마당에서 해를 입은 여인에 의해서 이어지는 것이다.

> 왕하 13:20-21 엘리사가 죽으매 장사하였더니 해가 바뀌매 모압 적당이 지경을 범한지라 마침 사람을 장사하는 자들이 그 적당을 보고 그 시체를 엘리사의 묘실에 들이던지매 시체가 엘리사의 뼈에 닿자 곧 회생하여 일어 섰더라

엘리사가 죽어 장사하였는데 일 년 후 모압 적군이 쳐들어왔을 때 어떤 사람의 장례를 치루고 있었다. 장례를 치르던 사람들이 적군이 쳐들어오니까, 시체를 엘리사의 묘실에 던져버리고 도망갔다. 그런데 던진 그 시체가 엘리사의 뼈에 닿자마자 살아났다는 것이다. 그 결과를 볼 때 엘리사는 비록 육신적으로는 죽었지만 영적으로는 산 자라는 것을 알 수 있다.

하물며 작은 책을 먹은 사도 요한도 산 자이다. 그러나 산 자로 잠들어 있다고 할지라도 죽는 존재들에게 그들 스스로 자기들이 가지고 있는 내용물을 전할 수가 없다. 만일 이 비밀을 안다고 해서 엘리사의 묘실에 가서 "나는 당신이 엘리야의 영감의 2배를

갖고 있는 것을 알고 있으니 내게 주시오"라고 한다고 해서 눈 하나 깜박할 수도 대답할 수도 없다.

그러나 잠들어 있는 자들을 살릴 수 있는 하나님의 음성이 들리면 그들이 어떻게 해야 하는가?(요 5:25) "내가 부르면 천지가 일제히 서느니라"(사 48:13)고 했다. 하나님이 부르시면 천지만물이 하던 동작을 일제히 멈추고 그분에게 순종하게 되어 있다는 것이다.

예수님 안의 모든 보화와 비밀을 가지고 있는 해를 입은 여인이 엘리사를 부르면서 "너에게 엘리야가 맡겨 놓고 간 엘리야의 갑절의 영감을 가져오라"고 하면 갖다드려야 한다. 잠들어 있는 사도 요한에게 "네가 밧모섬에서 먹은 작은 책을 가져오라"고 하면 갖다드려야 한다. 해를 입은 여인이 그것을 받아서 재림 마당에 등장해서 일할 수 있는 주인공들에게 전해 주어야 하는 것이다.

오직 해를 입은 여인에 의해서 그 말씀을 받는 원리적인 이치를 가리켜 사도 바울은 "나의 나 된 것은 오직 하나님의 은혜라"(고전 15:10)고 하였다. 은혜가 아니고는 도저히 알 수도, 깨달을 수도, 짐작조차 할 수 없는 하늘의 비서(秘書)가 '작은 책'이기 때문이다.

> 계 10:10-11 내가 천사의 손에서 작은 책을 갖다 먹어버리니 내 입에는 꿀 같이 다나 먹은 후에 내 배에서는 쓰게 되더라 저가 내게 말하기를 네가 많은 백성과 나라와 방언과 임금에게 다시 예언하여야 하리라 하더라

위 구절에서 해를 입은 여인이 사도 요한에게 작은 책을 주면서 "네가 많은 백성과 나라와 방언과 임금에게 다시 예언하라"고 했기 때문에 마치 재림 마당에서 사도 요한이 작은 책을 먹은 것처럼 생각하게 된다. 물론 사도 요한이 밧모섬에서 작은 책을 먹은 것은 사실이다. 그러나 요한계시록에 기록되어 있다고 해서 작은 책을 먹은 시점이 재림 마당은 아니다.

그러면 왜 요한계시록 10장에서는 사도 요한이 재림 마당에서 작은 책을 먹는 것처럼 표현했는가? 해를 입은 여인이 엘리사와 사도 요한에게 맡겼던 것을 다 거두어들이고, 그분이 본래 재림 마당에서 그 내용물을 가지고 역사할 수 있는 사람들에게 다시 주는 장면을 그렇게 성경적으로 표현한 것이다.

오직 해를 입은 여인만이 그 말씀을 찾을 수 있고 그 책을 줄 수 있는 분이다. 해를 입은 여인이 재림 마당의 열쇠를 가지고 있는 분이다. 그분을 통해서만이 재림 마당의 역사의 세계를 알 수 있고, 그분을 통해서만이 재림의 역사를 통해서 이루어질 하늘나라의 일에 동참할 수 있는 것이다.

해를 입은 여인의 근본, 본질은 누구인가?

눅 9:28-31 이 말씀을 하신 후 팔 일쯤 되어 예수께서 베드로와 요한과 야고보를 데리시고 기도하시러 산에 올라가사 기도하실 때에 용모가 변화되고 그 옷이 희어져 광채가 나더라 문득 두 사람이 예수와 함께 말하니 이는 모세와 엘리야라 영광 중에 나타나서

장차 예수께서 예루살렘에서 별세하실 것을 말씀할쌔

　재림 마당에 등장하는 해를 입은 여인의 근본은 변화산에서 예수님과 함께 십자가 사건을 의논한 모세이다. 모세는 네 생물에 소속된 존재이다. 그 모세가 예수님께로부터 하나님 보좌에 앉으신 이의 오른손에 있던 책을 받아 계시 중에서 사도 요한에게 주었다. 재림 마당에서 그 모세가 해를 입은 여인으로 등장하여 사도 요한에게 맡겼던 책을 다시 찾아서 두 감람나무 사역을 담당할 자에게 주는 것이다.

　그런데 성경을 표면적으로만 읽으면 재림 마당에서 사도 요한 같은 사람이 작은 책을 먹고 그 사람이 다시복음을 전하는 것처럼 생각할 수밖에 없다. 그렇게 생각하기 때문에 자기가 작은 책을 먹은 자라고 날뛰는 자들이 등장하는 것이다. '작은 책'은 만세 전에 하나님께서 예비하신 자가 먹도록 예정되어 있다. '작은 책'은 혼자서 받는 것이 아니다. '작은 책'은 주는 자가 있고, 받는 자가 있는 것이다. 주고받은 자만이 알 수 있는(계 2:17) 하늘의 비밀 중의 비밀이 '작은 책'이다. 이런 사실을 알지 못하고 자신이 '작은 책'을 받은 자라고 주장한다면 그 자체만으로도 스스로 잘못된 존재라는 사실을 증거하고 있는 것이다.

3. 왜 작은 책의 내용을 알아야 하는가?

첫째, 작은 책의 말씀을 받지 않고는 장래사를 알 수 없다.

여기서 장래사란 막연하게 장차 언젠가 이루어지는 일이라는 뜻이 아니다. 여기에는 분명히 "알파와 오메가, 처음과 나중, 시작과 끝"(계 22:13)이라는 분명한 시작이 있고 끝이 있는 장래사를 말하는 것이다. 작은 책의 말씀을 받지 않고는 장차 재림 마당에서 한 이레를 통해 이루어지는 인류 구속사역의 세계가 언제 시작해서 언제 끝나는지 전혀 알 수 없다는 것이다.

둘째, 작은 책의 말씀을 받지 않고는 장래사를 알지 못하기 때문에 장래의 일을 할 수 없다.

> 사 24:13 세계 민족 중에 이러한 일이 있으리니 곧 감람나무를 흔듦 같고 포도를 거둔 후에 그 남은 것을 주움 같을 것이니라

재림 마당에서 이루어질 두 도맥은 포도를 거둔 후에 남은 것을 줍는 역사와 감람나무 역사이다. 두 감람나무 역사는 성전 안의 의인들을 척량하는 역사이고(계 11:1), 포도를 거둔 후에 남은 것을 주움 같은 역사는 성전 바깥에서 이방에게 마흔두 달 짓밟히는 가운데 끝까지 참고 견디며 남는 자들이 그 역사의 대상이다(계 11:2). 그들은 "오직 예수"만 부르짖는 자들로서 재림 마당

에서 이루어질 역사의 시작과 끝을 알지 못하는 자들이다. 그렇기 때문에 감람나무에게 소속된 자들은 포도나무 역사의 내용도 알 수 있지만, 포도나무에 소속된 자들은 감람나무 역사에 대해서는 도무지 알지 못한다. 그들은 포도나무 역사의 한계는 알고 믿고 있지만, 그 한계를 벗어난 감람나무 역사의 내용은 도무지 알 수가 없다. 그렇기 때문에 작은 책을 받지 못하면 장래사를 알지 못하고, 장래사를 알지 못하기 때문에 장래 일도 행할 수 없다.

셋째, 작은 책의 말씀을 받지 않고는 장래사를 알지 못하기 때문에 장래 일을 할 수 있는 때에 맞는 믿음을 소유할 수 없다.

때의 주인을 알지 못하면 그 때에 맞는 말씀을 들을 수 없고, 때에 맞는 말씀을 듣지 못하면 때에 맞는 믿음을 소유할 수가 없게 된다. 예수께서 '때가 차매'(갈 4:4) 자기 땅에 오셨으나 4천 년 동안 율법을 섬기던 자들은 때의 주인으로 오신 예수님을 영접하지 못했다.

> 롬 7:1-3 형제들아 내가 법 아는 자들에게 말하노니 너희는 율법이 사람의 살 동안만 그를 주관하는 줄 알지 못하느냐 남편 있는 여인이 그 남편 생전에는 법으로 그에게 매인 바 되나 만일 그 남편이 죽으면 남편의 법에서 벗어났느니라 그러므로 만일 그 남편 생전에 다른 남자에게 가면 음부라 이르되 남편이 죽으면 그 법에서 자유케 되나니 다른 남자에게 갈찌라도 음부가 되지 아니하느니라

사도 바울이 율법과 은혜와 진리로 오신 예수님을 남편에 비유하여 증거하는 말씀이다. 전 남편인 율법을 버리고 새 남편인 예수님을 영접해야 하는데, 전 남편을 버리지 못하는 이스라엘 백성들이 음부가 아니겠냐고 외치는 말씀이다. 이처럼 때의 주인을 알아보지 못한 선민 이스라엘 백성들이 하나님을 믿는 열심을 가지고 메시아로 오신 예수님을 십자가에 못 박은 것이다(요 2:17, 16:2, 시 69:9).

마찬가지다. 재림 마당에서 역사하는 이 땅의 주, 해를 입은 여인을 알아보지 못한 하나님의 백성들이 "오직 예수"를 부르짖는 열심을 가지고 '이 땅의 주'를 내쫓고(계 12:6, 12:14) '두 감람나무'를 죽이는 것이다(계 11:7-10). 작은 책을 알지 못하면 재림 마당의 때의 주인으로 역사하시는 '이 땅의 주와 두 감람나무'가 누구인지 알지 못하고, 때의 주인을 모르기 때문에 때에 맞는 믿음을 가질 수 없다.

> 마 25:37-40 이에 의인들이 대답하여 가로되 주여 우리가 어느 때에 주의 주리신 것을 보고 공궤하였으며 목마르신 것을 보고 마시게 하였나이까 어느 때에 나그네 되신 것을 보고 영접하였으며 벗으신 것을 보고 옷 입혔나이까 어느 때에 병드신 것이나 옥에 갇히신 것을 보고 가서 뵈었나이까 하리니 임금이 대답하여 가라사대 내가 진실로 너희에게 이르노니 너희가 여기 내 형제 중에 지극히 작은 자 하나에게 한 것이 곧 내게 한 것이니라- 하시고

위 구절은 예수께서 친히 비유로 하신 말씀이다. 양과 염소의

비유 중에서 지극히 작은 자, 즉 소자를 중심으로 양은 오른쪽, 염소는 왼쪽으로 구별이 된다는 것이다. 예수께서 친히 말씀하시는 소자는 누구를 말하는 것인가? 분명히 이 때는 구속사의 모든 결과가 이루어진 재림의 마당을 가리키고 있다. 재림 마당은 공개적인 마당이 아니라 감추었던 만나가 내리는 마당이다(계 2:17). 재림주 역시 도적같이 오시는 분이기 때문에 재림 마당에 등장하는 주인공들이 누구인지 전혀 알 수가 없다. 예수님은 공개된 만나로 오셔서 밝히 자신을 증거하고 나타내신 분이다. 그러나 재림 마당에 등장하는 주인공들은 도적 같이 오시는 분들이기 때문에 자기를 나타내지 않는다.

마태복음 25장에서 말씀하신 소자는 포도나무 역사 속에 들어있는 소자가 아니다. 감람나무 역사 속에서 감람나무 열매로 열매 맺게 하는 소자를 말하는 것이다. 이스라엘 백성들이 아무리 율법을 달달 외운다고 할지라도 율법을 완전하게 이루러 오시는 때의 주인공이신 예수님을 몰랐기에 예수님을 죽일 수밖에 없었다.

마지막 때도 마찬가지다. 성경을 아무리 많이 아는 사람이라 할지라도 때의 주인을 모르면 마지막 때의 비밀을 알 수가 없는 것이다.

> 사 9:6 이는 한 아기가 우리에게 났고 한 아들을 우리에게 주신바 되었는데 그 어깨에는 정사를 메었고 그 이름은 기묘자라, 모사라, 전능하신 하나님이라, 영존하시는 아버지라, 평강의 왕이라 할 것임이라

기묘자, 모사(사 9:6)라는 말은 기이하고 묘한 사람으로서 그

의 정체와 실상을 알기 힘들다는 의미이다.

> 계 19:11-12 또 내가 하늘이 열린 것을 보니 보라 백마와 탄 자가 있으니 그 이름은 충신과 진실이라 그가 공의로 심판하며 싸우더라 그 눈이 불꽃 같고 그 머리에 많은 면류관이 있고 또 이름 쓴 것이 하나가 있으니 자기 밖에 아는 자가 없고

재림 마당에 백마와 탄 자가 등장하는데 그는 자기밖에 모르는 자기 이름을 가졌다. 또 요한계시록 12장에 등장하는 해를 입은 여인, 요한계시록 10장에 머리에 무지개를 쓰고 하늘에서 내려오는 힘센 천사도 다 자기 이름을 밝히 드러내지 않는 입장에서 때의 주인공으로서 나타나고 있다. 그 때의 주인을 알지 못하면 첫째 부활, 의인의 부활에 들어가지 못한다. 그 때의 주인에 대한 비밀이 작은 책 속에 들어있다는 것이다.

넷째, 작은 책의 말씀을 받지 않고는 성령이 아시아의 일곱 교회를 통해서 칭찬 받는 교회와 책망 받는 교회가 어떤 교회인지 알 수가 없다.

여기서 아시아라는 말은 지리적인 차원에서의 아시아를 말하는 것이 아니라 성령이 일곱 교회를 통하여 역사하시는 역사의 대상 안에 있는 범주를 표현한 것이다. 꼭 아시아에만 성령의 일곱 교회가 있다는 뜻이 아니다. 일곱 교회 중에서 두 번째 교회인 서머나 교회와 여섯 번째 교회인 빌라델비아 교회만 책망 받지 않고

칭찬을 받았다(계 2:8-11, 3:7-13). 나머지 교회는 다 책망을 받았다.

　여기서 교회란 재림 마당에서 역사할 인자를 가리키는 것이지 건물을 의미하는 것이 아니다. 작은 책에는 마지막 때에 칭찬 받는 교회와 책망 받는 교회에 대한 내용이 들어있다.

다섯째, 작은 책의 말씀을 받지 않고는 하나님과 어린 양의 보좌를 통해서 드리는 하늘의 예배와, 보좌의 광경과, 어린 양이 하시고자 하는 하늘의 일을 알 수가 없다.

　계 4:1 이 일 후에 내가 보니 하늘에 열린 문이 있는데 내가 들은 바 처음에 내게 말하던 나팔소리 같은 그 음성이 가로되 이리로 올라오라 이후에 마땅히 될 일을 내가 네게 보이리라 하시더라

　사도 요한에게 '이 후에 마땅히 될 일'을 보여주는 장면이다. 사도 요한이 성령의 감동을 받아 하나님의 보좌와 보좌를 중심으로 전개되는 하늘의 역사를 바라보게 된다.

　계 4:2-6 내가 곧 성령에 감동하였더니 보라 하늘에 보좌를 베풀었고 그 보좌 위에 앉으신 이가 있는데 앉으신 이의 모양이 벽옥과 홍보석 같고 또 무지개가 있어 보좌에 둘렸는데 그 모양이 녹보석 같더라 또 보좌에 둘려 이십 사 보좌들이 있고 그 보좌들 위에 이십 사 장로들이 흰 옷을 입고 머리에 금 면류관을 쓰고 앉았더라 보좌로부터 번개와 음성과 뇌성이 나고 보좌 앞에 일곱 등불 켠 것이 있으

니 이는 하나님의 일곱 영이라 보좌 앞에 수정과 같은 유리 바다가 있고 보좌 가운데와 보좌 주위에 네 생물이 있는데 앞뒤에 눈이 가득하더라

하늘의 보좌에는 보좌의 주인이 계시고, 그 주위에 네 생물과 24보좌에 앉은 24장로들이 있다. 그분들이 재림 마당에서 하늘에서 이루어진 뜻대로 이 땅에서 어떤 역사를 펼치시는지 그 모든 내용이 작은 책 속에 들어있기에, 작은 책을 알지 못하면 하늘 보좌의 구조와 어린 양의 하시고자 하는 역사의 비밀을 알지 못한다는 것이다.

여섯째, 작은 책의 말씀을 받지 않고는 666이라는 세 짐승의 정체와 실상과 비밀과 암호를 알 수 없다.

하늘의 두 이적이 있는데 하나는 해를 입은 여인의 이적, 하나는 붉은 용의 이적이라는 두 가지 이적이 서로 대치가 되어서 싸우고 있다(계 12:1-4). 하늘의 두 이적은 해를 입은 여인이 제 밭을 중심으로 철장으로 만국을 다스릴 남자를 낳는 이적과 붉은 용이 제 밭에 뿌린 가라지들을 중심으로 철장 권세를 가진 아이가 태어나면 삼키려는 이적을 말한다. 즉 666이라는 세 짐승이 자기들이 받은 권세와 능력을 총동원하여 온 세상을 미혹하여 하나님의 백성들의 이마와 손에 표를 받게 하여 우상을 섬기게 하고, 자기들의 나라를 세우려는 최후의 발악을 하는데(계 13:1-18), 작은 책을 모르면 666이라는 짐승이 누구인지 알 수 없을 뿐만 아니라, 그들이 역사하는 세계를 알 수 없다는 것이다.

일곱째, 작은 책의 말씀을 받지 않고는 '이 땅의 주와 두 감람나무·두 촛대'(계 11:4)를 통해서 역사하는 그 역사의 세계를 알 수도 없을 뿐만 아니라 만국을 다스릴 수 있는 철장의 권세를 가진 아이를 낳는(계 12:5) 하늘의 역사의 세계를 전혀 알 수 없다.

> 계 12:7-9 하늘에 전쟁이 있으니 미가엘과 그의 사자들이 용으로 더불어 싸울쌔 용과 그의 사자들도 싸우나 이기지 못하여 다시 하늘에서 저희의 있을 곳을 얻지 못한지라 큰 용이 내어 쫓기니 옛 뱀 곧 마귀라고도 하고 사단이라고도 하는 온 천하를 꾀는 자라 땅으로 내어 쫓기니 그의 사자들도 저와 함께 내어 쫓기니라

　　해를 입은 여인이 이 땅의 주로서 두 감람나무 역사를 주관하여 철장 권세를 가진 남자를 낳아 하늘 보좌로 올려서(계 12:5) 하늘의 전쟁을 일으키고 윗물과 아랫물로 분리된 하늘을 통일시킨다(계 12:7). 그로 말미암아 첫째 하늘에서 공중 권세를 잡고 있던 붉은 용이 자기들의 있을 곳을 더 이상 얻지 못하고 땅으로 내어 쫓기는 역사가 이루어진다(계 12:8-9).

> 슥 4:2-3 그가 내게 묻되 네가 무엇을 보느냐 내가 대답하되 내가 보니 순금 등대가 있는데 그 꼭대기에 주발 같은 것이 있고 또 그 등대에 일곱 등잔이 있으며 그 등대 꼭대기 등잔에는 일곱 관이 있고 그 등대 곁에 두 감람나무가 있는데 하나는 그 주발 우편에 있고 하나는 그 좌편에 있나이다 하고

순금 등대 앞에 일곱 등잔이 있는데, 등대 좌우의 두 감람나무로부터 일곱 관을 통해 일곱 등잔에 기름이 공급된다. 두 감람나무로부터 공급되는 작은 책의 말씀으로 인해 일곱 교회가 불을 밝히게 되는 것이다. 작은 책 속에는 그 모든 역사의 전모가 다 들어 있는 것이다.

여덟째, 작은 책의 말씀을 받지 않고는 산 자의 세계를 이루시는 첫째 부활의 은총을 입지 못한다.

　계 20:4-6　또 내가 보좌들을 보니 거기 앉은 자들이 있어 심판하는 권세를 받았더라 또 내가 보니 예수의 증거와 하나님의 말씀을 인하여 목 베임을 받은 자의 영혼들과 또 짐승과 그의 우상에게 경배하지도 아니하고 이마와 손에 그의 표를 받지도 아니한 자들이 살아서 그리스도로 더불어 천 년 동안 왕노릇 하니 (그 나머지 죽은 자들은 그 천 년이 차기까지 살지 못하더라) 이는 첫째 부활이라 이 첫째 부활에 참예하는 자들은 복이 있고 거룩하도다 둘째 사망이 그들을 다스리는 권세가 없고 도리어 그들이 하나님과 그리스도의 제사장이 되어 천 년 동안 그리스도로 더불어 왕노릇 하리라

　요 5:29　선한 일을 행한 자는 생명의 부활로, 악한 일을 행한 자는 심판의 부활로 나오리라

　성경에는 세 가지 부활이 있다. 첫째 부활, 즉 의인의 부활과

(계 20:4-6) 생명의 부활, 심판의 부활이다(요 5:29). 첫째 부활은 영육 간에 부활하여 영원한 산 자가 되는 것이고, 생명의 부활은 영혼만 부활하는 것이고, 심판의 부활은 영원한 심판을 받고 둘째 사망, 불 못으로 들어가는 것이다.

여기서 첫째 부활과 생명의 부활에는 천 년의 차이가 있다. 첫째 부활은 하나님 아들의 음성을 듣고 개별적으로 살아나는 부활이다(요 5:25). 마리아의 오라비 나사로, 우편 강도 등이 첫째 부활의 대상자들이다. 이 첫째 부활로 구원받은 사람들은 둘째 사망의 해를 받지 않고, 영원한 생명을 가진 자들로서 이 땅에서 천 년 동안 그리스도로 더불어 왕노릇하는 사람들이다. 죽는 자들이 사는 세상에서 죽음을 초월한 영원한 산 자들이 공존하는 것이다. 그들은 세상을 다스리는 신의 아들들과 같은 존재들이다.

> 눅 20:34-36 예수께서 이르시되 이 세상의 자녀들은 장가도 가고 시집도 가되 저 세상과 및 죽은 자 가운데서 부활함을 얻기에 합당히 여김을 입은 자들은 장가가고 시집가는 일이 없으며 저희는 다시 죽을 수도 없나니 이는 천사와 동등이요 부활의 자녀로서 하나님의 자녀임이니라

그 동안 죽은 자들은 천 년이 지나기까지 무덤 속에서 기다리고 있고, 첫째 부활에 들어가지 못한 자들은 이 땅에서 태어나서 죽고, 태어나서 죽고를 되풀이하게 된다. 생명의 부활을 받는 자들은 천사와 같은 존재로서 첫째 부활에 참여하는 자들을 받들며 섬기는 종의 입장이 된다.

그렇기 때문에 첫째 부활에 참예하는 자들은 복이 있고, 거룩

하다고 했다. 누구든지 첫째 부활을 받으려면 아버지의 말씀, 중간계시, 작은 책의 말씀을 받아야 한다. 거기에는 열외가 없다. 작은 책의 말씀을 알지 못하면 누구를 막론하고 첫째 부활의 영광을 입지 못하고, 첫째 부활로 인해 이루어지는 해와 같은 영광, 달과 같은 영광, 별과 같은 영광을 입지 못한다(고전 15:41).

아홉째, 작은 책의 말씀을 받지 않고는 일곱 인 · 일곱 나팔 · 일곱 대접을 통해 역사하시는 세계의 비밀을 알지 못한다.

70이레로 정해진 인류 구속사역의 남은 한 이레의 역사가 재림 마당에서 전개된다. 한 이레 안에서 일곱 인이 떼어지고, 일곱 나팔이 불려지고, 일곱 대접이 쏟아지는 것이다. 그 일곱 인·일곱 나팔·일곱 대접의 역사가 마쳐지면 인류 구속사역이 완성되고, 그 역사에 동참하지 못하고 대적한 자들은 다 불심판을 받게 된다. 작은 책 속에는 일곱 인·일곱 나팔·일곱 대접의 역사의 내용이 다 들어있기에 작은 책을 알지 못하면 재림 마당의 역사가 어떻게 진행되며 이루어지는지 알 수 없다.

열째, 작은 책의 말씀을 받지 않고는 생명록에 기록되지 못한다.

고전 3:12-15 만일 누구든지 금이나 은이나 보석이나 나무나 풀이나 짚으로 이 터 위에 세우면 각각 공력이 나타날 터인데 그날이 공

> 력을 밝히리니 이는 불로 나타내고 그 불이 각 사람의 공력이 어떠한 것을 시험할 것임이라 만일 누구든지 그 위에 세운 공력이 그대로 있으면 상을 받고 누구든지 공력이 불타면 해를 받으리니 그러나 자기는 구원을 얻되 불 가운데서 얻은 것 같으리라

> 벧전 4:12-13 사랑하는 자들아 너희를 시련하려고 오는 불시험을 이상한 일 당하는 것 같이 이상히 여기지 말고 오직 너희가 그리스도의 고난에 참예하는 것으로 즐거워하라 이는 그의 영광을 나타내실 때에 너희로 즐거워하고 기뻐하게 하려 함이라

왜 작은 책의 말씀을 받은 사람들이 생명록에 기록되는 것인가? 그 이유는 작은 책의 말씀을 받은 사람만이 각자의 공력을 불로 시험받고 연단받기 때문이다. 고린도전서 3:12-15의 내용은 개인적으로 불로써 공력을 연단 받는 과정을 말한다. 그리고 나서 베드로전서 4:12에서 말씀한 것처럼 불시험을 거쳐서 이긴 분량대로 생명록에 크고 작은 이름으로 기록되는 것이다. 어떤 사람들은 해와 같은 영광으로, 어떤 사람들은 달과 같은 영광으로, 어떤 사람들은 별과 같은 영광으로, 어떤 사람들은 별과 별들의 다른 영광으로 기록된다(고전 15:41).

그렇기 때문에 생명록에 기록되기 위해서는 우선 불로써 공력을 연단 받아야 한다(고전 3:12-15). 그리고 나면 불로 연단 받은 공력으로 불시험을 받아야 한다(벧전 4:12). 그것이 구도의 길을 걷는 도장에서, 역사의 현장에서 우리가 치러야 될 시험의 과정이다. 그것을 거치지 않는 사람은 절대 생명록에 기록되지 못한다.

그런 내용들이 작은 책 속에 들어있기 때문에 작은 책을 받지 않고는 생명록에 기록되지 못한다.

따라서 작은 책의 내용을 모르는 사람들은 재림의 때가 언제인지 알지 못하고, 재림주가 어떻게 탄생되고 그를 통해서 어떻게 만국을 다스릴 수 있는 철장의 권세를 가진 아이를 낳는 것인지 알 수도 없고, 또 철장의 권세를 가진 아이를 낳지 못하도록 대적하는 붉은 용의 역사의 세계도 알지 못한다. 붉은 용이 어떻게 바다의 짐승에게 권세를 주며, 바다의 짐승이 어떻게 땅에서 올라온 새끼 양에게 권세를 주는지 알지 못한다. 또 권세를 받은 그들이 해를 입은 여인으로 역사하는 이 땅의 주와 두 감람나무를 어떻게 대적하는지 그 역사의 세계를 전혀 알 수 없다. 작은 책을 모르는 사람은 재림 마당의 역사의 비밀도 알 수 없고, 재림주가 누구인지도 알 수 없으며, 세상 종말이 어떻게 끝나는지 절대 알지 못한다는 것이다.

그렇기 때문에 작은 책의 말씀을 받지 못하는 사람은 불행하게도 재림 마당에서 성도의 권세가 다 깨어질 수밖에 없는 대상으로서(단 12:7) 우상에게 경배하고 세 짐승의 표를 받고 인침 받을 수밖에 없는 그런 대상이 되고 만다(계 13:8, 13:16). 짐승의 표를 받거나 우상에게 경배 드리거나 인침을 받는 사람은 누구를 막론하고 다 불 못, 즉 지옥에 던져질 수밖에 없다(계 20:13-15, 21:8). 그러나 작은 책의 말씀을 받은 사람은 그들의 이름이 생명록에 기록되기 때문에 아무리 작은 영광을 받는다 할지라도 최소한 불 못, 지옥에 들어가지는 않는다는 것이다.

그렇기 때문에 하나님께서 죽는 자의 세계가 끊임없이 펼쳐지고 있는 영원한 복음 속에 있는 종말론적인 끝을 바라보시면서 오른손에 있던 책을 마지막 때 등장시키고자, 힘센 천사로 하여금 사도 요한에게 작은 책을 주어 먹게 하신 것이다.

4. 작은 책은 일곱 인 중에서 몇째 인을 떼어야 공개되는가?

계 16:12-15 또 여섯째가 그 대접을 큰 강 유브라데에 쏟으매 강물이 말라서 동방에서 오는 왕들의 길이 예비되더라 또 내가 보매 개구리 같은 세 더러운 영이 용의 입과 짐승의 입과 거짓 선지자의 입에서 나오니 저희는 귀신의 영이라 이적을 행하여 온 천하 임금들에게 가서 하나님 곧 전능하신 이의 큰 날에 전쟁을 위하여 그들을 모으더라 보라 내가 도적같이 오리니 누구든지 깨어 자기 옷을 지켜 벌거벗고 다니지 아니하며 자기의 부끄러움을 보이지 아니하는 자가 복이 있도다

위 구절에서 여섯째 대접이 쏟아졌다는 것은 이미 여섯째 인이 떼어졌다는 것이다. 여섯째 인을 떼어야 여섯째 나팔이 불리고, 여섯째 나팔을 불어야 여섯째 대접이 쏟아진다. 이제 일곱째 인이 떼어지는 역사가 시작될 텐데, 그 일곱째 인이 떼어지기 직전에 재림주가 도적같이 등장한다는 것이다.

일곱째 천사가 일곱째 나팔을 불 때는 예언된 모든 말씀이 이

땅에서 다 이루어지는 때이다(계 10:7). 본래는 일곱째 인을 떼시고 일곱째 천사장의 나팔소리와 함께 재림주 멜기세덱이 오시게 되어 있지만 그렇게 되면 택한 백성이라도 살아남을 자가 없기 때문에, 그 전에 오신다는 것이다. 그래서 도적같이 오신다고 표현한 것이다. 여섯째 인이 떼어지고 여섯째 나팔이 불리고 여섯째 대접이 쏟아질 때 도적같이 오시는 분은 재림주 멜기세덱의 영광을 가지고 오시는 것이 아니라, 독수리의 상태로 오시는 것이다. 아직 재림주 멜기세덱의 영광을 받은 것은 아니다.

예수께서 "그날과 그때를 감해주지 않으면 택한 자라도 견딜 자가 없다"(마 24:22, 막 13:20)고 하신 말씀대로, 그 날과 그 때를 감해주시기 위해서 그 날을 단축해서 오신다. 여섯째 인을 떼고 여섯째 나팔이 불리고 여섯째 대접이 쏟아질 때 도적같이 오신다는 것이다.

그렇다면 작은 책의 말씀은 언제 증거되는 것인가?

작은 책의 말씀은 여섯째 인이 떼어지자마자 시작되는 것이다. 여섯째 인이 떼어지고 작은 책의 말씀이 증거되고, 그 말씀을 믿고 영접하는 자들이 생명록에 기록되는 것이다. 이긴 자들의 이름이 생명록에 기록되는 역사가 완성되기 때문에 재림주가 자기를 바라는 자들에게 오시는 것이다(히 9:28). 거기서 말하는 바라는 자들은 끝까지 이기고 남는 자, 승리한 자들이며, 생명록에 기록된 자들을 말한다(빌 4:3, 계 3:5, 13:8, 17:8, 20:12, 20:15, 21:27).

생명록이란 무엇을 말하는가?

계 13:8 죽임을 당한 어린 양의 생명책에 창세 이후로 녹명되지 못하고 이 땅에 사는 자들은 다 짐승에게 경배하리라

기독교인들은 대부분 생명록이라고 하면 어린 양이신 예수님의 생명록만을 생각한다. 그러나 재림 마당에서의 일찍 죽임을 당한 어린 양은 두 감람나무이다. 재림 마당에서의 제물은 산비둘기와 집비둘기 새끼이기 때문이다.

따라서 예수님 때 생명록과 재림 마당의 생명록에는 차이가 있다. 예수님은 죄인을 구하러 오신 분이기에 예수님의 생명록에는 죄인들이 기록되고, 두 감람나무는 의인들을 위해서 온 분이기에 두 감람나무의 생명록에는 끝까지 이기고 남는 자들이 기록된다. 그러한 의인을 위해서 죽는 두 감람나무가 재림 마당의 생명록이 되는 것이다.

그렇다면 생명록에 기록될 수 있는 자격은 무엇인가? 작은 책의 말씀을 받아야 한다. 그런데 작은 책의 말씀을 받는 과정을 거치지 않고도 생명록에 기록되는 사람이 있다. 작은 책의 역사가 시작되기 이전에 하늘나라의 일을 위해서 순교한 사람들은 생명록에 기록된다.

계 6:9-11 다섯째 인을 떼실 때에 내가 보니 하나님의 말씀과 저희의 가진 증거를 인하여 죽임을 당한 영혼들이 제단 아래 있어 큰 소리로 불러 가로되 거룩하고 참되신 대주재여 땅에 거하는 자들을 심

판하여 우리 피를 신원하여 주지 아니하시기를 어느 때까지 하시려나이까 하니 각각 저희에게 흰 두루마기를 주시며 가라사대 아직 잠시 동안 쉬되 저희 동무 종들과 형제들도 자기처럼 죽임을 받아 그 수가 차기까지 하라 하시더라

그렇다면 그들은 작은 책과는 전혀 무관한 사람들인가? 그렇지 않다. 그들도 작은 책을 받아야 하기 때문에 다섯째 인을 떼었을 때 하나님께서 흰 두루마기를 주신다고 했다.

예수께서 십자가에서 운명하신 후 스올에 들어가시어 노아 때 죽은 영혼들에게 부활의 복음을 전파하신 것처럼, 두 감람나무도 무저갱에서 올라온 짐승에게 죽임을 당하여 큰 성길에 누워 있는 동안, 그의 영혼이 제단 아래 있는 자들에게 다시복음을 증거해 주신다는 것이다. 그것을 가리켜 흰 두루마기를 주신다고 표현한 것이다.

이처럼 살아있는 자나, 순교를 당해서 잠자는 자들이나 누구를 막론하고 작은 책, 중간계시, 다시복음의 말씀을 받지 않고는 어느 누구도 절대 첫째 부활에 참예할 수 없다. 아무리 교황, 총회장, 목사, 신부라 할지라도 작은 책, 중간계시의 말씀을 받지 못한 사람은 첫째 부활, 의인의 부활에 들어가지 못하고, 어린 양의 생명록에 기록되지 못한다. 어린 양의 생명록에 기록된다는 말의 의미는 부활의 첫 열매인 어린 양이 되시는 그리스도께서 우리를 부활시켜주기 위해서 잠자는 자들에게 차례로 이름을 불러주심으로 순서대로 영육 간에 의인의 부활로 부활 받을 수 있는 것을 말한다(요 5:25). 그것이 여섯째 인이 떼어지는 역사 안에서 이루어지는 것이다.

여섯째 인을 떼었을 때 작은 책의 말씀이 오늘날의 말씀으로, 감추었던 만나로 역사하게 된다.

그리고 여섯째 인의 역사의 끝자락에 생명록에 기록되어 있는 자들에게 재림주 멜기세덱이 도적 같이 오시는 것이다. 생명록에 기록된 자들은 죄와 상관없이 재림주 멜기세덱을 바라는 자들이다(히 9:28). 그들은 죄와 상관이 없는 의인들이기에 거기에는 죄가 존재하거나, 개입하지 못한다.

계 10:7 일곱째 천사가 소리 내는 날 그 나팔을 불게 될 때에 하나님의 비밀이 그 종 선지자들에게 전하신 복음과 같이 이루리라

그리고 나서 이제 일곱째 인이 떼어지면 일곱째 천사가 소리 내는 날 그 나팔을 불게 될 때에 하나님의 비밀이 그 종 선지자들을 통하여 예언하신 말씀대로 이루어진다고 했다. 일곱째 나팔을 불면 일곱 대접이 쏟아진다. 일곱 대접의 역사는 창세 이후 전무후무한 환난으로 이어지는 심판의 역사이다.

일곱째 인을 떼고 일곱째 천사가 나팔을 불게 될 때에 후 3년 반에서 진행될 모든 역사가 다 이루어진다는 것이다. 그 때 일어나는 환난이 창세 이후 전무후무한 환난이기 때문에 여섯째 인의 역사의 끝자락에서 작은 책의 말씀을 통해서 아버지께서 마지막으로 택한 백성들을 인쳐주심으로 말미암아 어린 양의 생명록에 기록되게 하시는 것이다.

작은 책의 말씀, 반 때의 말씀이 여섯째 인을 떼고 시작되는 것

은 전 3년 반이 아니라 후 3년 반에서 진행되고 있는 것이다. 그렇다면 하나님이 하시는 일이 공의에서 어긋난 속임수가 아니냐고 말할 수도 있을 것이다. 그러나 하나님은 공의의 하나님이시다. 하나님이 전 3년 반을 진행하는 빛의 역사의 과정에서 이미 어둠의 권세가 불법으로 처음부터 역사하고 있었기 때문에 하나님께서도 그 점을 감안해서 그들의 역사에 합당한 대응을 하고 있는 것이다(살후 2:7). 어둠의 권세가 빛의 역사가 진행되는 전 3년 반을 침투한 대로, 후 3년 반 깊숙이 집비둘기 새끼를 침투시키는 역사를 하시는 것이다.

예수님이 십자가 상에서 여섯 시간 달리신 동안 일곱 말씀을 하셨다. 빛이 있는 동안에 세 말씀, 해가 빛을 잃고 난 후 죽음 직전에 동시다발적으로 네 말씀을 하셨다.

예수님 때와 동일한 역사로 재림 마당에서 두 감람나무 중 산비둘기가 되는 분이 빛이 있는 동안 세 말씀을 한다. 그리고 집비둘기 새끼가 되는 분이 해가 빛을 잃고 난 후, 죽음 직전에 네 말씀을 동시다발적으로 하셨다는 것은 네 말씀이 여섯째 인의 역사 안에서 다 이루어진다는 것이다. 작은 책, 반 때의 말씀이 여섯째 인을 떼고 나서 일곱째 인이 떼어지기 전에 그 안에서 다 한꺼번에 이루어질 것을 암시한 말씀이 되는 것이다.

> 단 12:11-12 매일 드리는 제사를 폐하며 멸망케 할 미운 물건을 세울 때부터 일천이백구십 일을 지낼 것이요 기다려서 일천삼백삼십오 일까지 이르는 그 사람은 복이 있으리라

마지막 때를 알 수 있는 비장한 신(神)의 한 수가 무엇인가? 그것이 바로 일곱째 인을 떼는 순간이다. 일곱째 인을 떼고 일곱째 천사가 소리 내는 날, 그 때부터 위 구절의 내용이 적용을 받는 것이다. 어둠의 권세가 불법으로 전 3년 반을 침범한 전적이 있기 때문에 후 3년 반에서 진행되는 1260일, 1290일, 1335일은 영적인 시간이 아닌 크로노스[13]의 세상 시간으로 진행이 된다는 것이 작은 책 속에 감추어진 비밀이다.

5. 작은 책을 받을 수 있는 자격은 무엇인가?

> 눅 6:27-28 그러나 너희 듣는 자에게 내가 이르노니 너희 원수를 사랑하며 너희를 미워하는 자를 선대하며 너희를 저주하는 자를 위하여 축복하며 너희를 모욕하는 자를 위하여 기도하라

작은 책의 말씀을 받는 사람들은 너희 원수를 사랑하며, 너희를 미워하는 자를 선대하며, 너희를 저주하는 자를 위하여 축복하며, 너희를 모욕하는 자를 위하여 기도하라는 것이다. 작은 책, 다시복음의 말씀을 듣고 첫째 부활에 참여할 수 있는 사람이 되려면 꼭 이 네 가지의 말씀을 지킬 수 있는 사람이 되어야만 한다. 이 네 가지를 지키지 못하면 아무리 때에 맞는 아름다운 말씀을 듣는

---

[13] 시간에는 카이로스, 크로노스, 호라의 세 종류가 있다. 카이로스는 하나님께서 친히 역사하시는 시간이며, 크로노스는 세상 시간이며, 호라는 믿음의 시간을 말한다. 세상 사람들이 지내는 시간은 크로노스의 시간이다.

다 할지라도 그 말씀의 열매를 맺지 못한다는 것이다.

첫째, 너희 원수를 사랑하라고 했다.

사랑은 율법의 완성이다. 하나님 사랑, 이웃을 자기 몸처럼 사랑하는 사람은 일만 가지 율법을 다 이루고 완성하는 사람이 되는 것이다. 그래서 사랑은 율법의 완성, 마침이 된다. "십자가는 하나님이 우리에게 대한 자기의 사랑을 확증하시는 것이라"(롬 5:8)고 했다. 예수님이 십자가 상에서 첫 번째 하신 말씀이 원수 사랑이었다. "아버지여 저희를 사하여 주옵소서 자기의 하는 것을 알지 못함이니이다"(눅 23:34)라고 하셨다.

예수님이 어떤 고난을 받으셨는가? 이사야 선지자가 예언한 말씀대로 눈을 가리고 주먹으로 뺨을 때리고 발길질하고, 또 얼굴에 침을 뱉고, 그리고 수염을 뽑았다(사 50:6). 시편 기자가 예언한 대로 마치 소가 밭에 고랑을 간 것처럼 채찍으로 후려침으로 예수님의 등에 밭고랑이 생겼다(시 129:3). 그 고통을 짊어지신 예수님이 용서의 기도를 하신 '저들은'에 해당되는 모든 대상들 속에는 예수님에게 그런 학대를 한 그들까지 포함하여 총칭한 단어이다.

그렇기 때문에 믿음, 소망, 사랑 중에 사랑이 제일이라고 했다(고전 13:13). 성령이 일곱 교회를 책망하시는 가운데 에베소 교회를 책망하는 내용이 "네가 첫 사랑을 잃어버렸다"(계 2:4)고 지적하셨다. 사랑이 없는 사람은 절대 존귀한 사람이 되지 못한다. 사랑이 없으면 멸망 받을 수밖에 없는 짐승과 같은 존재라는 것이다. 사랑이 없으면서 모든 지식을 갖고 있는 그 자체가 가증스럽고 교활하며 허탄하여 교만의 극치를 이루는 것이다. 그렇기 때문에 사랑이 첫째가 된다. 하나님은 사랑이시다. 그것이 하나님이 가지고 있는 거룩한 신성이다.

둘째, 너희를 미워하는 자를 선대하라고 했다.

미워하는 자를 입으로만 대접하는 것이 아니라 진실로 기쁘게 대접하라는 뜻이다. 선한 목자는 양을 위해서 목숨을 버린다고 했다(요 10:11). 양의 병을 낫게 해주기 위해서 그 양의 병을 자기에게 옮겨달라고 기도하는 것이 참 목자라는 것이다. 예수님의 기도는 만물을 지으신 이의 입장으로서 모든 것을 책임지시기 때문에 은혜와 은사를 주고자 하시는 대상들의 모든 질병과 고난과 병마 등 어떤 것이든지 예수님이 다 가져오신다는 것이다. 믿음의 능력으로, 말씀의 능력으로 다 짊어지신다는 것이다. 그렇기 때문에 참된 목자라면 양들의 질고를 자기 자신이 짊어져야 된다. 그것이 참된 목자가 지켜야 될 본분이며 양을 사랑하는 가장 기본적인 도리가 되는 것이다. 그래야 그 사람이 자기 양을 사랑하는 참된 선한 목자가 되는 것이다. 그런 목자라야만 작은 책의 말씀을 받을 수 있는 참 목자가 될 수 있다는 것이다.

작은 책의 말씀을 받는다는 것은 첫째 부활의 약속을 받는 것이다. 그렇기 때문에 그냥 형식적으로 잘해주는 척하는 것이 아니라 진심으로 자기 자신보다 자기 가족들보다도 더 귀하고 아름다운 것으로 그를 대접하라는 것이다.

셋째, 너희를 저주하는 자를 위하여 축복하라고 했다.

너희를 저주하는 대상을 위해서 축복할 때 입으로만 그 사람이 잘 되기를 기도해주는 것이 아니라, 자기가 가지고 있는 것 중에서 가장 귀한 것을 준다는 개념이다. 영육 간에 그 사람이 잘 되기를 진심으로 바라고 축복하고 도와주라는 것이다.

넷째, 너희를 모욕하는 자를 위하여 기도하라고 했다.

자기를 모욕할 때 마음 속에서 영원히 지워지지 않을 것 같은 분노의 응어리를 갖지 말고 그런 그를 위하여 기도하라는 것이다.
"원수를 사랑하고, 너희가 미워하는 자를 선대하고, 저주하는 자를 축복하고, 모욕하는 자를 위하여 기도하라"는 이 네 가지의 말씀을 지킬 수 있는 자라면 주님께서 걸으셨던 골고다의 그 길을 자기의 십자가를 짊어지고 따르는 승리의 사람이 된다는 것이다. 예수님도 이 네 가지를 초월하셨기 때문에 사망의 권세를 깨시고 부활하심으로 영광의 주가 되실 수 있었다.

이 네 가지가 하나님이 제일 기뻐하시는 가장 깊은 지혜이다. 이 네 가지가 하나님의 거룩한 마음이며, 하나님의 고유적인 품성이다. 그러나 이 네 가지는 사람의 능력으로는 행할 수 없다. 오직 하나님만이 하실 수 있는 분이고, 하나님께서 해 주셔야만 할 수 있는 일이다. 약대가 바늘구멍으로 들어갈 수 없으나 하나님은 하실 수 있다고 했다(마 19:24-26, 막 10:25-27, 눅 18:25-27). 오직 천국의 아들들이 되는 하나님의 자녀들, 하나님의 씨를 가지고 십자가를 짊어지고 태어난 자녀들, 그리스도의 편지가 되는 자녀들에게는 네 가지를 초월할 수 있도록 만들어 주신다는 것이다.

재림주는 죄인을 구원하러 오시는 것이 아니라, 죄와 상관없이 자기를 바라는 자, 의인을 구원하러 오시는 분이다(히 9:28). 이 네 가지를 초월하며 이기는 사람만이 의인이라고 말할 수 있다. 이 네 가지를 초월하며 이기는 의인들만이 첫째 부활, 의인의 부활로 구원받는 대상들이다.

6. 작은 책을 알아야 반 시 동안에 주시는 은혜를 받을 수 있다

> 계 8:1 일곱째 인을 떼실 때에 하늘이 반 시 동안쯤 고요하더니

재림 마당에서 행하시는 한 이레의 역사는 일곱 인·일곱 나팔·일곱 대접의 역사이다. 그 중에서 일곱째 인을 떼실 때 반 시 동안의 역사가 이루어진다. 왜 하늘을 반 시 동안 고요하게 하시는가? 일곱째 인이 떼어지고 나면 일곱째 천사에 의해서 나팔이 불려지기 때문이다. 일곱째 천사가 나팔을 불면 어떤 일이 벌어지는가?

> 계 10:7 일곱째 천사가 소리 내는 날 그 나팔을 불게 될 때에 하나님의 비밀이 그 종 선지자들에게 전하신 복음과 같이 이루리라

일곱째 천사가 나팔을 불면 하나님의 비밀이 그 종 선지자들에게 전하신 복음과 함께 다 이루어진다는 것이다. 그 종 선지자들이란 누구를 말하는가? 재림 마당의 주인공이신 '이 땅의 주 앞에 섰는 두 감람나무와 두 촛대'(계 11:4)를 말한다. 아브라함이 횃불언약을 맺을 때 재림 마당을 위해서 바친 산비둘기와 집비둘기 새끼라는 두 제물이 있다. 그들이 선포한 다시복음, 작은 책의 말씀들이 다 이루어진다는 것이다.

그리고 그 다음에는 예수께서 말씀하신 '창세 이후 전무후무한 환난'이 일어난다. 그 때 성도의 권세는 다 깨어지고 오직 성별된 성도들만 남는 자들이 되는 것이다(단 12:7).

왜 성도의 권세가 다 깨어지는가? 그들은 '오늘날'(히 3:7, 3:15, 4:7)의 말씀을 듣지 못했기 때문에 이 땅에서 이루어지는 재림주의 역사를 알지 못한다. 그들은 지금이 어느 때인지, 때의 비밀을 모르기 때문에 때의 주인도 알지 못한다. 그들은 영원한 복음을 따르는 대상들로서 일반적인 개념에서의 종말론만을 생각할 수밖에 없다. 예수께서 말씀하신 마태복음 24장, 마가복음 13장, 누가복음 17:22-37, 누가복음 21장에서 말씀하신 세상 종말 외에, 다시복음으로 이루어지는 종말론의 세계를 알지 못한다. 그들은 일곱 인·일곱 나팔·일곱 대접으로 이루어지는 하늘의 역사를 전혀 알지 못한다.

그렇기 때문에 재림 마당에서 이루어지는 하늘의 역사를 알지 못하는 그들에게는 그 날이 도적같이 임하는 것이다(살전 5:2, 벧후 3:10, 계 16:15). "저희가 평안하다, 안전하다 할 그 때에 잉태된 여자에게 해산 고통이 이름과 같이 멸망이 홀연히 저희에게 이르리니 결단코 피하지 못하리라"(살전 5:3)는 대상이 되는 것이다.

하나님의 구속사역은 이미 아브라함을 통하여 씨를 심으시고 재림 마당에서 그 열매를 거두시는데, 일반계시만을 믿고 있었던 일반 성도들은 그 역사의 비밀과 암호와 실체를 도무지 알지 못하기에 그들에게는 '홀연히' 나타나는 결과가 되는 것이다.

재림 마당에서 이루어지는 하늘의 역사의 세계를 말할 수 있는 사람은 작은 책을 먹은 사람밖에 없다. 작은 책은 여러 개가 있는 것이 아니다. 하나님 오른손에 있던 책은 오직 하나뿐이다. 그 책을 받아먹은 사람만이 중간계시의 입장에서의 시작과 끝을 말할 수 있는 것이다.

간혹 자기가 작은 책을 먹은 자라고 주장하며 혹세무민(惑世誣民)하는 사이비 이단도 있다. 작은 책은 혼자서 먹는 책이 아니다. 작은 책은 무형의 존재로부터 받는 책이 아니다. 작은 책은 주고받은 이가 있어야 한다. 파트너십의 관계를 가지고 만세 전에 택정된 주인공들이 작은 책을 주고받는 것이다.

> 계 10:1-3 내가 또 보니 힘센 다른 천사가 구름을 입고 하늘에서 내려오는데 그 머리 위에 무지개가 있고 그 얼굴은 해 같고 그 발은 불기둥 같으며 그 손에 펴 놓인 작은 책을 들고 그 오른발은 바다를 밟고 왼발은 땅을 밟고 사자의 부르짖는 것 같이 큰 소리로 외치니 외칠 때에 일곱 우뢰가 그 소리를 발하더라

하늘에서 내려오는 힘센 다른 천사가 손에 작은 책을 들고 있

다. 작은 책을 주는 사람은 머리에 무지개를 쓰고 있는 사람이다. 사도 요한이 기록한 내용에는 하나님 보좌를 중심으로 무지개가 둘려있다고 했다(계 4:3). 에스겔 선지자가 기록한 내용에는 여호와의 영광의 형상의 모양이 무지개라고 했다(겔 1:28). 무지개는 네 생물이 가지고 있는 고유적인 영광이며, 거룩함이 된다.[14]

인류의 두 번째 시조인 노아에게 "내가 구름으로 땅을 덮을 때에 무지개가 구름 속에 나타나면 내가 나와 너희와 및 혈기 있는 모든 생물 사이의 내 언약을 기억하리니 다시는 물이 모든 혈기 있는 자를 멸하는 홍수가 되지 아니할지라"(창 9:14-15)는 무지개 언약을 맺으셨다. 하늘에서 내려오는 힘센 다른 천사가 무지개를 쓰고 있다는 것을 볼 때, 그는 결코 평범한 존재가 아니라 특별한 존재라는 것을 알 수 있다. 무지개는 아무나 쓸 수 있는 것이 아니라 하나님 아들과 방불한 제사장, 멜기세덱만이 쓸 수 있는 영광이기 때문이다. 즉 그는 하나님의 영광의 임재를 상징할 수 있는 대상이라는 것이다.

민 3:9 너는 레위인을 아론과 그 아들들에게 주라 그들은 이스라엘 자손 중에서 아론에게 온전히 돌리운 자니라

민 8:19 내가 이스라엘 자손 중에서 레위인을 취하여 그들을 아론과 그 아들들에게 선둘로 주어서 그들로 회막에서 이스라엘 자손을 대신하여 봉사하게 하며 또 이스라엘 자손을 위하여 속죄하게 하였나니 이는 이스라엘 자손이 성소에 가까이할 때에 그들 중에 재앙이 없게 하려 하였음이니라

---

14) '종말론적 구속사 시리즈' 제 4권 <네 생물, 그들은 누구인가?> 230-236쪽, 벽암 조영래 저, 도서출판 오색이슬

> 민 18:6 보라 내가 이스라엘 자손 중에서 너희 형제 레위인을 취하여 내게 돌리고 너희에게 선물로 주어 회막의 일을 하게 하였나니

위 구절은 이스라엘의 장자 지파인 레위 지파를 개인 아론에게 선물로 주었다는 놀라운 말씀이다. 그 말씀의 뜻은 구약 마당의 아론의 개인적인 영광이 그처럼 존귀하고 거룩하다는 의미라기보다는, 아론과 같은 특별한 존재가 이 땅에서 역사하고 있다는 것을 상징적으로 나타내는 것이다.

> 사 55:3 너희는 귀를 기울이고 내게 나아와 들으라 그리하면 너희 영혼이 살리라 내가 너희에게 영원한 언약을 세우리니 곧 다윗에게 허락한 확실한 은혜니라

> 겔 34:23-24 내가 한 목자를 그들의 위에 세워 먹이게 하리니 그는 내 종 다윗이라 그가 그들을 먹이고 그들의 목자가 될찌라 나 여호와는 그들의 하나님이 되고 내 종 다윗은 그들 중에 왕이 되리라 나 여호와의 말이니라

다윗이 하나님께 확실한 은혜를 받은 자로서 영원한 언약을 가진 자이기에 그를 하나님의 목자로 세워 영원한 왕이 되게 하리라는 말씀이다.

물론 여기서 말하는 다윗은 구약 마당에서 역사한 다윗 왕을 말하는 것은 아니다. 다윗이 비록 수천 년 전에 땅에 묻힌 자이나, 그의 이름은 하나님의 구속사역에 필요한 이름으로 계속적으로 사용하시겠다는 선포이시다(겔 37:24-25). 그의 실체는 장차 재

림 마당에서 역사할 주인공을 말하는 것이다. 장차 이 땅에서 인류 구속사역을 완성할 대상이기에 거듭 다윗이라는 이름이 강조되고 있는 것이다.

이처럼 재림 마당에서 이루어질 역사도 무형의 존재의 역사가 아니라 실체의 주인공들이 이 땅에 와서 역사할 내용들이 이미 처음부터 정해져 있다는 것이다.

> 막 8:38 누구든지 이 음란하고 죄 많은 세대에서 나와 내 말을 부끄러워하면 인자도 아버지의 영광으로 거룩한 천사들과 함께 올 때에 그 사람을 부끄러워하리라
>
> 눅 9:26 누구든지 나와 내 말을 부끄러워하면 인자도 자기와 아버지와 거룩한 천사들의 영광으로 올 때에 그 사람을 부끄러워하리라

위 구절들은 예수께서 친히 하신 말씀이다. 재림 마당에는 "인자가 아버지의 영광으로 올 때 거룩한 천사들과 함께 오리라"는 거룩한 천사들이 있다는 것이다. 그들은 하늘에서 보이지 않는 영적인 존재로 내려오는 것이 아니라, 우리와 똑같은 사람으로 이 땅에 와서 역사하는 것이다.

그렇다면 육신으로 구별할 수 없는 때의 주인공들을 어떻게 알 수 있는가?

그것은 작은 책, 다시복음, 중간계시의 말씀을 통해서만 알 수 있는 것이다. 그 작은 책, 다시복음, 중간계시의 말씀이 하늘이 인류에게 주시는 마지막 말씀이다. 그 말씀이 반 때를 통해서 선포

되는 것이다. 따라서 작은 책의 말씀을 아는 자만이 반 시의 비밀을 알 수 있고, 반 시 동안에 주시는 은혜를 받을 수 있고, 반 시의 때를 응용할 수 있고, 반 시 동안에 주시는 특별한 은총을 입을 수 있는 것이다.

왜 반 시의 역사가 필요한가?

계 11:14 둘째 화는 지나갔으나 보라 세째 화가 속히 이르는도다

중간계시의 역사가 마쳐지면 둘째 화가 끝나고 셋째 화가 시작된다. 더 구체적으로 표현하면 '이 땅의 주 앞에 섰는 두 감람나무와 두 촛대'의 역사가 마쳐지면 둘째 화가 마쳐지는 것이다. 그리고 나면 셋째 화가 시작된다. 그 셋째 화는 예수께서 말씀하신 창세 이후 전무후무한 환난이다.

두 감람나무 역사가 진행되는 빛의 시간에 때의 주인공들을 믿지 못하고, 그를 대적한 자들은 구원받지 못한다. 빛이 조금이라도 남아있는 때에 회개하지 못한 자들은 셋째 화의 수난을 피할 길이 없다.

레 26:28-29 내가 진노로 너희에게 대항하되 너희 죄를 인하여 칠 배나 더 징책하리니 너희가 아들의 고기를 먹을 것이요 딸의 고기를 먹을 것이며

레위기 26장과 신명기 28장에 보면 축복과 저주의 말씀이 들

어있다. 저주가 7배로 늘어나 마지막 절정은 자기 자식을 잡아먹는 것이다(레 26:28-29, 신 28:53-57).

주후 70년째 되는 해에 로마의 베스파시아누스 황제의 아들 디도(Titus)가 이스라엘을 재침공했다. 그러자 이스라엘 백성들이 쫓기고 쫓기다가 예루살렘 성 안에 110만 명이 모이니 독 안에 갇힌 쥐 신세가 되고 말았다. 아마 '그래도 성전이 있는 곳이니까 여기만큼은 하나님이 보호해주시겠지'라는 생각으로 예루살렘 성 안으로 모인 것 같다. 그러자 디도가 그들이 빠져나가 도망가지 못하도록 흙으로 예루살렘 성 밖에 토성을 쌓았다.

한 사람도 빠져나가지 못하는 상황에서 110만 명이 예루살렘 성 안에 갇혀 있으니까 가진 식량으로 며칠이나 버틸 수 있겠는가? 그러니까 급기야는 자기 자식을 잡아먹을 수밖에 없는 참상이 벌어졌다. "오늘은 내 자식을 먹었으니 내일은 네 자식을 잡아먹자"(왕하 6:28-29)고 하였고, 술에 취한 로마 병정들이 개구리 다리를 잡듯이 아이들의 두 다리를 잡고 화강석에 메어 던지면 몰래 숨어서 보던 사람들이 그 시체를 가져다 삶아 먹느라고 아비규환을 이루었다고 한다.[15] 그 상황을 가리켜 하나님께서 "여자 같은 멸망할 바벨론아 네가 우리에게 행한 대로 네게 갚는 자가 유복하리로다. 네 어린 것들을 반석에 메어치는 자는 유복하리로다"(시 137:8-9)라고 탄식하신 내용이 성경에 기록되어 있다.

여기에는 아주 잔인한 학살이 주도면밀하게 계획적으로 이루어지고 있었다. 예를 들면 항복을 유도하지도 않고 항복을 받아주

---

15) '유대 전쟁사', 요세푸스 저, 생명의 말씀사

지도 않고 그냥 몰살시키는 것이다. 그 결과 성 안에 있던 110만 명 중에서 단 한 사람도 살아남지 못했다. 히틀러가 가스실에서 죽일 때에도 어머니 품에 안겨있던 아이가 기적적으로 살아남는 경우가 있었다. 그런데 창, 칼로 죽이던 그 시대에 예루살렘 성 안에 있던 110만 명 중에서 단 한 명도 살아남지 못한 것이다.

그렇다면 그 당시에 예수님의 말씀을 듣고 믿었던 사람들도 예루살렘 성 안에 갇혀 있었는가? 절대 그렇지 않았다. 예루살렘 성의 참혹상은 예수님이 십자가에 달리자마자 일어난 것이 아니다. 주후 70년 되는 해에 그런 일이 벌어진 것이다. 그때까지 예수님의 말씀을 믿고 기도하던 사람들은 나름대로 응답을 받지 않았겠는가? 다시 말하면 그렇게 디도에 의해 예루살렘이 포위되기 전에 "예루살렘이 군대들에게 에워싸이는 것을 보거든 그 멸망이 가까운 줄을 알라. 그 때에 유대에 있는 자들은 산으로 도망할지며 성내에 있는 자들은 나갈지며 촌에 있는 자들은 그리로 들어가지 말지어다"(눅 21:20-21)라고 당부하신 그 말씀을 믿고 있던 사람들은 다 예루살렘 성을 벗어났다는 것이다.

한 가지 예를 들면, 예수께서 나사로가 죽은지 나흘이 지나 완전히 썩은 시체를 다시 살려내셨다. 그러자 멀리서도 부활한 나사로 보기를 원하고, 나사로와 말을 나누기를 원해서 나사로의 집이 수없이 많은 사람들이 찾아오는 관광 명소가 되었다. 그렇기 때문에 유대인들이 예수님을 죽일 때 나사로까지 죽이자고 결정하였다.

고난주간이 시작되는 전날 나사로가 자기 집에서 예수님께 잔치를 베풀어드렸다. 그 당시에는 바리새인, 서기관들이 나사로의 일거수일투족을 감시하고 있었다. 잔치를 하면 늦은 시간까지 뒷정리를 하게 된다. 그 시간을 이용하여 예수님의 명에 따라 나사로, 마르다, 마리아가 야반도주를 한 것이다. 그것도 예수님의 의도적인 계획 속에서 이루어진 하늘나라의 역사라고 말할 수 있다. 설마 잔치가 끝난 틈을 이용해서 나사로의 가족들이 야반도주하리라고는 전혀 생각하지 못하고 방심한 것이다. 그래서 예수님이 십자가를 지실 때에 나사로, 마르다, 마리아는 십자가 사역에 동참하지 않았다. 그들이 십자가 사역에 동참했다는 내용은 성경 어디에도 없다. 외경에 의하면 막달라 마리아도 그 환난을 피해 인도 쪽으로 갔다고 한다.

> 사 26:20 내 백성아 갈찌어다 네 밀실에 들어가서 네 문을 닫고 분노가 지나기까지 잠간 숨을찌어다

> 시 91:1 지존자의 은밀한 곳에 거하는 자는 전능하신 자의 그늘 아래 거하리로다

환난이 지나기까지 밀실에 들어가 피하라고 했고, 지존자의 날개 아래 거하는 자는 복이 있다고 한 것처럼, 예수님이 그들을 도피시켰다는 것이다. 그렇게 예수님이 나사로의 가정을 도피시켰고 또 예수님을 받들며 섬기며 수발했던 그들도 예수님의 말씀을 듣고 기도하며 준비하다가 디도가 이스라엘을 침공할 때는 이미 예루살렘을 떠나고 없었다. 바로 이것이 '반 시의 은혜'라는 것이다. 이 반 시의 은혜를 받지 못하면 창세 이후 전무후무한 환난의 때에 다 죽게 되어 있다.

마 24:21-22 이는 그때에 큰 환난이 있겠음이라 창세로부터 지금까지 이런 환난이 없었고 후에도 없으리라 그날들을 감하지 아니할 것이면 모든 육체가 구원을 얻지 못할 것이나 그러나 택하신 자들을 위하여 그날들을 감하시리라

그렇기 때문에 택하신 자들을 위하여 그 날들을 감해주신다고 예수께서 친히 말씀하셨다. 그 날들을 감해주신다는 의미가 무엇인가? 실제로 보이는 날짜를 줄여주신다는 것인가? 하나님은 공의의 하나님이시기에 창조 원리를 거스르는 역사를 행하실 수는 없다. 그 날들을 감해주신다는 것은 반 시 동안에 은혜를 주심으로 장차 올 환난의 때를 면하게 해주신다는 것이다.

하나님께서 노아에게 물심판이 시작되기 7일 전에 방주에 들어가라고 하셨고(창 7:4), 롯에게 불심판이 시작되기 7시간 전에 소돔 성에서 나가라고 하셨다(창 19:12-23). 재림 마당에서는 지붕에 있는 자가 집안에 있는 물건을 가지러 들어갈 시간이 없다는 것이다(마 24:17). 그런 역사들이 그 날들을 감해주시는 역사라고 말할 수 있다.

마 24:40-41 그때에 두 사람이 밭에 있으매 하나는 데려감을 당하고 하나는 버려둠을 당할 것이요 두 여자가 매를 갈고 있으매 하나는 데려감을 당하고 하나는 버려둠을 당할 것이니라

눅 17:34-35 내가 너희에게 이르노니 그 밤에 두 남자가 한자리에 누워 있으매 하나는 데려감을 당하고 하나는 버려둠을 당할 것이요 두 여자가 함께 매를 갈고 있으매 하나는 데려감을 당하고 하나는 버려둠을 당할 것이니라

위 구절들은 셋째 화가 진행되는 동안에 일어나는 일들이다. 두 사람이 매를 간다는 것은 함께 신앙생활을 한다는 의미가 된다. 평소에 함께 신앙생활을 했다 하더라도 한 사람은 데려감을 당하고 한 사람은 버려둠을 당한다. 부부가 함께 잠을 자다가 한 사람은 데려감을 당하고 한 사람은 버려둠을 당하는 분리의 아픔이 있다. 한 가정 안에서 일어나는 비극이 셋째 화에 나타나는 것이다.

그 셋째 화가 쏟아지기 전에 반 시의 때를 주신다.

반 때와 반 시는 어떻게 다른가?

반 때와 반 시의 역사는 다르다. 반 때는 여섯째 인을 떼고 일곱째 인을 떼기까지의 역사이다. 그 반 때의 역사를 중간계시라고 한다. 요한계시록 10장, 11장, 12장, 13장, 14장의 역사는 여섯째 인과 일곱째 인 안에서 이루어지는 역사의 세계를 말한다.

반 시는 정확하게 언제인가? 여섯째 인·여섯째 나팔·여섯째 대접의 역사가 다 마쳐지면 둘째 화가 끝난다(계 11:14). 그리고 나면 일곱째 인이 떼어지는데 일곱째 천사가 나팔을 불면 셋째 화가 쏟아진다. 셋째 화가 쏟아지기 직전, 일곱째 인이 떼어지고 일곱째 천사가 나팔을 부는 그 사이가 반 시의 때가 된다.

반 시 동안에 은혜를 받는 대상은 누구인가?

> 시 55:6 나의 말이 내가 비둘기 같이 날개가 있으면 날아가서 편히 쉬리로다

> 시 68:13 너희가 양우리에 누울 때에는 그 날개를 은으로 입히고 그 깃을 황금으로 입힌 비둘기 같도다

작은 책의 말씀을 받은 자들은 데려감을 당하는 대상이지만 아무나 데려가는 것은 아니다. 영혼의 날개를 가진 사람만 데려감을 당하는 대상이 된다. 에녹도 하나님이 데려가셨고(창 5:24) 엘리야도 불 말과 불 수레라는 매개체를 타고 올라갔다(왕하 2:11). 재림 마당에서 주께서 호령과 천사장의 나팔소리와 함께 강림하실 때에 공중으로 끌어올림을 받는 데에도(살전 4:16-17) 영혼의 날개가 있어야 한다. 그렇기 때문에 "오직 여호와를 앙망하는 자는 새 힘을 얻으리니 독수리의 날개치며 올라감 같을 것이요"(사 40:31)라고 하셨다.

작은 책의 말씀을 받은 자들만이 비상할 수 있는 영혼의 날개가 자라는 것이다. 작은 책의 말씀을 받은 자들만이 반 시 동안에 주시는 은혜를 통해 때에 맞는 말씀의 권세와 능력을 받을 수 있는 것이다. 그 말씀은 땅에 속한 사람들은 알지 못하는 말씀이다. 오직 하늘에서 온 사람들만이 그 말씀을 받을 수 있고, 증거할 수 있는 것이지 아무나 받는 말씀이 아니다.

고전 15:4-6 장사 지낸 바 되었다가 성경대로 사흘 만에 다시 살아나사 게
바에게 보이시고 후에 열두 제자에게와 그 후에 오백여 형제
에게 일시에 보이셨나니 그 중에 지금까지 태반이나 살아 있
고 어떤 이는 잠들었으며

예수께서 감람산에서 승천하시는 장면을 500명이 함께 보았
다. 그런데 오순절에 마가 다락방에서 성령의 첫 열매를 맺은 사
람은 120명뿐이다. 나머지 380명은 낙동강 오리알처럼 떨어져
나간 것이다. 왜 같은 장면을 바라보았는데 결과는 그렇게 구별되
었는가?
성령의 첫 열매를 맺은 120명은 "아버지의 영광으로 오실 때
거룩한 천사와 함께 오리라"는 함께 오는 대상이기 때문이다. 겉
으로 보기에는 무식하고 글도 제대로 배우지 못한 자들이었으나,
그들의 근본은 하늘에서 온 자들이기에 성령으로 열매를 맺을 수
있었던 것이다. 120문도들은 예수께서 산 자의 하나님, 의의 왕,
평강의 왕이신 멜기세덱으로 올라가신 비밀을 허락받은 자들이
었기에 성령의 첫 열매를 맺을 수 있었다는 것을 미루어 짐작할
수 있다.

왕하 2:16-17 가로되 당신의 종들에게 용사 오십 인이 있으니 청컨대 저희
로 가서 당신의 주를 찾게 하소서 염려컨대 여호와의 신이
저를 들어가다가 어느 산에나 어느 골짜기에 던지셨을까 하
나이다 엘리사가 가로되 보내지 말라 하나 무리가 저로 부끄
러워하도록 강청하매 보내라 한지라 저희가 오십 인을 보내
었더니 사흘을 찾되 발견하지 못하고

엘리사에게는 엘리야로부터 넘겨받은 생도들이 있었다. 그들도 엘리야의 승천을 멀리서나마 바라보았으나 엘리야가 승천했다는 사실을 믿지 못하고 엘리야의 시체가 골짜기에 던져졌으니 찾아오겠다고 간청했다. 엘리사가 처음에는 생도들을 만류하였으나 저희들이 하도 간청하매 보내니 저들이 사흘을 찾아도 발견하지 못했다.

　생도들의 생각에는 회리바람이 엘리야를 모시고 가다가 어느 골짜기나 산 중턱에 버렸을 것이라고 믿고 있었다. 그러나 엘리사는 엘리야가 불 말과 불 수레를 타고 하늘로 변화 승천한 사실을 믿고 있었다. 이처럼 같은 장면을 바라보아도 엘리사의 믿음과 생도들의 믿음은 하늘과 땅처럼 큰 차이가 있었다. 생도들의 믿음은 죽은 자의 믿음이지만, 엘리사의 믿음은 산 자의 믿음이다.

　그 차이는 어디에서 오는 것인가? 비록 구약 마당이지만 엘리사는 작은 책의 비밀을 간직한 자였기에 산 자의 믿음을 가질 수 있었던 것이다. 작은 책 속에는 산 자의 믿음을 가질 수 있는 산 자의 도맥이 흐르고 있기 때문이다.

제 4장

작은 책의 비밀을 간직한 사람들

제 4장
작은 책의 비밀을 간직한 사람들

    요한계시록 10장에서 하늘에서 내려오는 힘센 천사로부터 사도 요한이 작은 책을 가져다 먹는 장면이 나온다. 책을 '받는 것'은 공개적으로 받는 것이지만 '먹는 것'은 먹은 사람 외에는 그 내용을 알 수가 없는 것이다. 그렇기 때문에 작은 책을 먹은 사도 요한 외에는 천상천하에 작은 책의 정체와 실상과 비밀을 아는 자가 없다. 사도 요한이 받은 작은 책의 계시는 장차 재림 마당에서 이루어질 내용이다.

그렇다면 재림 마당 이전에는 작은 책의 역사가 전혀 없었는가?

    계 5:1-5 내가 보매 보좌에 앉으신 이의 오른손에 책이 있으니 안팎으로 썼고 일곱 인으로 봉하였더라 또 보매 힘 있는 천사가 큰 음성으로 외치기를 누가 책을 펴며 그 인을 떼기에 합당하냐 하니 하늘 위에나 땅 위에나 땅 아래에 능히 책을 펴거나 보거나 할 이가 없더라 이 책을 펴거나 보거나 하기에 합당한 자가 보이지 않기로 내가 크게 울었더니 장로 중에 하나가 내게 말하되 울지 말라 유대 지파의 사자 다윗의 뿌리가 이기었으니 이 책과 그 일곱 인을 떼시리라 하더라

작은 책이 본래는 보좌에 앉으신 하나님의 오른손에 있던 책인데, 일곱 인으로 봉해졌고 하늘 위에나 땅 위에나 땅 아래에 인봉된 그 책을 펴거나 볼 자가 없어서 사도 요한이 크게 울었다고 했다. 그러자 장로 중 하나가 "유대 지파의 사자 다윗의 뿌리에서 이긴 자가 그 책과 일곱 인을 떼시리라"고 했다. 분명히 작은 책은 재림 마당에서 공개되는 내용이라는 것이다.

그런데 구약의 마당에서 작은 책의 비밀이 새어나왔다면 앞뒤가 맞지 않는 모순이 있다. 인생 중에서는 그 책을 펴거나 보거나 할 수 있는 존재가 없었다. 그러나 하나님 외에 천상천하에 오직 그 비밀을 아는 존재가 있으니 그는 바로 네 생물이다.

> 히 3:5-6 또한 모세는 장래에 말할 것을 증거하기 위하여 하나님의 온 집에서 사환으로 충성하였고 그리스도는 그의 집 맡은 아들로 충성하였으니 우리가 소망의 담대함과 자랑을 끝까지 견고히 잡으면 그의 집이라

네 생물은 피조물 중에서 아버지의 집을 관리하는 자로서, 죄와 상관이 없이 지음을 받은 존재이다. 네 생물에게는 사자, 송아지, 사람, 독수리라는 네 가지 인격이 들어있다(겔 1:10, 계 4:7). 그 네 가지 인격의 형상과 모양을 따라 하늘의 천사들과 땅의 인간을 지었다. 따라서 궁창의 세계의 천사들이나 하늘의 발등상이

되는 이 땅에 있는 사람을 비롯한 모든 피조물들의 첫 조상이 되는 네 생물 안에 하나님의 뜻이 담겨 있는 것이다. 인간들은 그 책을 펴거나 볼 자가 없었지만 네 생물은 이미 그 책의 내용을 어느 정도 알고 있었다고도 말할 수 있는 것이다.

그렇기 때문에 구약 마당에서도 네 생물에 소속된 사람들에게서는 은연 중에 작은 책의 향기가 피어오르는 것을 보게 된다. 네 생물에게서 온 사람들, 네 생물에 소속된 사람들은 작은 책의 비밀을 알고 작은 책의 메시지를 간직할 수 있었다.

I
모세

민 12:1-2 모세가 구스 여자를 취하였더니 그 구스 여자를 취하였으므로 미리암과 아론이 모세를 비방하니라 그들이 이르되 여호와께서 모세와만 말씀하셨느냐 우리와도 말씀하지 아니하셨느냐 하매 여호와께서 이 말을 들으셨더라

모세는 구약 마당에서 여호와 하나님께로부터 친히 율법을 받은 율법의 아버지이며, 이스라엘 백성들을 출애굽시켜 젖과 꿀이 흐르는 가나안 땅으로 인도한 광야의 지도자였다. 구약 마당에서 이 땅의 주의 역할을 한 사람이다.

그런 모세가 구스 여인을 취하는 사건으로 인해 아론과 미리암이 모세를 대적했다. 왜냐하면 모세가 준 율법에는 절대 제사장은 이방 여인과 결혼할 수 없고, 이스라엘 여인이라도 처녀가 아니면 결혼하지 못하게 규정하고 있기 때문이다(레 21:13-14). 그런데 율법으로 이스라엘 백성들을 인도해야 할 책임을 가진 모세가 흑인 여자를 취한 것은 어느 면으로 보아도 비방 받아 마땅한 일이 될 것이다.

그러나 모세가 구스 여인을 취한 것은 모세 개인이 원해서 취

한 것이 아니라 하나님께서 명령하신 것에 순종한 것뿐이다.

과연 모세가 구스 여인을 취한 이유는 무엇인가?

> 민 12:1-2 모세가 구스 여자를 취하였더니 그 구스 여자를 취하였으므로 미리암과 아론이 모세를 비방하니라 그들이 이르되 여호와께서 모세와만 말씀하셨느냐 우리와도 말씀하지 아니하셨느냐 하매 여호와께서 이 말을 들으셨더라

모세가 구스 여인을 취함으로 아론과 미리암이 비방했다. 그 당시 모세는 율법의 지도자로서 백성들에게 율법을 지키도록 권면해야 하는 입장에서 율법에서 금하고 있는 함 족속의 흑인 여자를 취한 것은 당연히 비방거리가 될 수밖에 없는 상황이었다.

그렇다면 모세가 구스 여인을 취한 이유는 무엇인가?
이스라엘에도 많은 처녀들이 있는데 왜 모세는 하필이면 율법에서 금하고 있는 흑인여자인 구스 여인을 취했는가? 모세가 구스 여인을 취한 것은 하나님의 뜻을 위한 사역의 동반자로 택한 것이지, 육신의 소욕을 위한 대상으로 취한 것이 아니다. 모세가 형제로부터 비난을 받으면서 구스 여인을 취한 것은 모세의 구도의 생활을 내조할 수 있는 여인으로 취한 것이다.

그렇다면 단지 구도의 동반자가 필요해서 흑인 여자를 취한 것인가?

여기에는 십자가의 구속의 이면에 담긴 의미가 있다. 예수님께서 구스 여인을 취한 사건으로 인해서 십자가에서 구속사를 이루시는 중대한 의미가 담겨있다.

예수님이 십자가에 달렸을 때 처음에는 오른쪽 강도나 왼쪽 강도나 똑같이 비방했다. "네가 그리스도가 아니냐? 너와 우리를 구원하라"(눅 23:39)고 비방했다. 그런데 예수께서 십자가에 달려 하시는 말씀을 듣고 다시 생각하게 되었다. 예수님의 첫 일성이 "저들이 자기들이 하는 짓을 알지 못하니 용서하소서!"(눅 23:34)이었다. 이런 예수님의 첫 말씀을 듣고 우편 강도가 깊이 감동을 받은 것이다. 그래서 좌편 강도가 예수님을 비난할 때 우편 강도가 "네가 동일한 정죄를 받고서도 하나님을 두려워 아니하느냐? 우리는 우리의 행한 일에 상당한 보응을 받는 것이니 이에 당연하거니와 이 사람의 행한 것은 옳지 않은 것이 없느니라"(눅 23:40-41)고 예수님을 변론하였다.

그런데 여기서 알아야 할 것은 예수님에게는 우편 강도뿐 아니라, 좌편 강도도 구원의 대상이었다. 우편 강도와 좌편 강도의 모습을 다른 방향으로 소개하면 이런 뜻이다.

예수님은 귀신들린 딸이 있는 수로보니게 여인이 찾아왔을 때 "자녀로 먼저 배불리 먹게 할찌니 자녀의 떡을 취하여 개들에게 던짐이 마땅치 아니하니라"(막 7:27)고 하셨다. 예수님은 본방 이스라엘 백성들에게 어린 양으로 오신 분이다. 그러나 예수님의 사역은 그 한계를 초월하고 뛰어넘어서 인류의 구원주로 오신 것을 믿는 이방에 대해서도 구세주가 되셔야 한다.

즉 세 십자가의 우편 강도는 본방을 의미하고, 좌편 강도는 이방을 의미한다. 예수님 때 이방은 구원의 여망이 전혀 없는 지옥의 땔감 같은 대상들이었다. 그러나 예수님은 십자가 사역을 통해서 본방뿐만 아니라, 구원의 여망이 전혀 없는 이방에게까지도 구원의 은총의 손길을 뻗쳐야 한다.

따라서 우편 강도가 좌편 강도를 나무랐을 때, 좌편 강도가 우편 강도의 책망을 수용하지 못하는 입장이 되면 예수님은 십자가 상에서 삼일길을 걷지 못한다.

> 눅 13:32 가라사대 가서 저 여우에게 이르되 오늘과 내일 내가 귀신을 쫓아내며 병을 낫게 하다가 제 삼일에는 완전하여지리라 하라

참고로, 예수님 자신이 '오늘'이 되신다면, 우편 강도는 '내일'의 대상이 되고, 좌편 강도는 '모레'의 대상이 된다. 우편 강도와 좌편 강도가 각각 본방과 이방을 상징하는 구원의 대상이기에 오늘이신 예수께서, 내일, 모레의 삼일길을 걸으셔야만 하는 것이다. 우편 강도가 '오늘'이 된다면 좌편 강도는 '내일'이 되고, 예수께서 '모레'가 되는 것이다. 또 좌편 강도가 '오늘'이 된다면 골고다 언덕의 세 십자가는 '오늘'이라는 주인공들이 되어 모두 낙원에 들어갈 수 있는 대상들이 되는 것이다. 주님께서는 십자가 상에서도 그러한 구원의 목적을 이루시고자 우편 강도에게 그런 '오늘'을 축복하신 것이다.

> 눅 23:43 예수께서 이르시되 내가 진실로 네게 이르노니 오늘 네가 나와 함께 낙원에 있으리라 하시니라

예수께서 십자가를 통해 삼일길을 완성하시려면 예수님의 그

림자인 모세를 통해 영적으로 그 터를 예비해 놓아야 한다. 그래서 모세로 하여금 구스 여인을 취하게 하신 것이다.

구스 여인을 취한 일로 아론과 미리암이 비방할 때 구스 여인은 몸둘 바를 몰랐을 것이다. 하찮은 이방여인인 자기 한 사람 때문에 한 민족의 위대한 지도자가 비방을 받고 있기 때문이다. 또 자신의 입지가 정당화되지 못하면 율법에 의해서 돌에 맞아죽어도 할 말이 없는 절체절명의 위기의 순간이었다. 그런 입장에서 아무 변명이나 주장할 처지가 되지 못하고 그저 숨을 죽이면서 처분만 바랄 뿐이었을 것이다. 그러던 중 하나님께서 미리암을 책망하시면서 자신의 손을 들어주셨을 때 안도의 한숨과 함께 감사함이 흘러넘쳤을 것이다.

이처럼 왼쪽 강도를 상징하는 구스 여인의 사건이 영적으로 이미 예비되었기 때문에 예수님의 십자가 사건에서 왼편 강도가 오른편 강도의 말에 항의하지 못하고 수긍하게 되었던 것이다. 모세가 구스 여인을 취한 사건에는 이런 중차대한 비의가 담겨 있는 것이다.

그런 하나님의 의중을 알지 못하는 아론과 미리암이 모세에게 강력한 항의를 하자 하나님께서 그들을 책망하셨다.

> 민 12:6-7 이르시되 내 말을 들으라 너희 중에 선지자가 있으면 나 여호와가 이상으로 나를 그에게 알리기도 하고 꿈으로 그와 말하기도 하거니와 내 종 모세와는 그렇지 아니하니 그는 나의 온 집에 충성됨이라

아론과 미리암도 선지자들이다. 그들에게는 꿈과 계시로 알려 주지만 모세에게는 친히 대면하여 밝히 말하는 대상이라는 것을 확실하게 구별해 주셨다. 이 사건으로 미리암이 문둥병이 걸려 진 밖에 쫓겨나 7일 동안 머물러 있었다는 것을 볼 때 구스 여인의 사건은 하나님이 뜻하신 바임을 분명하게 알 수 있는 것이다(민 12:10-14).

그런 의미에서 구스 여인은 모세에게 있어서 작은 책과 같은 비밀이 되는 것이다. 이처럼 하나님의 하시는 일의 시종을 사람으로 측량하지 못하게 하셨고, 하나님의 행사를 아무리 깊이 궁구해도 알지 못하게 하신 것이다(전 3:11, 8:17).

> 출 7:1 여호와께서 모세에게 이르시되 볼찌어다 내가 너로 바로에게 신이 되게 하였은즉 네 형 아론은 네 대언자가 되리니

> 민 12:8 그와는 내가 대면하여 명백히 말하고 은밀한 말로 아니하며 그는 또 여호와의 형상을 보겠거늘 너희가 어찌하여 내 종 모세 비방하기를 두려워 아니하느냐

모세는 바로 앞의 신이며, 아론은 모세의 대언자라고 하셨다. 그런 모세였기에 친히 대면하신다고 하셨고, 또 "장차 여호와의 형상을 볼 자라"고 하셨다.

> 출 33:18-23 모세가 가로되 원컨대 주의 영광을 내게 보이소서 여호와께서 가라사대 내가 나의 모든 선한 형상을 네 앞으로 지나게 하고 여호와의 이름을 네 앞에 반포하리라 나는 은혜 줄 자에

게 은혜를 주고 긍휼히 여길 자에게 긍휼을 베푸느니라 또 가라사대 네가 내 얼굴을 보지 못하리니 나를 보고 살 자가 없음이니라 여호와께서 가라사대 보라 내 곁에 한 곳이 있으니 너는 그 반석 위에 섰으라 내 영광이 지날 때에 내가 너를 반석 틈에 두고 내가 지나도록 내 손으로 너를 덮었다가 손을 거두리니 네가 내 등을 볼 것이요 얼굴은 보지 못하리라

모세가 하나님의 선한 형상을 보여달라고 할 때 "네가 내 얼굴을 보지 못하리니 나를 보고 살 자가 없다"라고 하시면서 "반석 위에 서면 내 영광이 지날 때 네가 등을 볼 것이요, 얼굴은 보지 못하리라"고 하셨다. 그러므로 모세가 구약 마당에서 실제로는 하나님의 선한 뒷모습만 보았지 얼굴은 보지 못했다.

그렇다면 모세가 언제 여호와의 형상을 보았는가?

막 9:1-4 또 저희에게 이르시되 내가 진실로 너희에게 이르노니 여기 섰는 사람 중에 죽기 전에 하나님의 나라가 권능으로 임하는 것을 볼 자들도 있느니라 하시니라 엿새 후에 예수께서 베드로와 야고보와 요한을 데리시고 따로 높은 산에 올라가셨더니 저희 앞에서 변형되사 그 옷이 광채가 나며 세상에서 빨래하는 자가 그렇게 희게 할 수 없을 만큼 심히 희어졌더라 이에 엘리야가 모세와 함께 저희에게 나타나 예수로 더불어 말씀하거늘

예수께서 아버지의 영광으로 변형되셨을 때 모세와 엘리야가 그 앞에 나타난 것이다(마 17:1-3, 눅 9:28-31). 아버지의 영광으

로 변형되신 주님 앞에 죽은 자는 설 수 없다. 모세와 엘리야가 산 자였기에 주님 앞에 등장하여 삼자회담을 할 수 있었던 것이다. 변화산 사건이 기록된 마태복음 17장과 마가복음 9장에는 삼자회담의 내용이 기록되지 않았지만 누가복음 9장에는 내용이 기록되어 있다.

> 눅 9:28-31 이 말씀을 하신 후 팔일쯤 되어 예수께서 베드로와 요한과 야고보를 데리시고 기도하시러 산에 올라가사 기도하실 때에 용모가 변화되고 그 옷이 희어져 광채가 나더라 문득 두 사람이 예수와 함께 말하니 이는 모세와 엘리야라 영광 중에 나타나서 장차 예수께서 예루살렘에서 별세하실 것을 말씀할쌔

부활의 비밀을 가진 모세와 변화의 비밀을 간직한 엘리야가 예수님과 함께 십자가 사건을 상론(相論)하고 있었다. 예수께서 산 자가 된 모세와 엘리야를 부르셔서 장차 십자가에서 어떻게 죽으실 것을 의논하셨다. 그 죽음의 비밀을 통해서 예수님의 성체를 타고 흐르는 피와 물 속에 예수님이 가지고 계신 하나님의 비밀과 하늘의 보좌의 영광을 다 감추기 위해서 그들을 부르시고 상의하신 것이다. 그들은 산 자들이기에 하나님의 비밀, 하늘의 보배, 보화, 영광을 볼 수 있고 받을 수 있는 자격자들이다. 그렇기 때문에 그 산 자들을 부르신 것이다.

그런 입장에서 볼 때 부활의 비밀을 가진 모세와 변화의 비밀을 가진 엘리야는 주님 앞의 작은 책이 되는 사람들이다. 하나님이 보내신 자를 믿는 것이 하늘의 일이라고 했다(요 6:29). 하늘의 일을 하려면 하나님의 비밀을 가진 자, 하늘의 보배와 보화를

가진 자, 하나님의 영광을 받은 자를 보내실 수밖에 없다. 그들을 보내야만 이 땅에서 예수님이 가지고 계셨던 모든 것을 가지고 하늘의 일을 할 수 있기 때문이다.

> 롬 8:28-30 우리가 알거니와 하나님을 사랑하는 자 곧 그 뜻대로 부르심을 입은 자들에게는 모든 것이 합력하여 선을 이루느니라 하나님이 미리 아신 자들로 또한 그 아들의 형상을 본받게 하기 위하여 미리 정하셨으니 이는 그로 많은 형제 중에서 맏아들이 되게 하려 하심이니라 또 미리 정하신 그들을 또한 부르시고 부르신 그들을 또한 의롭다 하시고 의롭다 하신 그들을 또한 영화롭게 하셨느니라

하나님께서 지명하여 불러주시고 택하신 자들만이 하늘의 일을 할 수 있는 것이다. 그런 대상자들은 이 땅에 한 번만 오는 것이 아니다. 모세도 세 번 등장하고, 요셉도 세 번 등장하게 되어 있다. 모세는 구약 마당에서 율법의 아버지·광야의 지도자로 등장했고, 신약 마당에서는 변화산에 엘리야와 함께 변형되신 예수님 앞에 등장했고, 재림 마당에 모세의 노래가 등장한다(계 15:3).

요셉도 구약 마당에서 애굽의 총리로 등장했고, 신약 마당에서는 예수님의 양부로 등장했고(마 1:16), 재림 마당에서는 요셉이라는 이름으로 등장하는 것은 아니지만 천국을 이루는 제 밭에 뿌려진 '좋은 씨'로 등장한다(마 13:24).

모세의 근본은 누구인가?

> 히 3:5-6 또한 모세는 장래에 말할 것을 증거하기 위하여 하나님의 온 집에서 사환으로 충성하였고 그리스도는 그의 집 맡은 아들로 충성하였으니 우리가 소망의 담대함과 자랑을 끝까지 견고히 잡으면 그의 집이라

> 요 14:2-3 내 아버지 집에 거할 곳이 많도다 그렇지 않으면 너희에게 일렀으리라 내가 너희를 위하여 처소를 예비하러 가노니 가서 너희를 위하여 처소를 예비하면 내가 다시 와서 너희를 내게로 영접하여 나 있는 곳에 너희도 있게 하리라

빛의 세계에 존재하는 아버지의 집에서 모세는 사환으로 충성했고, 예수님은 아들로 충성했다. 아버지의 집, 백보좌의 세계에는 아무나 있을 수 없다. 피조물 중에서는 오직 첫째 날에 지음을 받은 네 생물이 존재할 뿐이다.

"하나님이 가라사대 빛이 있으라 하시매 빛이 있었고"(창 1:3)라고 하신 그 빛에 의해서 피조물 중에서 가장 먼저 지음을 받은 존재가 네 생물이다. 그 빛이 궁창의 세계를 지으시기 전에 먼저 아버지의 영광을 바라보며 아버지의 집을 지어드려야 하고, 아버지의 집을 관리할 수 있는 존재를 지어드려야 한다. 그리고 나서 독생하신 하나님, 태초의 말씀께서 우주 만물을 다 지으신 것이다(요 1:3).

따라서 아버지의 집에서 사환으로 충성할 수 있었던 모세의 근본은 네 생물에 소속된 존재라는 것을 알 수 있다.

> 히 7:4 이 사람의 어떻게 높은 것을 생각하라 조상 아브라함이 노략물 중 좋은 것으로 십분의 일을 저에게 주었느니라

> 히 7:7 폐일언하고 낮은 자가 높은 자에게 복빎을 받느니라

멜기세덱이 아브라함에게 떡과 포도주로 축복할 수 있었던 것은 멜기세덱이 그만큼 아브라함보다 영광이 더 큰 존재이기 때문이다. 왜냐하면 아브라함은 아담의 후손이지만 멜기세덱은 네 생물에 소속된 존재이기 때문이다. 아브라함이 믿음의 조상일지라도 근본적으로 멜기세덱이 아브라함보다 더 높은 사람이라는 결론이다.

마찬가지다. 모세도 아버지의 영광 속에, 아버지의 집에 소속된 사람이다. 그렇기 때문에 모세는 아담의 계열에 소속된 사람이 아니라, 네 생물의 계열에 소속된 존재이다. 그런 면에서 모세는 특별한 신앙의 색깔을 가지고 있다.

> 출 6:20 아므람이 그 아비의 누이 요게벳을 아내로 취하였고 그가 아론과 모세를 낳았으며 아므람의 수는 일백삼십칠 세이었으며

모세에게는 출생의 비밀이 있다. 아버지 아므람이 고모인 요게벳과 결혼해서 모세, 아론, 미리암이라는 삼 남매를 낳았다. 모세 한 가정을 통해서 구약 마당을 이끌어가는 중심세력을 만드셨다.

> 레 18:12 너는 고모의 하체를 범치 말라 그는 네 아비의 골육지친이니라

율법으로 이스라엘 백성들을 인도해야 할 책임을 가진 모세가 율법으로 저주를 받는 대상이라면 그를 지도자로 세우신 하나님에게도 큰 약점이 된다. 율법을 받을 자격조차 없는 자에게 율법을 주셨다면 하나님의 체면이 말이 되지 않는다. 그러나 성경을 자세히 보면 제사장들이 성전 안에서는 안식일을 범해도 죄가 되지 않는다고 했다(마 12:5). 즉 제사장들이 성전 안에서는 율법을 범해도 죄가 되지 않는 것이다. 그 이유는 성전은 율법보다 더 큰 영광이 미치는 곳이며, 더 큰 영광의 영향력이 살아 숨 쉬는 곳이기 때문에 제사장들이 행하는 일을 간섭하거나 제재할 수 없는 곳이다.

　마찬가지다. 율법을 받은 사람이 율법으로 제재를 받는 대상이라면 그는 율법을 받을만한 자격이 없는 사람이다. 모세는 율법을 최초로 받아 율법의 아버지가 되었지만 모세 자신은 율법의 제재를 받거나 제한을 받는 사람은 아니라는 것이다.

　그 증거로 이런 면도 살펴볼 수 있다. 대제사장은 일 년에 한 번 특별한 율례와 규례와 절차에 의해서 지성소에 들어갈 수 있다. 대제사장이 경건하고 거룩하게 예복을 갖추어 입고 지성소에 들어가도 해결하지 못한 죄가 있으면 그 자리에서 즉사한다. 그래서 대제사장의 예복에는 방울이 붙어있어서 방울소리를 내다가 소리가 끊어지면 죽었다는 것을 감지할 수 있었다(출 28:34-35). 그러나 모세는 특별한 율례의 제재를 받지 않고 수시로 지성소에 들어갈 수 있었다. 대제사장이 입는 예복을 입지 않고 평상복을 입고도 지성소를 드나들 수가 있었다. 그런 모세의 행동을 바라볼 때 그는 율법에 저촉을 받지 않고 율법을 초월하는 대상이라는 것을 알 수 있다.

> 신 3:26 여호와께서 너희의 연고로 내게 진노하사 내 말을 듣지 아니하시고 내게 이르시기를 그만해도 족하니 이 일로 다시 내게 말하지 말라

모세는 출생의 비밀뿐만 아니라 죽음의 비밀도 간직하고 있다. 젖과 꿀이 흐르는 가나안 땅이 눈앞에 다가왔는데 여호와께로부터 가나안 땅에 들어가지 못한다는 청천벽력 같은 소리를 듣게 되었다. 모세가 세 번이나 들어가게 해 달라고 간구했으나 세 번째 응답이 "그만해도 족하니 이 일로 다시 내게 말하지 말라"는 것이다. 그 결과에 대해 모세는 "너희의 연고로 내게 진노하사"라고 밝히고 있다. 즉 이스라엘 백성들의 죄와 허물로 모세가 젖과 꿀이 흐르는 가나안 땅에 들어가지 못하고 죽게 되었다는 것이다.

1세대인 603,550명이 출애굽하여 광야길을 걸으며 우상숭배하고, 간음하고, 하나님을 시험하고, 원망한 죄로 여호수아, 갈렙 외에 603,548명이 다 죽게 되었다(고전 10:7-10).

> 민 20:10-11 모세와 아론이 총회를 그 반석 앞에 모으고 모세가 그들에게 이르되 패역한 너희여 들으라 우리가 너희를 위하여 이 반석에서 물을 내랴 하고 그 손을 들어 그 지팡이로 반석을 두 번 치매 물이 많이 솟아나오므로 회중과 그들의 짐승이 마시니라

> 시 106:32-33 저희가 또 므리바 물에서 여호와를 노하시게 하였으므로 저희로 인하여 얼이 모세에게 미쳤나니 이는 저희가 그 심령을 거역함을 인하여 모세가 그 입술로 망령되이 말하였음이로다

이스라엘 백성들이 물이 없을 때마다 모세를 원망하며 대적함으로 모세가 므리바 반석을 두 번 치면서 "패역한 너희여 들으라 우리가 너희를 위하여 이 반석에서 물을 내랴"(민 20:10)라고 했다. 하나님이 물을 내시는 분인데 "우리가 물을 내랴?"라고 했고, 반석에게 '명하여' 물을 내라고 하셨는데 반석을 두 번 쳤다.

이 사실에 대해 시편 기자는 이스라엘 백성들로 인해 얼이 모세에게 미쳐서 모세가 입술로 망령되이 말했다고 기록했다. 명백한 모세의 죄의 내용을 기록한 것이다. 모세가 젖과 꿀이 흐르는 가나안 땅에 들어가지 못한 원인에 대해 모세 자신은 이스라엘 백성들의 연고로 들어가지 못한 것이라고 밝히고 있는 것이다. 이는 마치 인류의 죄와 허물로 십자가를 짊어지셔야만 하는 예수님의 그림자적인 모습임을 깨달을 수 있다.

그러나 "그만해도 족하니 이 일로 다시 내게 말하지 말라"는 응답 속에는 이미 만세 전에 모세에게 어떤 역사를 하실 것인지 예정하시고 준비하신 하나님의 의지와 배려가 들어있는 것이다.

모세는 예수님의 그림자이다. 그림자인 모세가 천국을 상징하는 젖과 꿀이 흐르는 가나안 땅에 들어간다면 실체이신 예수님이 이 땅에 오셔서 십자가를 지시지 못하고 하늘로 승천하신다는 결론이다. 그렇기 때문에 모세는 젖과 꿀이 흐르는 가나안 땅에 들어가지 못하는 것이다.

비록 지금 당장은 모세가 이스라엘 백성들의 패역한 죄로 말미암아 가나안 땅에 들어가지 못하고 비스가산에서 죽어야 하지만, 그의 부활에 대한 하나님의 선처와 배려가 감추어져 있었기 때문에 "그만해도 족하니 더 이상 말하지 말라"고 하신 것이다.

그 결과 모세가 부활하여 신약 마당에서 변화산에 아버지의 영광으로 변형되신 주님 앞에 영육 간에 산 자로 나타날 수 있었다.

그런데 왜 모세의 부활이 성경에는 감추어져 있는가? 모세의 부활이 공개되면 예수님의 부활의 영광이 가리워지기 때문이다. 예수님이 부활의 첫 열매가 되셔야 하기 때문에 모세가 부활의 첫 열매로서 영광을 받을 수는 없다. 그래서 모세의 부활을 감추신 것이다.

> 유 1:9 천사장 미가엘이 모세의 시체에 대하여 마귀와 다투어 변론할 때에 감히 훼방하는 판결을 쓰지 못하고 다만 말하되 주께서 너를 꾸짖으시기를 원하노라 하였거늘

모세가 네 생물에 소속된 존재인데 마귀가 모세의 시체를 가져가려고 하자 미가엘 천사장이 마귀를 책망하는 내용이다. "주께서 너를 꾸짖으시기를 원하노라"는 말씀에는 "네가 모세의 근본이 누구인지 몰라서 그의 시체를 가져가려고 하느냐? 감히 네가 모세의 시체를 가져간다면 하나님께서 너를 가만 두실 것 같으냐? 너에게 무척 진노하실 것이다"라는 내용으로 책망했기에 마귀가 모세의 시체를 건드리지 못한 것이다.

일부 신학자들은 마귀가 모세의 시체를 가져갔다고 주장한다. 만일 마귀가 모세의 시체를 가져갔다면 변화산에 등장한 모세는 영적으로만 부활한 존재일 것이다. 영육 간에 부활하지 못한 존재는 산 자의 하나님, 아버지의 영광으로 변형되신 예수님 앞에 설 수 없다. 하나님은 영혼만 수집하는 염라대왕이 아니다. 산 자의

하나님 앞에는 영육 간에 산 자로 부활한 완전한 산 자만이 설 수 있고, 대화할 수 있는 것이다.

　정리하면 하나님께서는 인간 삶의 현장에서 사람들 모르게 하나님만이 아시는 주도면밀한 구속사의 세계를 이루어 나가시는데 이러한 역사의 진실들이 하나하나 합해져서 작은 책을 이룰 수 있는 내용이 되는 것이다. 인봉한 말씀들을 하나하나 뽑아서 책으로 만든 것이 작은 책의 세계가 된다.

　작은 책이라고 해서 처음에는 없었던 것인데 하나님께서 어떤 목적을 위해서 새롭게 만들어 마지막 때에 삽입해 놓으신 것이 아니다. 즉 처음부터 성경 속에 들어 있었지만 감추어져 있었기 때문에 아무도 깨닫지 못하던 말씀을 때에 맞게 그 말씀을 이루어야 할 사람들이 알 수 있도록 하나하나 모아서 책을 만들어 그들에게 꼭 먹게 하시는 것이다.

II
엘리야

왕상 17:1 길르앗에 우거하는 자 중에 디셉 사람 엘리야가 아합에게 고하되 나의 섬기는 이스라엘 하나님 여호와의 사심을 가리켜 맹세하노니 내 말이 없으면 수년 동안 우로가 있지 아니하리라 하니라

이스라엘은 족보를 중요시 여기는 민족으로서 한 사람의 족보를 소개할 때 최소한 5대 이상 언급한다. 그런데 주전 850년 전에 등장한 엘리야는 족보가 없이 디셉 사람이라고만 기록되어 있다. 디셉이라는 지명은 '포로로 잡혀 오다', '사로잡히다', '끌려오다'라는 세 가지 의미를 가지고 있다.

엘리야는 어떤 사람이었기에 족보가 없이 디셉 사람이라는 것만 기록된 것인가? 정말 엘리야는 족보 없이 태어난 사람이었을까? 이 세상에 족보 없이 태어나는 사람은 아무도 없다. 말씀이 육신으로 오신 예수님도 이 땅에 인자로 오시기 위해서 여인의 길, 창조의 길로 오셨다. 하물며 피조물인 엘리야가 부모 없이 이 세상에 태어날 리는 만무하다. 그렇다면 엘리야는 어떻게 족보가 없는 존재가 되었을까?

엘리야도 부모를 통해 이 땅에 왔으나, 땅의 족보가 지워진 것

이다. 마치 산 자의 열매가 된 요셉을 죽는 족보에 기록할 수 없어서 족보에서 뺀 것과 같다. 엘리야는 어떤 입장에서 땅의 족보가 지워졌는가? 그가 호렙산 굴에서 성령의 소욕으로 육신의 소욕과 싸워 이겼기 때문에, 육신의 소욕에 기록되어 있는 모든 내용들이 사라져버린 것이다. 따라서 그는 혈과 육을 초월할 수 있는 사람, 혈과 육에서 벗어난 사람이 되었기에 땅의 족보가 없는 사람이 된 것이다.

엘리야가 아합 왕에게 "내 말이 없으면 수년 동안 우로가 있지 아니하리라"(왕상 17:1)고 선전포고를 했다. 우로(雨露)란 비와 이슬인데 수년 동안 우로가 내리지 않으면 지하 200미터까지 수분이 말라 작물이 살지 못한다고 한다. 엘리야의 말대로 3년 6개월 동안 우로가 내리지 않아 전국이 가뭄으로 기근이 들자 아합 왕이 엘리야를 잡으려고 혈안이 되었다.

> 왕상 17:3-4 너는 여기서 떠나 동으로 가서 요단 앞 그릿 시냇가에 숨고 그 시냇물을 마시라 내가 까마귀들을 명하여 거기서 너를 먹이게 하리라

그러자 하나님께서 엘리야에게 그릿 시냇가로 도망가게 하셨다. '그릿'이라는 지명의 의미는 '쪼개다', '자르다', '협곡'이다. 그릿 시냇가로 도망간 엘리야에게 까마귀들이 아침저녁으로 떡과 고기를 날라다 주었다.

까마귀는 율법에서 가증한 새라고 했다(레 11:13-15). 그런데 까마귀는 효조라고 한다. 까마귀는 족보를 알고 조상을 섬기는 새

라는 것이다. 동물의 세계는 무리를 이끌고 있던 우두머리가 늙어서 힘이 쇠약해지면 쫓겨나고, 새로운 강자가 등장해서 그 무리를 통솔하는 것이 일반적인 경우이다. 그런데 까마귀는 절대 부모나, 조부모 새를 버리지 않는다고 한다. 그래서 다른 말로는 효조(孝鳥), 또는 반포조(反哺鳥)라고 한다. 까마귀의 또 다른 특징은 산 것 뿐만 아니라 죽은 시체도 게걸스럽게 뜯어먹는다. 그것이 까마귀의 습성이다.

까마귀는 율법으로도 부정한 새로 규정되었기에 결코 좋은 새라고 말할 수는 없다. 그런 까마귀가 아침저녁으로 날라다 주는 떡과 고기를 그릿 시냇가에 숨어있는 엘리야가 먹고 살았다. 그 까마귀는 생태계에 있는 조류를 말하는 것이 아니라 까마귀 같은 속성을 가진 존재, 인자를 말하는 것이다.

성경 말씀을 깊이 궁구해보면 그릿 시냇가는 그 지명의 이름처럼 아주 험하고 협착한 곳이다. 사람 하나 겨우 몸을 의지할 수 있는 깎아지른 듯한 바위로 이루어진 협곡 같은 곳이다. 그곳에서 엘리야가 그릿 시냇가의 물이 마르기까지 머물러 있었다.

구속사의 입장에서 보면 하나님께서 엘리야를 머물게 한 그릿 시냇가는 불 시험의 장소라고 할 수 있다. "너희가 불 시험이 오는 것을 이상히 여기지 말라"(벧전 4:12)는 불 시험의 장소가 그릿 시냇가였다. 분명히 그릿 시냇가는 하나님께서 엘리야에게 도망가라고 지시하신 곳이다. 그런데 막상 가서 보니까 몸 하나를 가까스로 의지할 수 있는 깎아지른 바위로 된 협착한 곳, 공간이 아주 비좁고 겨우 몸을 지탱할 수 있는 험난한 곳, 쪼개지듯 한 바위로 이루어진 곳이었다. 그곳에서 엘리야가 6개월 동안 그릿 시냇물이 마르도록 숨어 있었다.

구속사의 입장으로 보면 그릿 시냇가는 하나님이 엘리야를 연단시키고 훈련시킨 곳이다. 게다가 그를 공궤하는 대상이 까마귀들이었다. 그런 의미에서 그릿 시냇가는 엘리야에게 결코 편안하고 안락한 곳이 될 수 없다. 육신도 제대로 편히 쉴 수 없는 협착한 곳에서 까마귀가 아침, 저녁으로 날라다 주는 떡과 고기를 먹고 살았다. 엘리야가 절대 편치 못한 양식을 먹고 있는 것이다. 자기의 자존심과 자기 입장으로는 절대 먹기도 싫은 음식인데 어쩔 수 없이 목숨을 보존하기 위해서 먹은 것이다. 그런 입장에서 엘리야에게는 그릿 시냇가가 첫 번째 불로 시험을 받은 곳이다.

> 왕상 17:7-9 땅에 비가 내리지 아니하므로 얼마 후에 그 시내가 마르니라 여호와의 말씀이 엘리야에게 임하여 가라사대 너는 일어나 시돈에 속한 사르밧으로 가서 거기 유하라 내가 그곳 과부에게 명하여 너를 공궤하게 하였느니라

그러던 중 시내가 마름으로 하나님께서 시돈 땅 사르밧 과부에게 가서 유하라고 하셨다. 표면적으로는 가뭄으로 인해 물이 말랐지만 영적으로 물이 말랐다는 것은 심판이 끝났다, 1차 시험이 끝났다는 뜻이다.

노아의 경우를 살펴보면, 2월 17일에 시작한 물 심판이 다음해 2월 27일, 즉 1년 10일 만에 물이 마름으로 노아가 방주에서 내렸다. 물이 말랐다는 것은 물 심판이 끝났다는 것이다. 마찬가지다. 그릿 시냇가의 물이 말랐다는 것은 엘리야가 하나님의 시험에서 이겼기 때문에 시험이 끝난 것이다. 인간적으로 자존심이 상

하고 체면이 구겨지는 모욕과 모멸감을 참아가면서 아침저녁으로 밥을 먹어야하는 시험을 이김으로 말미암아 2차 시험 장소인 시돈 땅 사르밧 과부의 집으로 보내셨다.

하나님의 지시하신 대로 엘리야가 사렙다 과부를 찾아갔다. 그곳에서 나뭇가지를 줍고 있는 사렙다 과부에게 먼저 물을 달라고 요구했다. 물을 가지러 가는 과부에게 곧 이어서 엘리야가 "네 손의 떡 한 조각을 나를 위해서 먼저 갖다 달라"고 했다. 여기서 말한 떡 한 조각이란 한 움큼의 밀가루와 기름병에 조금 남은 소량의 기름으로 만들 수 있는 양을 말한 것이다.

그러자 사렙다 과부가 "나는 떡이 없고 다만 통에 가루 한 움큼과 병에 기름 조금 뿐이라. 내가 나뭇가지 두엇을 주워다가 나와 내 아들을 위하여 음식을 만들어 먹고 그 후에는 죽으리라"(왕상 17:12)고 하였다. 그런데 엘리야는 "먼저 그것으로 나를 위하여 작은 떡 하나를 만들어 내게로 가져오고 그 후에 너와 네 아들을 위하여 만들라"(왕상 17:13)고 하였다.

엘리야는 그 집에 떡이 한 조각밖에 없다는 것을 이미 알고 있었다. 그것으로 떡을 만들면 하나 밖에 못 만든다는 것까지 엘리야는 알고 있었다. 어떻게 보면 하나님의 사람이라는 엘리야가 참 인정머리가 없는 사람처럼 보인다. 인간적인 측면으로 보면 마지막 남은 양식으로 작은 떡 하나를 만들어 아들과 함께 먹고 죽으려는 그것을 먼저 자기에게 갖다 달라고 요구한 것을 볼 때 몰인정한 사람처럼 보일 수 있다.

왜 하나님의 사람이라는 엘리야가 사렙다 과부에게 그런 무리한 요구를 했을까? 우선 나부터 먹고 보자는 욕심으로 그런 요구를 한 것인가? "나에게 먼저 작은 떡 하나를 만들어 가지고 오라"고 한 것은 "네가 먹고 죽을 그 떡을 나에게 먼저 준다면 내가 그 문제에 대해서만큼은 책임지겠다"는 의미가 들어있다.

사렙다 과부는 엘리야의 말대로 순종하였다. 그럼으로 "그 통의 가루는 다하지 아니하고 그 병의 기름은 없어지지 아니하리라"(왕상 17:14)고 한 엘리야의 말씀대로 통의 가루가 끊어지지 않고 병의 기름이 마르지 않는 기적이 일어났다. 날마다 먹어도 없어지지 않고 다시 채워지는 양식으로 사렙다 과부와 아들, 그리고 엘리야가 먹고 살았다.

그렇다면 사렙다 과부는 어떻게 엘리야가 하나님의 사람이라는 것을 알아보고 그렇게 순종할 수 있었을까?

> 왕상 17:9 너는 일어나 시돈에 속한 사르밧으로 가서 거기 유하라 내가 그곳 과부에게 명하여 너를 공궤하게 하였느니라

"내가 그곳 과부에게 명하여 너를 공궤하게 하였느니라"는 말씀에서 앞뒤 정황을 미루어 짐작할 수 있다.

하나님께서 먼저 사렙다 과부에게 은혜의 차원에서 명령하셨다. "내가 네게 하나님의 사람을 보낼 것이다. 그는 가죽으로 띠를 띠었고 털옷을 입었고 털이 많은 사람이다. 그러니까 너는 그가 바라고 원하는 대로 순종하라"는 내용이 포함되어 있다. 물론 표면적으로는 이렇게 성경에 기록되어 있지 않지만 위 구절을 읽어보면 이런 내용이 포함되어 있다는 것을 알게 된다.

또 엘리야에게도 "사렙다 과부에게 너를 보낼텐데 그에게 너

를 하나님의 사람으로 공궤하라고 명령을 했다"는 내용을 알려주신 것이다. 사렙다 과부는 하나님이 명령하심으로 엘리야를 공궤해야 한다는 것을 알고 있었고, 또 엘리야 자신도 사렙다 과부가 자기를 어떻게 공궤할 것에 대해 상대적인 입장에서 서로가 서로를 잘 알고 있었다.

엘리야가 그런 몰인정한 행동을 할 수 있었던 것은 이미 하나님께서 사렙다 과부에게 명령하신 내용을 알고 있었기 때문에 그렇게 할 수 있었던 것이다. 또 사렙다 과부 역시 몰인정한 엘리야의 말에 순종할 수 있었다. 그 결과 사렙다 과부가 엘리야를 공궤할 수 있도록 통의 가루가 끊어지지 않았고 병의 기름이 마르지 않는 기적이 일어난 것이다.

시돈 땅은 이세벨의 아버지가 있는 곳이다. 이세벨의 눈을 피해 도망간 곳이 그의 아버지가 사는 시돈 왕의 궁궐 옆이었다. 엘리야는 유독 다른 사람들과 구별되는 많은 특징을 가지고 있다. 꼭 털옷을 입었고, 가죽 띠를 띠고 있었고, 털이 많은 것이 엘리야의 외형적인 특징이다(왕하 1:8). 그렇기 때문에 엘리야는 평소에도 바깥으로 돌아다닐 수가 없다. 더군다나 몰래 숨어있는 사람이다. 이세벨이나 아합이 설마 엘리야가 도망가서 자기 장인의 궁궐이 있는 동네에 숨었으리라고는 상상도 하지 못했을 것이다. 그것이 하나님의 감추어진 지혜이다.

그렇기 때문에 엘리야는 밤낮으로 집 안에만 숨어 있어야 한다. 그곳에서 약 3년 동안을 머물러 있었다. 엘리야가 사렙다 과부와 한 집에서 거처하는 동안 하나님께서 엘리야에게 많은 말씀을 하셨다.

성경 표면적으로는 엘리야가 하나님께로부터 은혜를 받은 장소가 분명하게 나타나지 않고 있다. 분명히 엘리야는 디셉 사람 엘리야로 처음 등장한다. 그러나 그가 누구의 아들인지, 또 그가 어디서 나타났는지 그가 등장하기 이전의 상황이 성경에 드러나 있지 않다. 다만 엘리야가 마지막 때 40주야를 걸어서 호렙산 굴에 가서 하나님의 세미한 소리를 들었다는 내용으로 볼 때(왕상 19:12) 엘리야가 이 세상에 나타나기 전에 호렙산에서 구도의 길을 걸었다는 점을 짐작할 수 있다.

그리고 세상에 나와서는 엘리야가 언제 어떻게 하나님과 특별한 인연을 맺었는지, 그 은혜의 장소가 어디인지 선명하게 나타나는 부분이 없다. 표면적으로는 하나님께로부터 영생의 말씀이나 특별한 은혜를 받았다는 기록이 없다. 그런데 그가 어떻게 많은 능력을 행할 수 있었는가? 어떻게 변화의 조상으로서 불 말과 불수레를 타고 변화 승천할 수 있었는가?

엘리야가 받은 모든 말씀의 세계, 은혜의 세계, 하나님 경륜의 비밀은 오직 사렙다 과부의 집에서 머무는 동안 받은 것이다. 통에 가루가 매일 수북하게 쌓인 것이 아니다. 처음에 있었던 분량만큼만 하루에 생기는 것이다. 하루 동안 겨우 목숨을 부지할 정도의 양만 생겼다. 겨우 떡 한 조각 만들어 세 끼를 먹을 수 있을 만큼, 죽지 않고 생명을 유지하고 연장할 수 있을 만큼만 생기는 것이다. 엘리야가 그것을 먹으면서 사렙다 과부의 집에서 하나님의 경륜의 세계의 비밀을 깨달은 것이다. 구도의 길은 넉넉하고 풍요롭고 기름진 가운데 걷는 길이 아니다. 어렵고 힘든 고통을 통해서 자신을 성찰할 수 있고, 하늘의 뜻을 깨달을 수 있는 길이다. 그렇기 때문에 그 길은 십자가의 길이다.

엘리야가 사렙다 과부의 집을 나가면서부터 정식으로 하나님의 사람으로서 많은 역사의 세계를 펼친 것을 볼 때, 엘리야가 사렙다 과부의 집에 머무는 동안에 장차 하나님의 권세와 능력을 가지고 어떤 역사의 세계를 펼치며 어떤 일을 해야 하는지 가르쳐주시는 은혜의 계시를 받았음을 짐작할 수 있다. 그는 사렙다 과부의 집에서 작은 책의 세계의 비밀의 경륜을 터득할 수 있었던 것이다.

엘리야를 이스라엘 과부에게 보내지 않고 사렙다 과부에게 보내신 이유가 무엇인가?

> 눅 4:25-26 내가 참으로 너희에게 이르노니 엘리야 시대에 하늘이 세 해 여섯 달을 닫히어 온 땅에 큰 흉년이 들었을 때에 이스라엘에 많은 과부가 있었으되 엘리야가 그 중 한 사람에게도 보내심을 받지 않고 오직 시돈 땅에 있는 사렙다의 한 과부에게 뿐이었으며

예수께서 친히 사렙다 과부에 대해서 말씀하셨다. 이스라엘에도 많은 과부가 있었는데 왜 엘리야를 그들 중 한 사람에게 보내지 않고 하필 시돈 땅의 사렙다 과부에게 보냈는지 아느냐고 반문하셨다.

그 이유가 무엇인가? 첫째 이스라엘 과부들은 자기들의 편의대로 엘리야를 이스라엘 왕에게 고발한다는 것이다. 이스라엘의

과부들은 마음이 불순하고 정함이 없는 과부들이기 때문에 물질로 인해 시시때때로 마음이 변하여 엘리야를 지켜주지 못한다는 것이다. 이스라엘에는 안전하게 엘리야를 보호해 줄 과부가 한 명도 없었다.

둘째, 이스라엘 과부들은 엘리야를 바라볼 때 다 육신의 소욕거리로만 바라보기 때문에 절대 엘리야를 도와주지 않는다는 것이다. 엘리야를 자신의 욕망을 채워줄 대상으로밖에 생각하지 않는다는 것이다.

셋째, 이스라엘 과부들은 엘리야를 절대 하나님의 사람으로 인정해주지 않고 믿지 못한다는 것이다. 그렇기 때문에 엘리야를 이스라엘 과부들에게 보내면 아무도 엘리야를 하나님의 사람으로 받들며 경외하며 도와줄 사람이 없다는 것이다. 그래서 부득이 엘리야를 사렙다 과부에게 보낸 것이다.

그런 입장에서 사렙다 과부는 작은 책을 받을 수 있는 자격자, 작은 책을 품을 수 있는 자격자가 될 수 있다고 말할 수 있다. 작은 책을 받을 수 있는 자들은 필연적으로 하나님이 예비하신 섭리에 의해서 혹독한 시련의 과정을 겪어야 하는 것이다.

만일 사렙다 과부가 '하나님의 사람을 공궤하면 죽지 않고 살 수 있다고 하셨는데, 정말 그것이 가능한 일일까?'라는 생각으로 엘리야의 요구에 순간 주저하거나 의심하는 마음이 들었다면 이런 역사가 이루어질 수 있는가? 그 순간 마귀가 하나님이 주신 말씀과 엘리야가 한 말씀을 대번 삼켜버렸을 것이다. 그것이 예수께서 씨 뿌리는 비유에서 "길가에 떨어지매 새들이 와서 먹어버렸고"(마 13:4)의 경우에 해당된다. 말씀을 빼앗기면 진 자로서 사단, 마귀의 병기로 쓰임 받고 결국은 그들의 종이 되는 것이다. 그러나 사렙다 과부는 즉시 순종함으로 1차적으로는 믿음의 의를 이루었다.

> 왕상 17:17-18 이 일 후에 그 집 주모 되는 여인의 아들이 병들어 증세가 심히 위중하다가 숨이 끊어진지라 여인이 엘리야에게 이르되 하나님의 사람이여 당신이 나로 더불어 무슨 상관이 있기로 내 죄를 생각나게 하고 또 내 아들을 죽게 하려고 내게 오셨나이까

엘리야는 오랜 동안 사렙다 과부의 집에서 하나님의 사람으로서 인격과 품위를 상실하지 않고 자기의 자리를 굳건히 지켰다. 사렙다 과부가 처음에는 통의 가루가 떨어지지 않고 병의 기름이 차는 것을 볼 때마다 얼마나 신기하고 놀랍고 경이로웠겠는가? 그 때마다 사렙다 과부가 엘리야에게 하나님의 사람으로서 능력을 행한 것에 대해 얼마나 감격하며 감사했겠는가? 그러나 하루 이틀이 지나고 일 년, 이 년이 지나니 놀라운 기적을 당연한 일상생활로 받아들이게 되면서 처음 감정이 무뎌지고 마음이 시들해졌을 것이다.

그러던 중에 과부의 아들이 죽었다. 그러자 엘리야가 그 아이를 데리고 자기의 방으로 가서 그를 품고 기도하므로 그의 몸에서 떠난 혼이 돌아와 아이가 살아났다(왕상 17:19-22). 왜 하나님께서 사렙다 과부의 아들을 죽이셨을까? 그리고 엘리야로 하여금 그 아이를 살려내게 하셨을까? 젊은 사렙다 과부가 처음에는 엘리야를 하나님의 사람으로 믿고 영접했으나 오랜 시간 함께 살다

보니까 처음과 달리 마음이 흔들린 것이다.

왜냐하면 사렙다 과부가 자기 아들이 죽었을 때 엘리야에게 "하나님의 사람이여 당신이 나로 더불어 무슨 상관이 있기로 내 죄를 생각나게 하고 또 내 아들을 죽게 하려고 내게 오셨나이까"라고 고백한 내용으로 보아, 사렙다 과부가 마음속으로 엘리야에 대해 죄를 짓게 되었다는 것을 짐작할 수 있다.

> 왕상 17:24 여인이 엘리야에게 이르되 내가 이제야 당신은 하나님의 사람이시요 당신의 입에 있는 여호와의 말씀이 진실한 줄 아노라 하니라

그러나 하나님께서 과부의 아들을 죽게 하심으로 말미암아 다시 한 번 정신을 차리고, 진정한 마음으로 그 아이를 살려낸 엘리야를 하나님의 사람으로 믿을 수 있었던 것이다. "내가 이제야 당신은 하나님의 사람이시오, 당신의 입에 있는 여호와의 말씀이 진실한 줄 아노라"는 고백으로 보아 그 순간 온전한 마음으로 믿게 된 것이다.

또 상대적인 입장에서 엘리야 자신도 그 시험과 연단의 과정 속에서 하나님의 사람으로서의 인격과 품격을 지키는 것이 쉬운 일은 아니었을 것이다. 그러나 엘리야 역시 하늘 뜻에 비추어 흠이 없는 구도의 과정을 통해서 이긴 자가 되었기 때문에, 서로 합력하여 작은 책의 말씀을 이룰 수 있었던 것이다. 마치 사렙다 과부가 음전기가 되어주고 엘리야가 양전기가 되어 두 사람의 전기가 합하듯 우레를 발할 수 있었던 것이다. 우레는 혼자서 발할 수

없다. 파트너십으로 이루어진 두 사람이 아름답고 조화로운 짝으로 이루어질 때 우레를 발할 수 있는 것이다.

야고보가 요한의 형제인데, 그가 사도 중에 제일 먼저 순교를 당했다. 야고보가 죽어서 땅에 묻힘으로 땅의 전기가 되고, 요한이 하늘의 전기가 됨으로 양전기와 음전기가 하나가 되어서 우레의 사람으로서 우레를 발할 수 있는 능력자가 될 수 있었다. '보아너게', 우레의 아들의 입장에서 한 사람으로서는 우레를 발할 수 없고 두 사람이 함께 우레를 발할 수 있는 것이다(막 3:17).

> 계 2:17 귀 있는 자는 성령이 교회들에게 하시는 말씀을 들을찌어다 이기는 그에게는 내가 감추었던 만나를 주고 또 흰 돌을 줄 터인데 그 돌 위에 새 이름을 기록한 것이 있나니 받는 자 밖에는 그 이름을 알 사람이 없느니라

"이기는 그에게는 내가 감추었던 만나를 주고 또 흰 돌을 줄 터인데 그 돌 위에 새 이름을 기록한 것이 있나니 받는 자 밖에는 그 이름을 알 사람이 없느니라"(계 2:17)고 하셨다.

통의 가루가 마르지 않고 병의 기름이 끊이지 않음으로 3년 동안 먹을 수 있었던 양식은 바로 감추었던 만나이다. 엘리야가 그릿 시냇가의 불시험에서 이겼기 때문에 사르밧 과부에게 가서 감추었던 만나를 먹을 수 있었던 것이 아니겠는가? 그 양식은 땅의 양식이 아니라 이스라엘 백성들이 광야에서 한 달 모자라는 40년 동안 먹었던 만나와 같은 양식이다.

또 감추었던 만나를 먹었기 때문에 흰 돌을 받을 수 있었다. 흰 돌을 받음으로 엘리야가 앞으로 있을 하늘의 역사에서 진행될 내

용을 마음속에 담을 수 있게 되었다. 엘리야의 마음속에 작은 책의 비밀을 간직할 수 있게 된 것이다.

사렙다 과부 역시 이긴 자가 될 수 있었던 것은 자기가 마지막으로 먹고 죽을 양식을 하나님의 사람, 엘리야에게 바쳤기 때문이다. 이긴 자가 되었기 때문에 감추었던 만나를 먹을 수 있었다. 또 사렙다 과부의 아들이 죽었을 때 엘리야가 그를 살려줌으로 "내가 이제야 당신은 하나님의 사람이시요 당신의 입에 있는 여호와의 말씀이 진실한줄 아노라"(왕상 17:24)라는 신앙 고백을 하는 순간 새 이름을 받은 것이다.

사렙다 과부가 이긴 자로서 새 이름을 받았기 때문에 그 장소가 엘리야로 하여금 작은 책을 쓸 수 있게 한 거룩한 장소가 된 것이다. 예수께서 "또 누구든지 제자의 이름으로 이 소자 중 하나에게 냉수 한 그릇이라도 주는 자는 내가 진실로 너희에게 이르노니 그 사람이 결단코 상을 잃지 아니하리라"(마 10:42)고 하셨다. 사렙다 과부가 하나님의 사람 엘리야를 위해서 큰 공적을 남겼기에 그의 후손 중에서 예수님께 예물을 들고 경배한 동방박사를 준비할 수 있었던 것이다.[16]

엘리야가 장차 하늘의 일을 할 수 있는 역사의 내용을 받은 곳은 사렙다 과부의 집이었다. 다시 말하면 엘리야가 사렙다 과부의 집에서 장차 하늘의 역사를 할 수 있는 경륜의 세계를 책으로 썼다고 말할 수 있다. 엘리야가 표면적으로 작은 책을 썼다는 것

---

16) '종말론적 구속사 시리즈' 제 3권 <두 감람나무와 두 촛대, 그들은 누구인가?> 400-405쪽, 벽암 조영래 저, 도서출판 오색이슬

이 아니라, 하나님의 경륜의 세계의 비밀을 완전히 깨닫고 알게 되었다는 것이다. 장차 자신을 통하여 역사될 '내게 주신 경륜'(골 1:25)[17]의 세계를 분명하고 확실하게 터득했다는 것이다.

> 왕하 2:9-10 건너매 엘리야가 엘리사에게 이르되 나를 네게서 취하시기 전에 내가 네게 어떻게 할 것을 구하라 엘리사가 가로되 당신의 영감이 갑절이나 내게 있기를 구하나이다 가로되 네가 어려운 일을 구하는도다 그러나 나를 네게서 취하시는 것을 네가 보면 그 일이 네게 이루려니와 그렇지 않으면 이루지 아니하리라 하고

엘리야가 승천하기 직전에 엘리사에게 바라는 것을 요구하라고 하자, 당신의 '영감의 갑절'을 달라고 했다. '영감의 갑절'을 달라는 것은 엘리야가 가지고 있는 '작은 책'을 주고 가라는 뜻이다. 그러자 엘리야가 "나를 네게서 취하시는 것을 네가 보면 그 일이 네게 이루려니와"라고 했다. 여기서 '네가 보면'이라는 뜻이 무엇인가? 엘리사가 엘리야가 승천하는 것을 단순히 눈으로만 목도하는 것이 아니라, 승천하는 그 비밀을 깨닫게 되면 요구한 내용이 이루어진다는 것이다.

과연 엘리사는 엘리야의 말대로 승천의 비밀을 깨달았는가?

---

17) 사도 바울이 깨달은 하나님의 다섯 가지 경륜은 때가 찬 경륜(엡 1:9), 은혜의 경륜(엡 3:2), 비밀의 경륜(엡 3:9), 내게 주신 경륜(골 1:25), 믿음 안에 있는 하나님의 경륜(딤전 1:4)이다.

왕하 2:11-12 두 사람이 행하며 말하더니 홀연히 불 수레와 불 말들이 두 사람을 격하고 엘리야가 회리바람을 타고 승천하더라 엘리사가 보고 소리지르되 내 아버지여 내 아버지여 이스라엘의 병거와 그 마병이여 하더니 다시 보이지 아니하는지라 이에 엘리사가 자기의 옷을 잡아 둘에 찢고

엘리야가 승천하는 순간 엘리사가 "내 아버지여 내 아버지여 이스라엘의 병거와 마병이여"라고 소리쳤다. 이 구절을 통해서 엘리사는 엘리야가 변화의 아버지라는 것과 그의 존재가 이스라엘을 지켜주는 국방이라는 사실을 깨달은 것을 알 수 있다. 사무엘 선지자가 살아있는 동안 블레셋 군대가 쳐들어오지 못했다는 말씀처럼(삼상 7:13), 엘리야가 살아있는 동안 외적이 침범하지 못하는 이스라엘의 병거와 마병이 되어준 존재라는 사실을 고백한 것이다.

따라서 엘리야가 가지고 있던 하나님의 경륜의 세계의 비밀이 담긴 책이 엘리사에게 넘어간 것이다. 마치 요한계시록 10장에서 하늘에서 내려오는 힘센 다른 천사가 사도 요한에게 작은 책을 먹게 한 것처럼, 엘리야가 엘리사에게 넘겨준 것이다. 물론 구약적인 측면에서는 실존의 영광의 작은 책이라고 말할 수는 없지만 비밀한 가운데 그림자적 차원에서의 작은 책의 역사가 명맥을 이어가고 있었다는 것을 알 수 있다.

구약 마당의 엘리야가 작은 책의 비밀을 간직할 수 있는 이유가 무엇인가?

구약에 많은 선지자가 있었고, 또 이사야, 예레미야, 에스겔, 다니엘의 4대 큰 선지자가 있었다. 그런데 왜 엘리야가 특별히 작은 책의 비밀을 깨닫고 변화 승천할 수 있는가?

엘리야는 족보가 없는 사람이다. 성경에는 그의 부모가 나타나지 않고 있다. 그렇다면 정말 엘리야가 부모 없이 하늘에서 떨어진 존재라는 뜻인가? 말씀이 육신으로 오신 예수님도 이 땅에 오실 때 여인의 길, 창조의 길로 오셨다. 어느 누구도 이 땅에 올 때 하늘에서 뚝 떨어진 존재는 없다. 그렇다면 엘리야 역시 그를 낳아준 부모가 있었을 것이다. 그런데 엘리야의 족보를 기록하지 않은 이유가 무엇인가?

엘리야는 혈과 육을 초월한 자로서 죽는 족보와 상관이 없는 존재이기에 족보를 초월한 존재이며, 죽는 족보에 소속되지 않은 존재이기에 족보를 기록하지 않았다고 소개한 바 있다.

엘리야가 족보 없이 등장한 이유가 그뿐인가?

> 히 7:1-3 이 멜기세덱은 살렘 왕이요 지극히 높으신 하나님의 제사장이라 여러 임금을 쳐서 죽이고 돌아오는 아브라함을 만나 복을 빈 자라 아브라함이 일체 십분의 일을 그에게 나눠주니라 그 이름을 번역한즉 첫째 의의 왕이요 또 살렘 왕이니 곧 평강의 왕이요 아비도 없고 어미도 없고 족보도 없고 시작한 날도 없고 생명의 끝도 없어 하나님 아들과 방불하여 항상 제사장으로 있느니라

멜기세덱은 아비도 없고, 어미도 없고, 족보도 없는 존재이다. 이 땅의 피조물 중에서 아비도 없고 어미도 없고 족보도 없이 태어날 수 있는 존재가 있는가? 멜기세덱이 족보가 없다는 것은 땅의 족보에 소속된 자가 아니라, 하늘의 족보에 소속된 자라는 것이다. 다시 말하면 네 생물에 소속된 존재라는 것이다.

> 계 5:1-3 내가 보매 보좌에 앉으신 이의 오른손에 책이 있으니 안팎으로 썼고 일곱 인으로 봉하였더라 또 보매 힘 있는 천사가 큰 음성으로 외치기를 누가 책을 펴며 그 인을 떼기에 합당하냐 하니 하늘 위에나 땅 위에나 땅 아래에 능히 책을 펴거나 보거나 할 이가 없더라

하나님의 오른손에 마지막까지 쥐고 계시던 일곱 인으로 봉해진 책은 하늘 위에나, 땅 위에나, 땅 아래에 아무도 알지 못한 채 재림 마당에 가서야 공개되는 비밀 중의 비밀이다. 천상천하에 아무도 알지 못하는 책이지만 네 생물은 그 책의 비밀을 아는 존재이다. 그렇기 때문에 네 생물에 소속된 자들은 작은 책의 비밀을 깨달을 수 있는 대상들이다. 따라서 족보가 없이 등장한 엘리야는 네 생물에 소속된 존재라는 것을 알 수 있다. 비록 아브라함의 후손으로 이 땅에 태어난 존재이지만 인간의 족보에 소속되지 않고 멜기세덱 반차를 통해서 이 땅에 온 사람이기에 그가 작은 책의 비밀을 알 수 있었다.

구약 마당에 내린 만나는 궁창을 명하사 하늘 문을 열고 내려주신 만나이다(시 78:23). 예수께서 실제로 오병이어의 기적을

행하셨고, 자신을 가리켜 "나는 하늘로서 내려온 산 떡이니 사람이 이 떡을 먹으면 영생하리라"(요 6:51)고 하셨다.

마찬가지다. 통에 가루가 끊어지지 않고, 병에 기름이 마르지 않았다는 것은 만나를 의미한다. 구약 마당의 엘리야가 작은 책의 비밀을 알고 있기에 엘리야로 하여금 감추었던 만나를 만들게 하시고 사렙다 과부와 그의 아들과 함께 그 만나를 먹게 하신 것이다. 이 땅에서는 엘리야가 인간으로서 최초로 만나를 만든 사람이다.

사렙다 과부는 어떻게 감추었던 만나를 먹을 수 있었는가?
한 개 남은 떡을 먹고 죽을 수밖에 없는 상황에서 하나님의 사람에게 자기의 전부를 드렸기에 감추었던 만나를 먹을 수 있는 자격자가 된 것이다. 넉넉하고 풍요롭고 안락한 가운데 하나님의 사람을 공궤한 것이 아니다. 자기 목숨보다 더 귀중한 대상이라는 것을 믿음으로 바라보고 엘리야에게 마지막으로 하나 남은 떡을 바친 것이다. 사렙다 과부가 바친 작은 떡은 사렙다 과부와 자기 아들의 목숨이었다.

이러한 순종과 믿음을 가진 사람만이 그 세계의 은혜를 접할 수 있고, 그 은혜를 받을 수 있고, 그 비밀을 기록할 수 있는 것이다. 작은 책은 거룩한 믿음의 의로써 이루어진 밀실에서 쓰는 책이다. 작은 책은 통에 가루가 끊어지지 않는 곳, 병에 기름이 마르지 않는 곳에서만 쓸 수 있는 책이다.

고후 12:1-4 무익하나마 내가 부득불 자랑하노니 주의 환상과 계시를 말하리라 내가 그리스도 안에 있는 한 사람을 아노니 십사 년 전에 그가 세째 하늘에 이끌려 간 자라 (그가 몸 안에 있었는지 몸 밖에 있었는지 나는 모르거니와 하나님은 아시느니라) 내가 이런 사람을 아노니 (그가 몸 안에 있었는지 몸 밖에 있었는지 나는 모르거니와 하나님은 아시느니라) 그가 낙원으로 이끌려가서 말할 수 없는 말을 들었으니 사람이 가히 이르지 못할 말이로다

사도 바울이 하나님의 경륜의 세계의 비밀을 깨달은 것도 아라비아 사막에서 그 비밀을 접한 것이다(갈 1:17). 위 구절은 아라비아 사막에서 구도의 길을 걸을 때 셋째 하늘에 갔다 온 은혜의 내용을 아무에게도 말하지 못하다가 14년이 지나서야 조심스럽게 공개하는 장면이다.

사도 요한도 끓는 가마에서 치명적인 화상을 입고 나서 밧모섬에 내던져진 상황에서 장차 재림 마당에서 이루어질 계시를 받았다. 밧모섬은 육지에서 아주 가까운 섬이라 보통 사람도 쉽게 헤엄쳐서 빠져나올 수 있는 곳이라고 한다. 그런 곳에 사도 요한을 던져놓은 것은 그가 치명적인 상처를 입은 상태이기에 잠시 후면 죽을 것이라는 확신을 가지고 가까운 섬에 던져 놓은 것이다. 그곳에서 하늘에서 내려오는 힘센 천사로부터 작은 책을 받은 것이다.

다니엘이 사자 굴에 던져졌을 때 하나님께서 천사를 보내서 사자의 입을 봉해주셨고(단 6:22), 다니엘의 세 친구들이 평소의 7배나 뜨거운 극렬한 풀무불 속에 던져졌을 때 신들의 아들과 같

은 존재가 함께 함으로 무사할 수 있었다(단 3:25).

　이처럼 하나님의 은혜를 받는 장소, 하나님의 비밀과 암호를 깨닫는 장소는 편안하고 안락한 곳이 아니다. 가장 힘들고 어려운 아픔과 고난과 시련과 훈련과 연단 속에서 하나님의 특별한 은혜와 계시를 받을 수 있는 것이다.

III
엘리사

엘리야의 영감의 갑절을 받은 엘리사

　엘리야에게는 엘리사(뜻: 하나님의 구원하심)라는 후계자가 있었다. 엘리야가 갈멜산에서 거짓 선지자들과 850대 1의 싸움에서 승리하였으나, 이를 갈며 대적하는 이세벨의 눈을 피하여 40주야를 걸어 호렙산 굴에 가서 하나님을 대면하였다.
　바람과 지진과 불 가운데에도 여호와께서 계시지 아니하더니 불 후에 세미한 소리 가운데 나타나 엘리야에게 마지막 사명을 주셨다(왕상 19:11-12). 그 사명의 내용은 "아람 왕 하사엘에게 기름을 붓고, 예후에게 기름을 붓고, 엘리사에게 기름을 부으라"는 것이다.

> 왕상 19:15-17 여호와께서 저에게 이르시되 너는 네 길을 돌이켜 광야로 말미암아 다메섹에 가서 이르거든 하사엘에게 기름을 부어 아람 왕이 되게 하고 너는 또 님시의 아들 예후에게 기름을 부어 이스라엘 왕이 되게 하고 또 아벨므홀라 사밧의 아들 엘리사에게 기름을 부어 너를 대신하여 선지자가 되게 하

라 하사엘의 칼을 피하는 자를 예후가 죽일 것이요 예후의 칼을 피하는 자를 엘리사가 죽이리라

하사엘의 칼을 피하는 자는 예후가 죽이고, 예후의 칼을 피하는 자는 엘리사가 죽이리라고 하셨다. 즉 엘리사는 마지막 심판자로서 그의 칼을 피할 자는 없다는 뜻이다.

왕하 2:1-6 여호와께서 회리바람으로 엘리야를 하늘에 올리고자 하실 때에 엘리야가 엘리사로 더불어 길갈에서 나가더니 엘리야가 엘리사에게 이르되 청컨대 너는 여기 머물라 여호와께서 나를 벧엘로 보내시느니라 엘리사가 가로되 여호와의 사심과 당신의 혼의 삶을 가리켜 맹세하노니 내가 당신을 떠나지 아니하겠나이다 이에 두 사람이 벧엘로 내려가니 벧엘에 있는 선지자의 생도들이 엘리사에게로 나아와 이르되 여호와께서 오늘날 당신의 선생을 당신의 머리 위로 취하실 줄을 아나이까 가로되 나도 아노니 너희는 잠잠하라 엘리야가 저에게 이르되 엘리사야 청컨대 너는 여기 머물라 여호와께서 나를 여리고로 보내시느니라 엘리사가 가로되 여호와의 사심과 당신의 혼의 삶을 가리켜 맹세하노니 내가 당신을 떠나지 아니하겠나이다 하니라 저희가 여리고에 이르매 여리고에 있는 선지자의 생도들이 엘리사에게 나아와 이르되 여호와께서 오늘날 당신의 선생을 당신의 머리 위로 취하실 줄을 아나이까 엘리사가 가로되 나도 아노니 너희는 잠잠하라 엘리야가 또 엘리사에게 이르되 청컨대 너는 여기 머물라 여호와께서 나를 요단으로 보내시느니라 저가 가로되 여호와의 사심과 당신의 혼의 삶을 가리켜 맹세하노니 내가 당

신을 떠–지 아니하겠나이다 이에 두 사람이 행하니라

하나님께서 명령하신 말씀대로 엘리야가 엘리사에게 기름을 붓고 엘리사를 부른 뒤 엘리사는 엘리야를 따르며 추종했다. 그러던 중 이제 하나님께서 엘리야를 취하실 때가 되어 엘리야가 엘리사와 헤어지기 전에 세 번 시험했으나, 엘리사가 엘리야를 절대로 놓지 않겠다며 끝까지 따랐다.

> 왕하 2:9-10 건너매 엘리야가 엘리사에게 이르되 나를 네게서 취하시기 전에 내가 네게 어떻게 할 것을 구하르 엘리사가 가로되 당신의 영감이 갑절이나 내게 있기를 구하느이다 가로되 네가 어려운 일을 구하는도다 그러나 나를 네게서 취하시는 것을 네가 보면 그 일이 네게 이루려니와 그렇지 않으면 이루지 아니하리라 하고

엘리야가 엘리사에게 "네 길을 가라"고 하며 길갈에서부터 벧엘, 여리고, 요단에 이르기까지 세 번이나 시험을 해도 가지 않고 끝까지 따르는 엘리사를 보고 소원을 말하라고 하자, 엘리사가 엘리야가 가진 영감의 갑절을 달라고 하였다. 그때 엘리야가 "나를 네게서 취하시는 것을 네가 보면 그 일이 네게 이루어지리라"고 하였다.

본다는 의미는 무엇인가?

왕하 2:11-12 두 사람이 행하며 말하더니 홀연히 불 수레와 불 말들이 두 사람을 격하고 엘리야가 회리바람을 타고 승천하더라 엘리사가 보고 소리 지르되 내 아버지여 내 아버지여 이스라엘의 병거와 그 마병이여 하더니 다시 보이지 아니하는지라 이에 엘리사가 자기의 옷을 잡아 둘에 찢고

여기서 "나를 네게서 취하시는 것을 네가 보면 그 일이 네게 이루어지리라"(왕하 2:10)는 것은 단순히 눈으로 보는 것만을 의미하는 것이 아니다. 엘리사가 엘리야에게서 영광을 입을 수 있었던 것은 하늘로 승천하는 엘리야를 보고 "내 아버지여, 내 아버지여!"라고 소리쳤다는 것이다. 엘리사가 엘리야가 승천하는 것을 '보았다'는 뜻은 단순히 눈으로 확인했다는 의미가 아니라, 엘리야가 승천하는 비밀을 깨달았다는 것이다.

왜 엘리사는 하늘로 승천하는 엘리야를 보며 "내 아버지여"라고 소리친 것일까?

하늘로 취하는 것을 보면 이루어진다는 것은 하나님께서 엘리야를 하늘로 데려가는 정체와 실상과 비밀을 알게 될 때, 그 갑절의 영감을 얻을 수 있다는 것이다. 엘리야가 승천할 때 "내 아버지여! 내 아버지여!"라고 엘리사가 소리친 것을 볼 때, 엘리야의 영적인 비밀이 '아버지'라는 사실을 깨달은 것이다. 즉 엘리야가 이긴 자로서 변화의 조상, 변화의 아버지가 된 사실을 엘리사가 최초로 깨달은 것이다.

신 21:15-17 어떤 사람이 두 아내를 두었는데 하나는 사랑을 받고 하나는 미움을 받다가 그 사랑을 받는 자와 미움을 받는 자가 둘 다 아들을 낳았다 하자 그 미움을 받는 자의 소생이 장자여든 자기의 소유를 그 아들들에게 기업으로 나누는 날에 그 사랑을 받는 자의 아들로 장자를 삼아 참 장자 곧 미움을 받는 자의 아들보다 앞세우지 말고 반드시 그 미움을 받는 자의 아들을 장자로 인정하여 자기의 소유에서 그에게는 두 몫을 줄 것이니 그는 자기의 기력의 시작이라 장자의 권리가 그에게 있음이니라

엘리야는 이긴 자로서 변화 승천할 수 있었다. 이긴 자란 장자를 말한다. 장자는 次자의 두 몫을 받는다. 엘리사가 엘리야의 갑절의 영감을 받음으로 엘리사는 엘리야가 가지고 있는 장자권을 갖게 되었다. 실제로 엘리사는 이 땅에 있는 동안 엘리야보다 더 많은 능력을 행하였다.

엘리사가 받은 갑절의 영감은 무엇인가?

왕하 2:23-24 엘리사가 거기서 벧엘로 올라가더니 길에 행할 때에 젊은 아이들이 성에서 나와서 저를 조롱하여 가로되 대머리여 올라가라 대머리여 올라가라 하는지라 엘리사가 돌이켜 저희를 보고 여호와의 이름으로 저주하매 곧 수풀에서 암 곰 둘이 나와서 아이들 중에 사십이 명을 찢었더라

엘리야의 영감의 갑절을 받은 엘리사가 돌아오는 길에 젊은 아이들을 만나니 그들이 "대머리여 올라가라, 대머리여 올라가라"고 조롱했다. 그 말을 들은 엘리사가 하나님의 이름으로 그들을 저주하매 수풀에서 암 곰 두 마리가 나와서 42명의 아이들을 찢어 죽였다. 표면적으로만 바라보면 하나님의 사람이 철부지 아이들이 하는 말 한 마디에 한두 명도 아닌 42명씩이나 죽였다는 것이 이해가 되지 않는다.

왜 엘리사는 하나님의 이름으로 어린 아이들을 죽였는가? 그 이유는 "올라가라"는 말 때문이다. 엘리사는 엘리야의 갑절의 영감을 받은 사람이다. 당연히 엘리사도 엘리야처럼 누구의 도움 없이 스스로 하늘로 올라갈 수 있는 사람이다. 그러니 엘리사가 재림 마당에 등장할 때는 하늘로 올라가는 것이다.

그 마지막 비밀을 누설하는 아이들이 표면적으로는 순진한 어린 아이들처럼 보이지만 하나님의 사람 엘리사의 눈에는 하나님의 비밀을 폭로하는 마귀들로 보였기에 하나님의 이름으로 저주한 것이다.

> 왕하 4:16-17 엘리사가 가로되 돐이 되면 네가 아들을 안으리라 여인이 가로되 아니로소이다 내 주 하나님의 사람이여 당신의 계집종을 속이지 마옵소서 하니라 여인이 과연 잉태하여 돐이 돌아오매 엘리사의 말한 대로 아들을 낳았더라

엘리사가 자식을 낳지 못하는 수넴 여인에게 아들을 주었다. 이 말씀은 하나님께서 아브라함과 사라에게 "기한이 이를 때에 내가 정녕 네게로 돌아오리니 네 아내 사라에게 아들이 있으리라

하시니"(창 17:21, 18:10)라고 하신 말씀의 내용과 같다. 엘리사도 수넴 여인에게 "돐이 되면 네가 아들을 안으리라"고 하였다.

성경 전체에서 피조물이 아이를 잉태시키는 사건은 엘리사의 경우가 유일무이하다. 사라, 리브가, 라헬, 한나 등 석녀들이 아이를 가질 때에도 '하나님이 그를 생각하신지라'(창 30:22, 삼상 1:19), '들으셨으므로'(창 25:21), '권고하셨고'(창 21:1)라는 약속의 말씀으로 축복해주심으로 그들이 자녀를 얻을 수 있었다.

엘리사의 스승인 엘리야도 사렙다 과부의 죽은 아들을 살려준 역사는 있었지만, 자식을 잉태시키는 일은 하지 못했다. 믿음의 조상 아브라함도 잉태의 능력을 갖지 못했다. 오히려 약속의 자녀를 주신다는 여호와 하나님의 말씀을 말씀으로 믿지 못하고 웃음으로써 순간 허와 실과 틈을 보인 바가 있다. 그런데 엘리사가 그런 사건을 주관할 수 있는 능력의 사람이라는 점이 참으로 놀라운 일이다.

과연 피조물인 엘리사가 어떻게 잉태의 능력을 행할 수 있는 것인가?

엘리사는 어떻게 석녀인 수넴 여인에게 아이를 낳게 하였을까? 수넴 여인의 남편 역시 아이를 생산할 수 없는 나이가 많은 남자였다. 그렇다면 수넴 여인이 낳은 아이는 분명히 육신의 자녀가 아니라 약속의 자녀라는 것을 알 수 있다. 그러면 엘리사는 누구이기에, 엘리사가 갖고 있는 능력은 어떤 것이기에, 그가 약속의 자녀를 이 땅에 태어나게 할 수 있었을까? 생각할수록 참 놀라운 사건이다.

분명한 것은, 성경에 기록된 모든 구원의 수는 이미 확정되어 있다는 것이다. 순교자의 수, 이 땅에서 죽지 않고 변화 받는 수, 아브라함과 함께 거룩한 성에서 안식을 누리는 의인들의 수 등, 모든 구원의 수는 정확하게 만세전에 예비되고 준비되어 있다.

그렇다면 엘리사가 수넴 여인에게 약속의 자녀를 생산할 수 있도록 역사한 내용 속에는 어떠한 구속사의 비밀이 감추어져 있는 것인가? 존귀한 하나님의 부르심으로 이 땅에 부르심을 입고 태어날 수 있는 자녀들이 하늘에서 자기 때를 기다리고 있다. 이 땅에 태어나는 것은 아무 의미 없이 태어나는 것이 아니라 누군가 이 땅에 태어날 수 있도록 허락해주시고 축복해주셔야만 이 땅에 태어날 수 있는 것이다.

그런 의미에서 본다면 "돐이 오면 네가 아들을 안으리라"고 엘리사가 말씀함으로 말미암아 그 말씀과 동시에 아이가 수넴 여인에게 잉태되는 조건이 이루어진 것이다. 하나님의 부르심으로 이 땅에 태어날 존귀한 약속의 자녀들 중에서 엘리사가 한 생명을 불러 수넴 여인의 태에 수육을 시킨 것이다. 이 땅에 올 수 있는 예정된 사람 중, 하나를 엘리사가 바라보고 수넴 여인의 태 속으로 불러들인 셈이다.

> 왕하 4:34-35 아이의 위에 올라 엎드려 자기 입을 그 입에, 자기 눈을 그 눈에, 자기 손을 그 손에 대고 그 몸에 엎드리니 아이의 살이 차차 따뜻하더라 엘리사가 내려서 집 안에서 한 번 이리저리 다니고 다시 아이 위에 올라 엎드리니 아이가 일곱 번 재채기 하고 눈을 뜨는지라

또, 엘리사의 경우는 자식이 없는 수넴 여인에게 잉태의 능력을 행했을 뿐 아니라, 그 아이가 죽었을 때에 살려주는 능력도 행했다.

수넴 여인의 아들이 죽었을 때 엘리사가 그를 살려내는 방법도 특이한 방법이다. 성경에서 유일무이하게 하나밖에 없는 방법이다. 입과 입을 마주 대하고, 눈과 눈을 마주 대하고, 손과 손을 대고 엎드렸다. 그러자 죽은 아이의 살이 점차 따뜻해짐으로 나중에는 아이가 일곱 번 재채기를 하고 살아났다. 사람을 살려내는 방법 중에서 두 번 다시 볼 수 없는, 특이한 방법으로 수넴 여인의 아들을 살려냈다.

여기서 일곱 번 재채기를 했다는 것은 일곱 우레를 상징하기도 한다. 베드로, 바울 등이 죽은 자들을 소생시킨 것은 주님의 이름으로 소생시킨 것이다. 그런데 엘리사는 주님 오시기 800년 전의 사람이다. 그가 아이를 살려낸 방법은 자신의 몸과 행동으로 살려낸 것이다. 엘리사는 엘리야의 능력의 2배를 넘겨받은 자로서 그의 살과 뼈 속에는 하나님의 자녀, 장자로서 가지고 있는 능력이 있었다. "우리의 형상과 모양대로 사람을 만들자"(창 1:26)라고 한 것처럼 자신이 가지고 있는 능력 자체를 그에게 전수시킴으로 영혼이 떠났던 그에게 다시 그의 영혼을 불러들일 수 있었던 것이다.

그런 차원에서 소생되었기에 아이가 소생되면서 일곱 번 재채기를 한 것이다. 그런 입장의 차원에서 본다면 일곱 번 재채기를 할 수 있는 아이를 낳을 수 있다는 것은 특별한 아이가 탄생된 것이라고 말할 수 있다. 한나가 낳은 사무엘도, 일곱째 아들로 태어난 다윗도 그런 아들이라고도 말할 수 있을 것이다.

이 사건을 살펴보면 엘리사 역시 재림 마당에서 발하게 되는 일곱 우레의 비밀을 아는 존재라는 의미가 아니겠는가?

엘리사는 부활의 능력을 가지고 있었다. 그렇기 때문에 죽은 수넴 여인의 아들을 독특한 자기 방식으로 살려낸 것이다. 남이 한 번도 시도해보지 않은 방법으로 수넴 여인의 아들을 살려낼 수 있었던 것이다. 그런 점에서 수넴 여인의 사건은 참으로 신묘막측한 사건이라고 할 수 있다.

그렇다면 엘리사가 가진 믿음의 분량, 믿음의 능력이 어떤 것이기에 피조물로서 창조주 하나님만 행하실 수 있는 고유적인 능력을 이 땅에서 직접 행할 수 있었는가?

> 왕하 2:9 건너매 엘리야가 엘리사에게 이르되 나를 네게서 취하시기 전에 내가 네게 어떻게 할 것을 구하라 엘리사가 가로되 당신의 영감이 갑절이나 내게 있기를 구하나이다

엘리사는 표면적으로도 엘리야의 영감의 두 배를 가지고 있는 사람이다. 그렇다면 엘리야가 가진 영감은 무엇인가? 엘리야가 어떤 능력을 가지고 있기에 죽지 않고 하늘로 승천할 수 있었는가? 과연 엘리야가 하늘로 승천한 길은 어떤 길인가?

엘리야가 보이는 입장에서는 불 말과 불 수레를 타고 올라갔지만, 영적으로는 야곱이 꿈 중의 계시에서 본, 땅에 세워져 하늘에 닿은 사닥다리를 타고 올라간 것이라고 말할 수 있다(창 28:12). 즉 땅에 세워져 하늘에 닿은 사닥다리는 멜기세덱 반차를 말한다.

엘리사가 엘리야의 승천하는 모습을 보고 "내 아버지여! 이스라엘의 병거와 마병이여!"라고 소리친 것은 멜기세덱 반차의 비밀을 깨달은 것이다. 멜기세덱 반차의 비밀을 깨달았기 때문에 엘리야의 영감의 갑절을 받을 수 있었다. 하나님께서 엘리야와 엘리사를 이스라엘의 병거와 마병으로 삼으신 이유는 그들이 산 자의 믿음을 가진 자들이기 때문이다.

즉 엘리야가 가지고 있는 영감은 죽는 자의 도맥을 통해서 얻을 수 있는 영감이 아니다. 산 자의 도맥을 통해서만 얻을 수 있는 영감이며, 믿음의 영역이며, 능력이라고 말할 수 있다.

> 왕하 2:15-17 맞은편 여리고에 있는 선지자의 생도들이 저를 보며 말하기를 엘리야의 영감이 엘리사의 위에 머물렀다 하고 가서 저를 영접하여 그 앞에서 땅에 엎드리고 가로되 당신의 종들에게 용사 오십 인이 있으니 청컨대 저희로 가서 당신의 주를 찾게 하소서 염려컨대 여호와의 신이 저를 들어가다가 어느 산에나 어느 골짜기에 던지셨을까 하나이다 엘리사가 가로되 보내지 말라 하나 무리가 저로 부끄러워하도록 강청하매 보내라 한지라 저희가 오십 인을 보내었더니 사흘을 찾되 발견하지 못하고

엘리야가 승천하는 장면을 두 종류의 사람들이 바라보고 있다. 죽은 자의 도맥을 통해서 바라보는 자들은 하나님께서 회리바람으로 엘리야를 들어서 어디엔가 던지셨을 것이라고 생각했다. 그래서 선지자의 생도들은 사흘 동안 엘리야의 시신을 찾았지만 발견하지 못했다.

그러나 산 자의 믿음을 가진 엘리사는 엘리야가 멜기세덱 반차를 타고 올라가는 것이라고 보았다. 이처럼 산 자의 믿음을 가진 자와 죽는 자의 믿음을 가진 자는 같은 상황을 보고도 서로 상반된 입장으로써 생각하고 바라보는 것이다.

과연 엘리야의 영감의 갑절을 받은 엘리사의 능력의 한계는 어떤 것일까? 두 배란 물질적인 양을 말하는 것이 아니다. 영육 간의 축복을 의미하는 것이다. 이처럼 영육 간의 축복을 받지 않고는 멜기세덱 반차의 비밀을 깨달을 수도 없고, 멜기세덱 반차를 따라갈 수도 없다.

멜기세덱은 아비도 없고 어미도 없고 족보도 없고 시작한 날도 없고 생명의 끝도 없어 하나님 아들과 방불하여 항상 제사장으로 있는 존재이다(히 7:3). 즉, 영원한 생명의 능력, 무궁한 생명의 능력을 가진 자이다. 엘리사는 죽음을 보지 않고 변화 승천하는 엘리야의 승천을 보고 멜기세덱 반차의 비밀을 깨달을 수 있었다. 엘리사가 엘리야로부터 영원한 생명을 탄생시킬 수 있는 신비한 능력을 전수받은 사람이었기에, 수넴 여인에게 약속의 자녀를 줄 수 있었다.

> 왕하 5:14-16 나아만이 이에 내려가서 하나님의 사람의 말씀대로 요단강에 일곱 번 몸을 잠그니 그 살이 여전하여 어린아이의 살 같아서 깨끗하게 되었더라 나아만이 모든 종자와 함께 하나님의 사람에게로 도로 와서 그 앞에 서서 가로되 내가 이제 이스라엘 외에는 온 천하에 신이 없는 줄을 아나이다 청컨대 당신의 종에게서 예물을 받으소서 가로되 나의 섬기는 여호

와의 사심을 가리켜 맹세하노니 내가 받지 아니하리라 나아
만이 받으라 강권하되 저가 고사한지라

　아람 왕의 군대장관 나아만은 큰 용사였으나 문둥병자였다. 그가 이스라엘에서 온 계집종의 말을 듣고 엘리사에게 찾아왔다. 엘리사가 나와 보지도 않고 사자를 시켜 요단 강물에 일곱 번 씻으라는 말에 격분하여 돌아가고자 했으나, 지혜로운 신하의 권유로 요단 강물에 일곱 번 씻어 문둥병이 나았다(왕하 5:1-14).
　나아만 장군은 은 10달란트, 금 6천개와 의복 열 벌이라는(왕하 5:5)[18] 엄청난 재물을 가져왔다. 그것을 자신의 문둥병을 고쳐준 엘리사에게 주고자 간청했으나 엘리사가 끝내 고사(固辭)하였다. 엘리사는 나아만 장군이 가져온 그 많은 예물을 왜 받지 않았을까?
　엘리사의 몸종인 게하시는 '이스라엘에 가난한 사람들이 얼마나 많은데, 왜 우리 선생님은 저 돈을 받지 않으실까? 자기가 쓰지 않더라도, 가난한 사람들을 도와주면 좋을 텐데, 왜 그것을 도로 가져가게 하실까?'라고 생각했다. 게하시의 생각도 상식적으로는 이해할 수 있는 생각이다.
　게다가 나아만 장군이 엘리사에게 예물을 받으라고 사정사정 했는데도 끝내 고사(固辭)하고 도로 가져가게 했다. 그래서 게하시가 "여호와의 사심을 가리켜 맹세하노니, 내가 저를 쫓아가서 무엇이든지 그에게서 취하리라"(왕하 5:20)하고 쫓아가서 거짓말을 하고 은 한 달란트와 옷 두 벌을 달라고 했다. 그러자 나아만

---

18) 한 달란트의 무게는 33kg이고, 열 달란트라면 330kg에 해당된다.

장군이 은 두 달란트와 옷 두 벌을 주어서 보냈다(왕하 5:23).

> 왕하 5:25-27 들어가서 그 주인 앞에 서니 엘리사가 이르되 게하시야 네가 어디서 오느냐 대답하되 종이 아무데도 가지 아니하였나이다 엘리사가 이르되 그 사람이 수레에서 내려 너를 맞을 때에 내 심령이 감각되지 아니하였느냐 지금이 어찌 은을 받으며 옷을 받으며 감람원이나 포도원이나 양이나 소나 남종이나 여종을 받을 때냐 그러므로 나아만의 문둥병이 네게 들어 네 자손에게 미쳐 영원토록 이르리라 게하시가 그 앞에서 물러나오매 문둥병이 발하여 눈 같이 되었더라

게하시가 자기 하인들에게 그것을 집에 가져다 감추게 하고, 자기는 스승 엘리사에게 갔더니 엘리사가 "지금이 어찌 은을 받으며 옷을 받으며 감람원이나 포도원이나 양이나 소나 남종이나 여종을 받을 때냐? 그러므로 나아만의 문둥병이 네게 들어 네 자손에게 미쳐 영원토록 이르리라"고 책망하였다. 그 말씀과 동시에 게하시에게 문둥병이 발하여 눈 같이 되었다고 했다.

나아만 장군의 예물을 끝끝내 사양한 엘리사의 의중 속에는 나아만 장군에게 어떤 간절한 바람이 있었기 때문에 그의 예물을 고사한 것이 아니겠는가? 그 간절한 바람이 무엇인지 게하시는 짐작할 수 없었다.

엘리사가 은혜를 베푼 수넴 여인과 나아만 장군에게 바라는 것이 무엇이었겠는가? 그렇다면 엘리야가 사렙다 과부에게 은혜

를 베풀어 주었을 때에도 그처럼 바라는 것이 있지 않았겠는가?

구약 마당에서는 엘리야가 최초로 죽은 자를 살려낸 사람이다. 상징적으로는 사렙다 과부의 아들도 부활의 자녀라고 말할 수 있다. 엘리사는 수넴 여인에게 약속과 부활의 의미를 가지고 있는 자녀를 주었다. 또 나아만 장군을 통하여 최초로 천형(天刑)인 문둥병이 낫는 기적을 보여주었다.

이처럼 엘리야가 한 사람을 준비했다면 엘리야의 영감의 두 배를 받은 엘리사는 두 사람을 준비하여, 모두 세 사람이 준비가 되었다. 준비된 세 사람들의 후손 중에서 세 동방박사를 준비했다는 놀라운 사실을 알 수 있다.

> 마 2:11 집에 들어가 아기와 그 모친 마리아의 함께 있는 것을 보고 엎드려 아기께 경배하고 보배합을 열어 황금과 유향과 몰약을 예물로 드리니라

세 동방박사는 이스라엘 백성들이 아니었다.[19] 멀리 동방에서부터 세 박사들이 황금과 유향과 몰약을 가지고 아기 예수님을 찾아와 경배를 드렸다.

요셉과 마리아가 여인숙을 찾았을 때 여인숙 주인이 방이 없다고 내주지 않았다. 정말 방이 없어서 방을 내주지 않은 것일까? 요셉과 마리아의 행색이 너무 초라하고 가난해 보였기 때문에 여

---

19) 동방박사는 바벨론, 바사, 아라비아 등지에서 온 현인, 또는 점성술가로 전해진다. 그들이 메시야 탄생을 기다렸다 별을 보고 수천 키로미터 떨어진 먼 길을 찾아와 아기 예수께 경배드리고, 황금과 유향과 몰약을 바쳤다. -라이프 성경사전, 가스펠서브 발행, 생명의 말씀사

인숙 주인이 방이 없다고 말한 것이 아닐까?

그 당시 헤롯이 메시아 탄생의 소식을 듣고 두 살 이하의 사내 아이들을 다 죽였다(마 2:16). 아기 예수님이 헤롯의 눈을 피해 애굽으로 피신해야 하는데, 만일 동방박사들이 아기 예수님께 찾아와 황금과 유향과 몰약을 드리지 않았다면 요셉과 마리아가 애굽으로 피난할 수 없었을 것이다. 가난한 요셉과 마리아는 동방박사들이 가져온 예물로 인해 애굽으로 피난 가서 몇 년 동안 버틸 수 있었다(마 2:13).

성경에 표면적으로 나와 있지는 않지만, 동방박사를 준비하기 위해 사전에 엘리야가 사렙다 과부의 가문에 은밀한 깨우침을 주지 않았겠는가? 엘리사 또한 나아만 장군의 가문과 수넴 여인의 가문에 메시야 탄생의 비밀을 분명히 가르쳐 주었을 것이다.

다시 말하면 사전적으로 "장차 유대 땅에 메시야가 탄생되는데 너희 후손들 중 누군가 그 메시야를 위해서 황금과 유향과 몰약의 세 가지 예물을 가지고 경배를 드리라"는 깊은 도비가 세 가정을 통해서 전해지고 있었을 것이다. 그들은 이미 엘리야와 엘리사를 통하여 깊은 은혜를 입었기에 가문을 통해 전해져오는 그 명령을 따를 수밖에 없는 입장이 된 것이다.

이처럼 엘리야와 엘리사가 세 사람을 준비한 것은 모르고 행한 것이 아니라, 알고 준비한 것이다. 그런 이유에서 엘리사가 게하시를 책망한 것이다. "지금이 어찌 은을 받으며 옷을 받으며 감람원이나 포도원이나 양이나 소나 남종이나 여종을 받을 때냐"(왕하 5:26)는 말씀과, 끝내 고사한 엘리사의 행동을 보아 이 모든 정황을 알 수 있다. 엘리사가 나아만 장군의 문둥병을 고쳐준 것은 막연히 문둥병을 고쳐준 것이 아니라, 그 사람을 고쳐주는 분명한 목적을 알고 행한 것이다.

　엘리사가 수넴 여인에게 행한 것 역시 우연히 행한 것이 아니다. 엘리사의 입장에서는 이왕이면 자기를 위해서 정성을 다 바치는 수넴 여인의 가정에 하나님께서 이루고자 하시는 선하신 한 뜻을 심어주려고 한 것이다. 엘리사가 그런 뜻을 그 가정에 심어줄 수 있었기 때문에 수넴 여인에게 당당하게 "돐이 되면 네가 아들을 안으리라"고 말씀한 것이다.
　다시 말하면 그 역사를 행하기 전에 엘리사가 먼저 하나님께 구했을 것이다. "장차 오실 예수님을 위해서 이런 목적을 가지고 준비를 해야 하는데, 제가 보기에는 이 가정이 합당한 가정인 것 같습니다. 하나님! 이 가정에 그 뜻을 심었으면 좋겠습니다"라고 구할 때, 하나님께서 흔쾌하게 허락하셨기 때문에 엘리사가 "돐이 되면 네가 아들을 안으리라"고 말씀한 것이 아니겠는가?
　엘리사 자체가 그런 능력을 부여한다는 의미보다는 하나님의 뜻을 그 가정에 심어준 것이다. 심어준 그 가정을 더욱 더 돈독한 믿음의 가정으로 만들어주시기 위해서 죽은 아들을 다시 살려준 것이다. 사렙다 과부의 아들과 수넴 여인의 아들을 살려준 의중은 "장차 너희들의 후손이 메시야를 찾아가 경배 드릴 때, 황금과 유향과 몰약의 예물을 받으실 분이 바로 죽은 자를 부활시켜주시는 부활의 주이시다"라는 것을 상징적으로 보여주고 깨닫게 하기 위함이다.

> 왕하 13:20-21 엘리사가 죽으매 장사하였더니 해가 바뀌매 모압 적당이 지경을 범한지라 마침 사람을 장사하는 자들이 그 적당을 보고 그 시체를 엘리사의 묘실에 들이던지매 시체가 엘리사의 뼈에 닿자 곧 회생하여 일어섰더라

또 한 가지 놀라운 사실이다. 엘리사는 분명히 죽을 병이 들어서 죽었는데(왕하 13:14), 그의 시체에 다른 사람의 시체가 닿자마자 살아났다. 성경에는 살아서 다른 사람을 살려준 경우는 있지만, 죽은 시체가 죽은 사람을 살려준 경우는 엘리사뿐이다.

그 사건으로 엘리사는 산 자의 도맥을 간직한 채 이 땅에 머물러 있는 사람이라는 것을 알 수 있다. 또, 엘리사는 부활의 능력도 가지고 있는 사람이라는 것을 알 수 있다. 엘리사에게는 생명의 능력과 부활의 능력이 있는 것이다. 물론 메시아적인 차원의 생명의 능력과 부활의 능력을 가진 것은 아니다. 그 점을 혼동해서는 안 된다.

> 요 11:25-26 예수께서 가라사대 나는 부활이요 생명이니 나를 믿는 자는 죽어도 살겠고 무릇 살아서 나를 믿는 자는 영원히 죽지 아니하리니 이것을 네가 믿느냐

예수께서 산 자의 두 도맥인 부활과 영생을 말씀하셨다. 엘리사도 작은 의미에서 새 생명을 줄 수도 있고, 죽은 사람을 살릴 수도 있는 능력을 가진 사람이다. 따라서 그는 재림 마당에 반드시 다시 등장하지 않으면 안 되는 사람이다.

> 왕하 13:14 엘리사가 죽을 병이 들매 이스라엘 왕 요아스가 저에게로 내려가서 그 얼굴에 눈물을 흘리며 가로되 내 아버지여 내 아버지여 이스라엘의 병거와 마병이여 하매

살아서도 죽은 수넴 여인의 아들을 살려주었고, 죽어서도 시체를 살려준 엘리사가 왜 정작 자신은 죽을 병에 걸려 죽었는가? 하나님의 사람의 죽음에는 인간이 알지 못하는 비밀이 들어있다. 즉 엘리사의 죽음은 하나님의 비밀을 포장하는 보자기 역할을 한 것이다. 엘리사는 자 림 마당에 등장하기 위하여 이 땅에 머물러 있는 사람이다. 그 사명을 감당하기 위해 스스로 죽을 병을 선택한 것이다. 이처럼 하나님의 사람의 죽음에는 많은 비밀이 감추어져 있다.

Ⅳ
다윗

> 시 51:10-11 하나님이여 내 속에 정한 마음을 창조하시고 내 안에 정직한 영을 새롭게 하소서 나를 주 앞에서 쫓아내지 마시며 주의 성신을 내게서 거두지 마소서

위 구절에 보면 다윗은 구약 마당에 등장한 사람인데 자기 안에 성신이 있다는 놀라운 고백을 하고 있다. 일반적인 개념으로는 예수께서 십자가 사역을 마치심으로 보혜사 성령의 역사가 시작된 것으로 알고 있다(요 7:39). 그런데 위 구절로 보아서는 다윗에게 성신이 임했다는 것을 알게 된다.

구약 마당에서 역사한 성신은 무엇을 말하는 것인가?

성경을 자세히 살펴보면 다윗에게만 성신이 역사한 것은 아니다. 다윗이 헤브론에서 이스라엘 왕으로 추대되는 과정에서 성신이 아마새를 감동시킴으로 "우리가 당신과 함께 하리니 원컨대 평강하소서. 당신도 평강하고 당신을 돕는 자에게도 평강이 있을지니 이는 당신의 하나님이 당신을 도우심이니이다"(대상 12:18)라는 고백을 함으로 다윗이 그를 군대장관으로 세운 적이

있다.

그리고 다윗이 스스로 죄와 허물을 회개하기 위한 신앙고백 가운데 "내 안에 성신을 거두지 마소서"라고 했다. 이처럼 보혜사 성령은 아니지만 구약 마당에서도 성신의 역사가 있었다는 것을 알 수 있다.

구약 마당의 다윗이 언제 성신을 받은 것일까?

> 룻 4:18-22 베레스의 세계는 이러하니라 베레스는 헤스론을 낳았고 헤스론은 람을 낳았고 람은 암미나답을 낳았고 암미나답은 나손을 낳았고 나손은 살몬을 낳았고 살몬은 보아스를 낳았고 보아스는 오벳을 낳았고 오벳은 이새를 낳았고 이새는 다윗을 낳았더라

"베레스의 세계는 이러하니라" 베레스부터 다윗까지 10대가 소개되고 있다. 다윗의 10대 족보 속에는 표면적으로는 없지만 이면적으로는 유다의 며느리 다말, 기생 라합, 모압 여인 룻, 밧세바라는 네 여자가 들어 있다. 이 네 여자의 삶은 결코 평범한 삶이 아니었다. 네 여자의 공통점은 다 이방인이었고 일부종사를 하지 못한 여자들이었다.

그렇다면 왜 이 네 여자가 베레스로부터 시작하는 다윗의 10대 족보에 들어있어야 하는가? 이 네 여자는 무엇을 상징하는가?

> 창 2:10-14 강이 에덴에서 발원하여 동산을 적시고 거기서부터 갈라져 네

근원이 되었으니 첫째의 이름은 비손이라 금이 있는 하윌라 온 땅에 둘렸으며 그 땅의 금은 정금이요 그곳에는 베델리엄과 호마노도 있으며 둘째 강의 이름은 기혼이라 구스 온 땅에 둘렸고 세째 강의 이름은 힛데겔이라 앗수르 동편으로 흐르며 네째 강은 유브라데더라

영적으로 말하면, 네 여자는 에덴동산을 적시고 있던 생명강의 지류인 네 강을 상징하며, 성령의 강의 지류이기 때문에 성령이라고도 말할 수 있는 것이다.

딤후 1:5-6 이는 네 속에 거짓이 없는 믿음을 생각함이라 이 믿음은 먼저 네 외조모 로이스와 네 어머니 유니게 속에 있더니 네 속에도 있는 줄을 확신하노라 그러므로 내가 나의 안수함으로 네 속에 있는 하나님의 은사를 다시 불일 듯하게 하기 위하여 너로 생각하게 하노니

사도 바울이 디모데에게 "네 외조모 로이스와 어머니 유니게를 통해서 너에게 그 신앙의 맥이 임했다는 것을 내가 알고 있다. 그래서 내가 그것을 알고 있었기 때문에 너를 장로로 장립하는 그 순간 내가 기도로써 그 은사에 뜨거운 불이 타오를 수 있도록 내가 불을 붙여놓았다"라고 하였다.

마찬가지다. 다윗의 경우도 하나님을 기쁘시게 하고 감동시키고 하나님으로부터 인정받고 칭찬받는 다말, 라합, 룻, 밧세바 네 여자의 신앙의 의가 다윗에게 전해진 것이다. 이 네 여자들은 비록 유부녀들이며 낮고 천한 신분을 가진 자들이었으나, 신앙적으

로는 성숙한 믿음을 가진 자들이었다. 마치 예수님에게 있었던 네 마리아들처럼, 동서남북을 의미하는 그 네 여인의 믿음이 산 자의 도맥을 통해서 다윗에게 전해져 열매 맺게 하였기 때문에 다윗이 성령의 사람이 될 수 있었다. 다윗이 자기 속에 있는 산 자의 믿음의 도맥을 가리켜 '성신'이라고 고백한 것이다.

시편에 보면 다윗이 자기 어머니를 주의 여종이라고 말한 구절이 두 군데 기록되어 있다.

> 시 86:16 내게로 돌이키사 나를 긍휼히 여기소서 주의 종에게 힘을 주시고 주의 여종의 아들을 구원하소서

> 시 116:16 여호와여 나는 진실로 주의 종이요 주의 여종의 아들 곧 주의 종이라 주께서 나의 결박을 푸셨나이다

마태복음 1:1에 보면 다윗은 아브라함과 함께 구속사의 세계의 두 축을 이루는 굉장히 중요한 사람이다[20]. 그렇다면 다윗의 어머니는 앞에 소개된 다말, 기생 라합, 룻, 밧세바보다도 더 큰 의미를 가진 여자인데 다윗의 어머니의 이름은 성경에 기록되어 있지 않다.

다윗이 구속사의 핵심적인 사람인데도 불구하고 왜 그를 낳은 어머니의 이름은 소개가 되지 않은 것인가? 마치 부활의 첫 열매이신 예수님의 영광을 가리지 않기 위해서 모세의 부활이 감추어

---

20) 마 1:1 아브라함과 다윗의 자손 예수 그리스도의 세계라

진 것처럼, 성령의 사람 다윗을 낳은 어머니의 이름도 감추어진 것이다.

예수님 때에도 예수님이 막달라 마리아를 비롯한 네 마리아를 다 찾아오셨다. 그리고 예수님의 어머니 마리아는 다섯 번째 마리아가 된다. 다시 말하면 예수님의 어머니 마리아는 생명의 강, 성령의 강의 본 강을 의미하는 것이고 네 마리아는 에덴동산을 적시던 본 강의 네 지류라고 말할 수 있다.

그렇다면 다윗을 낳은 어머니는 어떤 대상이라고 말할 수 있는 것일까? 다윗의 어머니는 영적으로 말하면 예수님의 어머니 마리아와 같은 여자가 되는 것이다. 네 마리아를 통해서 결국 예수님을 낳은 마리아를 만날 수 있다. 즉 네 강이 합쳐져서 예수님을 낳은 생명강을 만날 수 있는 것이다.

다말, 라합, 룻, 밧세바, 이 네 여자가 결국은 다윗을 낳은 다윗의 어머니를 만나는 통로와 같은 의미가 되는 것이다. 그들은 본 강에서 네 갈래로 갈라져서 흐르는 지류를 의미하기 때문에, 네 강을 따라가다 보면 본 강을 만나게 되는 것이다. 본질적으로 성령의 강의 지류의 의미를 갖고 있는 네 여자와 본 강을 상징하는 다윗의 어머니로 인해 다윗이 성령의 사람이 될 수 있었던 것이다.

룻기의 족보에 숨겨진 네 여자를 통해서 볼 때 다윗도 구약 마당에서 맺은 성령의 첫 열매의 그림자라고 말할 수 있다. 예수 그리스도의 세계를 대표하는 아브라함을 믿음의 조상이라고 말한다면 다윗을 성령의 조상이라고도 표현할 수 있는 것이다.

다윗의 족보에 감추어진 다말, 라합, 룻, 밧세바는 에덴동산의 타락한 네 강을 회복하는 역할을 한 여인들이었다. 동산을 적시던 네 강이 아담의 불순종으로 이긴 자들에게 넘어갔다. 이긴 자가 된 그들이 에덴동산의 중심이 되었던 그들, 네 강을 상징하는 네 여자들을 모두 빼앗아갔다. 다시 말하면, 네 강을 상징하는 네 여자가 하나님의 백성이 아닌 다른 우상을 섬기는 이방인들에게 넘어갔다는 것이다. 그러하였기에 네 강을 상징하는 네 여자들이 모두 이방 여인이 되고 말았다.

그 중에서 막달라 마리아가 일곱 귀신에게 사로잡혀 있었다(눅 8:2)는 것은 사로잡아간 자들 중에서 그를 가장 깊은 감옥에 감금하고 있었다는 의미도 되는 것이다. 또 한편으로는 네 여자들 중에서도 그가 네 강 중에서 가장 비중이 컸던 비손 강[21]에 해당되는 여인이라고도 할 수 있다. 그런 여인이었기에 예수께서 부활하시고 나서 그를 제일 먼저 만나주신 것이라고도 할 수 있다.

1. 유다의 며느리 다말

창 38:6-11 유다가 장자 엘을 위하여 아내를 취하니 그 이름은 다말이더라 유다의 장자 엘이 여호와 목전에 악하므로 여호와께서 그를 죽이신지라 유다가 오난에게 이르되 네 형수에게로 들어가서 남편의 아우의 본분을 행하여 네 형을 위하여 씨가 있게 하라 오난이 그 씨가 자기 것이 되지 않을 줄 알므로 형수에게 들어갔

---

21) 에덴동산의 네 강 중에서 비손 강이 있는 곳은 정금이 나는 곳이며, 베델리엄(진주)과 호마노(녹주석)도 있다는 점이 다른 강과의 차이점이다.

을 때에 형에게 아들을 얻게 아니하려고 땅에 설정하매 그 일이 여호와 목전에 악하므로 여호와께서 그도 죽이시니 유다가 그 며느리 다말에게 이르되 수절하고 네 아비 집에 있어서 내 아들 셀라가 장성하기를 기다리라 하니 셀라도 그 형들 같이 죽을까 염려함이라 다말이 가서 그 아비 집에 있으니라

다말은 유다가 수아의 딸에게서 낳은 엘, 오난, 셀라라는 세 아들의 자부 중 첫째 며느리였다. 그 당시 이스라엘에는 계대법이 있어서 맏이가 후사를 얻지 못하고 죽으면 동생이 형수와 관계를 해서 자식을 낳아 형의 대가 끊어지지 않도록 이어주게 되어 있다 (신 25:5-6).

유다의 첫째 아들인 엘이 죽음으로 동생인 오난이 형의 대를 이어주어야 하는데, 그렇게 낳는 자식이 자기 아들이 되지 않을 것을 생각해서 오난이 형수에게 씨를 주지 않고 땅에 설정함으로 하나님께서 오난의 악한 행위를 보시고 그를 죽이셨다. 이제는 계대법에 의해서 셋째 아들인 셀라가 형수와 관계해서 자식을 낳아 주어야 한다.

그런데 다말의 시아버지인 유다의 입장에서는 혹시나 다말로 인해 하나 남은 셀라까지도 죽을까 걱정이 되었다. 그래서 유다는 "셀라가 장성하기까지 기다리라"고 하면서 일단 다말을 친정으로 보냈다. 그 후 유다의 아내가 죽고 양털 깎는 일로 유다가 다른 지방으로 이동을 하자, 다말이 창녀로 변장하여 시아버지인 유다와 관계를 해서 쌍태를 갖게 되었다(창 38:12-18).

창 38:24-26 석 달쯤 후에 혹이 유다에게 고하여 가로되 네 며느리 다말이

행음하였고 그 행음함을 인하여 잉태하였느니라 유다가 가로
되 그를 끌어내어 불사르라 여인이 끌려 나갈 때에 보내어 시
부에게 이르되 이 물건 임자로 말미암아 잉태하였나이다 청
컨대 보소서 이 도장과 그 끈과 지팡이가 뉘 것이니이까 한지
라 유다가 그것들을 알아보고 가로되 그는 나보다 옳도다 내
가 그를 내 아들 셀라에게 주지 아니하였음이로다 하고 다시
는 그를 가까이 하지 아니하였더라

다말이 임신했다는 소식을 들은 유다는 행음한 며느리 다말을 끌어내어 불사르라고 했지만 결과적으로 다말의 임신이 자신의 행위로 말미암은 것임을 알고 "그는 나보다 옳도다"라고 했다.

유다가 쌍태를 임신한 며느리에게 "네가 나보다 더 의롭다"고 한 이유는 무엇인가? 유다도 평범한 사람이 아니다. 야곱의 열두 아들 중에서 유다가 요셉을 제일 많이 도와 준 사람이다. 요셉 다음으로 아버지 야곱에게 인정받았던 사람이다. 형제들이 요셉을 죽이려고 했을 때 "우리가 우리 동생을 죽이고 그의 피를 은익한들 무엇이 유익할까?"(창 37:26)라고 하며 요셉을 이스마엘 상객들에게 은 20냥을 받고 넘겨주도록 회유했다(창 37:27-28). 야곱이 요셉을 만나러 갈 때도 유다를 앞서 보내서 요셉과의 만남의 관계를 원만하게 이어주는 중보자 역할을 하게 한 사람이다.

그뿐 아니라 유다는 요셉의 친동생 베냐민에게도 도움을 준 사람이다. 요셉의 형들이 애굽에서 총리 요셉을 만났을 때 요셉이 형들을 시험하고자 베냐민의 자루에 은잔을 넣어 보냈다. 베냐민이 자루를 풀었을 때 은잔이 나오자 얼마나 두려웠겠는가? 그 당시 최강대국인 애굽의 총리 요셉의 은잔을 훔친 누명을 쓰게 되었

으니 베냐민의 목숨은 풍전등화와 같았을 것이다. 그 때에도 유다가 "자신이 담보로 붙잡혀 있을 것이니 베냐민은 연로하신 아버지가 계신 집으로 돌려보내 달라"고 간청하며 베냐민을 변호해주었다(창 44:1-34).

그런 믿음을 가진 유다가 시아버지와 관계한 다말에게 "네가 나보다 더 의롭도다"라고 한 것은 자기는 자식이 죽을 것만을 염려해서 막내 아들을 며느리에게 내어 주지 않았지만, 그 며느리는 하나님이 정하신 계대법을 이용해서 남편의 대를 이으려는 그 열정, 그 마음을 보았기에 자기보다 더 의롭다고 말한 것이다.

그것이 다말의 역사 속에 들어 있는 내용의 은밀한 치부라고도 말할 수 있다. 이처럼 예수님의 족보 속에는 우리가 입에 담기도 민망스러운 많은 내용들이 들어 있다. 그것을 예수님은 부끄럽게 여기시어 족보를 미화시키지 않으셨다. 족보 그대로의 민낯을 진실하게 사실 그대로 드러내셨다.

다말이 이룩한 구속사의 성취는 무엇인가?

에덴동산에서 아담이 뱀의 유혹을 받아 하나님의 말씀에 불순종하여 선악나무 열매를 먹음으로 머리격인 생명나무가 지체가 되고, 지체격인 선악나무가 머리가 되었다. 장자와 차자가 역산(逆産)됨으로 에덴동산은 산 자를 낳는 산실(産室)이 되지 못하고 죽는 자를 낳는 산실이 되고 말았다.

그러므로 "진 자는 이긴 자의 종이라"(벧후 2:19)는 말씀대로 항상 선악나무 계열의 사람들이 장자가 되고, 생명나무 계열의 사람들은 차자가 되었다. 장자의 권리와 축복이 마귀에게 넘어간 것이다.

그렇다면 빼앗긴 장자권과 축복은 어떻게 찾아올 것인가? 성경 전체는 하나님의 사람들과 마귀의 사람들의 치열한 장자와 차자의 싸움으로 점철되어 있다. 그 중에서 다말의 쌍태의 사건이 장자권을 회복하는 데 중요한 핵심을 이루었다.

> 창 38:27-30 임산하여 보니 쌍태라 해산할 때에 손이 나오는지라 산파가 가로되 이는 먼저 나온 자라 하고 홍사를 가져 그 손에 매었더니 그 손을 도로 들이며 그 형제가 나오는지라 산파가 가로되 네가 어찌하여 터치고 나오느냐 한 고로 그 이름을 베레스라 불렀고 그 형제 곧 손에 홍사 있는 자가 뒤에 나오니 그 이름을 세라라 불렀더라

다말이 해산할 때 쌍태 중에서 세라가 먼저 손을 내밀어 산파가 장자라는 표시로 홍사를 매어주었다. 그 순간 베레스가 세라를 잡아당기고 터치고 나옴으로 베레스가 장자가 되었다. 야곱과 에서는 태 밖에서 장자권을 놓고 치열하게 싸웠고, 베레스와 세라는 태 중에서 치열하게 싸웠다. 베레스가 태 중에서 장자권을 회복함으로 예수님이 이 땅에 장자로 탄생하실 수 있었던 것이다. 따라서 예수님은 유다 지파가 아닌 다른 지파로는 오실 수가 없다. 오직 유다 지파로 오실 수밖에 없는 것이다.

그런 의미에서 다말은 예수님이 유다 지파로 오실 수 있도록 유다 지파의 계보를 이어주는 데 큰 공헌을 한 사람이다.

2. 기생 라합

두 번째 기생 라합이다. 라합이 기생이라서 많은 정보를 입수했는지는 모르지만 하나님께서 이스라엘 백성들을 열 가지 기사이적으로 출애굽시키시고, 40년 광야 노정을 인도하시고 보호하시어 젖과 꿀이 흐르는 가나안 땅으로 인도하셨다는 소식을 들었다. 그러던 중, 두 정탐꾼이 여리고 성에 들어왔을 때 라합이 그들을 숨겨주었다. 그 당시 두 정탐꾼을 숨겨주다 적발되면 목숨이 위태로운 상황임에도 불구하고 라합은 목숨을 걸고 그들을 숨겨주었다. 그 이유는 오직 자기에게 속한 모든 가족들을 마음에 담고 그들의 목숨을 보존하고 지키기 위한 수단과 방편으로 그들을 숨겨준 것이다. 두 정탐꾼을 지붕 위에 벌여놓은 삼대에 숨기고 공평하게 두 남자에게 몸을 주었다(수 2:6).

> 대상 2:11 나손은 살마를 낳았고 살마는 보아스를 낳았고

> 마 1:5 살몬은 라합에게서 보아스를 낳고 보아스는 룻에게서 오벳을 낳고 오벳은 이새를 낳고

두 정탐꾼의 이름은 살마와 살몬이었는데 라합이 살마의 씨를 받아 보아스를 낳았으나 살몬과 결혼함으로 족보에는 살몬에게서 보아스를 낳았다고 기록되었다. 그만큼 라합에게는 두 정탐꾼과 깊은 인연을 맺어 자기 가족들을 살리려는 절박한 심정으로 그들을 도와준 것이다. 그 결과 기생 라합이 예수님의 족보에 기록되는 영광을 얻게 된 것이다.

수 2:8-12 두 사람이 눕기 전에 라합이 지붕에 올라가서 그들에게 이르러 말하되 여호와께서 이 땅을 너희에게 주신 줄을 내가 아노라 우리가 너희를 심히 두려워하고 이 땅 백성이 다 너희 앞에 간담이 녹나니 이는 너희가 애굽에서 나올 때에 여호와께서 너희 앞에서 홍해 물을 마르게 하신 일과 너희가 요단 저편에 있는 아모리 사람의 두 왕 시혼과 옥에게 행한 일 곧 그들을 전멸시킨 일을 우리가 들었음이라 우리가 듣자 곧 마음이 녹았고 너희의 연고로 사람이 정신을 잃었나니 너희 하나님 여호와는 상천하지에 하나님이시니라 그러므로 청하노니 내가 너희를 선대하였은즉 너희도 내 아버지의 집을 선대하여 나의 부모와 남녀 형제와 무릇 그들에게 있는 모든 자를 살려주어 우리 생명을 죽는 데서 건져내기로 이제 여호와로 맹세하고 내게 진실한 표를 내라

기생 라합의 놀라운 신앙 고백이다. "너희 하나님 여호와는 상천하지에 하나님이시니라"는 고백의 내용으로 볼 때 기생 라합은 두 정탐꾼의 사건 전에 이미 여호와 하나님을 믿는 믿음을 가지고 있었다는 것을 알 수 있다.

선민 이스라엘 백성들이 출애굽 하면서부터 40년 광야길을 걷는 동안 얼마나 많은 기사이적을 체험했는가? 그럼에도 불구하고 출애굽 1세대는 여호수아, 갈렙을 제외하고는 다 광야에서 죽고 말았다. 그런데 기생 라합은 40년 광야길의 역사를 자세히 바라보면서 선민 이스라엘 백성들보다 더 진실한 신앙 고백을 하고 있다.

라합이 두 정탐꾼을 숨겨줄 때 맹목적으로 숨겨준 것만은 아니다. 오직 자기 목숨을 다하여 하나님을 찬양하고 하나님의 영광

을 바라보면서 주저하지 않고 여리고성을 진멸할 때 자기 가족들을 살려줄 것을 간청했다. 그래서 두 정탐꾼과 약속한 대로 창에 붉은 줄을 맴으로 말미암아 기생 라합의 말을 믿고 그 집에 모인 모든 가족, 친척들이 다 살아날 수 있었다.

3. 모압 여인 룻

> 룻 1:16-17 룻이 가로되 나로 어머니를 떠나며 어머니를 따르지 말고 돌아가라 강권하지 마옵소서 어머니께서 가시는 곳에 나도 가고 어머니께서 유숙하시는 곳에서 나도 유숙하겠나이다 어머니의 백성이 나의 백성이 되고 어머니의 하나님이 나의 하나님이 되시리니 어머니께서 죽으시는 곳에서 나도 죽어 거기 장사될 것이라 만일 내가 죽는 일 외에 어머니와 떠나면 여호와께서 내게 벌을 내리시고 더 내리시기를 원하나이다

이스라엘에 흉년이 들므로 나오미와 남편이 많은 재산을 가지고 두 아들을 데리고 흉년이 들지 않은 모압 나라로 떠났다. 그러나 불행스럽게도 그곳에서 남편 엘리멜렉이 죽고, 모압 여인과 결혼한 두 아들 말론과 기룐도 죽고 말았다. 그래서 나오미와 며느리인 오르바와 룻, 세 여자만 남았다. 하나님께서 자기 고국 이스라엘의 어려움에 함께 동참하지 않고 자기들만 그 환난에서 벗어나겠다고 고향을 등진 그들을 징벌하신 것이다.

그 이후에 하나님의 은혜로 이스라엘이 편하게 안정되었다는

소식을 듣고 나오미가 이스라엘로 돌아가기로 작정하고 룻과 오르바, 두 며느리에게 "나는 늙었으니 남편을 두지 못할지라. 가령 내가 소망이 있다고 말한다든지 오늘 밤에 남편을 두어서 아들들을 생산한다 하자. 너희가 어찌 그것을 인하여 그들의 자라기를 기다리겠느냐? 너희는 각각 어미의 집으로 돌아가라"(룻 1:12-13)고 권면했다. 오르바는 돌아갔으나 룻은 끝내 "어머니의 백성이 나의 백성이 되고, 어머니의 하나님이 나의 하나님이 되시리니 내가 죽는 일 외에 어머니와 떠나지 않겠나이다"라고 맹세함으로 나오미가 룻을 데리고 이스라엘로 돌아온다.

그런데 나오미의 친척 중에는 보아스라는 유력한 자가 있었다. 나오미가 룻으로 하여금 보아스의 밭에 가서 일을 하게 하여 보아스와의 만남을 주선함으로, 결국 룻이 보아스와 결혼하는 행운을 얻게 되고, 그 보아스를 통해서 기업을 무르게 되고(룻 4:14), 다윗의 할아버지인 오벳을 얻게 되었다(룻 4:13, 4:17).

> 신 23:3 암몬 사람과 모압 사람은 여호와의 총회에 들어오지 못하리니 그들에게 속한 자는 십 대뿐 아니라 영원히 여호와의 총회에 들어오지 못하리라

암몬과 모압 족속은 롯의 두 딸이 소돔 성에서 탈출하여 아버지 롯을 유혹하여 근친상간으로 낳은 산물들이다(창 19:36-38). 암몬과 모압 족속들은 하나님의 저주를 받아 십 대 이후에라도 영원히 여호와의 총회에 들어오지 못하는 벌을 받았다. 그런 저주받은 모압 족속 중에 룻은 예수님의 족보에 오르는 축복을 받은 것이다.

만일 룻의 동서인 오르바가 나오미의 친척 중에서 보아스와 같은 기업 무를 자가 있었다는 사실을 알았다면 자기 친정으로 돌아갔겠는가? 아마 떼어놓으려고 해도 악착같이 시어머니 나오미의 고향인 이스라엘로 함께 따라갔을 것이다. 비록 룻은 그런 사실을 알지 못했지만 시어머니의 하나님을 믿는 믿음으로 고난과 환난의 어려운 길을 택한 결과 그런 축복을 받은 것이다. 룻은 모압 족속을 살릴 수 있는 작은 책의 비밀을 가진 여자였다.

4. 우리아의 아내 밧세바

> 삼하 11:2-3 저녁 때에 다윗이 그 침상에서 일어나 왕궁 지붕 위에서 거닐다가 그곳에서 보니 한 여인이 목욕을 하는데 심히 아름다와 보이는지라 다윗이 보내어 그 여인을 알아보게 하였더니 고하되 그는 엘리암의 딸이요 헷 사람 우리아의 아내 밧세바가 아니니이까

암몬 족속과의 전투가 벌어지고 있는 때에 다윗이 저녁 때 왕궁을 거닐다가 우연히 목욕하는 밧세바를 보고 그녀를 취했다. 그 결과 원치 않는 임신을 하게 되었고, 이를 은폐하기 위해 전쟁터에 있는 밧세바의 남편 우리아를 불러들였다. 우리아로 하여금 밧세바와 함께 잠을 자게 하려고 시도했으나 충직한 신하인 우리아는 "언약궤와 이스라엘과 유다가 영채 가운데 유하고 내 주 요압과 내 왕의 신복들이 바깥 들에 유진하였거늘 내가 어찌 내 집으

로 가서 먹고 마시고 내 처와 같이 자리이까"(삼하 11:11)라며 끝까지 아내와 잠자리를 하지 않았다.

그러자 다윗이 신하 요압을 시켜 우리아를 전장의 맨 앞에 세워 암몬 족속의 칼에 맞아 죽게 했다(삼하 12:9). 충직한 신하 우리아를 적군의 칼에 맞아주게 한 것은 결코 용서받을 수 없는 죄였다. 아담이 저지른 원죄와도 맞먹는 죄라고 할 수 있다.

> 삼하 12:7-10 나단이 다윗에게 이르되 당신이 그 사람이라 이스라엘의 하나님 여호와께서 이처럼 이르시기를 내가 너로 이스라엘 왕을 삼기 위하여 네게 기름을 붓고 너를 사울의 손에서 구원하고 네 주인의 집을 네게 주고 네 주인의 처들을 네 품에 두고 이스라엘과 유다 족속을 네게 맡겼느니라 만일 그것이 부족하였을 것 같으면 내가 네게 이것저것을 더 주었으리라 그러한데 어찌하여 네가 여호와의 말씀을 업신여기고 나 보기에 악을 행하였느뇨 네가 칼로 헷 사람 우리아를 죽이되 암몬 자손의 칼로 죽이고 그 처를 빼앗아 네 처를 삼았도다 이제 네가 나를 업신여기고 헷 사람 우리아의 처를 빼앗아 네 처를 슨았은즉 칼이 네 집에 영영히 떠나지 아니하리라 하셨고

하나님께서 나단 선지자를 다윗에게 보내어 다윗의 죄를 지적하고, 다윗이 저지른 죄로 인해 장차 다윗 왕가에는 환난이 끊어지지 않을 것이라고 선언했다. 나단 선지자의 말에 다윗은 그 자리에서 무릎을 꿇고 통곡함으로 회개했다. 다윗이 회개의 눈물로 침상을 띄울 정도였다는 것을 볼 때(시 6:6) 다윗이 얼마나 깊은

회개를 하였는지 짐작할 수 있다. "심령의 근심은 뼈로 마르게 하느니라"(잠 17:22)고 했다. 하늘의 근심, 회개를 이루는 근심은 영혼을 소성케 하신다는 것이다.

작은 책 앞에는 모든 것이 다 드러나게 되어 있다(히 4:13). 작은 책이 가지고 있는 사명 중 하나는 우리를 근심하게 해서 우리로 하여금 진정한 회개의 열매를 맺게 하는 것이다.

> 왕상 15:5 이는 다윗이 헷 사람 우리아의 일 외에는 평생에 여호와 보시기에 정직히 행하고 자기에게 명하신 모든 일을 어기지 아니하였음이라

다윗에게는 평생 한 가지 흠이 늘 따라다녔다. 그것이 밧세바 사건이다. 그 한 가지 흠을 제외하면 다윗은 온전한 사람으로서 이스라엘 열왕들이 선한 왕인지 그릇된 왕인지 판단하는 기준이 되었다. 그런 입장에서 밧세바는 다윗이 온전한 신앙의 결과를 이루기 위한 사단의 가시라고도 말할 수 있다.

사도 바울의 경우와 마찬가지다. 바울이 셋째 하늘에 갔다 온 사람으로서 의의 면류관을 받을 사람이지만 그가 자고하지 않게 하기 위해서 사단의 가시를 박아놓으셨다(고후 12:7). 사단의 가시를 박아놓으셨다는 것은 바울이 신앙의 정도에서 벗어나면 사단으로 하여금 그를 징계함으로 하나님께서 바라시고 원하시는 구도의 정점을 걷게 하시고, 구도의 목적을 완성하게 하신 것이다.

> 행 13:22 폐하시고 다윗을 왕으로 세우시고 증거하여 가라사대 내가 이새

의 아들 다윗을 만나니 내 마음에 합한 사람이라 내 뜻을 다 이루게 하리라 하시더니

사 55:3 너희는 귀를 기울이고 내게 나아와 들으라 그리하면 너희 영혼이 살리라 내가 너희에게 영원한 언약을 세우리니 곧 다윗에게 허락한 확실한 은혜니라

그런 구도의 길을 걸은 다윗이기에 하나님께서 "내 마음에 합한 사람이라"고 하셨고, 확실한 은혜를 받은 자라고 하셨다.

다윗에게 있어서 밧세바는 다윗에게 심어놓으신 사단의 가시와 같은 존재였다. 하나님께서 다윗에게 주신 은혜를 지키게 하기 위해서 사단의 가시를 박아놓으신 것이다. 다윗이 그 가시로 인하여 신앙의 의를 이룸으로 성령께로부터 평생 흠이 없는 온전한 자라 증거를 받을 수 있었다.

V
사도 요한

요 21:15-17 저희가 조반 먹은 후에 예수께서 시몬 베드로에게 이르시되 요한의 아들 시몬아 네가 이 사람들보다 나를 더 사랑하느냐 하시니 가로되 주여 그러하외다 내가 주를 사랑하는 줄 주께서 아시나이다 가라사대 내 어린 양을 먹이라 하시고 또 두 번째 가라사대 요한의 아들 시몬아 네가 나를 사랑하느냐 하시니 가로되 주여 그러하외다 내가 주를 사랑하는 줄 주께서 아시나이다 가라사대 내 양을 치라 하시고 세 번째 가라사대 요한의 아들 시몬아 네가 나를 사랑하느냐 하시니 주께서 세 번째 네가 나를 사랑하느냐 하시므로 베드로가 근심하여 가로되 주여 모든 것을 아시오매 내가 주를 사랑하는 줄을 주께서 아시나이다 예수께서 가라사대 내 양을 먹이라

예수께서 부활하신 후 디베랴 바닷가에 나타나신 것은 실추된 제자들의 명예를 회복해주시기 위함이었다. 예수님의 제자들이 사도 요한 외에는 십자가 앞에 서지 못하고 다 도망갔기 때문이다.

제자들과 함께 아침 식사를 하신 후 베드로에게 "네가 나를 사

랑하느냐?"라고 물으시니 베드로가 "내가 주를 사랑하는 줄 주께서 아시나이다"라고 대답하자 "내 어린 양을 먹이라"고 하셨다. 그런데 한 번의 질문으로 끝난 것이 아니라 동일한 질문을 세 번 하셨다.

그러자 베드로가 근심하기 시작했다. 베드로에게는 닭이 두 번 울기 전에 예수님을 세 번 부인한 약점이 있기 때문이다. 예수께서 "오늘 밤 닭 울기 전에 네가 나를 세 번 부인하리라"(마 26:34, 눅 22:34, 요 13:38)고 말씀하실 때 베드로는 "내가 주와 함께 죽을지언정 주를 부인하지 않겠나이다"(마 26:35)라고 장담했지만 결국 예수님의 말씀대로 세 번 부인하고 말았다. 그런 베드로의 실추된 명예를 회복해주시고자 예수께서 세 번 동일한 질문을 하신 것이다.

그리고 "젊어서는 네가 스스로 띠 띠고 원하는 곳으로 다녔거니와 늙어서는 네 팔을 벌리리니 남이 네게 띠 띠우고 원치 아니하는 곳으로 데려가리라"(요 21:18)고 하셨다. 장차 베드로가 어떤 죽음으로 하나님께 영광을 돌릴 것인지 말씀해주신 것이다.[22]

> 요 21:20-23 베드로가 돌이켜 예수의 사랑하시는 그 제자가 따르는 것을 보니 그는 만찬석에서 예수의 품에 의지하여 주여 주를 파는 자가 누구오니이까 묻던 자러라 이에 베드로가 그를 보고 예수께 여짜오되 주여 이 사람은 어떻게 되겠삽나이까 예수께서 가라사대 내가 올 때까지 그를 머물게 하고자 할찌라도 네게 무슨 상관이냐 너는 나를 따르라 하시더라 이 말씀이 형제

---

22) 외경에 의하면 제자들이 다 순교로 생을 마쳤는데 그 중에서도 베드로는 십자가에 거꾸로 매달려 순교했다고 한다. -나무위키

들에게 나가서 그 제자는 죽지 아니하겠다 하였으나 예수의 말씀은 그가 죽지 않겠다 하신 것이 아니라 내가 올 때까지 그를 머물게 하고자 할찌라도 네게 무슨 상관이냐 하신 것이러라

그러자 베드로는 늘 신앙의 라이벌이었던 요한의 마지막이 궁금하였다. 요한은 '사랑하시는 제자'(요 19:26), '사랑하시는 그 제자'(요 21:7, 21:20)라는 별칭이 있을 정도로 예수께서 가장 사랑하시는 제자였다. 극심한 고뇌에 빠진 부모에게는 아무리 사랑스러운 자녀라도 가까이 다가와서 대화하는 것이 귀찮은 법이다. 그럼에도 불구하고 요한은 예수께서 십자가를 지시기 직전 최후의 만찬석에서 예수님의 품에 누워서 "주를 파는 자가 누구오니이까?"라고 물은 사람이다.

그래서 베드로가 요한을 가리켜 "이 사람은 어떻게 되겠습니까?"라고 물었다. 그런데 주님께서는 생각지도 못한 대답을 하셨다. "내가 다시 올 때까지 머물게 할지라도 네게 무슨 상관이냐?"는 것이다. 그 당시 제자들은 주님께서 가셨다 곧 돌아오실 것이라고 생각했다. 최소한 요한이 살아있는 동안에 다시 오실 것이라고 생각했다. 그러자 주님께서 재차 "내가 다시 올 때까지 머물게 할지라도 네게 무슨 상관이냐?"라고 강조하셨다. 즉 제자들이 생각하는 내용과 다르다는 것을 알려주신 것이다.

그 말씀대로 가룟 유다를 제외한 열 제자들은 주님의 말씀대로 다 순교로 생을 마감했다. 그러나 사도 요한은 이 땅에 머무르는 자가 되었다.

전 3:21 인생의 혼은 위로 올라가고 짐승의 혼은 아래 곧 땅으로 내려가는
         줄을 누가 알랴

사람은 세 가지 유형이 있다. 순교자를 비롯한 잘 믿은 사람의 영혼은 하늘의 낙원으로 올라가고, 짐승과 같은 사람의 혼은 음부로 내려간다. 그리고 이 땅에 머물러 있는 영혼도 있다.

사도 요한은 왜 이 땅에 머무르는 자가 되었는가? 만일 사도 요한이 이 땅에서 할 일을 다 마쳤다면 요한의 영혼도 하늘로 올라갔을 것이다. 그러나 사도 요한이 주님께 받은 사명이 있기에 이 땅에 머물러 기다리는 것이 아니겠는가? 그 사명은 오직 주님과 요한만이, 즉 주고받은 자만이 알 수 있는 것이다(계 2:17).
사도 요한의 결국은 어떻게 되었는가? 요한을 끓는 기름 가마에 집어넣었다 꺼내어 밧모섬에 던졌다. 심한 화상을 입어 언제 죽을지 모르는 고통 속에서 작은 책을 먹은 자가 되었다. 그런데 요한은 언제까지 이 땅에 머물러 있어야 하는가? "내가 올 때까지 머물러 있으라"는 것이다. 요한은 작은 책의 주인이 오셔서 요구하실 때까지 작은 책을 간직한 채 기다려야 하는 것이다.

왕하 13:20-21 엘리사가 죽으매 장사하였더니 해가 바뀌매 모압 적당이
               지경을 범한지라 마침 사람을 장사하는 자들이 그 적당을
               보고 그 시체를 엘리사의 묘실에 들이던지매 시체가 엘리
               사의 뼈에 닿자 곧 회생하여 일어섰더라

죽은 엘리사의 뼈에 시체가 닿자 그 시체가 살아났다. 엘리사

의 뼈에 시체가 닿자 살아난 것을 볼 때, 엘리사의 뼈에는 산 자의 맥이 담겨있다는 것을 알 수 있다. 그런 의미에서 엘리사도 사명을 가지고 '올 때까지 기다려야 하는 사람'이라고 말할 수 있다.

그는 엘리야의 영감의 갑절을 받은 사람이다. 스승 엘리야처럼 얼마든지 하늘로 승천할 수 있는 사람이다. 그런데 "올 때까지 기다리라"는 사명이 있기에 이 땅에 머물러 있는 것이다. 무언가 주인이 맡긴 사명이 있기에 하늘로 승천하지 못하고 때가 되기까지 이 땅에서 기다리는 것이다. 이처럼 성경에는 사명을 간직하고 머무르는 사람들이 있다.

왜 열두 제자 중에서 사도 요한에게 작은 책을 먹게 하셨는가?

예수님에게는 열두 제자가 있었는데 왜 사도 요한에게 작은 책을 먹게 하셨는가? 거기에는 분명한 이유가 있다고 생각할 수밖에 없다. 물론 요한이 유일하게 주님의 십자가 앞에 섰던 제자였다. 나머지 가룟 유다와 다른 열 제자들은 다 도망갔다.

요한과 예수님을 낳아주신 어머니 마리아가 함께 십자가 앞에까지 다가서게 되었다. 분명히 그 당시 로마 병정들이 십자가 앞으로 가까이 가는 것을 제재했을 것이다. 그러나 마리아가 예수님의 어머니라는 사실 때문에 사도 요한이 마리아를 모시고 가는 것만은 막지 않았을 것이다. 그래서 두 사람만이 십자가의 바로 아래까지 갈 수 있었다.

그렇기 때문에 사도 요한은 칠언의 말씀을 들을 수 있었던 유일한 제자였다. 칠언의 말씀이 일곱 우레의 말씀이다. '보아너게', 즉 우레의 아들이라는 새 이름을 받은 요한이었기에, 그로 하여금 우레의 말씀을 듣게 하고자 그를 십자가 앞에 세우셨다는 개연성도 충분히 있다.

그러나 사도 요한만이 칠언의 말씀을 들었다고 해서 혼자 칠언의 말씀을 모두 증거하게 하지 않았다. 요한복음 외에 마태복음, 마가복음, 누가복음에도 일곱 말씀을 적절히 분산시켜서 기록하게 하셨다. 마태, 마가, 누가는 칠언의 말씀을 듣지 못한 상태에서 사도 요한으로부터 전해들은 말씀을 기록한 것이다. 하나님께서 일곱 말씀의 비밀을 감추기 위해서 마태복음, 마가복음, 누가복음, 요한복음에 나누어서 기록하도록 명령하셨기 때문이다.

그러나 정작 칠언의 말씀을 들은 사람은 십자가 앞에 서 있었던 요한과 마리아뿐이다. 그들이 들은 칠언의 말씀은 선지자나 천사에게서 들은 말씀이 아니라 십자가에 달리신 예수님께 직접 들은 말씀이다.

십자가 상에서 칠언의 말씀을 하실 때 그 말씀을 받을 수 있는 사람이 있어야 한다. 율법에도 두 사람 이상 증거를 해주어야 율법도 인정받을 수 있다고 했다. 십자가 상의 칠언의 말씀도 요한과 마리아, 두 사람이 들었기에 인정받을 수 있는 것이다. 요한 혼자서, 또는 마리아 혼자서 그 말씀을 들었다면 인정받지 못한다. 그렇기 때문에 십자가 앞에 두 사람이 있었던 것도 우연한 일이 아니다.

그렇다면 사도 요한이 다른 사도들이 하지 못한 위대한 일을 했기 때문에 하나님께서 그에게 작은 책을 먹게 하신 것인가? 요한이 작은 책을 먹을 수 있었던 것은 우선 십자가 상에서 하신 칠언의 말씀의 비밀을 알게 되었기 때문이다. 다시 말하면 일곱 우레의 비밀을 알았다는 것이다.

그렇다면 요한이 증거한 말씀 중에서 일곱 우레의 말씀을 깨달았다는 내용이 성경 어디에 있는가? 물론 결과적으로 요한계시록에서 증거한 내용을 생각한다면 당연히 사도 요한이 일곱 우레의 비밀을 깨달았기 때문에 일곱 인·일곱 나팔·일곱 대접으로 이루어진 요한계시록의 세계를 기록한 것이 아니냐고 생각할 수도 있다. 그러나 사도 요한이 일곱 우레의 비밀을 깨달았다는 것에 대해 막연한 짐작이 아닌 납득할 만한 정확한 구절을 성경에서 찾아보고자 한다.

변화의 산에서 예수님이 아버지의 영광으로 변화 받으신 후 모세와 엘리야를 부르셔서 그 말씀을 상의하셨다(마 17:1-3, 막 9:2-4, 눅 9:28-31). 예수님도 산 자로 변화의 영광을 받기 전, 즉 우리와 똑같은 죽는 자의 입장으로 계실 때는 산 자를 부르실 수가 없다. 예수님이라 할지라도 아버지의 영광으로 변화를 받으신 후에야 산 자인 모세와 엘리야를 부를 수 있었다. 그 산 자들과 함께 십자가에서 별세할 것을 상의하실 수 있었다는 것이다. 그들에게 십자가에서 어떻게 죽으실 것에 대한 비밀을 가르쳐준 것이다.

모세는 부활해서 하늘로 간 사람이고, 엘리야는 변화해서 불말과 불 수레를 타고 승천한 사람이다. 그들은 땅에 소속된 사람들이 아니라 하늘에 있던 사람들이다. 이 땅에 있는 사람에게는 아무도 그 말씀을 가르쳐준 사람이 없었다.

그런데 사도 요한이 십자가 앞에 서 있었기 때문에 그 일곱 말씀, 일곱 우레의 말씀을 들었다는 것이다. 듣게 해주셨다는 것은 그 말씀을 깨달을 수 있는 은혜도 함께 주셨다는 것이다. 사도 요한이 그 은혜를 받음으로 예수님이 십자가 상에서 흘리신 피와 물 속에 그 일곱 우레의 말씀을 감추시고 이 땅에 떨치셨다는 비밀을 알게 된 것이다. 그것은 누구밖에 모르는 비밀이었는가? 예수님과 십자가 사건을 의논하신 모세와 엘리야밖에 모르는 비밀이었다. 하늘의 천사들도, 아들들도 모르는 비밀이며(마 24:36), 오직 주고받은 자만이 아는 비밀이다(계 2:17).

하늘의 뜻이 이 땅에서 이루어지려면 이 땅의 사람 중에서 그 비밀을 깨닫는 사람이 있어야 한다. 그렇다고 해서 하늘에 있는 그들이 요한에게 그 비밀을 전해줄 수는 없다. 그런데 십자가 앞에 섰던 요한이 그 일곱 우레의 말씀을 이 땅에서 예수님으로부터 친히 들을 수 있었다.

그 말씀을 받은 요한이 궁극적으로 무엇을 알게 된 것인가? 피와 물속에 태초의 말씀, 은혜와 진리의 말씀을 담아 이 땅에 떨쳤다는 비밀을 알게 되었다. 아벨은 죽었으나 믿음으로 지금도 외치고 있다(창 4:10). "의인 아벨의 피로부터 성전과 제단 사이에서 너희가 죽인 바라갸의 아들 사가랴의 피까지 땅 위에서 흘린 의로운 피가 다 너희에게 돌아가리라"(마 23:35, 눅 11:51)고 하셨다.

하물며 예수님의 피 속에는 일곱 우레의 말씀, 아버지의 말씀, 태초의 말씀이 들어있다. 예수님의 피 속에는 우리에게 주시려고 가져오신 영원한 생명이 들어있다(요일 2:25). 의인들의 피보다 예수님의 피는 더 위대한 피가 된다. 예수님은 아벨을 창조하신 창조주이시다. 그 창조주의 피 속에 살아있는 태초의 말씀이 이 땅에 떨어졌는데 그 피가 소리치지 않겠는가?

　예수님이 승천하시고 오순절 날 보혜사 성령을 보내주셨다. 사람의 속사정도 사람의 영이 아는 것처럼, 예수님의 속사정도 예수님의 영만이 아신다(고전 2:11). 예수님이 영광을 받으시기 전까지는 성령이 계시지 않았지만(요 7:39), 예수님이 영광을 받으셨기에 예수님의 영이 보혜사 성령이 된 것이다. 그 보혜사 성령이 살아 외치고 있는 태초의 말씀, 우레의 말씀을 찾아서 물과 피와 성령, 셋이 하나가 되어서 완전한 하나를 이루었다.

> 요일 5:5-8 예수께서 하나님의 아들이심을 믿는 자가 아니면 세상을 이기는 자가 누구뇨 이는 물과 피로 임하신 자니 곧 예수 그리스도시라 물로만 아니요 물과 피로 임하셨고 증거하는 이는 성령이시니 성령은 진리니라 증거하는 이가 셋이니 성령과 물과 피라 또한 이 셋이 합하여 하나이니라

　7은 영적 완전수인 반면, 3은 영적 거룩한 완전수이다. 셋이 하나가 되었다는 것은 성부·성자·성령이 함께 하고 있는 존재를 말하는 것이다. 아브라함이 '하나님의 벗'이라는 말씀도 성경 전체에 세 군데 기록되어 있다(대하 20:7, 사 41:8, 약 2:23). 이것은 곧 아브라함을 하나님의 벗이라고 성부·성자·성령께서 인정해 주셨다는 증거가 된다.

　마찬가지다. 물과 피와 성령이 하나라는 말씀의 의미는 셋이 하나가 되어서 인격적인 하나님의 말씀, 즉 태초의 말씀이 되었다는 것이다. 태초의 말씀이 육신이 되어 이 땅에 오신 분이 예수님이시다. 그러나 예수님께로부터 분리되어 떨어져 나온 태초의 말

씀, 물속에 있는 은혜와 진리, 거기에 성령이 함께 해주셔서 셋이 하나가 되어 인격적인 태초의 말씀이 되었다. 따라서 태초의 말씀 속에는 성부·성자·성령께서 함께 해주신다는 의미가 들어있는 것이다.

예수께서 십자가 상에서 흘린 피와 물속에 일곱 우레의 말씀, 태초의 말씀이 들어있고, 은혜와 진리가 들어있다는 것을 하늘에서는 모세와 엘리야가 알았고 이 땅에서는 사도 요한이 최초로 알게 되었다. 사도 요한이 요한일서 5:5-8에서 그 사실을 증거하고 있는 것이다.

그렇기 때문에 그 태초의 말씀께서 자신의 비밀을 알고 있는 사도 요한에게 작은 책을 주신 것이다. 사도 요한에게 작은 책을 먹게 하신 것은 사도 요한이 태초의 말씀 속에 들어있는 아버지의 비밀을 알았기 때문이다. 사도 요한이 태초의 말씀의 비밀을 안 이 땅의 첫 사람이기 때문에 그에게 작은 책을 먹게 하신 것이다. 그 내용이 성경 어디에 있는가?

> 요일 1:1-2 태초부터 있는 생명의 말씀에 관하여는 우리가 들은 바요 눈으로 본 바요 주목하고 우리 손으로 만진 바라 이 생명이 나타내신바 된지라 이 영원한 생명을 우리가 보았고 증거하여 너희에게 전하노니 이는 아버지와 함께 계시다가 우리에게 나타내신 바 된 자니라

예수님 안에는 태초부터 있는 생명의 말씀이 들어있다는 것이다. 물론 열두 사도들은 예수님과 함께 공생애 3년을 걸었던 사람

들로서 예수님을 눈으로 본 바요, 손으로 만진 바요, 함께 먹고 마신 사람들이다.

그러나 위 구절에서 사도 요한이 강조한 바는 말씀이 육신이 되어 오신 인자 예수가 아닌, 예수께서 이 땅에 남겨두고 가신 영원한 생명 안에 들어있는 태초의 말씀에 대해서 본 바요, 만진 바요, 함께한 자라고 말씀하고 있다. 예수께서 십자가 상에서 아무도 모르게 이 땅에 떨쳐두신 태초의 말씀과 은혜와 진리와 성령, 이 셋이 하나가 된 인격적인 태초의 말씀(요 1:1)을 가리켜 '해'(시 19:5, 84:11)라고 하는 것이다. 사도 요한이 그 '해'를 본 바요, 만진 바요, 함께 한 자라고 강조하고 있는 것이다.

> 계 10:8 하늘에서 나서 내게 들리던 음성이 또 내게 말하여 가로되 네가 가서 바다와 땅을 밟고 섰는 천사의 손에 펴 놓인 책을 가지라 하기로

"하늘에서 내게 들리던 음성"이 사도 요한에게 바다와 땅을 밟고 섰는 천사의 손에 펴 놓인 책을 가지라고 했다. 그 말은 하늘에서 누군가 비밀을 아는 사람이 사도 요한에게 지시하고 있다는 것이다. 그 비밀을 알고 있는 모세와 엘리야 중에서 영광이 더 큰 모세가 재림 마당에서 그 '해'를 입은 여인이 되는 것이다. 그리고 그가 하늘에서 내려오는 힘센 다른 천사로서 그 책을 먹기에 합당한 비밀과 암호를 가지고 있는 사도 요한에게 작은 책을 먹으라고 한 것이다.

작은 책을 받았다는 것과 작은 책을 먹었다는 것은 분명한 차이가 있다. 책을 받았다는 것은 공개적으로 여러 사람이 함께 그 내용을 알 수가 있지만, 먹었다는 것은 먹은 사람 외에 다른 사람

은 그 내용을 알 수 없다는 것이다. 작은 책의 내용을 알려면 사도 요한에게 찾아가 물어보아야만 알 수 있는 것이다.

VI
사도 바울

행 9:1-9 사울이 주의 제자들을 대하여 여전히 위협과 살기가 등등하여 대제사장에게 가서 다메섹 여러 회당에 갈 공문을 청하니 이는 만일 그 도를 좇는 사람을 만나면 무론 남녀하고 결박하여 예루살렘으로 잡아 오려 함이라 사울이 행하여 다메섹에 가까이 가더니 홀연히 하늘로서 빛이 저를 둘러 비추는지라 땅에 엎드러져 들으매 소리 있어 가라사대 사울아 사울아 네가 어찌하여 나를 핍박하느냐 하시거늘 대답하되 주여 뉘시오니이까 가라사대 나는 네가 핍박하는 예수라 네가 일어나 성으로 들어가라 행할 것을 네게 이를 자가 있느니라 하시니 같이 가던 사람들은 소리만 듣고 아무도 보지 못하여 말을 못하고 섰더라 사울이 땅에서 일어나 눈은 떴으나 아무 것도 보지 못하고 사람의 손에 끌려 다메섹으로 들어가서 사흘 동안을 보지 못하고 식음을 전폐하니라

사울이 예수 믿는 사람들을 잡아오기 위해서 다메섹을 향해 말을 타고 달리다 해보다 밝은 빛이 둘러 비추므로 말에서 떨어졌다. 그 순간 사울이 "사울아 사울아 네가 어찌하여 나를 핍박하느냐? 나는 네가 핍박하는 예수라"는 하늘의 소리를 듣게 된다. 그

때에 같이 가던 사람들은 소리만 듣고 아무 것도 보지 못하여 말을 못하고 서 있었다.

위 구절을 보면 예수님을 가장 대적하고 예수 믿는 사람들을 핍박하던 사울을 하나님께서 이미 계획하시고 준비하신대로 은혜의 그물로 사로잡는 모습이 잘 나타나 있다.

그 후에 사울로 하여금 삼일동안 보지 못하고 식음을 전폐하게 하신 것이다. 아나니아가 사울에게 안수하여 눈에서 비늘이 벗겨지고 다시 보게 되기까지 그 삼일은 암흑의 삼일길이 아니었을까? 사울의 입장에서 자기 나름대로 하나님이 기뻐하시는 일을 한다고 예수님의 제자들을 죽이고 때리고 옥에 가두었던 일들이 하나님을 대적하는 일이었다는 것을 생각할 때 사울이 받았을 충격은 이루 말할 수 없을 것이다.

사울이 "주여 뉘시오니이까?"라고 물었을 때 "나는 네가 핍박하는 예수라"는 말씀을 듣는 순간 나사렛 예수가 하나님인 줄 알게 된 것이다. 그러니 사울이 얼마나 통한의 눈물을 흘렸겠는가? 아마 눈에서 피눈물을 쏟았을 것이다. 삼일 동안 보지 못하고 식음을 전폐한 것은 바울 자신이 겪은 놀라운 사건에 큰 충격을 받았기 때문이라고 말할 수 있다.

왜 사울로 하여금 삼일길을 걷게 하셨는가?

하나님께서 아나니아를 준비하시고, 그가 안수함으로 사울의 눈을 뜨게 하시고 하나님의 전하고자 하신 메시지를 전하게 하셨다면, 왜 즉시 그런 일을 하게 하시지 않았는가? 예수님이 의도적으로 사울로 하여금 삼일 동안 빛을 보지 못하게 하시고 식음을 전폐하게 하신 저의는 무엇인가? 삼일에 들어있는 의미는 무엇인가?

> 출 8:27-28 우리가 사흘 길쯤 광야로 들어가서 우리 하나님 여호와께 희생을 드리되 우리에게 명하시는 대로 하려 하나이다 바로가 가로되 내가 너희를 보내리니 너희가 너희 하나님 여호와께 광야에서 희생을 드릴 것이나 너무 멀리는 가지 말라 그런즉 너희는 나를 위하여 기도하라

모세가 이스라엘 백성들을 출애굽시키고자 열 가지 재앙을 행했다. 그 중에서 네 번째 재앙인 파리재앙 뒤에 바로에게 3일 길을 걸어서 하나님께 제사를 드리고자 하니 허락해달라는 제안을 했다. 그 때 바로가 "내가 너희를 보내리니 너희가 너희 하나님 여호와께 광야에서 희생을 드릴 것이나 너무 멀리는 가지 말라"고 허락한 바 있었다. 그 결과 이스라엘 백성들이 출애굽할 수가 있었던 것이다. 이스라엘 백성들이 삼일길을 걸어서 바로에게서 벗어나기만 하면 하나님이 책임져주신다는 것이다. 이틀길을 걸어서도 안 되고, 삼일길을 걸어야만 걸은데 대해서 광야길에서 책임져주시고 보장해주신다.

성도들이 걸어야 할 삼일길은 믿음의 길·뜻의 길·영의 길이다. 신앙의 입장에서는 중생·성화·영화라고 한다. 그것이 그리스도의 장성한 형상의 분량에 이르기까지에(엡 4:13) 필요한 3단계 수리성이다.

따라서 사울이 겪었던 3일은 사울의 평생에 영원히 지워지지 않는 십자가의 아픔이라고 말할 수 있다. 사울이 하나님을 기쁘시게 한다고 하면서 실은 하나님이 가장 싫어하는 일만 골라서 했던 자신의 그 행적이 쉽게 지워지지 않았을 것이다. 예수 믿는 수많은 사람들을 옥에 가두고, 매도 많이 때리고, 심지어 죽이는데 찬성하는 가편 투표를 던졌다(행 26:10). 그보다 더욱 결정적인 것은 의인 스데반을 죽인 사건이다. 사울이 겪은 암흑의 삼일은 하나님께서 사울의 마음 속에 사단의 가시를 박은 고통이며 아픔이 아니었을까 생각할 수 있다.

또 하나님께서 보여주신 사명을 위해서 자신이 걸어야 할 복음의 길을 생각할 때, 사울에게 있어서는 삼일의 시간은 영원히 감당할 수 없는 고통의 순간이었을 것이다.

> 행 9:15-16 주께서 가라사대 가라 이 사람은 내 이름을 이방인과 임금들과 이스라엘 자손들 앞에 전하기 위하여 택한 나의 그릇이라 그가 내 이름을 위하여 해를 얼마나 받아야 할 것을 내가 그에게 보이리라 하시니

주께서 아나니아에게 "그가 내 이름을 위하여 해를 얼마나 받아야 할 것을 내가 그에게 보이리라"고 하신 내용으로 보아 사울에게 가르쳐주신 내용이 무엇인지 짐작할 수 있다.

첫째, 사울이 핍박하던 나사렛 예수의 정체와 실상과 비밀을 가르쳐주셨을 것이다. 둘째, 사울이 지금까지 예수를 믿는 자들에게 저질렀던 잔혹한 행위를 다 보여주셨을 것이다. 셋째, 사울이 앞으로 예수님을 위해서 해야 할 일을 가르쳐주셨을 것이다. 그런

입장에서 사울에게는 자신이 저지른 죄 값을 다 치러야 하기에, 남은 삶의 시간적인 여유가 없었다.

　결국 사울이 아나니아에게 안수를 받고 눈에서 비늘이 떨어지므로 다시 보게 되어 아라비아 사막으로 가서 3년 동안 구도의 길을 걸었다. 그곳에서 사울이 셋째 하늘에 가서 큰 은혜를 받은 것이다(고후 12:1-4).

> 창 22:3-4 아브라함이 아침에 일찌기 일어나 나귀에 안장을 지우고 두 사환과 그 아들 이삭을 데리고 번제에 쓸 나무를 쪼개어 가지고 떠나 하나님의 자기에게 지시하시는 곳으로 가더니 제 삼일에 아브라함이 눈을 들어 그곳을 멀리 바라본지라

　아브라함도 삼일길을 걸었기 때문에 이삭을 바칠 수 있었다. 아브라함이 이삭을 바치라는 하나님의 명령에 얼마나 큰 번민 속에서 고뇌하였겠는가? "제 삼일에 눈을 들어 멀리 바라보았다"는 내용으로 보아 아브라함이 아내 사라에게도 말하지 못하고 이삭을 바치러 모리아의 한 산으로 가는 도중에 이틀 동안 고개를 들지 못할 정도로 큰 심적 고통에 빠져있었다는 것을 알 수 있다.

　'하나님께서 이삭을 바치라고 하신 것이 사실인가? 혹시 내가 잘못 받은 것이 아닐까? 설마 백세에 얻은 자식인데 죽이라는 것이 진심인가?' 등등 인간적인 번민으로 죽을 지경의 고통을 받았을 것이다. 그러다가 기어이 삼일째 되는 날 머리를 들고 모리아의 한 산을 바라본 것은 '고목과 같은 우리 부부에게 이삭을 주신 하나님께 이삭을 바치면 다시 살려 주실 것이 아니겠는가?'라는 것을 깨달은 것이다. 아브라함이 삼일길을 걷는 과정에서 포기하

지 않고, 부인하지 않고, 낙담하지 않았기에 산 자의 하나님의 비밀한 뜻을 깨달을 수 있었던 것이다. 이처럼 삼일길을 걸은 사람에 한해서는 하나님이 그의 모든 것을 책임져주시는 것이다.

> 창 31:20-22 야곱은 그 거취를 아람 사람 라반에게 고하지 않고 가만히 떠났더라 그가 그 모든 소유를 이끌고 강을 건너 길르앗산을 향하여 도망한지 삼일 만에 야곱의 도망한 것이 라반에게 들린지라

야곱도 라반의 집에서 도망간지 삼일 만에 라반이 그 사실을 알게 되었다. 만약에 야곱이 도망간지 이틀 만에 라반이 알았다면 탈출에 승리할 수 없었을 것이다. 야곱이 도망간지 삼일 만에 라반이 알았다는 것은 야곱이 삼일길을 걸었다는 것이다. 그렇기 때문에 야곱의 탈출을 하나님께서 책임져주시고 보장해주시어 승리할 수 있었던 것이다. 이처럼 믿음의 길·뜻의 길·영의 길의 삼일길을 걷는 사람만이 하나님께서 인정하시고 하나님께로부터 칭찬받는 사람이 되는 것이다. 그렇기 때문에 성경에 보면 하나님의 사람들은 누구나 다 삼일길을 걸었다.

> 왕상 19:7-8 여호와의 사자가 또 다시 와서 어루만지며 이르되 일어나서 먹으라 네가 길을 이기지 못할까 하노라 하는지라 이에 일어나 먹고 마시고 그 식물의 힘을 의지하여 사십 주 사십 야를 행하여 하나님의 산 호렙에 이르니라

엘리야도 그릿 시냇가에서 까마귀들이 주는 떡과 고기를 먹으며 보낸 기간이 있었고, 시돈 땅에 있는 사렙다 과부와 함께 지낸 기간이 있었다. 그리고 갈멜산 전투에서 승리함으로 바알 선지자 450명을 기손 시내에 가서 죽였다(왕상 18:40).

그러자 이세벨이 사자를 엘리야에게 보내며 "내가 내일 이맘때에는 정녕 네 생명으로 저 사람들 중 한 사람의 생명 같게 하리라"(왕상 19:2)고 하자 엘리야가 광야에 나가서 하나님께 죽기를 구했다. 그러자 천사가 숯불에 구운 떡과 물 한 병을 주어 엘리야가 먹었더니 재차 줌으로 또 먹었다. 그리고 "네가 구도하던 장소인 호렙산으로 가라"고 한 것이다. 그래서 엘리야가 40주야를 밤낮으로 하루도 자지 않고 걸어서 자신이 구도의 길을 걸었던 호렙산 굴로 다시 돌아올 수 있었다.

엘리야로 하여금 40주야를 떡도 먹지 않고 물도 마시지 않고 걷게 하신 것은 다시 한 번 하나님의 사람으로서의 권세와 능력을 회복하게 하시고 하나님이 취하시기 전 그로 하여금 마지막 하나님의 사람으로서의 뒷정리를 하게 하신 것이다. 그것을 위해서 사십 주야를 밤낮으로 자지 않고 머무르지 않고 떡도 먹지 않고 걷게 하신 것이다. 그것이 하나님께서 엘리야를 불 말과 불 수레를 태워 데려가시기 전에 마지막으로 하신 역사의 내용이다. 그 길이 어떻게 보면 엘리야가 걸어야 할 마지막 영의 길이라고 말할 수 있다. 이처럼 엘리야도 믿음의 길·뜻의 길·영의 길이라는 삼일길을 걸은 사람이다.

이 외에도 이스라엘 백성들이 광야길을 걸을 때 레위지파가 짊어진 법궤가 백성들의 삼일길을 앞서서 걸었다(민 10:33). 이처럼 삼일길을 걷는 사람을 가리켜 이기는 자라고 한다.

사도 바울의 신앙의 특징은 무엇인가?

> 고전 9:27 내가 내 몸을 쳐 복종하게 함은 내가 남에게 전파한 후에 자기가 도리어 버림이 될까 두려워함이로라

사울은 베냐민 지파로서 가말리엘의 문하생이었고, 다소 사람이었고(행 22:3), 율법으로도 흠이 없는 자였다(빌 3:6). 그런 사울이 다메섹 도상의 사건 이후에 아라비아 광야 사막 지역에 들어가서 삼년 동안 얼마나 어렵게 짐승처럼 살았겠는가?(갈 1:17)

그렇기 때문에 사울이 바울의 이름으로 개명한 후에는 할 수만 있으면 최대한 자기 자신을 채찍질하기 시작했다. 자기 몸을 스스로 쳐서 굽힐 줄 알았다. 자기가 증거한 말씀으로 심판받지 않기 위해 자기 스스로를 채찍질 하는 사람이 된 것이다. 이스라엘의 지적인 자존심인 사울이 가장 비참한 직업인 장막을 만드는 일을 했고(행 18:3), 겐그레아에서 서원하고 머리를 깎았다(행 18:18). 머리를 깎았다는 말은 가장 천하게 스스로를 낮춘 모습을 말한다. 그 시대에 머리를 깎는다는 것은 평범한 일이 아니다. 문둥병 환자나 특별한 형벌을 받은 죄인이 아니면 머리를 깎지 않았다.

그런 시대에 바울이 그렇게 할 수 있었던 것은 암흑의 삼일 동안 겪었던 영원히 지워지지 않는, 지울 수도 없는 그 사단의 가시와 싸우기 위해서였다. 그 삼일의 아픔, 그 가시를 평생 동안 몸에

지니고 다녔기 때문에 바울이 그렇게 할 수 있었다. 어떻게 보면 바울은 상대적으로 고난을 받으면 받을수록 더 기뻐했을 것이다. 고난을 받을수록 자신이 진 빚을 조금이나마 탕감 받을 수 있고, 자신이 저지른 죄에 대해 상대적으로 은혜의 빚을 갚고 있다고 생각했을 것이다.

이처럼 철저한 회개의 결과 바울은 첫째, 신앙에 흠이 없고 둘째, 물질에 흠이 없고 셋째, 이성에 대해 흠이 없는 자가 될 수 있었다.

> 빌 3:4-8 그러나 나도 육체를 신뢰할만하니 만일 누구든지 다른 이가 육체를 신뢰할 것이 있는 줄로 생각하면 나는 더욱 그러하리니 내가 팔일 만에 할례를 받고 이스라엘의 족속이요 베냐민의 지파요 히브리인 중의 히브리인이요 율법으로는 바리새인이요 열심으로는 교회를 핍박하고 율법의 의로는 흠이 없는 자로라 그러나 무엇이든지 내게 유익하던 것을 내가 그리스도를 위하여 다 해로 여길뿐더러 또한 모든 것을 해로 여김은 내 주 그리스도 예수를 아는 지식이 가장 고상함을 인함이라 내가 그를 위하여 모든 것을 잃어버리고 배설물로 여김은 그리스도를 얻고

본래 바울은 율법으로 흠이 없는 자였다. 그렇게 율법의 최고조에 머물던 바울이 예수 복음을 접한 뒤에는 예수를 아는 지식이 가장 고상하기 때문에 지금까지 가지고 있던 지식을 배설물처럼 버리겠다는 고백이다.

> 딤후 4:8 이제 후로는 나를 위하여 의의 면류관이 예비되었으므로 주 곧 의로우신 재판장이 그 날에 내게 주실 것이니 내게만 아니라 주의 나타나심을 사모하는 모든 자에게니라

바울의 신앙의 특징은 의의 면류관을 받은 사람이라는 데 있다. 성경에 등장하는 면류관은 생명의 면류관(약 1:12, 계 2:10), 영광의 면류관(벧전 5:4), 금 면류관(계 4:4, 14:14), 자랑의 면류관(살전 2:19) 등이 있는데 그 중에 가장 큰 영광은 의의 면류관이다. 24보좌의 장로들도 금 면류관을 받은 자들인데 바울은 그들이 받은 면류관보다 더 큰 의의 면류관을 받은 자라는 것이다.

금 면류관은 아들이 주는 면류관인데 비해서 의의 면류관은 아버지께서 주시는 면류관이다. 예수께서 죄에 대하여, 의에 대하여, 심판에 대하여 말씀하시는 중에 의는 아버지께 가는 것이라고 말씀하셨다(요 16:10). 그 내용을 깊이 이해하고 궁구해보면 바울은 죽어서 아버지에게 갈 사람이라는 것이다.

> 빌 3:10-11 내가 그리스도와 그 부활의 권능과 그 고난에 참예함을 알려하여 그의 죽으심을 본받아 어찌하든지 죽은 자 가운데서 부활에 이르려 하노니

사도 바울은 신약 마당에서부터 오늘에 이르기까지 십자가와 부활의 비의와 암호를 가장 정확하게 해석하고 이해하고 깨닫고 믿고 증거한 사람이다. 그것이 사도바울이 가지고 있는 특별한 신앙의 색깔이라고 말할 수 있다. 그렇기 때문에 자신을 위해 예비된 의의 면류관을 받기 위해, 어찌하든지 부활을 받기 위해 최선

을 다한다는 것이다. 부활의 비밀과 암호를 터득하고 올바로 이해하고 깨닫기 위해서 최선을 다하여 노력한다는 것이다.

> 행 9:15 주께서 가라사대 가라 이 사람은 내 이름을 이방인과 임금들과 이스라엘 자손들 앞에 전하기 위하여 택한 나의 그릇이라

사도 바울이 이방의 그릇이라는 것이다. 어떤 의미에서는 사도 바울이 두 감람나무와 같은 입장의 사람이라고도 말할 수 있는 것이다. 왜냐하면 두 감람나무의 역사는 표면적인 이스라엘이 아니라 영적 이스라엘에서 이루어질 역사이기 때문이다. 두 감람나무 역사는 초림 마당에서 이루어지는 역사가 아니라 재림 마당에서 이루어지는 역사이기 때문이다.

그렇기 때문에 바울이 바나바와 베드로를 면책했다(갈 2:11). 즉 공개적인 자리에서 그들의 잘못을 지적하고 책망할 수 있었던 것이다. 다시 말하면 바울이 의의 면류관을 받게 되었다는 입장에서 바울은 당연히 바나바와 베드로도 책망할 수 있는 자격을 가진 사람이라고 말할 수 있다. 바울은 신약마당에서 예수님이 감추어 놓은 마지막 사람, 마지막 보루였다고도 말할 수 있다. 그런 입장에서 하나님께서 바울에게 사단의 가시를 박아놓으신 것이다. 표면적으로는 '가히'의 말씀을 주셨기 때문에 그 말씀으로 자고하지 않게 하기 위해서 사단의 가시를 넣어주셨다고 기록되어 있다(고후 12:7).

사도 바울의 사명은 무엇인가?

> 고후 12:1-4 무익하나마 내가 부득불 자랑하노니 주의 환상과 계시를 말하리라 내가 그리스도 안에 있는 한 사람을 아노니 십사 년 전에 그가 세째 하늘에 이끌려 간 자라 (그가 몸 안에 있었는지 몸 밖에 있었는지 나는 모르거니와 하나님은 아시느니라) 내가 이런 사람을 아노니 (그가 몸 안에 있었는지 몸 밖에 있었는지 나는 모르거니와 하나님은 아시느니라) 그가 낙원으로 이끌려가서 말할 수 없는 말을 들었으니 사람이 가히 이르지 못할 말이로다

왜 사도 바울을 셋째 하늘로 불러들여서 열한 사도가 상상하지도 못한 '가히'의 말씀을 주셨는가?

> 요 19:19-20 빌라도가 패를 써서 십자가 위에 붙이니 나사렛 예수 유대인의 왕이라 기록되었더라 예수의 못 박히신 곳이 성에서 가까운고로 많은 유대인이 이 패를 읽는데 히브리와 로마와 헬라 말로 기록되었더라

예수께서 십자가를 지셨을 때 빌라도가 '나사렛 예수 유대인의 왕'이라는 패를 붙였는데 히브리어, 로마어, 헬라어로 기록되었다. 또 예수께서 십자가를 지시기 직전에 헬라인 몇 사람이 예수님을 찾아왔다. 빌립이 안드레에게 말하고 안드레와 빌립이 예수께 여쭐 때 "인자의 영광을 얻을 때가 왔도다"(요 12:23)라고 하시자, 하늘에서 소리가 나면서 "내가 이미 영광스럽게 하였고

또 다시 영광스럽게 하리라"(요 12:28)는 우레가 울렸다.

위의 사건들은 유대인들뿐만 아니라 헬라인과 로마인들까지도 하나님의 구속사의 범주에 해당되는 사람들이라는 것을 보여주신 것이다. 예수께서 십자가를 통해 구속하실 대상은 본방 이스라엘 민족들뿐만 아니라, 이방민족들까지도 포함된다는 것이다. 예수께서 히브리 민족, 로마인들, 헬라인들에 대한 말씀도 믿음으로 이루셨다는 것이다. 그렇게 믿음으로 이루어놓으신 그 역사를 누군가 반드시 이루어야 할 사람이 있어야 한다. 과연 누가 그 역사를 행할 것인가?

베드로를 중심으로 한 예수님의 열두 제자들은 불학무식(不學無識)한 자들이었다. 벳새다 사람들로서 갈릴리 호숫가에서 고기잡이를 하던 어부가 대부분이었다(요 1:44). 그러한 열두 제자들이 주님의 복음을 이스라엘 백성들에게 전하는 것은 무척 힘겨운 일이었다. 하물며 헬라인과 로마인들에게 복음을 전하는 것은 너무 역부족이었다. 그렇기 때문에 열두 제자들이 하지 못하는 사역을 바울로 하여금 짊어지게 하기 위해서 바울을 다메섹 도상에서 빛의 그물로 사로잡으시고, 셋째 하늘로 부르시어 '가히'의 말씀을 주신 것이다.

그래서 사도 바울이 "내가 사람에게서 받은 것도 아니요 배운 것도 아니요 오직 예수 그리스도의 계시로 말미암은 것이라"(갈 1:12)는 고백을 할 수 있었던 것이다. 그리고 "헬라인이나 야만이나 지혜 있는 자나 어리석은 자에게 다 내가 빚진 자라. 그러므로 나는 할 수 있는 대로 로마에 있는 너희에게도 복음 전하기를 원하노라. 내가 복음을 부끄러워하지 아니하노니 이 복음은 모든 믿는 자에게 구원을 주시는 하나님의 능력이 됨이라. 첫째는 유대인에게요 또한 헬라인에게로다"(롬 1:14-16)라는 말씀을 할 수 있었던 것이다.

그렇기 때문에 이방의 그릇으로 세운 사도 바울에게 하나님의 다섯 가지 경륜의 비밀을 가르쳐주신 것이다. '때가 찬 경륜'(엡 1:9), '은혜의 경륜'(엡 3:2), '비밀의 경륜'(엡 3:9), '내게 주신 경륜'(골 1:25), '믿음 안에 있는 하나님의 경륜'(딤전 1:4) 등, 사도 바울이 하나님의 경륜의 비밀을 받았기 때문에 열두 제자들이 하지 못한 역사를 행할 수 있었던 것이다.

"그가 내 이름을 위하여 해를 얼마나 받아야 할 것을 내가 그에게 보이리라"(행 9:16)는 말씀 속에는 바울이 복음을 전하는 과정에서 겪어야 하는 고난과 환난의 사명이 다 들어있다.

> 단 7:3-7 큰 짐승 넷이 바다에서 나왔는데 그 모양이 각각 다르니 첫째는 사자와 같은데 독수리의 날개가 있더니 내가 볼 사이에 그 날개가 뽑혔고 또 땅에서 들려서 사람처럼 두 발로 서게 함을 입었으며 또 사람의 마음을 받았으며 다른 짐승 곧 둘째는 곰과 같은데 그것이 몸 한편을 들었고 그 입의 잇사이에는 세 갈빗대가 물렸는데 그에게 말하는 자가 있어 이르기를 일어나서 많은 고기를 먹으라 하였으며 그 후에 내가 또 본즉 다른 짐승 곧 표범과 같은 것이 있는데 그 등에는 새의 날개 넷이 있고 그 짐승에게 또 머리 넷이 있으며 또 권세를 받았으며 내가 밤 이상 가운데 그 다음에 본 네째 짐승은 무섭고 놀라우며 또 극히 강하며 또 큰 철 이가 있어서 먹고 부숴뜨리고 그 나머지를 발로 밟았으며 이 짐승은 전의 모든 짐승과 다르고 또 열 뿔이 있으므로

위 구절은 다니엘이 받은 계시의 내용이다. 바다에서 네 짐승이 나왔는데 첫째는 사자, 둘째는 곰, 셋째는 표범, 넷째는 이름은 나오지 않고 '무섭고 강한 철 이가 있어 먹고 부숴뜨리고 나머지를 발로 밟는 짐승'이라고 했다.

이는 구약의 마지막 선지자인 말라기 선지자 이후 예수님이 오시기까지 약 400년 동안 어둠의 권세가 지배할 네 짐승의 나라에 대한 예언으로서 바벨론, 메대 바사, 헬라, 로마를 상징한다. 네 번째 짐승의 나라인 로마는 가장 무섭고 크고 강한 짐승이라는 것뿐 이름을 밝히지 않았다.

왜 첫째와 둘째와 셋째 짐승은 이름이 나와 있는데 로마를 상징하는 넷째 짐승은 이름이 나와 있지 않은 것인가? 왜 로마를 감추셔야만 하시는가? 로마는 공개된 나라이다. 로마라는 나라를 감추시려는 것이 아니라, 바울을 통해서 네 번째 짐승인 로마를 굴복시키는 역사의 세계를 감추기 위해서 네 번째 짐승의 이름을 기록하지 않은 것이다. 네 번째 짐승의 이름을 기록한다면 네 번째 짐승의 나라가 절대 굴복하지 않을 것을 아시기 때문이다.

> 골 1:25 내가 교회 일군 된 것은 하나님이 너희를 위하여 내게 주신 경륜을 따라 하나님의 말씀을 이루려 함이니라

그 당시 로마는 정치적으로나 문화적으로나 지식적으로나 최고의 수준을 자랑하는 나라였다. 예수님의 열두 제자들이 가진 지적 수준으로는 최고의 수준을 자랑하는 로마를 굴복시킬 수 없기에 바울을 지명하여 부르신 것이다. 따라서 바울이 고백한 다섯 가지 경륜 중에서 '내게 주신 경륜'을 따라 바울로 하여금 로마를

굴복하게 하시려는 하나님의 의중을 엿볼 수 있다. 결과적으로 콘스탄티누스 황제 때에 로마가 기독교를 국교로 받아들임으로 사도 바울을 통해 하나님의 경륜의 세계를 이룩할 수 있었던 것이다.[23]

이처럼 작은 책의 비밀을 간직한 사람만이 어둠의 권세를 굴복시킬 수 있고, 어둠의 권세와 싸워 승리할 수 있는 것이다.

> 고후 11:23-33 저희가 그리스도의 일군이냐 정신없는 말을 하거니와 나도 더욱 그러하도다 내가 수고를 넘치도록 하고 옥에 갇히기도 더 많이 하고 매도 수없이 맞고 여러 번 죽을 뻔 하였으니 유대인들에게 사십에 하나 감한 매를 다섯 번 맞았으며 세 번 태장으로 맞고 한 번 돌로 맞고 세 번 파선하는데 일주야를 깊음에서 지냈으며 여러 번 여행에 강의 위험과 강도의 위험과 동족의 위험과 이방인의 위험과 시내의 위험과 광야의 위험과 바다의 위험과 거짓 형제 중의 위험을 당하고 또 수고하며 애쓰고 여러 번 자지 못하고 주리며 목마르고 여러 번 굶고 춥고 헐벗었노라 이 외의 일은 고사하고 오히려 날마다 내 속에 눌리는 일이 있으니 곧 모든 교회를 위하여 염려하는 것이라 누가 약하면 내가 약하지 아니하며 누가 실족하게 되면 내가 애타지 않더냐 내가 부득불 자랑할찐대 나의 약한 것을 자랑하리라 주 예수의 아버지

---

23) '밀라노 칙령'-313년 로마의 콘스탄티누스 황제가 밀라노에서 로마에서 기독교를 방해하는 요인을 제거하고 기독교를 믿는 것을 용인하는 법령을 세웠다. 첫째, 기독교인들에게 교회를 조직할 권리를 법적으로 보호해주고 둘째, 기독교를 탄압할 때 몰수한 재산을 돌려주고 충분히 보상해 주는 것이다.

> 영원히 찬송할 하나님이 나의 거짓말 아니하는 줄을 아시느니라 다메섹에서 아레다 왕의 방백이 나를 잡으려고 다메섹 성을 지킬쌔 내가 광주리를 타고 들창문으로 성벽을 내려가 그 손에서 벗어났노라

위 구절은 사도 바울이 복음 전파를 하는 과정에서 받은 환난의 내용들이다. 오직 복음 전파를 위해 전도여행을 하는 과정에서 수차례에 걸쳐 목숨이 위태로운 지경을 겪었고, 매를 맞고 굶고 춥고 헐벗은 적이 많이 있었다. 그러나 그보다 더 고통스러운 것은 모든 교회를 위해 염려하는 근심 걱정이었다.

사도 요한이 죽음을 눈앞에 둔 고통 속에서 작은 책을 먹을 수 있었던 것처럼, 사도 바울도 작은 책의 비밀을 간직한 자였기에 거기에 상응하는 고통을 감수할 수 있었던 것이다.

> 고전 4:16 그러므로 내가 너희에게 권하노니 너희는 나를 본받는 자 되라

> 고전 11:1 내가 그리스도를 본받는 자 된 것 같이 너희는 나를 본받는 자 되라

> 빌 3:17 형제들아 너희는 함께 나를 본받으라 또 우리로 본을 삼은 것 같이 그대로 행하는 자들을 보이라

바울은 누구도 깨닫지 못한 그리스도의 깊은 경지를 깨달은 사람이기에 담대하게 "나를 본받는 자가 되라"고 세 번씩이나 강조하고 있다. 바울의 신앙은 그리스도의 장성한 형상과 분량에 이

르는 경지에 도달한 것이다(엡 4:13).

> 갈 6:14 그러나 내게는 우리 주 예수 그리스도의 십자가 외에 결코 자랑할 것이 없으니 그리스도로 말미암아 세상이 나를 대하여 십자가에 못 박히고 내가 또한 세상을 대하여 그러하니라
>
> 갈 6:17 이 후로는 누구든지 나를 괴롭게 말라 내가 내 몸에 예수의 흔적을 가졌노라

바울은 예수 그리스도의 십자가 외에는 결단코 자랑할 것이 없다고 했고, 자신의 몸에 예수의 흔적을 가진 것을 자랑스럽게 나타내고 있다. 사도 바울이 작은 책의 비밀을 가진 자였기에 평생 사단의 가시에 찔림을 받으며 온전한 믿음을 지킬 수 있었던 것이다.

제 5장

작은 책을 주시는 목적은 무엇인가?

I
산 자의 세계를 이루시는 하나님의 경륜

눅 20:37-38 죽은 자의 살아난다는 것은 모세도 가시나무떨기에 관한 글에 보였으되 주를 아브라함의 하나님이요 이삭의 하나님이요 야곱의 하나님이시라 칭하였나니 하나님은 죽은 자의 하나님이 아니요 산 자의 하나님이시라 하나님에게는 모든 사람이 살았느니라 하시니

예수께서 "주를 아브라함의 하나님, 이삭의 하나님, 야곱의 하나님이시라 칭하였나니"라고 하시면서 "하나님은 죽은 자의 하나님이 아니요 산 자의 하나님이시라"고 친히 말씀하신 내용이다.

아브라함·이삭·야곱은 예수님 당시로 말하면 수천 년 전에 죽은 사람들인데 왜 그들을 가리켜 산 자라고 표현하셨는가? 여기서 산 자란 어떤 존재를 말하는 것인가?

마 8:21-22 제자 중에 또 하나가 가로되 주여 나로 먼저 가서 내 부친을 장사하게 허락하옵소서 예수께서 가라사대 죽은 자들로 저희 죽은 자를 장사하게 하고 너는 나를 좇으라 하시니라

분명히 예수께서 죽은 자들로 죽은 자를 장사하게 하라고 하셨다. 과연 죽은 자가 죽은 자를 장사할 수 있는 것인가? 여기서 죽은 자란 육신적으로 죽은 자를 말하는 것이 아니라는 것을 알 수 있다. 또 상대적으로 예수님의 제자들은 죽은 자가 아니라는 것도 알 수 있다.

> 고전 15:55 사망아 너의 이기는 것이 어디 있느냐 사망아 너의 쏘는 것이 어디 있느냐

사망의 권세를 향해 "나를 한 번 죽일 수 있으면 죽여보라"고 당당하게 호령할 수 있는 것은 둘째 사망의 해를(계 20:14) 받지 않는 영원한 생명을 가졌기 때문이다. 이러한 영원한 생명을 가진 자를 가리켜 '산 자'라고 말하는 것이다.

아브라함·이삭·야곱은 비록 육신적으로는 죽었지만 산 자의 믿음을 가지고 잠이 들었기에 그들을 가리켜 죽은 자라고 하지 않고, 산 자라고 표현하신 것이다. 이러한 산 자가 되려면 산 자의 복음을 받아야 하고, 산 자의 복음을 받아야 산 자의 믿음을 가질 수 있다.

그렇다면 오늘날 기독교에서 전하는 복음은 과연 산 자의 복음이라고 말할 수 있는가? 오늘날 기독교에서 전하는 복음은 "예수 잘 믿으면 이 땅에서도 복을 받고 잘 살다가 죽으면 천당에 간다"는 기복신앙이 대부분을 차지하고 있다. 과연 그것이 예수께서 우리에게 바라시는 산 자의 믿음이라고 말할 수 있는

것인가?

> 요일 2:25 그가 우리에게 약속하신 약속이 이것이니 곧 영원한 생명이니라

예수님은 우리에게 영원한 생명을 주시기로 약속하셨다는 것이다. 그 영원한 생명이란 무엇을 말하는 것인가?

> 요 11:25-26 예수께서 가라사대 나는 부활이요 생명이니 나를 믿는 자는 죽어도 살겠고 무릇 살아서 나를 믿는 자는 영원히 죽지 아니하리니 이것을 네가 믿느냐

"나를 믿는 자는 죽어도 살겠고 무릇 살아서 나를 믿는 자는 영원히 죽지 아니하리니"라고 하신 것은 죽은 자가 살아나는 부활과 영원히 죽지 않는 영생의 길을 말씀하신 것이다. 부활과 영생이 산 자가 되는 두 가지 도맥(道脈)이라는 것을 보여주신 것이다.

여기서의 부활은 영육 간에 부활하는 의인의 부활, 첫째 부활을 가리킨다(계 20:4-6). 영육 간에 영원한 산 자가 되는 부활을 말하는 것이다.

영원한 생명을 가진 존재들은 둘째 사망의 해를 받지 않는다. 성령이 아시아의 일곱 교회에 하신 말씀 중 "이기는 자는 둘째 사망의 해를 받지 아니하리라"(계 2:11)고 하셨다. 이기는 자에게는 영생의 축복을 주신다는 것이다.

"천지가 없어지기 전에는 율법의 일점일획이라도 반드시 없어지지 않고 다 이루리라"(마 5:18)고 하셨다. 하물며 예수께

서 친히 하신 말씀인데 이 땅에서 다 이루어지지 않으면 안 된다. 예수께서 "나는 부활이요 생명이라"고 하신 말씀을 책임지고 이루시고자 아버지의 영광으로 나사로를 살리신 것이다. 예수께서 회당장 야이로의 딸, 나인성 과부의 독자를 살리실 때는 아버지의 영광으로 살리셨다는 말씀을 하지 않으셨다. 그러나 나사로를 살리실 때는 "네가 믿으면 하나님의 영광을 보리라"(요 11:40)고 하셨다.

그 말씀에는 이런 의미가 함축되어 있다. 말씀이 육신으로 오신 예수님이라 할지라도 우리에게 새 생명을 주시기 위해서는 그분 자신이 이 땅에서 새 생명을 주시기 위한 능력을 이루셔야 한다. 그렇다면 새 생명을 주시기 위한 능력이 무엇인가? 사망 권세를 깨고 승리하는 것이다. 사망 권세를 깨고 이긴 자만이 새 생명을 줄 수 있는 존재가 되는 것이다. 그것이 창조 원리의 가장 근본이다. 남을 부활시켜 줄 수 있고, 남에게 새 생명을 줄 수 있는 영생의 주, 생명의 주가 되기 위해서는 먼저 자신이 그 말씀의 본질에 맞는 영광을 이루는 존재가 되어야 한다.

그렇다면 "한 번 태어나면 죽는 것이 정한 이치라"(히 9:27)는 인생들이 어떻게 영원한 생명을 가진 산 자가 될 수 있는가?

> 요 5:25 진실로 진실로 너희에게 이르노니 죽은 자들이 하나님의 아들의 음성을 들을 때가 오나니 곧 이때라 듣는 자는 살아나리라

위 구절은 예수께서 친히 말씀하신 내용이다. 하나님 아들의 음성을 들을 때가 온다는 것은 장차 재림 마당에서 인류 구속사

역이 완성되는 것을 말한다.

"죽은 자들이 하나님 아들의 음성을 들을 때가 오나니 곧 이 때라 듣는 자는 살아나리라"고 하셨는데, 죽은 자들이 어떻게 하나님 아들의 음성을 들을 수 있겠는가? 죽은 자들은 하나님 아들의 음성을 들을 수가 없지만 잠자는 자들은 하나님 아들의 음성을 들을 수가 있다. '잠자는 자'와 '죽은 자'의 차이는 무엇인가? 첫째 부활로 구원받을 자들은 육신적으로는 분명히 죽은 자들이나 영적으로는 잠들어 있는 자들이다(계 20:4-6, 벧전 3:18).

만일 절대 부활하지 못할 자들이라면 하나님 아들의 음성을 들을 수 없을 것이다. 하나님 아들의 음성을 듣고 살아날 수 있는 대상은 죽은 자가 아니라 잠자는 자를 말한다. 잠자는 자는 깨울 수가 있지만 죽은 자들은 깨울 수가 없다.

예수께서 나사로를 살리러 가실 때에도 "우리 친구 나사로가 잠들었도다. 그러나 내가 깨우러 가노라"(요 11:11)라고 하셨다. 잠자는 자들은 하나님 아들의 음성을 들을 수 있는 신령한 귀를 가지고 잠이 들었기 때문에 하나님 아들의 음성을 알 수 있다는 것이다. 또 아버지와 아들 역시 아버지의 말씀과 아들의 말씀을 가지고 있는 사람들을 다 아신다는 것이다.

첫째 부활에 참예할 수 있는 자들은 이미 아버지와 아들이 주신 고유적인 생명의 말씀, 영생의 말씀, 영생의 비밀과 암호를 가지고 있기 때문에 그들을 가리켜 죽었다고 말하지 않고 잠들었다고 표현하는 것이다. 잠이 든 자들은 누군가 깨우면 언젠가 일어날 수 있는 입장이기 때문에 영육 간에 산 자가 될 수 있는 멜기세덱 반차를 통해서(히 5:6, 5:10, 6:20, 7:11, 7:17) 그들을 살려내시는 것이다.

욥 14:12 사람이 누우면 다시 일어나지 못하고 하늘이 없어지기까지 눈을 뜨지 못하며 잠을 깨지 못하느니라

그러나 죽은 사람들은 하늘이 바뀌어지기 전에는 절대 깨어나지 못한다. 즉 인류 구속사역이 다 마쳐지기 전에는 살아나지 못한다. 그들은 마지막 때 생명의 부활과 심판의 부활로 한꺼번에 동시적으로 부활한다(요 5:29, 행 24:15). 그들은 개별적으로 부활 받는 것이 아니다. 그러나 첫째 부활, 의인의 부활은 개별적으로 부활 받는 것이다. 그렇기 때문에 육신적으로는 동일하게 죽었지만 첫째 부활, 의인의 부활 받는 사람들을 가리켜 잠들었다고 말하고 있고, 생명의 부활과 심판의 부활을 받는 사람들을 가리켜 죽었다고 표현하는 것이다.

여기서 말하는 하나님의 아들이란 누구인가? 일반적인 성도들의 개념으로는 하나님의 아들이라면 예수님을 떠올린다. 그러나 예수님은 십자가 사역을 통해 사망 권세를 깨시고 부활하셔서 원수가 발등상에 무릎 꿇기까지 하늘 우편보좌에서 기다리고 계신다. 여기서 말하는 하나님의 아들이란 장차 재림 마당에서 영육 간에 산 자로 탄생할 재림주 멜기세덱을 말한다. 예수께서 성결의 영으로는 부활의 능력으로 사망 권세를 깨고 승리하심으로 하나님 아들이라 인정받으신 것처럼(롬 1:4), 멜기세덱도 죽었다 살아남으로 하나님 아들과 방불한 하늘의 대제사장으로 인정받는 것이다.

히 7:1-3 이 멜기세덱은 살렘 왕이요 지극히 높으신 하나님의 제사장이라 여

러 임금을 쳐서 죽이고 돌아오는 아브라함을 만나 복을 빈 자라 아브라함이 얻게 십분의 일을 그에게 나눠주니라 그 이름을 번역한즉 첫째 의의 왕이요 또 살렘 왕이니 곧 평강의 왕이요 아비도 없고 어미도 없고 족보도 없고 시작한 날도 없고 생명의 끝도 없어 하나님 아들과 방불하여 항상 제사장으로 있느니라

아비도 없고 어미도 없고 족보도 없고 시작한 날도 없고 생명의 끝도 없다는 것은 족보를 초월한 존재로, 죽음을 전제로 사는 시한부 인생이 아니라는 뜻이다. 그런 존재야말로 하나님 아들과 방불하여 하늘의 제사장이 될 수 있는 것이다. 그 멜기세덱이 죽은 자들을 부활의 능력으로 살려주시고 둘째 사망의 해를 받지 않는 영원한 생명을 입혀주시는 것이다.

이 땅에서 멜기세덱은 어떻게 탄생하는가?

하늘의 제사장 멜기세덱은 이 땅의 피조물 중에서 탄생해야 한다. 그것이 인류 구속사역의 가장 핵심적인 내용이다. 인류 구속사역의 첫 시조인 아담으로 하여금 각종 나무 열매를 다 따먹고 최종적으로 생명나무 열매를 따먹는 구도의 길을 걷게 함으로 멜기세덱을 탄생시키고자 시도하셨다. 그러나 아담이 하나님의 말씀에 불순종하여 선악을 알게 하는 나무 열매를 따먹음으로 멜기세덱 탄생의 역사는 실패하고 말았다.

과연 하나님께서는 아담의 타락으로 멜기세덱 탄생의 역사를 포기하실 것인가? 그렇지 않다. 장차 재림 마당에서 재림주

멜기세덱의 영광이 나타나기까지 하나님께서 멜기세덱 탄생을 위해 구약 마당에서부터 얼마나 끊임없이 고군분투하셨는지 알아야 한다.

첫 시조 아담이 실패하자 둘째 시조인 노아의 가정을 통해서 그 뜻을 이루고자 하셨다. 그러나 함으로 인해 노아의 가정도 깨어지고 말았다.[24] 그래서 세 번째 시조인 아브라함 가(家)를 통해 멜기세덱 탄생의 역사를 이루고자 시도하셨다.

아브라함의 경우를 살펴보면 하나님께서 아브라함을 통해서 시험하신다는 표현을 사용하셨다. "그 일 후에 하나님이 아브라함을 시험하시려고"(창 22:1)라고 하셨다. 물론 시험의 내용은 이삭을 번제로 드리는 것이라고 말할 수 있다. 그러나 더 깊이 생각해보면 아브라함을 시험하신 이유는 아브라함의 믿음이 이삭을 어떤 제물로 바칠 수 있는 믿음인지 그것을 시험하신 것이다. 결과적으로 아브라함의 믿음이 이삭을 유월절 양으로 하나님께 바칠 수 있는 믿음은 되었지만 이삭을 아사셀 양으로 마귀에게 바칠 수 있는 믿음은 되지 못한 것이다.

어떤 내용으로 그것을 알 수 있는가? "제 삼일에 아브라함이 눈을 들어 그곳을 멀리 바라본지라"(창 22:4)고 한 것은 아브라함이 아내 사라에게도 말하지 못하고 이틀 동안 번뇌하다가 3일째 되는 날 비로소 "이삭을 바치면 하나님이 아들을 다시 주실 것이라"는 확신에 고개를 들었다는 것을 알 수 있다. 죽은 고목과 같은 자기 부부에게 이삭을 주신 하나님께서 다시 자식을

---

24) '종말론적 구속사 시리즈' 제 5권 <666, 그들은 누구인가?> 319-323쪽, 벽암 조영래 저, 도서출판 오색이슬

주실 것이라는 생각을 하게 된 것을 가리켜 히브리 기자는 "저가 하나님이 능히 죽은 자 가운데서 다시 살리실 줄로 생각한지라 비유컨대 죽은 자 가운데서 도로 받은 것이니라"(히 11:19)고 기록했다. 그 순간 아브라함의 마음은 이삭을 진짜 죽이려고 한 것이다. 그래서 칼로 내리치는 순간, 하나님의 만류하심으로 이삭 대신 수풀에 걸린 수양을 번제로 바쳤다(창 22:13). 그래서 그곳을 '여호와이레'(뜻: 하나님이 준비하심)라고 하였다. 이삭은 그 순간 다시 살아난 것과 같은 결과를 얻게 된 것이다.

이처럼 아브라함이 힘겨운 가운데에서도 이삭을 하나님께 유월절 양의 입장으로는 바칠 수 있었다. 그런데 과연 아브라함이 이삭을 아사셀 양으로 바치라면 바칠 수 있었겠는가? 믿음의 조상 아브라함도 이삭을 아사셀 양으로 바칠 수 있는 믿음의 경지까지는 도달하지 못했다.

그래서 마지막으로 동방에서 가장 큰 자인 욥을 시험하신 것이다.

> 욥 1:1-5 우스 땅에 욥이라 이름 하는 사람이 있었는데 그 사람은 순전하고 정직하여 하나님을 경외하며 악에서 떠난 자더라 그 소생은 남자가 일곱이요 여자가 셋이며 그 소유물은 양이 칠천이요 약대가 삼천이요 소가 오백 겨리요 암나귀가 오백이며 종도 많이 있었으니 이 사람은 동방 사람 중에 가장 큰 자라 그 아들들이 자기 생일이면 각각 자기의 집에서 잔치를 베풀고 그 누이 셋도 청하여 함께 먹고 마시므로 그 잔치 날이 지나면 욥이 그들을 불러다가 성결케 하되 아침에 일어나서 그들의 명수대로 번제를 드렸으니 이는 욥이 말하기를 혹시 내 아들들이 죄를 범하여 마음으로 하나님을 배반하였

을까 함이라 욥의 행사가 항상 이러하였더라

동방에서 가장 큰 자인 욥의 4대 신앙은 첫째, '마음에 둔 신앙'이다. 욥의 자녀들이 7남 3녀인데 아들들이 생일날이면 10남매가 함께 모여 은혜와 믿음 안에서 즐거운 잔치를 하게 된다. 다음 날이면 욥이 전 가족을 동원해서 자식 수대로 함께 번제를 드렸다. 욥이 제사를 드리는 심중은 가족들이 모처럼 모여 즐거움에 빠지다 보면 행여 하나님을 잊을까, 하나님을 경홀히 여길까, 그것이 두려워서 욥이 반드시 제사를 드린 다음에 자녀들을 돌려보냈다. "욥의 행사가 항상 이러하였더라"(욥 1:5)고 했다. 욥은 어쩌다 한두 번 그렇게 한 것이 아니라 항상 하나님을 경외하며, 믿음의 삶을 살기 위해서 자기 마음 속에서 한 번도 하나님을 놓치지 않고 동행하는 삶을 산 것이다.

> 욥 1:8-12 여호와께서 사단에게 이르시되 네가 내 종 욥을 유의하여 보았느냐 그와 같이 순전하고 정직하여 하나님을 경외하며 악에서 떠난 자가 세상에 없느니라 사단이 여호와께 대답하여 가로되 욥이 어찌 까닭 없이 하나님을 경외하리이까 주께서 그와 그 집과 그 모든 소유물을 산울로 두르심이 아니니이까 주께서 그 손으로 하는 바를 복되게 하사 그 소유물로 땅에 널리게 하셨음이니이다 이제 주의 손을 펴서 그의 모든 소유물을 치소서 그리하시면 정녕 대면하여 주를 욕하리이다 여호와께서 사단에게 이르시되 내가 그의 소유물을 다 네 손에 붙이노라 오직 그의 몸에는 네 손을 대지 말지니라 사단이 곧 여호와 앞에서 물러가니라

둘째, '적신(赤身)의 신앙'이다. 하나님께서 사단에게 "네가 내 종 욥을 유의하여 보았느냐?"라고 하신 것은 욥의 믿음을 자세히 보았느냐는 뜻이다. 그만큼 욥은 하나님이 사단에게 자신 있게 내놓을 수 있는 믿음의 사람이었다. 하나님께서 "그처럼 순전하고 정직하여 하나님을 경외하며 악에서 떠난 자가 없느니라"고 하시자 사단이 "욥이 어찌 까닭 없이 하나님을 경외하리이까? 주께서 그 집과 그 소유물을 보호하셨음이니이다"라고 하면서 "이제 주의 손을 펴서 그의 모든 소유물을 치소서"라는 제안을 했다.

그러자 하나님께서 사단에게 "그의 생명은 건드리지 말고 그의 소유물을 네 손에 붙이노라"고 하셨다. 그래서 사단이 한 날에 욥이 가진 전 재산을 빼앗아 버리고, 7남 3녀가 한 밥상에서 아침을 먹고 있는데 대풍이 불어 네 기둥을 쳐서 집이 무너짐으로 10남매가 그 자리에서 압사 당해 죽고 말았다.

그러나 욥은 "내가 모태에서 적신(赤身)이 나왔사온즉 또한 적신(赤身)이 그리로 돌아가올지라. 주신 자도 여호와시요 취하신 자도 여호와시오니 여호와의 이름이 찬송을 받으실지니이다"(욥 1:21)라며 신앙의 순전을 지켰다. 욥의 아내가 "당신이 그래도 자기의 순전을 굳게 지키느뇨 하나님을 욕하고 죽으라"(욥 2:9)고 빈정거려도 어리석게 하나님을 원망하지 않고 입술로 죄를 범하지 않았다(욥 1:22, 2:10).

세상에서 아무리 최고의 재벌이라고 할지라도 사람이 죽으면 동전 한 닢 가져가지 못한다. 죽으면 자기 스스로 속옷 하나도 입지 못한다. 남이 씻겨 주어야 하고 남이 입혀주어야 한다. 그것이 인생이 마지막으로 가는 공통된 모습이다. 죽은 사람은 하나님께 기도하지 못한다. 하나님의 영광을 찬양하지 못한다. 죽은 자들은 새로운 하늘이 나타날 때까지 절대 살아나지 못한다(욥 14:12). 인생은 공수래공수거(空手來空手去), 빈 몸으로 왔다가 빈 몸으로 돌아가는 것이다.

욥이 그 이치를 깨닫고 "내가 모태에서 적신(赤身)이 나왔사온즉 또한 적신(赤身)이 그리로 돌아가올지라"는 고백을 한 것이다. 그것이 욥의 4대 신앙 가운데 두 번째 '적신의 신앙'이다.

셋째, '긍정적인 신앙'이다. 긍정적 신앙이라는 말은 자기의 삶의 모든 것을 믿음으로 판단하는 신앙을 말한다. "믿음으로 좇아 하지 아니하는 모든 것이 죄니라"(롬 14:23)고 했다. 믿음으로 하는 것만이 긍정적인 신앙이고, 믿음으로 하지 않는 것은 부정적인 신앙이다. 긍정적이라는 말은 소망이 있다는 뜻이지만, 부정적이라는 말은 소망이 없다는 뜻이다. 아무리 힘써 애써 해보지만 거기에는 좋은 결과, 소망이 없는 것이다.

욥은 자기를 통해 나타나는 대소사의 모든 일을 하나님과 연관시키고 믿음으로 연관시켜 생각했다. 그것을 '긍정적인 신앙'이라고 한다.

넷째, '불변의 신앙'이다. 불변이란 변하지 않는 신앙을 말한다. "너희는 불 시험이 오는 것을 이상히 여기지 말라"(벧전 4:12)고 했고, "불로 우리의 믿음의 공력을 시험하신다"(고전 3:12-15)라고 했다. 우리를 불로 시험하시는 이유는 어떤 불 속에서도 소멸되지 않는 대상을 만들어 주시기 위해서 불 시험을 하시는 것이다. 욥의 신앙은 타서 없어지는, 소멸되는 신앙이 아니라 영원히 변하지 않고 빛을 발할 수 있는 불변의 신앙을 자랑하고 있다.

그런데 욥기를 읽다 보면 욥이 환란을 받는 내용 속에 '여러 달 동안'이라는 말씀이 몇 번 나온다. 과연 욥이 환난을 받은 기간은 얼마나 되는가? 성경을 표면적으로만 보아서는 욥이 받은 환난의 기간을 알 수가 없다.

> 욥 42:16-17 그 후에 욥이 일백사십 년을 살며 아들과 손자 사대를 보았고 나이 늙고 기한이 차서 죽었더라

'그 후에'란 욥의 환난이 끝난 후를 말한다. 욥이 환난이 끝나고 140년을 더 살았다. 그렇다면 욥이 몇 세까지 살았는지 알면 욥이 몇 년 동안 환난을 받았는지 그 문제를 풀 수가 있다.

헬라어 70인역 본경에는 욥이 70세에 환난을 받기 시작해서부터 170년을 더 살았다고 한다. 그 말씀대로라면 욥이 240세까지 살았다는 결론이 나온다. 그런데 개역성경에는 환난이 끝난 후로부터 140년을 더 살았다고 했다. 그러면 240세에서 140년을 빼면 환난이 끝난 때가 100세라는 결론이 나온다. 욥이 70세에 환난을 받기 시작해서 100세에 환난이 끝났다면, 욥이 받은 환난의 기간은 30년이라는 것을 알 수 있다.

그렇다면 인간으로서 어떻게 30년 동안 그런 환난을 받을 수 있다는 말인가? 사람들이 보편적으로 갖고 있는 상식의 기준으로는 말도 되지 않는다고 생각할 수 있다.

만일 예배 시간에 설교를 하고 있는데 갑자기 자식이 교통사

고로 죽어간다는 연락을 받는다면 평안한 마음으로 끝까지 설교를 마칠 사람이 얼마나 있겠는가? 그런데 욥은 동방에서 가장 큰 재산을 가지고 있었는데 전 재산이 하루아침에 다 사라지고, 10남매가 한 자리에서 아침밥을 먹다가 대풍이 네 기둥을 쳐서 지붕이 폭삭 무너져 다 죽었다. 그런데도 욥은 자기 신앙의 흔들림이 없었다. 조용히 머리를 밀고, 주신 자도 하나님이신데 주신 하나님이 취해가셨다는 내용을 앞세워 경건하고 거룩하게 하나님께 예배를 드렸다. 그렇기 때문에 신성경학자들은 욥기는 하나님의 의를 나타내기 위해서 창작된 글이라고 주장한다. 성경의 다니엘서와 욥기를 신성경학자들이 인정하지 않는다는 것이다. 그러나 분명히 욥기는 창작된 글이 아니라 실존적인 하늘의 역사의 세계의 일면이라는 것을 알 수 있다.

성경에는 바울의 행적이 아주 세밀하게 잘 나타나 있다. 바울이 40에 하나 감한 매를 다섯 번 맞았고, 세 번 태장으로 맞았고, 세 번 파선하고 일주야를 깊은 바다에서 지냈으며, 강의 위험, 바다의 위험, 시내의 위험, 동족의 위험 등 온갖 고난을 겪었다(고후 11:23-27). 그런 바울의 고난도 욥의 고난과는 비교가 되지 않는다. 그렇기 때문에 욥의 환난을 사람들이 감히 몇 년, 몇십 년이라고는 생각조차 하지 못한다. 그 이유는 욥의 환난은 상식적인 인간의 삶을 벗어난 행적이기 때문이다. 그러나 욥의 환난은 분명히 30년이다.

그렇다면 하나님은 왜 욥에게 그 긴 세월동안 환난을 겪게 하셨을까? 하나님께서는 왜 욥에게 3개월도 아니고 3년도 아니고 30년이라는 상상할 수도 없는 그 많은 세월 동안 모진 고난을 겪게 하셨을까?

욥도 그것을 몰랐기 때문에 하나님께 간절히 외쳤다. 첫 번째는 이제 남은 것은 죽는 순간밖에 없는데, 이제 그만 이 고통을 멈추게 해주시라는 것이고, 두 번째는 자신이 도대체 어떤 죄를 지었기에 이런 환난과 고난을 받는지 그 이유를 알고 싶다는 것이다. 이 두 가지를 간절히 간청하는 욥의 모습을 보게 된다.

그렇다면 하나님은 욥에게 어떤 의중을 가지시고 그 길을 걷게 하셨을까?

> 골 1:25 내가 교회 일군 된 것은 하나님이 너희를 위하여 내게 주신 경륜을 따라 하나님의 말씀을 이루려 함이니라

하나님이 이루시고자 하는 구속사의 세계 속에는 하나님의 경륜의 세계가 들어있다. 바울이 "이것을 읽으면 그리스도의 비밀을 내가 깨달은 것을 너희가 알 수 있으리라"는 그리스도의 비밀은 하나님의 다섯 가지의 경륜에 대한 것이다. 그 하나님의 경륜의 첫째는 '때가 찬 경륜'이다(엡 1:9). 하나님의 구속사의 세계는 모든 것이 때에 맞게 진행되며 이루어지게 되어 있는 것이다.

두 번째는 '은혜의 경륜'이다(엡 3:2). 하나님이 하시고자 하는 하늘나라의 역사는 하나님의 은혜가 모든 것을 섭리하여 이루어 나가신다는 것이다(엡 2:5, 2:8). 하나님의 섭리의 세계의 목적을 이루는 주 원동력이 은혜라는 것이다.

세 번째는 '비밀의 경륜'이다(엡 3:9). 하나님이 이루고자 하시는 역사의 과정 안에서 하나님밖에 모르는 하늘나라의 역사의 비밀을 하나님의 복음을 통해서 그 역사를 나타내게 하시고 알게 하시고 이루게 하신다는 것이다. 예를 들어 말하면 "오직 비밀한 가운데 있는 하나님의 지혜를 말하는 것이니 곧 감추었던 것인데"(고전 2:7)라고 했다. 그 비밀한 가운데 있는 지혜는 그 시대의 관원이 하나도 알지 못했다(고전 2:8). 그것이 비밀의 경륜이다.

네 번째는 '믿음으로 이루어지는 경륜'(딤전 1:4)이다. "믿음은 바라는 것들의 실상이요 보지 못하는 것들의 증거"(히 11:1)라고 했고, "믿음으로써만 하나님을 기쁘시게 해드린다"(히 11:6)고 했다. "믿음으로 모든 세계가 하나님의 말씀으로 지어진 줄을 우리가 아나니 보이는 것은 나타난 것으로 말미암아 된 것이 아니니라"(히 11:3)는 말씀은 믿음으로 뜻을 세우시고 뜻을 세우신 믿음의 세계를 말씀으로 창조하셨다는 것이다. 그것이 믿음으로 이루어지는 경륜의 세계이다.

다섯 번째는 '나를 통해서 이루어지는 경륜'(골 1:25)이다. 하나님께서 사도 바울을 이방의 그릇으로 세워주심으로 그로 말미암아 결과적으로 로마를 굴복시키는 복음의 역사의 승리가 있었다.

하나님은 횃불언약의 주인공이 되는 4대의 열매인 요셉으로 하여금 횃불언약을 이루게 하시고, 횃불언약을 완성하게 하시고, 마지막 때 횃불언약의 영광을 나타나게 하신다. 그런 때에 맞는 역사의 주인공을 통해서 하나님은 역사하시는 것이다. '나를 통해서 이루어지는 경륜'이란 때에 맞는 주인공이 있다는 것을 의미하는 것이다. 그렇기 때문에 "하늘의 일을 하려면 어떻게 해야 합니까?"라는 질문에 예수께서 "하나님의 보내신 자를 믿는 것이 하늘의 일이니라"(요 6:29)고 하셨다. 보내신 자를 믿는다는 그 말씀 속에도 '보내신 자'라는 때의 주인공을 통해서 하늘의 일을 이루시며 역사하신다는 뜻이 담겨 있다. 이처럼 '나를 통해서 이루어지는 경륜'의 세계를 알아야 막연하게 믿지 않고, 구속사역의 올바른 섭리를 깨달을 수 있는 것이다.

마찬가지다. 이런 다섯 가지 경륜에 비추어보면 분명히 하나님께서 욥을 통해서 이루고자 하시는 경륜의 세계가 있다는 것을 알게 된다. 욥이라는 사람을 통해서 정녕코 이루고자 하시는 역사의 세계가 있다. 욥으로 하여금 막연히 고난을 받게 한 것이 아니라 분명히 그를 통해서 이루고자 하는 목적을 이루시기 위해서 그로 하여금 그 고난을 받게 하신 것이다.

그리고 마지막으로 동방에서 가장 큰 자인 욥이 아사셀 양이 될 수 있는지, 없는지를 시험하신 것이다. 그 결과 욥이 1차, 2차 관문은 잘 통과했는데 3차 관문을 뚫지는 못했다.

신앙의 3일 길은 믿음의 길·뜻의 길·영의 길이다. 사람의 믿음을 가지고 말할 때는 중생·성화·영화의 3단계를 말씀하고 있다. 중생은 거듭나는 것, 성화는 성령으로 세례 받는 것, 영화는 영적인 세계를 통해서 생령이 되는 것을 말한다. 그렇게 신앙의 삼일길의 과정에서 욥도 1, 2단계의 과정은 무사히 넘길 수가 있었는데, 세 번째 영화의 길, 즉 생령이 되는 길에서는 욥 자신이 승리하지 못했다.

그 과정을 이루게 하시고자 하나님이 욥에게 그런 환난과 고난의 길을 걷게 하신 것이다. 그러나 욥도 아사셀 양으로서 제물이 되어야 하는 하나님의 구속사의 비의를 깨닫지 못했다.

그렇다면 욥을 통하여 30년이라는 고난을 걷게 하신 이유가 무엇인가? 욥에게 3개월도 아니고, 3년도 아니고, 30년이라는 환난을 받게 하신 감추어진 깊은 비의는 무엇인가?

욥이 30년 동안 받은 그 환란의 길은 하나님의 아들이신 예수님이 걸으셨던 30년의 사생(私生)과 같은 길이다. 하나님이 사람으로 오셔서 이 땅에서 사신 30년의 사생(私生), 말씀이 육신이 되어 오신 그분이 걸으신 30년 생애를 피조물인 인간들의 입장으로 본다면 욥이 걸은 30년 환난과 같다는 것이다.

예수님의 양아버지인 요셉이 특별한 기능이 없는 단순한 목수였고 어머니 마리아보다 훨씬 나이가 많아 일찍 돌아가셨다. 그런 환경에서 7-8남매의 장남으로서 생계를 유지하셔야 하는 예수님의 입장은 결코 쉽지 않았을 것이다. 그렇게 가난했기 때문에 예수님이 지금으로 말하면 초등학교도 다니지 못함으로 글도 배우지 못하셨다. 예수님의 그런 30년 사생은 하나님 아들로서의 영광을 스스로 비우고 낮추신 삶이었다(빌 2:7).

그런 삶을 이 땅의 인간 중 아브라함을 통해서 시험해 보았고, 마지막으로 동방에서 가장 큰 자인 욥을 통해서도 시험해 보셨다. 우스 땅에 살던 욥은 아브라함보다 대략 50-55년 후의 사람이다. 그런 입장에서 보면 아브라함과 욥도 같은 시간 대에 공존한 시간이 많이 있었다는 것을 알 수 있다. 어쩌면 아브라함과 욥이 은혜적인 차원에서 인연이 서로 연결될 수도 있었을 것이다. 하나님이 욥을 통해서 역사하시는 그 역사의 세계를 아브라함으로 하여금 바라보게 하시고 또 그 세계를 위하여 기도하게 할 수도 있었을지 모른다.

그렇기 때문에 욥이 동방에서 가장 큰 자라는 표현 자체가 하나님이 인류의 마지막 사람으로 기대를 하시면서 예수님이 걸으셨던 30년 사생의 길과 맞먹는 고난의 길을 걷게 하신 것이다. 그런데 욥이 스스로 하나님의 의중을 끝까지 깨닫지 못하였다. 그래도 1차, 2차 관문까지는 통과했기에 욥에게 2배의 축복을 주신 것이다. 거기서 승리한다면 욥이 공생의 3년의 길도 걸을 수 있었을 것이다. 욥이 그 부분을 감당하여 승리할 수 있었다면 예수님이 유월절 양으로서 자기 사역을 마칠 수도 있었을 것이다.

그러나 피조물인 인간들 중에서 아무도 그 사역을 담당하고 이기고 승리한 자가 없었고, 마지막으로 욥을 통해서도 시도해 보았지만 끝내 실패했기 때문에 마지막으로 예수님에게 아사셀 양의 길을 걷게 하신 것이다.

산 자의 입장에서 말한다면 욥이 도전했던 그 길이 '멜기세덱 반차'가 되는 것이다. 피조물인 인간들이 다 실패했기 때문에 부득이 예수님에게 그 길까지 걸으라고 말씀하신 것이다. 예수님으로 하여금 유월절 양으로서만 십자가를 지시지 않고 아사셀 양으로서도 십자가를 지게 하신 것이다. 그래서 해가 빛을 잃지 않은 오전 세 시간 동안 하신 세 말씀은 하나님 아들로서 권세 있는 말씀을 하신 것이다. 다른 표현으로 말한다면 그 말씀은 유월절 양으로서 하신 것이다. 해가 빛을 잃은 오후 세 시간 동안 하신 네 말씀은 하나님 아들이 아니라 우리와 똑같은 성정을 가진 인간 예수로서 하신 말씀이다. 다시 말하면 아사셀 양으로서 하신 말씀이다.

그래서 예수님은 본방 이스라엘 자손들을 위한 유월절 양뿐만 아니라 인류의 모든 죄를 짊어지시는 아사셀 양으로서도 십자가에 달리신 것이다. 그렇기 때문에 본방 이스라엘 백성들뿐만 아니라 지옥의 땔감과도 같은 이방인들도 누구나 예수님의 피의 공로에 의지해서, 보혈의 능력에 의지해서 하나님을 '아바 아버지'라고 부를 수 있게 된 것이다. 다시 말하면 하나님은 히브리인, 유대인의 하나님만 되시는 것이 아니라 온 인류 전체에게도 하나님이 되신다. 동일한 거룩한 성호로서 산 자의 하나님이 되실 뿐만 아니라, 죽은 자의 하나님도 되시는 것이다.

> 욥 40:10-14 너는 위엄과 존귀로 스스로 꾸미며 영광과 화미를 스스로 입을 찌니라 너의 넘치는 노를 쏟아서 교만한 자를 발견하여 낱낱이 낮추되 곧 모든 교만한 자를 발견하여 낮추며 악인을 그 처소에서 밟아서 그들을 함께 진토에 묻고 그 얼굴을 싸서 어둑한 곳에 둘찌니라 그리하면 네 오른손이 너를 구원할 수 있다고 내가 인정하리라

위 구절은 욥에게 환난을 주신 이유에 대한 가장 핵심적인 말씀이다. 네 원수를 네 발등상 앞에 무릎 꿇게 한다면 내가 너를 하나님 아들로 인정한다는 것이다. 욥은 비록 승리하지는 못했지만 승리에 가까운 길을 걸었기 때문에 욥의 간절한 마지막

소원에 하나님이 응답해주신 것이다. 이 말씀 때문에 하나님이 욥에게 30년 동안 고난의 길을 걷게 하신 그 목적을 알 수 있는 것이다. 곧 "네가 그런 자가 되면 내가 너를 하나님 아들과 방불한 제사장, 하늘의 대제사장 멜기세덱으로 인정하리라"는 것이다. 여기도 분명히 '인정'이라는 말이 나온다.

> 롬 1:4 성결의 영으로는 죽은 가운데서 부활하여 능력으로 하나님의 아들로 인정되셨으니 곧 우리 주 예수 그리스도시니라

영적으로 말한다면 멜기세덱 반차를 따르게 해서 멜기세덱을 탄생시키려고 하나님이 피조물 가운데 마지막으로 욥을 통해서 시도하셨는데 그 목적을 이루시지 못했다. 그렇기 때문에 부득이 그 문제까지도 예수님이 짊어지셔야 하는 것이다. 그것이 겟세마네 동산에서 기도하신 기도에 대한 응답이다. "내 원대로 마옵시고 아버지의 원대로 하옵소서"(마 26:39, 26:42, 막 14:36, 눅 22:42)라고 하신 '아버지의 원'이다. 피조물 중에서는 그 목적을 이룩할 사람이 없기에 이제는 할 수 없이 말씀이 육신이 되신 예수님께 그 사명을 짊어지게 하신 것이다.

그 비밀은 천상천하에 아무도 모르는 비밀이다. 그렇기 때문에 그 비밀, 그 지혜는 이 세대의 관원뿐만 아니라 하늘의 천사들도, 아들들도, 마귀, 사단, 옛 뱀도 아무도 알지 못했다는 것이다. 이 지혜를 알지 못했기 때문에 영광의 주를 십자가에 못 박았다는 것이다(고전 2:8).

그런데 그런 그분이 이 땅에서 온 인류를 위해서 유월절 양

으로, 또한 동시에 아사셀 양으로 십자가에 달리셨으면, 본래 그분이 가지고 계시던 영광보다 더 큰 영광을 드려야 마땅한 것이 아닌가? 그런데 그런 그분이 부활의 능력으로 사망의 권세를 깨고 부활하심으로써 그 능력으로 그제야 하나님의 아들로 인정받으셨다는 것이 얼마나 난해한 구절인가? 우리의 상식으로는 도무지 이해가 안 되는 구절이다.

독생하신 하나님, 하나님의 본체이시며, 하나님의 광채가 되시는 예수께서 인류를 위해서 유월절 양과 아사셀 양으로 십자가를 지고 승리하셨는데 그제야 하나님 아들로 인정하셨다는 말씀이 얼마나 이해하기 어려운 말씀인가?

예수께서 "나는 죽을 권세도 있고 살 수 있는 권세도 있다"(요 10:18)고 하셨다. 예수님이 아사셀 양이 되신다는 것은 스스로 마귀의 밥이 되신다는 뜻인데 하나님의 비밀, 하늘의 보배, 보화를 모두 갖고 계신 그분이(골 1:26, 2:2) 마귀에게 그것을 다 넘겨줄 수는 없다. 그렇기 때문에 오전에 유월절 양으로서 세 말씀을 하시고 해가 빛을 잃은 정오부터 아사셀 양으로서 네 말씀을 하셨다.

네 번째 말씀인 "엘리 엘리 라마 사박다니, 하나님, 하나님 왜 나를 버리시나이까?"라고 하신 것은 하나님의 비밀, 하늘의 보배, 보화가 되는 그 모든 것을 예수님의 성체를 타고 흐르는 피 속에 모두 감추시고 이 땅에 떨치셨기에 성체와 분리되는 태초의 말씀, 즉 아버지를 바라보며 하신 말씀이다. 이 순간부터는 인간 예수로서 십자가를 짊어지신 것이다.

히 6:20 그리로 앞서 가신 예수께서 멜기세덱의 반차를 좇아 영원히 대제사
장이 되어 우리를 위하여 들어가셨느니라

예수님이 멜기세덱 반차를 따라 들어가신 것은 예수님 자신의 영광을 위해서가 아니라 우리를 위해서 들어가신 것이다. 예수님 개인적으로 걸어야 될 하나님의 뜻이라서가 아니라 우리를 위해서 가라고 명령하셔서 그 길을 따라가신 것이다. 예수님이 그 길을 가시지 않는다고 해서 말씀이 육신으로 오신 하나님 아들이 아니신가? 본래 그는 독생하신 하나님이시고 장차 성자 하나님으로서 보좌에 앉으실 영광의 주, 영광의 하나님이시며 우주만물을 창조하신 창조주 하나님이라는 사실은 변함이 없다 (요 1:3).

그런 본질과 근본과 영광을 가진 분임에도 불구하고 하나님 아버지께서 "네가 멜기세덱 반차를 따르라"고 하신 것은 죽을 수밖에 없는 인생들이 사망 권세를 깨고 산 자로 부활하는 길을 만들어주시기 위해서이다. 그 때문에 예수님은 멜기세덱 반차의 길을 따라서 하늘의 대제사장이 되신 것이다. 그럼으로 주님의 부활이 우리의 부활이 될 수 있는 것이다. 예수님이 만일 하나님 아들로 죽었다 부활하셨다면 피조물인 인간들은 그 길을 따르지 못한다. 예수께서 인간 예수로 죽으셨기에 인생들이 멜기세덱 반차를 따를 수 있는 것이다.

하나님의 뜻은 피조물 중에서 멜기세덱이 탄생하는 것이다. 그렇기 때문에 이 땅에서 산 자의 영광의 세계를 이루려면 당연히 먼저 그 영광의 세계를 이룰 수 있는 주인공이 탄생되어야

한다. 예수님도 여인의 태를 통해 이 땅에 인자로 오시어 사생애 30년, 공생애 3년을 거쳐 십자가 상에서 3일길을 걸으시고 운명하셨다. 그리고 스올에 들어가셨다가 3일 만에 사망 권세를 깨시고 부활하여 멜기세덱이 되심으로써 이 땅에서 영생의 40일 동안 멜기세덱으로서의 영광을 얻으셨다. 그 영광을 얻고 승천하시고 나서 그가 보혜사 성령을 보내주심으로 120문도가 열매를 맺었다.

그것을 깊이 생각해본다면 재림 때에도 동일한 말씀의 역사가 이루어져야 한다. 재림 때에도 그런 영광을 입을 수 있는 주인공이 먼저 이 땅에서 탄생되어야 한다.

재림 마당에서 하나님 아들과 같은 존재는 누구인가?

> 롬 1:4 성결의 영으로는 죽은 가운데서 부활하여 능력으로 하나님의 아들로 인정되셨으니 곧 우리 주 예수 그리스도시니라

> 요 5:25 진실로 진실로 너희에게 이르노니 죽은 자들이 하나님의 아들의 음성을 들을 때가 오나니 곧 이때라 듣는 자는 살아나리라

부활의 능력으로 사망 권세를 깨고 이긴 자만을 하나님의 아들로 인정해주신다고 했다. 그런 하나님의 아들만이 잠자는 자들을 깨울 수 있는 것이다. 로마서 1:4의 말씀이 하나님 아들이 될 수 있는 기준이라는 것을 선언하신 것이다. 그렇지 못한 사람들이 "내가 너희들에게 영생을 주겠다"는 것은 다 새빨간 거짓말이다.

그렇다면 하나님 아들이 나타나서 "나사로야 나오라"는 것처럼 각자의 이름을 불러서 부활시켜주시는 때는 언제인가?(요 5:25) 일곱째 천사의 나팔소리가 날 때, 하나님의 비밀이 그 종 선지자들에게 전하신 복음과 같이 이루어지는 때가 바로 그 때이다(계 10:7). 즉 중간계시, 다시복음의 역사가 마쳐짐으로 산 자의 세계에 대한 역사가 이루어지는 것이다.

> 요 16:25 이것을 비사로 너희에게 일렀거니와 때가 이르면 다시 비사로 너희에게 이르지 않고 아버지에 대한 것을 밝히 이르리라

이 말씀을 깊이 궁구해보면 예수님이 이 땅에 오셔서 아버지의 말씀을 밝히 이르지 못하셨다는 것을 알 수 있다. 아버지에 대한 말씀을 전하지 못했기 때문에 언젠가 때가 이르면 아버지에 대한 말씀을 다시 하시겠다는 말씀이다. 그런 입장에서 밤에 찾아온 니고데모에게 "내가 땅의 일을 말하여도 너희가 믿지 아니하거든 하물며 하늘의 일을 말하면 어떻게 믿겠느냐"(요 3:12)라고 하셨다. 어리석고 미련한 인생들에게 아버지의 말씀을 한다면 그들이 믿을 수가 없다는 것을 말씀하신 것이다.

예수께서 수가촌 여인에게 "여자여 내 말을 믿으라 이 산에서도 말고 예루살렘에서도 말고 너희가 아버지께 예배할 때가 이르리라"(요 4:21)고 하셨다. 예수님이 말씀하신 그 아버지는 영적으로는 예수님을 말씀한 것이라고 할 수 있지만, 표면적으로는 예수님을 가리킨 것이 아니다.

> 마 16:27 인자가 아버지의 영광으로 그 천사들과 함께 오리니 그 때에 각 사람의 행한 대로 갚으리라

막 8:38 누구든지 이 음란하고 죄 많은 세대에서 나와 내 말을 부끄러워하면 인자도 아버지의 영광으로 거룩한 천사들과 함께 올 때에 그 사람을 부끄러워하리라

눅 9:26 누구든지 나와 내 말을 부끄러워하면 인자도 자기와 아버지와 거룩한 천사들의 영광으로 올 때에 그 사람을 부끄러워하리라

예수께서 친히 하신 말씀들이다. 마지막 때 인자가 아버지의 영광으로 오신다는 아버지는 예수님 자신은 아니다. 왜냐하면 예수님은 자기 사역을 다 마치시고 부활 승천하시어 하늘 우편보좌에 계시기 때문이다. 하늘 우편보좌에 계신 분이 다시 이 땅에 인자로 오시는 것은 그분을 두 번 십자가에 못 박는 결과가 된다(히 6:6).

분명히 예수님은 말씀이 육신이 되어 은혜와 진리로 이 땅에 오신 분이지만 본래 그분의 본질, 근본이 되시는 태초의 말씀, 아버지의 말씀은 전혀 하시지 못했다는 것이다. 그렇기 때문에 "때가 이르면 아버지에 관한 것을 내가 밝히 말하리라"고 하셨다. 비유와 상징과 은어와 암호로는 아버지의 말씀을 하기는 했지만 그들이 그 말씀을 이해하지 못하기 때문에 때가 되면 밝히 말씀하시겠다고 하신 것이다.

요 6:53-55 예수께서 이르시되 내가 진실로 진실로 너희에게 이르노니 인자의 살을 먹지 아니하고 인자의 피를 마시지 아니하면 너희 속에 생명이 없느니라 내 살을 먹고 내 피를 마시는 자는 영생을 가졌

고 마지막 날에 내가 그를 다시 살리리니 내 살은 참된 양식이요 내 피는 참된 음료로다

그렇다면 왜 예수님이 내 살과 피를 먹으라고 하시는 것일까? 예수님이 말씀하신 살과 피에 담긴 의미는 무엇인가? 예수께서 성만찬식 때 포도주는 언약의 피를 상징하고, 떡은 내 살이라고 했다. 예수께서 "내 살과 내 피를 먹으라"고 하신 것은 십자가의 사역을 통해서 자기의 피에는 말씀을, 살에는 은혜와 진리를 감추시겠다는 표현이라고 말할 수 있다.

> 요일 5:5-8 예수께서 하나님의 아들이심을 믿는 자가 아니면 세상을 이기는 자가 누구뇨 이는 물과 피로 임하신 자니 곧 예수 그리스도시라 물로만 아니요 물과 피로 임하셨고 증거하는 이는 성령이시니 성령은 진리니라 증거하는 이가 셋이니 성령과 물과 피라 또한 이 셋이 합하여 하나이니라

예수께서 이 땅에 떨치신 피와 물을 보혜사 성령께서 찾아서 물과 피와 성령, 이 셋이 하나가 된다고 했다. 셋이 하나가 되는 이 말씀을 가리켜 '해'라고 한다. 해는 부분적인 말씀이 아니라 셋이 하나가 된 완전한 태초의 말씀이며, 인자가 입을 수 있는 인격적인 태초의 말씀이다. 그 해를 입은 여인이 재림 마당에 아버지의 영광으로 등장하는 것이다.

그렇기 때문에 예수님이 "내 살과 피를 먹으라"고 하신 것은 "너희가 아버지의 말씀을 받지 않고는 절대 영생을 얻지 못한다"는 의미에서 비사로 말씀하신 것인데 그 당시에는 아무도 그

말씀을 깨닫는 사람이 없었다.

재림 마당에는 예수님이 직접 오시는 것이 아니다. 예수님의 속사람이신 태초의 말씀을 입으신 인자가 아버지의 영광으로 예수님을 대신해서 오시는 것이다. 그분은 완전한 태초의 말씀을 입었고 예수님의 비밀, 보배, 보화를 다 간직한 존재이기에 예수께서 행하실 사역을 대행할 수 있는 분이다.

그렇다면 "때가 이르면 내가 아버지에 관한 것을 밝히 이르리라"(요 16:25)는 말씀은 분명히 어느 때가 되면 아버지에 관한 말씀을 밝히 해주신다는 것이다. 아버지에 관한 말씀을 밝히 해주시는 그 때가 언제인가? 바로 중간계시의 때라고 할 수 있다.

이 땅에서 아버지의 말씀을 밝히 증거해야 하기 때문에 다시 복음을 삽입하지 않으면 안 된다. 아버지의 말씀을 통해서만이 산 자의 영광의 세계가 이루어지기 때문이다.

> 요 11:40-42 예수께서 가라사대 내 말이 네가 믿으면 하나님의 영광을 보리라 하지 아니하였느냐 하신대 돌을 옮겨 놓으니 예수께서 눈을 들어 우러러 보시고 가라사대 아버지여 내 말을 들으신 것을 감사하나이다 항상 내 말을 들으시는 줄을 내가 알았나이다 그러나 이 말씀 하옵는 것은 둘러선 무리를 위함이니 곧 아버지께서 나를 보내신 것을 저희로 믿게 하려 함이니이다

예수께서 "네가 믿으면 하나님의 영광을 보리라"고 말씀하시고 "아버지여 내 말을 들으신 것을 감사하나이다"라고 하셨

다. 예수께서 나사로를 살리신 것은 아버지의 말씀의 영광으로 살려주신 것이다.

첫째 부활은 아버지의 말씀으로만 부활할 수 있다. "내 말이 너희 안에 있으면 마지막 날에 너희를 살려주리라"고 하신 마지막 때에도 아들이 살려주는 마지막 때가 있고, 아버지 영광으로 살려주는 마지막 때가 있다. 중간계시에도 시작과 끝이 있고 일반계시 속에도 시작과 끝이 있다. 중간계시의 시작과 끝도 정확하게 기록되어 있다. 일곱 인·일곱 나팔·일곱 대접의 역사가 중간계시의 시작과 끝이다.

중간계시에서 말씀한 마지막 하나님의 비밀이 그 종 선지자들을 통해서 이루어진다. 일곱째 천사가 나팔 불게 되면 일곱 번째 대접이 쏟아진다. 그 역사가 마쳐지면 이제 하나님의 아들들이 죄악된 이 세상을 통치하며 다스리는, 신의 아들들이 다스리는 신정국, 천년왕국의 세계가 이루어진다는 것이다.

그렇기 때문에 일곱째 천사장이 나팔 불면 중간계시는 다 끝나면서 산 자의 세계가 탄생되는 것이다.

천년왕국의 세계는 언제 이루어질 것인가?

삽입된 계시, 중간계시, 다시복음으로 인해 무엇이 다 이루어진다는 것인가? 일곱째 천사가 나팔 불 때 하나님의 비밀이 그 종, 선지자들에게 전하신 복음과 같이 이루어진 그 순간에 이 땅에는 어떤 세계가 이루어지는 것인가?

요 11:25-26 예수께서 가라사대 나는 부활이요 생명이니 나를 믿는 자는 죽어도 살겠고 무릇 살아서 나를 믿는 자는 영원히 죽지 아니하리니 이것을 네가 믿느냐

예수께서 "나를 믿는 자는 죽어도 살고, 살아서 나를 믿는 자는 영원히 죽지 않고 영생할 수 있다"는 산 자의 세계가 이루어지는 것이다. 지금까지 지구에서 인간이 탄생된 이래 죽지 않고 영원한 생을 사는 사람은 한 사람도 없다. 누구나 할 것 없이 시한부적인 인생을 살고 있고, 시공에 제약을 받는 존재로 살아갈 따름이다. 그런 인생들만 보아 왔기 때문에 지금까지 누구나 이 땅에 한 번 태어나면 죽는 것이 필연적이라고(히 9:27) 다 그렇게 믿고 그것을 기정사실로 받아들여 왔다. 그러나 중간계시, 다시복음이 이루어지는 순간에 이 땅에는 산 자의 세계가 펼쳐지는 것이다.

계 20:4-6 또 내가 보좌들을 보니 거기 앉은 자들이 있어 심판하는 권세를 받았더라 또 내가 보니 예수의 증거와 하나님의 말씀을 인하여 목 베임을 받은 자의 영혼들과 또 짐승과 그의 우상에게 경배하지도 아니하고 이마와 손에 그의 표를 받지도 아니한 자들이 살아서 그리스도로 더불어 천 년 동안 왕노릇 하니 (그 나머지 죽은 자들은 그 천 년이 차기까지 살지 못하더라) 이는 첫째 부활이라 이 첫째 부활에 참예하는 자들은 복이 있고 거룩하도다 둘째 사망이 그들을 다스리는 권세가 없고 도리어 그들이 하나님과 그리스도의 제사장이 되어 천 년 동안 그리스도로 더불어 왕노릇 하리라

중간계시, 다시복음이 이 땅에서 이루어지면 이 땅에는 영육 간에 산 자가 탄생한다. 생노병사를 초월한 인생들로서 천 년을 살아도 늙지 않고, 머리털 하나 희거나 변하지 않고 주름 하나 생기지 않고, 먹지 않고도 살 수 있는 산 자들이 탄생한다. 그렇게 탄생되는 자들을 가리켜 첫째 부활의 대상자들이라고 말하는 것이다.

모든 지구촌에 살고 있는 인간들이 태어나고 죽고, 태어나고 죽고 하는 그런 현장 속에서 죽지 않고 산 자로서 살아가는 존재들이 나타난다는 것이다. 그들은 죽지 않는 존재로서 하늘에서 강림한 그리스도와 함께 이 땅에서 천 년 동안을 다스린다. 그것을 가리켜 천년왕국이라고 한다. 그런데 어느 특정 교파에서 자기들만이 그런 은혜를 받은 사람이라 주장하는데 그것은 말도 안 되는 소리이다. 천년왕국의 통치자들은 두 번째 사망의 해를 입지 않고 영육 간에 부활 변화를 받은 자들을 말하는 것이다.

> 사 65:24 그들이 부르기 전에 내가 응답하겠고 그들이 말을 마치기 전에 내가 들을 것이며

산 자란 영육을 가지고 있는데도 불구하고 생각과 동시에 이루어지는 존재를 말한다. 무엇이 먹고 싶다고 생각하면 이미 그것이 입에 들어와 있고, 어디를 가고 싶다고 생각하는 순간 그곳에 가 있다. 빛의 속도는 산 자의 세계의 영의 속도와는 비교가 되지 않는다. 빛으로 갈 수 있는 몇 억 광년의 세계를 찰나적인 순간에 갈 수 있는 것이 산 자의 세계이다.

산 자들은 먹는 것과는 아무 상관이 없다. 먹지 않아도 살 수 있고, 음식을 먹는 순간 빛의 에너지로 바뀌기 때문에 배설할 필요가 없다. 산 자들은 아무리 무서운 독약을 삼킨다 해도, 거대한 항공모함을 몰고 가는 우라늄 같은 핵 물질을 삼키고 만진다 해도 아무런 해를 받지 않는 대상들이다. 중간계시, 다시복음에 의해 이 땅에는 실제로 그런 산 자의 세계가 이루어지는 것이다.

그런 산 자들이 탄생해야 이 세상 인간들이 그제야 하나님의 존재를 알게 되는 것이다. 산 자가 이 땅에서 탄생하는 순간 불교, 유교, 이슬람교, 힌두교 등, 어떤 종교를 막론하고 다 무릎 꿇을 수밖에 없다. 산 자의 영광 앞에 다 부끄러워 할 수밖에 없다. 그래서 "산아, 바위야 나를 가려다오"(눅 23:30, 계 6:16)라고 하게 된다. 여태 자신들이 한 말이 다 거짓말인 것으로 증거가 되었으니 얼마나 부끄럽겠는가? 그 중에서도 누가 가장 큰 부끄러움을 당하겠는가? 일반계시를 믿고 일반계시를 가르치고 있던 하나님의 종들이 가장 큰 부끄러움을 당하게 된다. 일반계시 속의 중간계시를 통해서 그런 산 자의 영광의 세계가 탄생된다는 것을 알지도 못하고 깨닫지도 못하고 가르치지도 못했던 그들이 그 세계가 이루어지면 다 도망갈 수밖에 없다.

> 슥 13:4-6 그 날에 선지자들이 예언할 때에 그 이상을 각기 부끄러워할 것이며 사람을 속이려고 털옷도 입지 아니할 것이며 말하기를 나는 선지자가 아니요 나는 농부라 내가 어려서부터 사람의 종이 되었노라 할 것이요 혹이 그에게 묻기를 네 두 팔 사이에 상처는 어찜이냐 하면 대답하기를 이는 나의 친구의 집에서 받은 상처라 하리라

그 날에는 하나님의 종들이 더 이상 거짓 복음을 전하지 못하고 자신의 정체를 숨기기에 혈안이 된다는 것이다. 하나님의 종들이 날마다 "예수 잘 믿으면 이 땅에서 복 받고 잘 살다가 죽으면 천당에 간다"라고 가르쳤는데, 산 자의 영광의 세계가 이루어지는 것을 바라본 성도들이 "이런 산 자의 세계가 있음에도 불구하고 왜 우리들에게 그런 세계를 가르쳐주지 않았느냐?"고 항변함으로 목회자들이 도망가기에 바쁘다는 내용이다. 다시는 털옷을 입지 않는다는 것은 더 이상 목회자로서의 예복을 입지 못한다는 것이다. 그들이 양들에게 맞은 상처를 감추기 위해서 친구의 집에 놀러갔다가 문지방에 걸려 넘어졌다고 변명한다는 것이다. 재림 마당에서 산 자의 영광의 세계가 이루어지면 나타날 가장 대표적인 시대의 표적이다.

II
횃불언약의 영광은 언제 어떻게 이루어질 것인가?

창 15:6-17 아브람이 여호와를 믿으니 여호와께서 이를 그의 의로 여기시고 또 그에게 이르시되 나는 이 땅을 네게 주어 업을 삼게 하려고 너를 갈대아 우르에서 이끌어낸 여호와로라 그가 가로되 주 여호와여 내가 이 땅으로 업을 삼을 줄을 무엇으로 알리이까 여호와께서 그에게 이르시되 나를 위하여 삼 년 된 암소와 삼 년 된 암염소와 삼 년 된 수양과 산비둘기와 집비둘기 새끼를 취할찌니라 아브람이 그 모든 것을 취하여 그 중간을 쪼개고 그 쪼갠 것을 마주 대하여 놓고 그 새는 쪼개지 아니하였으며 솔개가 그 시체 위에 내릴 때에는 아브람이 쫓았더라 해질 때에 아브람이 깊이 잠든 중에 캄캄함이 임하므로 심히 두려워하더니 여호와께서 아브람에게 이르시되 너는 정녕히 알라 네 자손이 이방에서 객이 되어 그들을 섬기겠고 그들은 사백 년 동안 네 자손을 괴롭게 하리니 그 섬기는 나라를 내가 징치할찌며 그 후에 네 자손이 큰 재물을 이끌고 나오리라 너는 장수하다가 평안히 조상에게로 돌아가 장사될 것이요 네 자손은 사대 만에 이 땅으로 돌아오리니 이는 아모리 족속의 죄악이 아직 관영치 아니함이니라 하시더니 해가 져서 어둘 때에 연기 나는 풀무가 보이며 타는 횃

불이 쪼갠 고기 사이로 지나더라

여호와 하나님께서 아브라함과 횃불언약을 맺으시는 장면이다. 횃불언약의 중심은 자손과 땅에 대한 약속이다. 횃불언약은 잃어버린 젖과 꿀이 흐르는 가나안 땅을 회복하여, 장차 아브라함의 후손들로 하여금 젖과 꿀이 흐르는 가나안 땅의 주인으로 삼으시겠다는 언약이다.

여호와 하나님이 아브라함과 횃불언약을 맺을 때, 3년 된 암소와 3년 된 암염소, 3년 된 수양, 산비둘기와 집비둘기 새끼라는 세 가지 제물로 제사를 드리게 하셨다. 아브라함이 횃불언약을 통하여 바친 세 종류의 제물은 구약 마당과 신약 마당과 재림 마당의 주인공들을 상징한다. 3년 된 암소와 암염소는 인류의 첫 시모(始母)인 하와와 둘째 시모인 노아 부인을 상징하고, 3년 된 수양은 초림주로 오신 예수님을 상징하고, 산비둘기와 집비둘기 새끼는 '이 땅의 주 앞에 섰는 두 감람나무와 두 촛대'(계 11:4)를 상징한다.

횃불언약이란 여호와 하나님과 아브라함이 언약을 맺을 때 쪼갠 고기 사이로 타는 횃불이 지나감으로 횃불언약이라고 명명하신 것이다.[25] 쪼갠 고기 사이로 횃불이 지나갔다는 것은 하나님께서 쪼개진 제물로 영원한 언약을 체결하셨다는 의미가 된다. 한편으로는 그 언약을 지키지 않으면 쪼개진 제물처럼 심판을 받는다는 뜻이다. 여호와 하나님이 시내산에서 이스라엘

---

25) '종말론적 구속사 시리즈' <멜기세덱, 그는 누구인가?> 70-93쪽, 벽암 조영래 저, 도서출판 오색이슬

백성들과 송아지 피로 언약식을 하는 장면과 같은 것이다(출 24:6-11).

즉 횃불언약은 활활 타오르는 횃불처럼 영원히 변치 않고 끊어지지 않는 언약, 반드시 지켜질 언약이라는 내용이다.

횃불언약을 주신 가장 큰 목적은 자기 백성들을 거룩한 하나님 나라의 백성으로 만들어 천국을 상징하는 젖과 꿀이 흐르는 가나안 땅의 참 주인으로 세우시려는 것이다. 그 역사를 위해 모세가 횃불언약의 주인공인 요셉의 해골을 메고 나가 40년 광야길을 걸었고, 여호수아에 의해서 가나안 땅의 정복기간과 가나안 땅 분배를 마치는 16년을 지나 출애굽한지 56년 만에 세겜 땅에 묻혔으나, 그것으로 횃불언약의 영광은 나타나지 않았다. 즉 산 자의 영광은 나타나지 않았다.

따라서 천국을 상징하는 가나안 땅의 회복은 재림 마당으로 넘어가게 된다. 횃불언약은 장차 재림 마당을 통하여 열매를 맺어야 하는 큰 과제를 안고 있는 언약이다.

> 요 19:30 예수께서 신 포도주를 받으신 후 가라사대 다 이루었다 하시고 머리를 숙이시고 영혼이 돌아가시니라

그런데 왜 예수께서는 "다 이루었다"라고 하셨는가? 분명히 횃불언약의 남겨진 과제가 있음에도 불구하고 왜 인류 구속사역을 다 마치신 것처럼 표현하셨는가? 예수께서 이루신 내용은 무엇인가?

> 롬 10:4 그리스도는 모든 믿는 자에게 의를 이루기 위하여 율법의 마침이 되시니라

예수님은 모든 믿는 자에게 의를 이루기 위하여 율법의 마침이 되셨다. 모든 사람의 의를 이루기 위해서는 율법을 꼭 마치셔야만 한다. 그 말은 율법을 이루지 않고는 모든 사람에게 의를 전하실 수가 없다는 것이다.

분명히 "천지가 없어지기 전에는 율법의 일점일획이라도 반드시 없어지지 아니하고 다 이루리라"(마 5:18)고 하셨다. 그래서 예수님이 율법을 폐하러 오신 것이 아니라 완전하게 이루러 오셨다(마 5:17). 그 율법의 터 위에서만이 믿음으로써 의를 이룰 수 있기 때문이다.

> 롬 7:1-3 형제들아 내가 법 아는 자들에게 말하노니 너희는 율법이 사람의 살 동안만 그를 주관하는 줄 알지 못하느냐 남편 있는 여인이 그 남편 생전에는 법으로 그에게 매인바 되나 만일 그 남편이 죽으면 남편의 법에서 벗어났느니라 그러므로 만일 그 남편 생전에 다른 남자에게 가면 음부라 이르되 남편이 죽으면 그 법에서 자유케 되나니 다른 남자에게 갈찌라도 음부가 되지 아니하느니라

사도 바울이 남편 있는 여자가 남편이 죽기 전에 다른 남자에게 가면 음부가 되지만 남편이 죽은 뒤에 다른 남자에게 가면 음부가 되지 않는다고 했다. 율법과 예수님을 남편으로 비유해서 설명한 것이다. 다시 말하면 율법이라는 전 남편의 문제를 해결하지 않고는 신랑의 입장으로 오시는 예수님을 영접할 수

없다는 것이다. 그래서 예수께서 율법의 마침이 되신 것이다(롬 10:4).

> 갈 3:17 내가 이것을 말하노니 하나님의 미리 정하신 언약을 사백삼십 년 후에 생긴 율법이 없이 하지 못하여 그 약속을 헛되게 하지 못하리라

"저 첫 언약이 무흠하였더면 둘째 것을 요구할 일이 없었으려니와"(히 8:7)는 말씀처럼 대부분 처음에 맺은 언약보다 나중의 것이 더 중요하기 마련이다. 그러나 한 가지 예외가 있다. 창세기 15장에서 맺은 횃불언약을 430년 후에 시내산에서 언약하신 율법이 능가하지 못한다는 것이다.

왜 횃불언약이 율법보다 더 중요한 언약인가? 횃불언약은 믿음의 의로써 맺은 언약이기 때문에 430년 후에 생긴 율법이 절대 횃불언약을 앞서지 못한다. 횃불언약은 시편 105편에서 말하는 천대에 준하는 언약으로서(시 105:8) 그 어떤 언약보다도 중요한 언약이다.

하나님께서 아브라함의 믿음의 의를 인정하셨기에(창 15:6) 아브라함과 믿음의 의로써 이루어지는 횃불언약을 체결하신 것이다.

믿음의 의로써 횃불언약을 맺으신 분은 누구인가?

창세기 15장에서 아브라함과 횃불언약을 맺은 대상은 분명

히 여호와 하나님이라고 했다. 여호와는 율법이라는 정죄의 직분을 가진 존재이고, 멜기세덱은 의의 직분을 가지고 있는 존재이다. 그런데 왜 아브라함이 믿음의 의로써 여호와 하나님과 횃불언약을 맺은 것인가? 그렇다면 표면적으로는 여호와 하나님과 횃불언약을 맺었다고 기록되었지만 실제로는 의의 직분의 영광을 가진 멜기세덱과 횃불언약을 맺은 것이 아닌가? 그런 정황을 그려볼 수 있지 않은가?

만일 아브라함과 횃불언약을 맺은 분이 멜기세덱이었다면 창세기 14장에 등장한 멜기세덱과 창세기 15장에 등장한 여호와는 동일인물이 아니겠는가?

> 창 14:14-20 아브람이 그 조카의 사로잡혔음을 듣고 집에서 길리고 연습한 자 삼백십팔 인을 거느리고 단까지 쫓아가서 그 가신을 나누어 밤을 타서 그들을 쳐서 파하고 다메섹 좌편 호바까지 쫓아가서 모든 빼앗겼던 재물과 자기 조카 롯과 그 재물과 또 부녀와 인민을 다 찾아왔더라 아브람이 그돌라오멜과 그와 함께한 왕들을 파하고 돌아올 때에 소돔 왕이 사웨 골짜기 곧 왕곡에 나와 그를 영접하였고 살렘 왕 멜기세덱이 떡과 포도주를 가지고 나왔으니 그는 지극히 높으신 하나님의 제사장이었더라 그가 아브람에게 축복하여 가로되 천지의 주재시요 지극히 높으신 하나님이여 아브람에게 복을 주옵소서 너희 대적을 네 손에 붙이신 지극히 높으신 하나님을 찬송할찌로다 하매 아브람이 그 얻은 것에서 십분 일을 멜기세덱에게 주었더라

위 구절에는 아브라함이 4개국 연합군과의 전투에서 승리한

결과만 기록되었지만 그 이전에 아브라함으로 하여금 전투에 나갈 수 있도록 몰아간 상황이 있었을 것이다. 아브라함에게 집에서 기르고 연습하던 318명을 데리고 가서 동방 5개국을 격파한 4개국의 군대를 쳐서 빼앗긴 재산, 가축, 롯의 가족을 찾아오라고 지시하신 이가 분명히 있었을 것이다. 그렇지 않고서야 아브라함 개인이 동방 5개국을 격파한 4개국의 연합군을 어찌 상대할 용기를 낼 수 있겠는가?

그가 바로 소돔 왕과 함께 사웨 골짜기 왕곡에 나와서, 승리하고 돌아오는 아브라함을 기다리고 있었던 멜기세덱이 아니겠는가? 아브라함이 이긴 자가 되었기에 멜기세덱이 떡과 포도주로 축복해줄 수 있었고, 아브라함이 멜기세덱에게 십일조를 바친 것이다. 아브라함이 자신에게 떡과 포도주로 축복해준 멜기세덱의 정체와 실상이 무엇인지 몰랐다면 십일조를 바칠 리가 없었을 것이다.

십일조를 받을 수 있는 존재, 즉 멜기세덱이 아브라함에게 4개 연합군을 상대로 싸우라는 명령을 했기에 아브라함이 믿음으로 순종할 수 있었고, 그가 베풀어준 은혜에 힘입어 엄청난 승리의 결과를 얻을 수 있었다는 것을 미루어 짐작할 수 있다.

창 15:1 이 후에 여호와의 말씀이 이상 중에 아브람에게 임하여 가라사대 아브람아 두려워 말라 나는 너의 방패요 너의 지극히 큰 상급이니라

아브라함이 막상 그돌라오멜과 함께 한 4개국의 연합군과의 싸움에서 이기고 조카 롯을 빼앗아왔지만 두려움이 떠나지 않

았다. 언제 4개국 근대가 군을 재정비해서 아브라함을 치러 올 것인지 모르는 일이기에 그 생각만 해도 두려운 일이었다. 인간적인 생각으로는 한 개인의 가정을 상대로 4개국 연합군이 군대를 정비해서 다시 쳐들어온다면 아브라함이 막을 방법이 없다.

그런데 위 구절을 깊이 헤아려 보면 "아브라함아 두려워말라"고 하셨다. 바로 이 분이 아브라함에게 집에서 기르고 연습한 자들을 데리고 가서 조카 롯을 찾아오라고 명령하신 분이 아니겠는가? "아브람아 두려워하지 말라 내가 너의 방패요 너의 지극히 큰 상급이니라"는 말씀으로 위로해 주신 분이 아브라함에게 명령하신 분이라는 것을 알 수 있다. 아브라함이 그분이 주신 말씀과 은혜의 능력에 의지해서 그런 엄청난 능력을 발휘하고 돌아올 수 있었다는 것을 알 수 있다. 그렇기 때문에 멜기세덱이 자기의 명령에 순종해서 싸움에서 승리하고 돌아오는 아브라함을 기다렸다가 떡과 포도주로 축복해준 것이다.

따라서 이 말씀을 깊이 살펴보면 창세기 15장에 등장하신 여호와 하나님과 창세기 14장에 등장한 멜기세덱은 동일 인물이라는 결론이 나온다.

그렇다면 창세기 15장에 등장해서 횃불언약을 맺으신 분도 멜기세덱이라고 기록했으면 더 이해하기에 좋을 텐데 왜 여호와라고 말씀하고 있는 것인가?

만일 창세기 14장에서 멜기세덱이 아브라함에게 떡과 포도주로 축복한 데 이어서 창세기 15장에서 또 멜기세덱이 횃불언약을 맺은 것으로 기록한다면 구약에 멜기세덱에 대해서 언급하지 않을 수가 없을 것이다. 멜기세덱이 아브라함과 떡과 포도주, 횃불언약의 두 가지 언약을 다 맺었다고 한다면 그 멜기세덱의 존재를 언급하지 않을 수가 없다.

물론 떡과 포도주로는 축복해 주었다고 기록되어 있지, 떡과 포도주로 언약을 맺었다는 말씀은 없다. 그러나 횃불언약은 분명히 언약이라고 말씀했다. 언약을 맺었다는 내용에는 절대적인 하나님의 자기주권적인 약속이 들어있는 것이다.

그렇다면 창세기 14장의 멜기세덱과 창세기 15장의 여호와 하나님이 동일인이라는 그 사실을 굳이 그렇게 오묘하고 신비하게 감추시고, 멜기세덱과 여호와를 마치 다른 사람인 것처럼 표현하신 하나님의 저의는 무엇인가? 그 이유는 430년 후에 생긴 율법으로 언약을 맺은 사람들에게는 멜기세덱의 존재를 나타낼 수 없고, 드러낼 수 없고, 가르쳐줄 수 없기 때문이다.

430년 후에 생긴 율법으로 언약을 맺은 이스라엘 백성들 안에는 이미 430년 전에 믿음의 의로 맺은 횃불언약이 존재하고 있었다. 다시 말하면 이스라엘 백성들 속에는 의의 직분과 정죄의 직분이라는 두 가지의 법이 면면히 흘러 이어지고 있었다(고후 3:9). 그러나 면면히 흐르고 있는 두 가지의 도맥(道脈) 중에서 정죄의 직분으로 맺은 언약은 공개적으로 나타나 있는 반면, 의의 직분으로 맺은 언약은 비공개적으로 그 도맥(道脈)이 흐르고 있었다. 그러한 입장에서 본다면 율법의 언약은 예수님이 본방 이스라엘 백성들에게 오셔서 율법의 마침이 되시기까지 공개된 도맥으로 존재하는 반면, 횃불언약은 비공개된 도맥으로서 감추어져 있다.

　율법의 언약 속에 들어있는 횃불언약은 마치 일반계시 속에 들어있는 중간계시와 같다고 말할 수 있다. 엘리야가 사렙다 과부의 집에 있을 때 통의 가루가 마르지 않았고 병의 기름이 끊어지지 않았던 것처럼, 멜기세덱이 축복해준 그 횃불언약도 아브라함과 같은 믿음을 가진 사람들을 통해서 통의 가루처럼 마르지 않고 병의 기름처럼 끊어지지 않고 계속적으로 믿음의 도맥을 통해서 면면히 흐르고 있었다.

　그 한 예로, 마태족보와 누가족보도 그런 믿음의 의로 이루어진 족보라고 말할 수 있다. 왜 마태족보를 믿음의 족보라고 말할 수 있는가? 혈통적으로는 당연히 족보에 들어갈 수 있는 사람임에도 불구하고, 믿음이 없는 사람은 마태족보에 들어가지 못했기 때문이다.

> 마 1:8-9 아사는 여호사밧을 낳고 여호사밧은 요람을 낳고 /요람은 웃시야를 낳고 웃시야는 요담을 낳고 요담은 아하스를 낳고 아하스는 히스기야를 낳고

> 대상 3:11-12 그 아들은 요람이요 그 아들은 아하시야요 그 아들은 요아스요 그 아들은 아마샤요 그 아들은 아사랴요 그 아들은 요담이요

　분명히 여호사밧의 아들인 요람과 웃시야 사이에는 아하시야, 요아스, 아마샤의 세 왕이 있었는데 마태족보에는 누락되어

있다. 거기에 아하시야의 모친 아달랴가 다윗의 씨를 진멸하고 6년 동안 왕위를 누린 것까지 합하면 네 왕이 족보에서 빠진 것이다(왕하 11:3, 대하 22:12). 마태족보가 믿음으로 세워진 족보이기에 믿음이 없는 왕, 하나님의 뜻과 상관이 없는 왕들이 족보에서 삭제된 것이다.[26]

멜기세덱이 아브라함에게 축복해준 횃불언약이 아브라함의 믿음의 의와, 아브라함과 같은 믿음을 가진 사람들을 통해서 끊어지지 않고 계속적으로 전해져 내려 왔다. 그렇기 때문에 이사야 선지자는 그렇게 이어지는 말씀에 대해서 "그는 외치지 아니하며 목소리를 높이지 아니하며 그 소리로 거리에 들리게 아니하며"라고 했다(사 42:2).

> 왕상 19:11-12 여호와께서 가라사대 너는 나가서 여호와의 앞에서 산에 섰으라 하시더니 여호와께서 지나가시는데 여호와의 앞에 크고 강한 바람이 산을 가르고 바위를 부수나 바람 가운데 여호와께서 계시지 아니하며 바람 후에 지진이 있으나 지진 가운데도 여호와께서 계시지 아니하며 또 지진 후에 불이 있으나 불 가운데도 여호와께서 계시지 아니하더니 불 후에 세미한 소리가 있는지라

아합 왕과 이세벨의 눈을 피해 호렙산으로 도망갔던 엘리야가 굴 앞에 섰는데 바람, 지진, 불 가운데도 하나님이 계시지 않

---

[26] '구속사 시리즈' 제 4권 <언약의 등불> 243-267쪽, 박윤식 저, 휘선

앉으나 불 후에 세미한 음성으로 말씀하시는 것을 들었다. 다시 말하면 율법은 표면적으로는 큰 뇌성, 우레와 같은 말씀이지만 그 큰 소리 속에는 하나님의 말씀의 능력이 없다. 하나님은 횃불언약이라는 세미한 음성을 통해 말씀하신 것이다. 예수님 당시에도 바리새인, 서기관, 제사장들의 말은 큰 소리 같았지만 그 속에는 말씀의 능력이 없고, 예수님의 말씀에는 말씀의 능력이 있다는 것이 다른 점이다(마 7:29, 막 1:22, 1:27).

이처럼 표면적으로 기록되지는 않았으나 멜기세덱의 비의가 구속사의 도맥 속에 면면히 흐르고 있었다.

아브라함에게 "아브람아 두려워 말라 나는 너의 방패요 너의 지극히 큰 상급이니라"(창 15:1)고 하셨다. 하나님은 자기가 하신 말씀에 대해서 절대적으로 책임지시는 분이다. 예수께서 나인성 과부에게 "울지 말라"(눅 7:13)고 하신 것은 울지 않게끔 아들을 살려주시겠다는 실존의 말씀이다. 그렇지 못한 자가 "울지 말라"고 하는 것은 지키지 못할 허망한 약속일뿐이다. 하나님은 하신 말씀에 대해서 전적으로 책임을 지는 분이시다. 그렇기 때문에 아브라함에게도 그 책임을 지기 위해서 "두려워하지 말라"고 하신 것이다.

이렇게 구약 마당에서도 두 가지의 도맥이 면면히 흐르고 있었던 것처럼, 재림 마당의 역사도 일반계시 속에 중간계시라는 작은 책의 말씀이 삽입되어 있는 것이다.

횃불언약의 주인공 요셉은 어떻게 산 자가 되었는가?

　이스라엘 백성들이 진 자로서 이긴 자인 애굽에게 영육 간에 빚을 갚지 않고서는 결코 애굽에서 나올 수가 없다(눅 12:59). 요셉의 지혜로 7년 대풍년 때에 양식을 저축하여 7년 대기근의 때에 애굽 신민들을 살릴 수 있었다. 그로써 이스라엘 백성들이 진 자로서 이긴 자인 애굽에게 영적인 빚을 갚은 것이다(사 43:3). 그리고 이스라엘 백성들이 400년 동안 종살이함으로 육적인 빚을 갚았다. 이렇게 영육 간의 빚을 다 갚음으로 이스라엘 백성들이 출애굽을 할 수 있었다. 요셉이 횃불언약의 주인공으로서 대속의 십자가를 진 것이다.

　예수께서 "나는 부활이요 생명이니 나를 믿는 자는 죽어도 살겠고 무릇 살아서 나를 믿는 자는 영원히 죽지 아니하리니 이것을 네가 믿느냐?"(요 11:25-26)라고 하셨다. 영원한 생명을 얻는 길, 산 자가 되는 길은 죽음을 초월하고 초극하는 것이다. 소경이 소경을 인도할 수 없듯이, 죽는 자는 죽는 자를 인도하지 못한다(마 15:14, 눅 6:39).
　그렇기 때문에 횃불언약에는 죽음을 초월하고 초극하기 위한 산 자의 도맥이라는 기본적인 원리가 있는 것이다. 만일 횃불언약의 주인공이 죽는 자라면 변화의 언약을 받을 수가 없다. 죽는 자는 언약의 대상이 아니다. 오직 산 자만이 변화의 언약을 받을 수 있는 것이다.

　레 19:23-25 너희가 그 땅에 들어가 각종 과목을 심거든 그 열매는 아직 할례 받지 못한 것으로 여기되 곧 삼 년 동안 너희는 그것을 할례 받지 못한 것으로 여겨 먹지 말 것이요 제 사 년에는 그 모든 과실이 거룩하니 여호와께 드려 찬송할 것이며 제 오 년에는 그 열매를 먹을찌니 그리하면 너희에게 그 소산이 풍성하리라 나는 너희 하나님 여호와니라

과목을 심거든 3년까지 맺힌 열매는 할례 받지 못한 것이니 먹지 말고, 4년째 맺힌 열매는 하나님께 드리고, 5년째 맺히는 열매는 사람들이 먹으라는 말씀이다. 즉 아브라함·이삭·야곱의 3대는 각자가 믿음·순종·행함이라는 길을 걸었지만 하나님이 취하시는 열매가 되지는 못했다. 오직 4대째 맺힌 열매인 요셉만이 하나님께서 취하시는 산 자의 열매가 되었다.

산 자의 언약인 횃불언약의 주인공이 되려면 4년째 맺히는 열매가 되어야 한다. 그런 산 자의 열매를 얻기 위해서 하나님께서 먼저 아브라함에게 횃불언약을 주신 것이다. 산 자의 열매는 아브라함 당대에는 이루어질 수가 없기 때문이다. 다시 말하면 요셉이 산 자의 열매가 되기까지 아브라함·이삭·야곱의 3대가 필요한 것이다.

야곱이 요셉의 두 아들인 에브라임과 므낫세를 자기 아들의 반열로 족보에 올리고 요셉은 족보에서 빼냈다(창 48:5-6). 그 이유는 산 자가 된 요셉을 죽는 족보에 둘 수 없기 때문이다. 이 사실만 보아도 요셉은 산 자의 첫 열매가 되어 하나님께 바쳐진 존재라는 것을 알 수 있다.

영적 장자 요셉

> 대상 5:1-2 이스라엘의 장자 르우벤의 아들들은 이러하니라 (르우벤은 장자라도 그 아비의 침상을 더럽게 하였으므로 장자의 명분이 이스라엘의 아들 요셉의 자손에게로 돌아갔으나 족보에는 장자의 명분대로 기록할 것이 아니니라 유다는 형제보다 뛰어나고 주권자가 유다로 말미암아 났을찌라도 장자의 명분은 요셉에게 있으니라)

분명히 창세기에 등장했던 요셉은 죽은 사람인데 이스라엘의 영적 장자라고 기록되어 있다. 죽은 자가 어떻게 이스라엘의 영적 장자가 될 수 있는가? 표면적으로 요셉은 잠이 들었으나 영적으로는 산 자라는 뜻이다. 영적 장자라는 뜻은 산 자들 중에서 가장 귀하고 가장 으뜸이 되는 존재라는 것이다.

요셉은 아브라함·이삭·야곱의 3대를 통해 4대째 맺힌 산 자의 첫 열매로서(레 19:23-25) 하나님께서 친히 열납하신 사람이다.

야곱이 열두 아들들을 분량대로 축복하는 가운데 유다와 요셉에 대하여 축복한 내용을 살펴보고자 한다.

> 창 49:10 홀이 유다를 떠나지 아니하며 치리자의 지팡이가 그 발 사이에서 떠나지 아니하시기를 실로가 오시기까지 미치리니 그에게 모든 백성이 복종하리로다

'홀'은 그리스도의 왕권을 상징하고, '실로'는 평화를 가져오는 자라는 뜻이다. 즉 유다 지파를 통해서 메시아가 오신다는 예언이다.

> 창 49:24 요셉의 활이 도리어 견강하며 그의 팔이 힘이 있으니 야곱의 전능자의 손을 힘입음이라 그로부터 이스라엘의 반석인 목자가 나도다

'반석'은 그리스도를 상징한다. 요셉으로부터 이스라엘의 반석이신 목자가 난다는 것은 요셉을 통해서 메시아, 초림주가 오신다는 것이다.

왜 야곱은 메시아가 오실 때 유다와 요셉을 통해서 오신다는 두 가지 길에 대해서 예언한 것인가? 표면적인 족보를 통해서는 아브라함 이후 42대 만에 유다 지파를 통해서 오셨지만(마 1:17), 영적으로는 요셉의 후손으로 오신다는 것이다.

> 창 49:26 네 아비의 축복이 내 부여조의 축복보다 나아서 영원한 산이 한 없음 같이 이 축복이 요셉의 머리로 돌아오며 그 형제 중 뛰어난 자의 정수리로 돌아오리로다

그렇기 때문에 야곱이 열두 아들을 분량대로 축복할 때 요셉은 부여조보다 더 큰 축복을 가진 자라고 했다. 요셉은 아브라함·이삭·야곱이 가진 축복보다 더 큰 축복을 가진 존재라는 것이다.

> 창 48:5-6 내가 애굽으로 와서 네게 이르기 전에 애굽에서 네게 낳은 두 아들 에브라임과 므낫세는 내 것이라 르우벤과 시므온처럼 내 것이 될 것이요 이들 후의 네 소생이 네 것이 될 것이며 그 산업은 그 형의 명의 하에서 함께 하리라

요셉이 산 자의 열매이므로 더 이상 죽는 족보에 둘 수가 없어서 야곱이 요셉을 족보에서 빼내고 요셉의 두 아들인 에브라임과 므낫세를 야곱의 아들 반열로 올렸다. 왜 야곱이 세상 법도로는 있을 수 없는 행동을 한 것인가? 야곱이 손자를 자기 아들로 올린 것은 장자는 차자의 두 몫을 준다는 율법에서 정한 이치에(신 21:15-17) 따른 것이다. 즉 요셉을 장자로 인정하고 요셉의 위치를 격상시킨 것이다. 이 사건을 보아도 요셉은 영적 장자라는 것을 알 수 있다.

야곱이 요셉을 족보에서 빼내고 그 대신 요셉의 두 아들인 에브라임과 므낫세를 아들의 반열로 올리면서 "이들 후의 네 소생이 네 것이라"고 했다. 그런데 실제로 요셉은 그 후에 자식을 낳지 못했다. 그렇다면 야곱의 예언은 잘못된 것인가? 성경의 한 구절이라도 이루어지지 않는다면 성경은 절대 완전무오한 하나님의 말씀이라고 할 수 없다.

그렇다면 야곱의 예언은 어떻게 성취되었는가?

> 마 1:16 야곱은 다리아의 남편 요셉을 낳았으니 마리아에게서 그리스도라 칭하는 예수가 나시니라

야곱, 요셉, 예수라는 도맥이 이루어졌다. 물론 창세기의 야곱, 창세기의 요셉은 아니지만 신약 마당에서 야곱의 예언이 이루어진 것이다. 요셉은 예수님께 가는 문이자, 통로가 되었다. 요셉이 인간들과 예수님을 이어주는 사닥다리로서 다리를 놓는 자[27])가 된 것이다.

> 창 50:20 당신들은 나를 해하려 하였으나 하나님은 그것을 선으로 바꾸사 오늘과 같이 만민의 생명을 구원하게 하시려 하셨나니

요셉은 만민의 생명을 구원하는 존재였다. 요셉이 애굽의 총리로 있을 때 7년 대기근에서 야곱의 70가족뿐 아니라 애굽의 신민들까지도 구해준 사람이다. 요셉으로 하여금 그런 역사를 하게 하고자 애굽에 종으로 팔려가게 하신 것이다. 요셉이 팔려갈 당시에는 하나님의 오묘한 섭리에 대해서 아버지 야곱도, 형제들도 알지 못하고 요셉 자신도 깨닫지 못했다.

요셉은 '꿈꾸는 자'라는 별칭을 가질 정도로 꿈을 잘 꾸는 자였다(창 37:19). 열한 볏단이 절하는 꿈과 해와 달과 별들이 절하는 두 가지 꿈을 꾸고 형들에게 발설함으로 미움을 사게 되어 결국 애굽으로 팔려간 것이다.

> 창 37:6-7 요셉이 그들에게 이르되 청컨대 나의 꾼 꿈을 들으시오 우리가 밭에서 곡식을 묶더니 내 단은 일어서고 당신들의 단은 내 단을 둘러서서 절하더이다

---

27) 다리를 놓는 자를 가리켜 '폰티펙스(Pontifex)'라고 한다. 이는 멜기세덱의 어원이 된다.

창 37:9 요셉이 다시 꿈을 꾸고 그 형들에게 고하여 가로되 내가 또 꿈을 꾼 즉 해와 달과 열한 별이 내게 절하더이다 하니라

첫 번째 꿈은 열한 볏단이 둘러서서 요셉에게 절을 하는 꿈이고, 두 번째 꿈은 해와 달과 별들이 요셉에게 절하는 꿈이다. 요셉이 애굽의 총리가 되었을 때 형들이 찾아와 절을 하였고(창 42:6), 아버지 야곱이 죽자 형들이 요셉을 두려워하여 찾아와 절을 함으로(창 50:18) 첫 번째 꿈은 이루어졌다.

그러나 해와 달과 별들이 찾아와 절을 하는 꿈은 아직까지 이루어지지 않았다. 해와 달과 별들이 절하는 것은 하늘의 역사이며 영적인 역사이기 때문에 장차 재림 마당에서 이루어질 사건이다. 한 이레 안에서 이루어지는 횃불언약을 통하여 요셉이 재림 마당에서 영육 간에 산 자가 되어 어린 양의 신부로서 영광을 받음으로 해와 달과 별들이 절하는 꿈이 성취되는 것이다.

또 요셉은 꿈을 해몽하는 자였다.

창 40:9-13 술 맡은 관원장이 그 꿈을 요셉에게 말하여 가로되 내가 꿈에 보니 내 앞에 포도나무가 있는데 그 나무에 세 가지가 있고 싹이 나서 꽃이 피고 포도송이가 익었고 내 손에 바로의 잔이 있기로 내가 포도를 따서 그 즙을 바로의 잔에 짜서 그 잔을 바로의 손에 드렸노라 요셉이 그에게 이르되 그 해석이 이러하니 세 가지는 사흘이라 지금부터 사흘 안에 바로가 당신의 머리를 들고 당신의 전직을 회복하리니 당신이 이왕에 술 맡은 자가 되었을 때에 하던 것 같이 바로의 잔을 그 손에 받들게 되리이다

창 40:16-19 떡 굽는 관원장이 그 해석이 길함을 보고 요셉에게 이르되 나도 꿈에 보니 흰떡 세 광주리가 내 머리에 있고 그 윗 광주리에 바로를 위하여 만든 각종 구운 식물이 있는데 새들이 내 머리의 광주리에서 그것을 먹더라 요셉이 대답하여 가로되 그 해석은 이러하니 세 광주리는 사흘이라 지금부터 사흘 안에 바로가 당신의 머리를 끊고 당신을 나무에 달리니 새들이 당신의 고기를 뜯어 먹으리이다 하더니

요셉이 아담하고 준수한 자라 보디발의 아내가 유혹하자 뿌리쳤는데 그 사건으로 누명을 쓰게 되어 중죄인들이 갇히는 지하 감옥에 갇혔다. 거기서 바로의 술 맡은 관원장과 떡 맡은 관원장들을 만나 그들의 꿈을 해몽해 주었다. 요셉의 해몽대로 술 맡은 관원장은 사흘 안에 전직을 회복하고, 떡 맡은 관원장은 사흘 안에 죽임을 당했다.

요셉이 술 맡은 관원장에게 전직을 회복하면 바로에게 자신을 천거해주기를 부탁했는데 술 맡은 관원장이 요셉과의 약속을 잊어버렸다(창 40:23). 그러던 중 바로가 두 가지 꿈을 겹쳐 꾸게 되었다. 바로가 애굽의 술객들을 동원하여 해몽하기를 명령했으나 아무도 해몽할 수 있는 자가 없었다. 그 때 술 맡은 관원장이 그 약속을 기억하고 바로에게 요셉을 천거하였다(창 41:10-13).

창 41:1-7 만 이년 후에 바로가 꿈을 꾼즉 자기가 하숫가에 섰는데 보니 아름답고 살진 일곱 암소가 하수에서 올라와 갈밭에서 뜯어먹고 그 뒤에 또 흉악하고 파리한 다른 일곱 암소가 하수에서 올라와 그

소와 함께 하숫가에 섰더니 그 흉악하고 파리한 소가 그 아름답고 살진 일곱 소를 먹은지라 바로가 곧 깨었다가 다시 잠이 들어 꿈을 꾸니 한 줄기에 무성하고 충실한 일곱 이삭이 나오고 그 후에 또 세약하고 동풍에 마른 일곱 이삭이 나오더니 그 세약한 일곱 이삭이 무성하고 충실한 일곱 이삭을 삼킨지라 바로가 깬즉 꿈이라

요셉이 지하 감옥에서 관원장들의 꿈을 해몽한 사건이 계기가 되어 요셉이 바로의 꿈을 해몽하게 된 것이다. 바로가 두 번 꿈을 겹쳐 꾼 것은 하나님께서 그 계시의 내용을 반드시 이루신다는 확연한 의지를 보여주신 것이다.

살진 일곱 암소를 흉악한 일곱 암소가 잡아먹고, 충실한 일곱 이삭을 마른 일곱 이삭이 삼킨다는 것은 동일한 의미를 가진 꿈으로서 장차 올 7년 대풍년과 7년 대흉년을 보여주신 것이다. 이는 장차 재림 마당에서 이루어질 한 이레 역사 중 전 3년 반과 후 3년 반의 역사를 비유적으로 보여주신 것이다.

빛이 있는 전 3년 반과 빛이 사라지고 어둠의 권세가 주인이 되어 역사하는 후 3년 반의 역사를 요셉으로 하여금 깨닫게 하시고 준비하게 하신 것이다. 그 이유는 요셉이 마지막 한 이레 역사의 주인공이기 때문에, 요셉을 통하여 장차 재림 마당에서 이루어질 횃불언약과 7년 대기근의 역사까지 예비하시고 준비하신 것이다.

마 13:24 예수께서 그들 앞에 또 비유를 베풀어 가라사대 천국은 좋은 씨를 제 밭에 뿌린 사람과 같으니

계 11:4 이는 이 땅의 주 앞에 섰는 두 감람나무와 두 촛대니

요셉은 영적 장자이며 하나님께 바쳐진 산 자의 첫 열매이므로 재림 마당에서 천국을 이룰 제 밭에 '좋은 씨'로 뿌려져 역사할 수 있는 주인공이다. 또 요셉은 재림 마당에서 두 감람나무로 다시 등장하여 '이 땅의 주 앞에 섰는 두 감람나무와 두 촛대'의 역사를 통하여 산 자의 영광을 받을 수 있는 주인공이다. 이런 요셉이야말로 작은 책의 주인공이며, 중심인물이 아닐 수 없다.

횃불언약의 궁극적 성취는 무엇인가?

분명히 아브라함 가(家)의 3대를 통해서 횃불언약을 맺으신 것은 산 자의 첫 열매를 탄생시키기 위한 것이다.

눅 20:37-38 죽은 자의 살아난다는 것은 모세도 가시나무떨기에 관한 글에 보였으되 주를 아브라함의 하나님이요 이삭의 하나님이요 야곱의 하나님이시라 칭하였나니 하나님은 죽은 자의 하나님이 아니요 산 자의 하나님이시라 하나님에게는 모든 사람이 살았느니라 하시니

예수께서 친히 말씀하신 내용이다. 하나님은 아브라함의 하나님·이삭의 하나님·야곱의 하나님이시며, 산 자의 하나님이라고 하셨다. 즉 이미 수천 년 전에 잠이 든 아브라함·이삭·야곱이

산 자들이라는 것이다. 그들이 뜻으로만 살아 있다는 것이 아니다. 실제로 셋째 하늘 낙원의 거룩한 성에서 산 자로 존재하고 있다는 것이다.

> 마 27:53 예수의 부활 후에 저희가 무덤에서 나와서 거룩한 성에 들어가 많은 사람에게 보이니라

예수께서 부활하실 때에도 무덤에서 살아난 자들이 거룩한 성에 들어가서 자기들의 몸을 보여 주었다는 것을 볼 때 첫째 부활, 의인의 부활이 이루어졌다는 것을 알 수 있다. 그들은 신령한 몸을 가지고 영육 간에 부활한 존재들이다.

> 눅 16:22-26 이에 그 거지가 죽어 천사들에게 받들려 아브라함의 품에 들어가고 부자도 죽어 장사되매 저가 음부에서 고통 중에 눈을 들어 멀리 아브라함과 그의 품에 있는 나사로를 보고 불러 가로되 아버지 아브라함이여 나를 긍휼히 여기사 나사로를 보내어 그 손가락 끝에 물을 찍어 내 혀를 서늘하게 하소서 내가 이 불꽃 가운데서 고민하나이다 아브라함이 가로되 얘 너는 살았을 때에 네 좋은 것을 받았고 나사로는 고난을 받았으니 이것을 기억하라 이제 저는 여기서 위로를 받고 너는 고민을 받느니라 이뿐 아니라 너희와 우리 사이에 큰 구렁이 끼어 있어 여기서 너희에게 건너가고자 하되 할 수 없고 거기서 우리에게 건너올 수도 없게 하였느니라

위 구절에서 부자가 "아버지 아브라함이여"라고 부르짖는

것을 볼 때, 아브라함이 셋째 하늘 낙원에 있는 거룩한 한 성의 주인으로 역사하고 있다는 것을 알 수 있다.

하나님은 영혼만 살아있는 자들을 결코 산 자라고 하지 않으신다. 하나님은 죽은 영혼만 수집하는 염라대왕이 아니다. 죽은 자는 하나님께 기도할 수 없고, 하나님께 찬양드릴 수 없다(시 30:9, 사 38:18). 오직 산 자들만이 하나님께 경배 드릴 수 있고, 기도할 수 있고, 찬양드릴 수 있는 것이다.

이처럼 하나님은 죽은 자의 하나님이 아니라 산 자의 하나님이시기에 그런 산 자를 만드시는 것이 하나님의 선하신 뜻이며, 목적이신 것이다. 선하신 하나님의 뜻을 이루시고자 아브라함에게 신랑의 영광을 이루는 떡과 포도주의 축복과 신부의 영광을 이루는 횃불언약을 주셨다. 하나님께서는 이미 아브라함 때에 신랑의 영광과 신부의 영광을 이룰 터전을 다 예비하신 것이다. 그 언약하신 내용대로 인류 구속사역이 진행되고 이루어지며 마쳐지는 것이다.

아브라함·이삭·야곱·요셉의 4대는 성경에 면면히 흐르고 있는 산 자의 도맥 속에 깊이 감추어진 광맥이다. 아브라함의 4대 속에 감추어진 산 자의 도맥 속에 있는 산 자의 비의·부활의 비의를 가리켜 예수께서 밭에 감추인 진주, 보화라고 설명하신 것이다(마 13:44).

물론 구약의 요셉은 표면적으로는 죽은 자이다. 출애굽할 때 요셉의 해골을 메고 가나안 땅에 들어가기까지 광야길에서 40

년, 가나안 땅에 입성해서 가나안 족속들과 전쟁을 치르고 열두 지파에게 땅을 분배하기까지 16년, 총 56년이 지나 야곱이 사 두었던 세겜 땅에 요셉이 묻힘으로 표면적으로는 692년 만에 횃불언약이 마쳐졌다.[28]

그러면 횃불언약은 완전히 성취된 것인가? 요셉의 해골이 세 겜 땅에 묻힘으로 횃불언약이 일단락이 되었지만, 요셉이 아직 횃불언약의 열매로서의 영광을 받지 못했다. 다시 말하면 요셉 이 영육 간에 산 자가 되지 못했다. 요셉이 횃불언약의 열매로 서 영광을 받으려면 죽었다 살아나야 한다. 말씀이 육신으로 오 신 예수님도 "성결의 영으로는 죽은 가운데서 부활하여 능력으 로 하나님의 아들로 인정되셨으니"(롬 1:4)라는 과정을 통해 하 나님 아들로 인정받으신 것이다. 요셉도 산 자의 영광을 받으려 면 죽었다 살아나야 한다.

따라서 요셉이 영적 장자, 산 자의 첫 열매로서 영광을 입으 려면 재림 마당에 다시 등장해야만 한다.

요셉의 남은 역사는 재림 마당에서 영적 이스라엘 백성들을 통해서 이루어지는 것이다. 횃불언약이 692년에 마쳐졌지만 영적 완전수 7의 배수에 해당되는 700년을 채워야 한다. 부족 한 8수는 재림 마당에서 두 감람나무 역사를 통하여 채워져야 한다. 감람나무의 본가지에서 맺히는 2-3개의 열매와 무성한 먼 가지에서 맺히는 4-5개의 열매, 즉 8개의 열매를 통하여 횃 불언약이 700년으로 완성되는 것이다.

---

28) '구속사 시리즈' 제 2권 <잊어버렸던 만남> 184쪽, 박윤식 저, 휘선

요셉이 다시 이 땅에 와서 영육 간에 산 자로서 어린 양의 신부로 탄생하는 역사가 이루어져야 한다. 영육 간의 산 자로 탄생되는 순간 횃불언약의 영광이 나타나는 것이다.

이처럼 횃불언약은 재림 마당에 돌연히 나타나는 것이 아니라, 이미 인류의 세 번째 조상이고 믿음의 조상인 아브라함 때부터 시작된 것이다. 그래서 아브라함·이삭·야곱의 3대를 통해서 요셉이라는 산 자의 열매를 맺은 것이다. 하나님께서 산 자의 열매인 요셉을 횃불언약의 주인공으로 세우기 위하여 이미 계획하시고 준비하신 것이다.

> 시 105:8-10 그는 그 언약 곧 천대에 명하신 말씀을 영원히 기억하셨으니 이것은 아브라함에게 하신 언약이며 이삭에게 하신 맹세며 야곱에게 세우신 율례 곧 이스라엘에게 하신 영영한 언약이라

횃불언약이 천년의 언약, 천대의 언약이라고 했다. 그렇기 때문에 횃불언약의 성취는 천년왕국·지상천국을 이루시는 새 창조·새 역사의 각본이 되는 것이다. 그 역사의 승리의 터전이 있었기에, 그 승리의 터전 위에서 천년왕국·지상천국을 이루는 영광의 목적을 이룰 수 있는 것이다.

횃불언약을 주관할 사람은 누구인가?

요셉의 해골이 세겜 땅에 묻힘으로 횃불언약이 4대 만에 이

루어졌다. 그렇다면 그 언약을 주관한 사람은 누구인가? 언약의 주인공은 산 자의 4대 열매인 요셉이지만, 그 요셉이 완전하게 횃불언약을 성취할 수 있도록 실제 역사를 이끌었던 사람은 모세이다. 모세가 횃불언약을 이루어준 사람이다.

모세가 이스라엘 백성들을 출애굽 시키면서 요셉의 해골을 메고 나간 사람이다. 물론 8대인 여호수아가 세겜 땅에 요셉의 해골을 묻는 결과적인 일을 했지만 실질적인 광야 길의 역사는 모세가 주도한 것이다.

이러한 모세가 젖과 꿀이 흐르는 가나안 땅에 들어가지 못하고 죽은 것은 표면적으로는 모세 개인적인 실수로 인한 것 같지만 이면적으로는 "너희 연고로 내가 죽게 되었다"(신 3:26)는 모세의 증언처럼 이스라엘 백성들의 죄를 짊어지고 죽은 것이나 마찬가지다. 모세는 예수님의 그림자가 되는 사람이기 때문에 이스라엘 백성들의 죄를 대신 짊어진 것이다.

그렇다면 한 이레를 통하여 횃불언약을 이루는 역사가 진행되는 재림 마당에서 그 역사를 주관할 사람은 누구인가? 하나님은 처음 시작한 자로 하여금 끝도 마치게 하신다.

이러한 이치로 본다면 마지막 때 한 이레의 역사의 내용이 횃불언약이면 그 횃불언약을 주관하고 성취하는 사람은 구약 마당에서 횃불언약을 성사시킨 모세라고 할 수 있다. 그러나 그는 모세의 이름으로 오는 것이 아니라 다른 이름으로 온다. 그럼 다른 이름으로 오는 사람은 누구인가? 바로 해를 입은 여인이다. 해를 입은 여인이 영광을 받아서 멜기세덱이 되는 것이다. 분명히 재림 마당에서 이루어지는 한 이레의 역사가 횃불언약이라면 이미 구약 마당에서 횃불언약을 주관한 사람이 모세이기 때문에 재림 마당에서 횃불언약을 완성할 사람도 당연히 모세가 된다.

그렇기 때문에 예수님이 아버지의 영광으로 변화 받으셨을 때 모세와 엘리야를 불렀다는 말은 결코 우연이 아니다. 재림 마당에서 그 횃불언약의 영광을 이루고자, 그 일을 시작한 사람들을 다시 부르신 것이다. 예수님이 아버지의 영광으로 변화 받으셨을 때 예수님을 대신하여 역사할 모세를 부르신 것이다. 예수께서 "다른 사람이 자기 이름으로 오면 너희가 영접하리라"(요 5:43)는 말씀처럼 자기 이름으로 대신할 다른 사람을 보내기 위해서 모세와 엘리야를 부르신 것이다.

한 이레를 통해 이루어지는 횃불언약의 영광은 무엇인가?

> 요 19:30 예수께서 신 포도주를 받으신 후 가라사대 다 이루었다 하시고 머리를 숙이시고 영혼이 돌아가시니라

분명히 예수께서 십자가 상에서 "다 이루었다"라고 하셨다. 그렇다면 예수께서 다 이루신 내용이 무엇인가? 예수님은 믿음의 의를 이루시기 위해 율법을 완성하신 것이지, 횃불언약을 다 이루신 것은 아니다. 왜냐하면 예수님이 율법의 마침이 되셨다고 기록된 분명한 말씀이 있다. 그런데 예수께서 횃불언약을 이루셨다는 말씀은 표면적으로도 성경에 나타나 있지 않고, 영적으로도 찾을 수가 없다.

> 마 21:1-5 저희가 예루살렘에 가까이 와서 감람산 벳바게에 이르렀을 때에 예수께서 두 제자를 보내시며 이르시되 너희 맞은편 마을로 가라 곧 매인 나귀와 나귀 새끼가 함께 있는 것을 보리니 풀어 내게로 끌고 오너라 만일 누가 무슨 말을 하거든 주가 쓰시겠다 하라 그리하면 즉시 보내리라 하시니 이는 선지자로 하신 말씀을 이루려 하심이라 일렀으되 시온 딸에게 이르기를 네 왕이 네게 임하나니 그는 겸손하여 나귀, 곧 멍에 메는 짐승의 새끼를 탔도다 하라 하였느니라

예수께서 감람산 벳바게에서 제자들에게 매인 나귀 새끼를 끌고 오라고 하시고, 끌고 온 나귀 새끼를 타고 예루살렘 성전으로 들어가시는 장면이다(막 11:1-6, 눅 19:29-35). 여기서 나귀새끼는 신부의 상징이라고도 말할 수 있다.

이스라엘의 결혼풍습은 신랑이 나귀를 타고 신부의 집으로 찾아가서 결혼식을 한다. 그렇기 때문에 신랑의 입장으로 오신 예수께서 어린 나귀 새끼를 타시고 예루살렘 성전으로 들어가시는 모습은 혼인잔치를 하기 위해서 신부의 집으로 들어가시는 신랑의 모습이라고도 말할 수 있다.

그런데 여기서 자세히 살펴보아야 할 내용이 있다. 분명히 나귀 새끼를 데리고 오라고 하실 때 매인 나귀와 나귀 새끼가 함께 있었다. 그런데 예수님이 성숙한 어미 나귀를 타시지 않고 나귀 새끼를 타셨다. 일반적으로 나귀 새끼는 성인의 몸무게를 감당하기 어려울 것이다. 그런 나귀 새끼를 타신 예수님을 긍정적으로 바라보지 못하는 자들의 측면에서는 "태어난 지 얼마 안 되는 어린 나귀 새끼를 타다니, 저 새끼 나귀가 얼마나 힘들겠

는가?"라고 했다는 내용이 외경에 있다. 그러나 말씀이 육신으로 오신 예수께서 그것을 모르실 리가 있겠는가?

그렇다면 예수께서 어미 나귀를 타지 않으시고 새끼를 타신 그 저의는 무엇인가? 성경에는 새끼라는 말이 몇 군데 있다. 아브라함이 여호와 하나님과 횃불언약을 맺을 때 바친 제물 중에서 산비둘기와 집비둘기 새끼가 있고(창 15:9), 요한계시록 13장에 등장하는 666이라는 세 짐승 중에서 마지막 세 번째 짐승이 땅에서 올라온 새끼 양이다(계 13:11).

여기서 새끼라는 의미는 아직 제 때를 만나지 못하여 완전하게 성숙되지 못한 입장을 표현하는 것이다. 신랑의 입장으로 오신 예수님에게는 아직 신부가 준비되지 않았다는 것이다. 신부가 준비되지 않았다는 말씀은 무슨 뜻인가? 예수께서 때가 차매 신랑의 입장으로 오기는 하셨지만 횃불언약을 이루시는 주인공은 아니라는 것이다. 신부의 역사를 통해서 영광을 받으시는 입장은 아니라는 것을 보여주기 위해서 예수님이 의도적으로 어린 나귀 새끼를 끌고 오라고 하신 것이다.

이는 장차 재림 마당에서 이루어질 신부의 영광을 암시적으로 보여주신 것이다. 신부의 영광은 초림주에 의해서 완성되는 것이 아니라 재림주에 의해서 탄생된다는 것을 우회적으로 보여주신 것이다.

창 2:22-23 여호와 하나님이 아담에게서 취하신 그 갈빗대로 여자를 만드시고 그를 아담에게로 이끌어 오시니 아담이 가로되 이는 내 뼈 중

의 뼈요 살 중의 살이라 이것을 남자에게서 취하였은즉 여자라 칭하리라 하니라

인류의 첫 시조 아담은 살려주는 영이 아니라 산 영이었기 때문에 그는 스스로 자신의 갈비뼈로 하와를 만들지 못했다. 그러나 재림주 멜기세덱은 살려주는 영으로 오신 분이기에 스스로 자신의 갈비뼈로 신부를 만들 수 있는 분이다.

재림 마당에서 산 자의 신랑과 신부가 탄생하는 역사가 '이 땅의 주 앞에 섰는 두 감람나무와 두 촛대의 역사'(계 11:4)이다. 해를 입은 여인은 태초의 말씀을 입었기에 그 말씀으로 스스로 산 자의 신부를 탄생시킨다. 그것을 가리켜 해를 입은 여인이 구로하여 '철장으로 만국을 다스릴 남자'를 낳았다고 한다(계 12:5).

시 2:7 내가 영을 전하노라 여호와께서 내게 이르시되 너는 내 아들이라 오늘 날 내가 너를 낳았도다

마리아가 아기 예수님을 낳았을 때 "내가 오늘 너를 낳았다"라고 하지 않으셨다. 예수께서 사망 권세를 깨시고 부활하셨을 때 "내가 오늘 너를 낳았다"라고 하셨다. 마찬가지다. 두 감람나무가 무저갱에서 올라오는 짐승에게 죽임을 당하고 그의 시체가 큰 성길 위에 3일 반 동안 누워 있다가 생기가 코에 들어가고 하늘에서 "이리로 올라오라"는 음성을 듣고 살아날 때 "오늘날 내가 너를 낳았도다"라고 하신다는 것이다.

예수께서 사망 권세를 깨시고 부활 승천하시어 우편 보좌로 올라가신 후, 피조물 중에서 최초로 하늘 보좌로 올라가는 역사가 이루어지는 것이다.

> 계 12:7-9 하늘에 전쟁이 있으니 미가엘과 그의 사자들이 용으로 더불어 싸울쌔 용과 그의 사자들도 싸우나 이기지 못하여 다시 하늘에서 저희의 있을 곳을 얻지 못한지라 큰 용이 내어 쫓기니 옛 뱀 곧 마귀라고도 하고 사단이라고도 하는 온 천하를 꾀는 자라 땅으로 내어 쫓기니 그의 사자들도 저와 함께 내어 쫓기니라

그가 하늘 보좌로 올라간 목적은 하늘의 전쟁을 일으키는 것이다. 그 때까지 윗굴과 아랫물로 분리된 하늘에서 공중 권세를 잡고 있는 붉은 용과 그의 사자들을 상대로 하늘의 전쟁을 통해 승리하여 그들을 내쫓고 하늘을 통일시킨다.

> 계 21:2 또 내가 보매 거룩한 성 새 예루살렘이 하나님께로부터 하늘에서 내려오니 그 예비한 것이 신부가 남편을 위하여 단장한 것 같더라

> 계 21:9-10 일곱 대접을 가지고 마지막 일곱 재앙을 담은 일곱 천사중 하나가 나아와서 내게 말하여 가로되 이리 오라 내가 신부 곧 어린 양의 아내를 네게 보이리라 하고 성령으로 나를 데리고 크고 높은 산으로 올라가 하나님께로부터 하늘에서 내려오는 거룩한 성 예루살렘을 보이니

하늘의 전쟁에서 승리한 그가 이 땅에 강림하는 모습을 가리

켜 거룩한 성 새 예루살렘이라고 한다. 그를 가리켜 신부, 곧 어린 양의 아내라고 한다.

> 계 21:12-14 크고 높은 성곽이 있고 열두 문이 있는데 문에 열두 천사가 있고 그 문들 위에 이름을 썼으니 이스라엘 자손 열두 지파의 이름들이라 동편에 세 문, 북편에 세 문, 남편에 세 문, 서편에 세 문이니 그 성에 성곽은 열두 기초석이 있고 그 위에 어린 양의 십이 사도의 열두 이름이 있더라

왜 어린 양의 신부를 가리켜 새 예루살렘 성으로 비유하고 있는가? 그에게는 그리스도의 신성조직이라는 거룩한 천사들이 함께 하고 있기 때문이다. 그가 강림할 때 혼자 오는 것이 아니라, 열두 기초석을 담당하는 자들과 열두 문을 담당하는 자들을 다 데려오는 것이다. 그들과 함께 이 땅에서 산 자들이 다스리는 세계를 이룩하는 것이다.

III
두 감람나무의 역사로 성취되는 횃불언약

계 11:4 이는 이 땅의 주 앞에 섰는 두 감람나무와 두 촛대니

계 11:11 삼일 반 후에 하나님께로부터 생기가 저희 속에 들어가매 저희가 발로 일어서니 구경하는 자들이 크게 두려워하더라

재림 마당에서 이루어지는 '이 땅의 주 앞에 섰는 두 감람나무와 두 촛대의 역사'는 일곱 인·일곱 나팔·일곱 대접의 역사 중에서 여섯째 인을 떼고 일곱째 인을 떼기 전에 이루어진다.

두 감람나무가 3년 6개월 동안 하늘 문을 닫고 권세 있는 말씀으로 땅을 치는 역사를 하다가 무저갱에서 올라오는 짐승에 의해 죽임을 당한다(계 11:5-7). 그의 시체가 3일 반 동안 큰 성길에 누워 있다가 생기가 저의 속에 들어가매 두 발로 일어서고(계 11:11), 하늘에서 "이리로 올라오라"는 음성을 듣고 하늘 보좌로 올라가는 역사로 두 감람나무 역사가 마쳐진다(계 11:12). 두 감람나무 역사는 이 땅에서 인류 구속사역을 이루는 빛의 마지막 역사이다.

이런 역사가 과연 어떻게 이루어질 것인가? 두 감람나무의 역사는 보이지 않는 영적인 존재가 하는 것이 아니다. 그 역사의 주인공들이 모두 이 땅에 인자로 와서 하늘나라의 역사를 하는 것이다. 우리와 똑같이 밥 먹고 생활하는 인간들이지만 그 중에 하늘나라의 일을 하는 사람이 있다는 것이다. 그러나 그 하늘나라의 역사를 아무도 모르게 하신다. "하나님의 하시는 일의 시종을 사람으로 측량할 수 없게 하셨다"(전 3:11, 8:17)고 했다.

그렇게 역사하시는 이유는 무엇인가? 하나님이 하시는 일을 미리 알려준다면 어둠의 권세가 대적하기 때문에 아무도 모르게 하신다는 것이다.

요셉이 재림 마당에 다시 등장하는 이유는 무엇인가?

요셉은 아브라함·이삭·야곱의 산 자의 3대를 거쳐(눅 20:37-38) 4대째 맺히는 산 자의 열매이기에 하나님께 바쳐진 거룩한 열매이다. 그 열매야말로 천국을 이루는 제 밭에 뿌려지는 '좋은 씨'가 아니겠는가?(마 13:24-30) 천국을 상징하는 제 밭의 역사를 위해 하나님께서 요셉을 이스라엘의 영적 장자로 예비하신 것이다.

횃불언약의 주인공인 요셉이 세겜 땅에 묻힘으로 표면적으로는 횃불언약이 이루어졌다고 말할 수 있다. 그러나 요셉이 횃불언약의 주인공으로서의 영광을 받지는 못했다. 요셉이 영육 간에 산 자가 되어 영광을 받기 위해서 '이 땅의 주 앞의 두 감람나무와 두 촛대'의 역사를 해야 하는 것이다. 두 감람나무 역사를 통해서 요셉이 이 땅에서 죽었다 부활해야 영육 간에 산 자, 어린 양의 신부가 될 수 있다. 그래서 요셉은 재림 마당에 다시 등장해야만 하는 것이다.

> 계 11:7-9 저희가 그 증거를 마칠 때에 무저갱으로부터 올라오는 짐승이 저희로 더불어 전쟁을 일으켜 저희를 이기고 저희를 죽일 터인즉 저희 시체가 큰 성길에 있으리니 그 성은 영적으로 하면 소돔이라고도 하고 애굽이라고도 하니 곧 저희 주께서 십자가에 못 박히신 곳이니라 백성들과 족속과 방언과 나라 중에서 사람들이 그 시체를 사흘 반 동안을 목도하며 무덤에 장사하지 못하게 하리로다

두 감람나무가 3년 6개월 동안 하늘을 닫고 비오지 못하게 하고 여러 가지 재앙으로 땅을 치는 역사를 하다가 무저갱에서 올라오는 짐승에 의해서 죽임을 당한다. 무저갱에서 올라오는 짐승은 보이는 짐승을 말하는 것이 아니라, 짐승 같은 사람들이라는 뜻이다.

무저갱에서 올라오는 짐승이 두 감람나무를 죽인다는 것은 보이는 칼과 총으로 죽이는 것이 아니라, 영적으로 죽이는 것이다. 예수께서 "그 형제를 미워하는 자마다 살인하는 자라"(요일 3:15)고 하셨다. 짐승 같은 사람들이 두 감람나무를 미워하고 시기하고 질투함으로 뭉쳐진 살기로 인해 그를 영적으로 죽게 하고, 영적으로 죽음으로 자연히 육신적으로도 죽게 되는 것이다. 두 감람나무가 죽자 그를 미워하던 자들이 얼마나 기뻤으면

서로 예물을 보내며 즐거워한다고 했다(계 11:10).

그가 생전에 자신이 죽으면 3일 반 만에 살아난다고 장담했기에 사람들이 그의 시체를 무덤에 장사하지 못하게 하고 3일 반 동안 지켜본다고 했다.

물론 이 사건은 표면적으로 기록된 내용대로 이루어지는 것은 아니다. '영적으로 하면'(계 11:8)이라고 한 것처럼 두 감람나무 사건은 실제로 이 땅에서 이루어질 사건이지만 성경에는 영적으로 표현한 것이다. 무저갱에서 올라오는 짐승도 그를 대적하는 사람들을 영적으로 표현한 것이고, 큰 성길에 3일 반 동안 누워있다는 것도 영적으로 표현한 것이다.

영적인 역사란 무엇인가?

> 계 11:8 저희 시체가 큰 성길에 있으리니 그 성은 영적으로 하면 소돔이라고도 하고 애굽이라고도 하니 곧 저희 주께서 십자가에 못 박히신 곳이니라

분명히 두 감람나무 역사는 영적인 역사이다. 영적인 역사라는 말은 눈에 보이지 않는 역사라는 의미가 아니다. 하늘나라의 일은 인자를 통해서, 즉 아브라함의 후손들을 통해서 이 땅에서 이루어져야 한다. 하늘의 역사가 이 땅에서 이루어지려면 하나님의 말씀의 씨가 인간의 심전(心田)에 뿌려져 역사되어야 하기에 보이지 않는 신령한 영혼의 존재들이 역사하는 것이 아니

다. 그런 이치로 인해 하나님뿐 아니라, 마귀들도 다 사람을 통해서 역사하는 것이다.

　신령한 일은 오직 신령한 것으로만 분별할 수 있다고 하셨고(고전 2:13), 오묘한 일은 하나님께 속했다고 했다(신 29:29). 그렇기 때문에 신령한 사람, 영적인 사람이 되지 않고는 이 땅에서 이루어지는 하늘나라의 역사를 알 수 없다. 따라서 하늘의 역사를 할 수 있는 사람을 가리켜 영적인 사람이라고 말할 수 있는 것이다.

　하늘나라의 역사를 이루기 위해서 영적인 역사를 한 사람들이 누구인가?

　　마 1:1 아브라함과 다윗의 자손 예수 그리스도의 세계라

　아브라함과 다윗은 예수 그리스도의 세계를 이룰 수 있는 중추적인 두 기둥의 역할을 한 사람들이다. 아브라함의 역사는 이 땅에서 하늘나라의 기초와 근간을 이루기 위한 영적인 역사의 세계였다.

　　히 4:7 오랜 후에 다윗의 글에 다시 어느날을 정하여 오늘날이라고 미리 이같이 일렀으되 오늘날 너희가 그의 음성을 듣거든 너희 마음을 강퍅케 말라 하였나니

　다윗이 성령에 감동되어 '오늘날'의 역사가 진행될 때 구약 마당에서 이스라엘 백성들이 지은 네 가지 죄를 짓지 말라고 했

다. '오늘날'의 역사가 하늘나라의 역사이며, 영적인 역사이기에 재림 마당에서 신령한 다윗이 다시 등장할 때 마음을 열고 그 역사를 영접해야 한다는 것이다.

또, 구약 마당에서 엘리야가 이 땅에서 하늘나라의 역사, 영적인 역사를 행한 사람이기에 죽지 않고 살아서 불 말과 불 수레를 타고 하늘로 올라갈 수 있었다(왕하 2:11). 엘리야에게서 갑절의 영감을 받은 엘리사도 많은 기사이적을 행하고 그의 뼈에 죽은 시체가 닿자 시체가 회생한 역사를 행한 사람이다(왕하 13:21). 엘리야가 승천하는 것을 본 엘리사가 "내 아버지여, 내 아버지여, 이스라엘의 병거와 마병이여"(왕하 2:12)라고 했고, 엘리사가 죽을 때 요아스 왕이 눈물을 흘리며 "내 아버지여, 내 아버지여, 이스라엘의 병거와 마병이여"(왕하 13:14)라고 했다. 그들 또한 이 땅에서 하늘나라의 역사, 영적인 역사를 행한 사람들이다.

마찬가지다. 두 감람나무 역사는 누구나 쉽게 깨달을 수 있는 역사가 아니다. 두 감람나무의 비밀을 아는 사람만이 알 수 있는 역사이며 주고받은 자만이 알 수 있는 역사이다(계 2:17). 만세 전에 택정함을 입고 뜻대로 부르심을 받은 자들(롬 8:28), 죄와 상관없이 자기를 바라는 자들(히 9:28), 후회함이 없는 은사와 부르심을 입은 사람들(롬 11:29)을 통해서만이 할 수 있는 역사이다. 그런 입장에서 두 감람나무 역사는 감추어진 역사이다. 그것을 가리켜 '영적으로 하면'(계 11:8)이라고 표현한 것이다.

창 15:16 네 자손은 사대 만에 이 땅으로 돌아오리니 이는 아모리 족속의 죄악이 아직 관영치 아니함이니라 하시더니

분명히 횃불언약의 내용은 아브라함의 자손들이 4대 만에 가나안 땅으로 돌아온다고 언약하셨다. 그런데 실제로 7대인 모세에 의해서 출애굽하고 8대인 여호수아에 의해서 젖과 꿀이 흐르는 가나안 땅으로 들어갔다. 그러던 횃불언약은 실패한 언약인가? 천지가 없어지기 전에는 율법의 일점일획이라도 이루어지지 않는 것이 없다고 하셨는데(마 5:18), 하물며 율법보다 더 중요한 횃불언약이 이루어지지 않을 리가 있겠는가?(갈 3:17)

그렇다면 "4대 만에 돌아오리라"는 말씀의 성취는 언제 이루어진 것인가? 4대인 요셉의 해골이 세겜 땅에 묻히는 순간 표면적으로는 횃불언약이 이루어진 것이다(수 24:32). 표면적으로는 7대인 모세로 인해 출애굽해서 8대인 여호수아를 따라 젖과 꿀이 흐르는 가나안 땅에 들어갔지만, 영적으로는 4대 만에 들어간 것이기에 횃불언약을 가리켜 '영적인 역사'라고 하는 것이다.

두 감람나무의 3일 반은 어떤 의미를 가지고 있는가?

창 50:24-26 요셉이 그 형제에게 이르되 나는 죽으나 하나님이 너희를 권고하시고 너희를 이 땅에서 인도하여 내사 아브라함과 이삭과 야곱에게 맹세하신 땅에 이르게 하시리라 하고 요셉이 또 이스

라엘 자손에게 맹세시켜 이르기를 하나님이 정녕 너희를 권고하시리니 너희는 여기서 내 해골을 메고 올라가겠다 하라 하였더라 요셉이 일백십 세에 죽으매 그들이 그의 몸에 향 재료를 넣고 애굽에서 입관하였더라

요셉이 이스라엘 백성들에게 "너희가 출애굽하여 젖과 꿀이 흐르는 가나안 땅으로 향할 때 내 해골을 메고 나가라"는 유언을 하는 장면이다. 그리고 110세로 생을 마쳤다.

그러나 요셉의 생애는 그것으로 끝나지 않았다. 이스라엘 백성들이 횃불언약을 맺은지 636년 만에 출애굽을 하였다. 이스라엘 백성들이 요셉의 유언대로 요셉의 해골을 메고 40년 광야길을 걸었다. 젖과 꿀이 흐르는 가나안 땅에 들어가서도 가나안 정복을 하는 기간과 땅을 분배하는 데 16년이 걸렸다. 총 56년 동안 요셉의 해골을 짊어지고 다닌 것이다.

보통 사람들은 죽으면 그것으로 생이 마쳐지는데, 요셉은 죽고 나서도 56년 동안 이스라엘 백성들과 함께 동행한 것이다. 영적으로 말하면 요셉이 56년 동안 이스라엘 백성들과 함께 생활한 것이다. 따라서 요셉은 살아서 110년 동안 생활했고, 죽어서도 56년 동안 생활한 것이다. 요셉이 죽어서 56년 생활한 것은 영적으로 어떤 의미를 가지고 있는 것인가?

계 11:8-9 저희 시체가 큰 성길에 있으리니 그 성은 영적으로 하면 소돔이라고도 하고 애굽이라고도 하니 곧 저희 주께서 십자가에 못 박히신 곳이니라 백성들과 족속과 방언과 나라 중에서 사람들이 그 시체

를 사흘 반 동안을 목도하며 무덤에 장사하지 못하게 하리로다

두 감람나무가 하늘 문을 닫고 외치다 자기 사명을 마칠 때 무저갱에서 올라온 짐승에 의해 죽임을 당한다(계 11:5-7). 그리고 그의 시체가 큰 성길 위에 3일 반 동안 누워있게 된다.

왜 두 감람나무의 시체를 무덤에 장사하지 못하게 하고 3일 반 동안 큰 성길 위에 누워있게 하는 것인가? 그가 생전에 외친 말씀 때문이다. 자신이 죽으면 3일 반 만에 살아난다고 장담했기 때문에 많은 사람들이 그를 장사하지 못하게 하고 주목하고 있는 것이다.

그렇다면 횃불언약의 역사는 언제 영육 간에 이루어지는 것인가? 요셉이 횃불언약의 주인공으로서 영광을 받을 때 영육 간에 완전히 이루어지는 것이다. 횃불언약의 역사는 재림 마당에서 '이 땅의 주 앞에 섰는 두 감람나무와 두 촛대의 역사'로서 완성될 것이다. 횃불언약이 영적인 역사이기에 두 감람나무의 역사도 영적인 역사가 되는 것이다(계 11:8).

요셉이 죽어서까지 하나님의 선하신 뜻에 동참한 그 길이 재림 마당에서의 '영적으로 하면'에 해당되는 역사라고 할 수 있다. 요셉의 사후 56년의 생이 두 감람나무의 3일 반에 해당되는 것이다.

따라서 요셉의 해골이 죽어서도 56년 동안 역사한 것처럼, 두 감람나무도 3일 반 동안 큰 성길에 누워서 역사하고 있는 것이다. 물론 표면적으로 보면 두 감람나무의 시체는 정해진 장소

에 묻혀 아무 일도 하지 못하는 것처럼 보이지만, 영적으로는 그분의 사명을 대신 짊어지고 역사하는 사람이 있다.

> 창 15:9 여호와께서 그에게 이르시되 나를 위하여 삼 년 된 암소와 삼 년 된 암염소와 삼 년 된 수양과 산비둘기와 집비둘기 새끼를 취할찌니라

아브라함이 횃불언약을 맺으며 바친 제물은 세 종류가 있다. 3년 된 암소와 3년 된 암염소는 구약 마당의 하와와 노아 부인을 상징하고, 3년 된 수양은 신약 마당의 예수님을 상징하고, 산비둘기와 집비둘기 새끼는 재림 마당의 두 감람나무와 두 촛대를 상징한다.

재림 마당에서 산비둘기의 사명을 가진 사람이 죽었다 살아나기까지 집비둘기 새끼의 사명을 가진 사람이 산비둘기 대신 두 감람나무 사역을 마치는 것이다.

> 벧전 3:18-20 그리스도께서도 한번 죄를 위하여 죽으사 의인으로서 불의한 자를 대신하셨으니 이는 우리를 하나님 앞으로 인도하려 하심이라 육체로는 죽임을 당하시고 영으로는 살리심을 받으셨으니 저가 또한 영으로 옥에 있는 영들에게 전파하시니라 그들은 전에 노아의 날 방주 예비할 동안 하나님이 오래 참고 기다리실 때에 순종치 아니하던 자들이라 방주에서 물로 말미암아 구원을 얻은 자가 몇 명뿐이니 겨우 여덟 명이라

예수께서 육신으로는 죽으셨으나 영으로는 살리심을 받아서 3일 동안 스올에 들어가셔서 노아 때 죽은 영혼들에게 부활의

복음을 전해주셨다. 또 많은 영혼들이 예수님의 부활 후에 무덤에서 나와 거룩한 성에 들어가서 많은 사람들에게 자기들의 몸을 보인 자들도 있다고 기록되어 있다(마 27:52-53).

예수님이 스올에 들어가신 3일 동안 그런 역사를 하신 것처럼, 두 감람나무가 죽어서 큰 성길에 누워있는 3일 반 동안에도 놀라운 역사가 전개되는 것이다.

요셉이 110년 동안 행한 사역은 살아서 역사한 것이다. 그러나 죽은 후에도 56년 동안 역사한 것이라고 말할 수 있다. 그렇다고 해서 요셉이 죽었다 살아나서 역사했다는 의미는 아니다. 요셉은 말 한 마디 하지 못하는 시체로서 입관된 상태였지만 이스라엘 백성들이 그를 메고 다님으로써 이스라엘 역사의 중심에 서 있었다는 것이다. 그의 존재 가치는 이스라엘 역사에 절대적인 영향을 미쳤다. 비록 해골이었지만 그의 존재는 광야길에서도 제사장들이 메었던 법궤 다음으로 중요한 의미를 가지고 있었다.

요셉의 해골이 그런 중요한 의미를 가지고 있기에 이스라엘 백성들이 56년 동안이나 메고 다닌 것이다. 참고로, 그 당시 요셉의 해골은 단풍나무 관에 넣고 다시 석관으로 싸서 절대 훼손되지 않게 보존되었다. 그래서 솔로몬의 연(輦)을 60명의 용사들이 메었다는 말씀처럼(아 3:7) 요셉의 해골도 60명이 메었을 것이라고 유추할 수 있다.

그렇다면 말 한 마디 하지 못하는 시체가 어떻게 역사의 중심에 설 수 있었는가? 요셉은 횃불언약의 주인공이었기 때문에 비록 해골이었지만 광야길의 역사에 중심인물이 되는 것이다.

> 민 14:22-23 나의 영광과 애굽과 광야에서 행한 나의 이적을 보고도 이같이 열 번이나 나를 시험하고 내 목소리를 청종치 아니한 그 사람들은 내가 그 조상들에게 맹세한 땅을 결단코 보지 못할 것이요 또 나를 멸시하는 사람은 하나라도 그것을 보지 못하리라

> 고전 10:7-10 저희 중에 어떤 이들과 같이 너희는 우상 숭배하는 자가 되지 말라 기록된바 백성이 앉아서 먹고 마시며 일어나서 뛰논다 함과 같으니라 저희 중에 어떤 이들이 간음하다가 하루에 이만 삼천 명이 죽었나니 우리는 저희와 같이 간음하지 말자 저희 중에 어떤 이들이 주를 시험하다가 뱀에게 멸망하였나니 우리는 저희와 같이 시험하지 말자 저희 중에 어떤 이들이 원망하다가 멸망시키는 자에게 멸망하였나니 너희는 저희와 같이 원망하지 말라

이스라엘 백성들이 광야길에서 하나님을 열 번이나 시험하고 그 목소리에 귀를 기울이지 않았다. 게다가 우상숭배하고, 간음하고, 하나님을 시험하고, 원망하는 네 가지 죄를 지었다. 그럼에도 하나님께서 끝까지 참으신 이유는 노아에게 약속한 무지개 언약 때문이다.

> 창 9:14-15 내가 구름으로 땅을 덮을 때에 무지개가 구름 속에 나타나면 내가 나와 너희와 및 혈기 있는 모든 생물 사이의 내 언약을 기억하리니 다시는 물이 모든 혈기 있는 자를 멸하는 홍수가 되지 아니할찌라

그 무지개 언약이 횃불언약으로 전환되었고, 횃불언약의 주인공이 요셉이기에 요셉이 함께 하는 동안 이스라엘 백성들을 심판하지 않으신 것이다. 그렇기 때문에 제사장들이 멘 법궤 다음으로 요셉의 해골은 존귀한 존재였다.

재림 마당에서 산비둘기와 집비둘기 새끼의 역할은 누가 하는가?

> 시 68:15-17 바산의 산은 하나님의 산임이여 바산의 산은 높은 산이로다 너희 높은 산들아 어찌하여 하나님이 거하시려 하는 산을 시기하여 보느뇨 진실로 여호와께서 이 산에 영영히 거하시리로다 하나님의 병거가 천천이요 만만이라 주께서 그 중에 계심이 시내 산 성소에 계심 같도다

> 시 68:27 거기는 저희 주관자 작은 베냐민과 유다의 방백과 그 무리와 스불론의 방백과 납달리의 방백이 있도다

재림 마당에서 하나님께서 한 산을 통해서 역사하실 때 그 곳에는 작은 주관자가 있다고 했다. 작은 즈관자가 있다는 것은 큰 주관자가 있다는 것을 암시하는 말이다.

요셉과 베냐민은 라헬이 낳은 친 형제지간이다. 요셉이 큰 주관자라면 베냐민은 작은 주관자이다. 요셉이 애굽에서 총리가 되어 형제들과 만났을 때, 다른 형제들에게는 옷 한 벌씩 주

었으나 베냐민에게는 옷 다섯 벌과 은 300개를 주었고, 식물도 다섯 배로 주었다(창 43:34, 45:22). 따라서 요셉의 영광이 10이라면 베냐민의 영광은 5의 크기이며, 형제들은 1의 크기라고 볼 수 있다. 요셉이 큰 광명이라면 베냐민은 작은 광명이라고 말할 수 있다(창 1:16). 베냐민은 하나님이 이루고자 하시는 마지막 구속사역의 끝을 완성하는 사람이다. 그가 재림 마당에 집 비둘기 새끼의 사역을 감당하기 위해 등장하는 것이다.

> 창 46:7-27 이와 같이 야곱이 그 아들들과 손자들과 딸들과 손녀들 곧 그 모든 자손을 데리고 애굽으로 갔더라 애굽으로 내려간 이스라엘 가족의 이름이 이러하니 야곱과 그 아들들 곧 야곱의 맏아들 르우벤과 르우벤의 아들 하녹과 발루와 헤스론과 갈미요 -(중략)- 베냐민의 아들 곧 벨라와 베겔과 아스벨과 게라와 나아만과 에히와 로스와 뭅빔과 훔빔과 아룻이니 이들은 라헬이 야곱에게 낳은 자손이라 합 십사 명이요 단의 아들 후심이요 납달리의 아들 곧 야스엘과 구니와 예셀과 실렘이라 이들은 라반이 그 딸 라헬에게 준 빌하가 야곱에게 낳은 자손이니 합이 칠 명이라 야곱과 함께 애굽에 이른 자는 야곱의 자부 외에 육십륙 명이니 이는 다 야곱의 몸에서 나온 자며 애굽에서 요셉에게 낳은 아들이 두 명이니 야곱의 집 사람으로 애굽에 이른 자의 도합이 칠십 명이었더라

야곱이 요셉을 제외한 열한 아들과 손자들을 데리고 애굽으로 들어갈 때 66명과 요셉의 아들을 합하여 야곱의 70가족의 명단이 소개되고 있다.

민 26:38-40 베냐민 자손은 그 종족대로 이러하니 벨라에게서 난 벨라 가족과 아스벨에게서 난 아스벨 가족과 아히람에게서 난 아히람 가족과 스부밤에게서 난 스부밤 가족과 후밤에게서 난 후밤 가족이며 벨라의 아들은 아릇과 나아만이라 아릇에게서 아릇 가족과 나아만에게서 나아만 가족이 났으니

그런데 베냐민의 열 아들 중에 아릇과 나아만이라는 두 명의 손자가 끼어 있다(딘 26:40). 왜 애굽으로 들어갈 당시에 아직 태어나지도 않은 손자들이 마치 애굽에 들어간 것처럼 야곱의 70가족 명단에 들어있는 것인가? 그들을 야곱의 70가족으로 포함시키신 하나님의 섭리는 무엇인가?

성경에서 2는 증인의 수를 말한다. 또 장자는 차자보다 두 몫을 주게 되어 있다(신 21:17). 요셉의 경우도 야곱이 요셉의 두 아들 에브라임과 므낫세를 요셉의 족보에서 빼어 야곱의 아들로 올렸다. 즉 손자를 아들 반열로 올린 것이다.

마찬가지다. 아직 태어나지도 않은 베냐민의 두 손자를 아들로 올린 것은 베냐민이 마지막 때 장자가 된다는 것을 암시하고 있다. 야곱의 70가족 속에는 그런 장자의 비밀과 암호가 감추어진 것이다.

이처럼 산비둘기의 사명을 가진 사람이 죽은 뒤에도 집비둘기 새끼에 의해서 세미한 소리의 역사는 진행되는 것이다. 세미한 소리의 역사가 바로 영적인 역사이다.

작은 책의 말씀이 세미한 소리의 역사이며, 영적인 역사가 된다. 그렇기 때문에 작은 책의 말씀을 받지 못한 자들은 영적

인 역사의 비밀을 알지 못한다. 영적인 역사의 비밀을 알지 못하기에 영적으로 진행되는 두 감람나무의 역사 또한 알 수 없는 것이다.

그렇다면 두 감람나무 역사는 영적인 역사로서 제 밭에 있는 알곡과 가라지들 외에는 알 수 없도록 영원히 감추어진 역사인가?

두 감람나무 역사는 언제 공개되는가?

> 계 11:11-13 삼일 반 후에 하나님께로부터 생기가 저희 속에 들어가매 저희가 발로 일어서니 구경하는 자들이 크게 두려워하더라 하늘로부터 큰 음성이 있어 이리로 올라오라 함을 저희가 듣고 구름을 타고 하늘로 올라가니 저희 원수들도 구경하더라 그 시에 큰 지진이 나서 성 십분의 일이 무너지고 지진에 죽은 사람이 칠천이라 그 남은 자들이 두려워하여 영광을 하늘의 하나님께 돌리더라

영적인 3일 반의 역사가 마쳐질 때, 죽었던 두 감람나무가 실제로 영육 간에 살아나 하늘로 올라간다. 큰 성길에 누워있던 두 감람나무가 살아나 하늘로 승천하는 것이 두 감람나무 역사가 완전히 마쳐졌다는 표징이 된다. 두 감람나무 역사가 다 마쳐짐으로 그 결과가 공개되는 것이다.

두 감람나무 역사는 언제 마쳐지는가?

집비둘기 새끼의 사명을 가진 자가 사명을 마치고 제물로 바쳐질 때 두 감람나무 역사가 마쳐지는 것이다. 집비둘기 새끼가 제물로 바쳐진 후에는 영적인 3일 반이 아니라 실제로 3일 반의 역사로 진행된다. 3일 반이 끝날 때 산비둘기와 집비둘기 새끼라는 두 사람이 영육 간에 산 자로 살아난다.

아브라함이 횃불언약을 맺을 때 구약 마당, 재림 마당을 위한 제물은 둘씩 바쳤는데 3년 된 수양은 하나만 바쳤다. 즉 예수님은 하나님이 사람으로 오신 분이기에 그분은 혼자서도 영육 간의 사역을 다 행하실 수 있고, 완성하실 수 있는 분이다. 그러나 두 감람나무의 역사는 피조물의 역사이다. 그렇기 때문에 두 가지의 일을 한 사람이 혼자서 다 행할 수 없다. 그래서 산비둘기와 집비둘기 새끼라는 두 제물을 준비하신 것이다.

변화의 도맥을 가진 엘리야가 엘리사가 요구한 대로 자신이 가진 갑절의 영감을 넘겨주었다. 구약 마당의 엘리사는 "당신의 영감의 갑절을 주고 가소서"라고 요구했지만, 재림 마당에 다시 오는 엘리사는 "나도 선생님을 따라 하늘로 올라가게 하소서"라는 요구를 할 사람이다. 재림 마당에 등장하는 엘리사는 하늘로 올라갈 사람이다.

그 두 사람이 살아나는 장면을 제 밭에 있던 알곡들과 가라지들이 다 바라보게 된다. 그 순간 그동안 그를 믿지 못하고 대적하던 원수들이 두 감람나무의 승천을 바라보면서 크게 두려워한다고 했다.

마 25:41-45 또 왼편에 있는 자들에게 이르시되 저주를 받은 자들아 나를 떠나 마귀와 그 사자들을 위하여 예비된 영영한 불에 들어가라 내가 주릴 때에 너희가 먹을 것을 주지 아니하였고 목마를 때에 마시게 하지 아니하였고 나그네 되었을 때에 영접하지 아니하였고 벗었을 때에 옷 입히지 아니하였고 병들었을 때와 옥에 갇혔을 때에 돌아보지 아니하였느니라 하시니 저희도 대답하여 가로되 주여 우리가 어느 때에 주의 주리신 것이나 목마르신 것이나 나그네 되신 것이나 벗으신 것이나 병드신 것이나 옥에 갇히신 것을 보고 공양치 아니하더이까 이에 임금이 대답하여 가라사대 내가 진실로 너희에게 이르노니 이 지극히 작은 자 하나에게 하지 아니한 것이 곧 내게 하지 아니한 것이니라 하시리니

예수께서 소자가 심판의 기준이라고 친히 말씀하셨다. 자기들이 무시하고 대적했던 집비둘기 새끼 역할을 하는 사람이 소자로 등장했다는 사실이 드러날 때 "산아 바위야 나를 가려다오!"(눅 23:30, 계 6:16)라고 소리치는 것이다.

예수님이 부활하신 후 이 땅에 40일 계시면서 열한 번 나타나시고 승천하실 때 500명이 일시에 바라보았다(고전 15:6). 두 감람나무가 살아날 때는 큰 지진이 나서 성 10분의 1이 무너지고 7천 명이 죽는다. 그 7천 명은 두 감람나무를 대적하고 비난하고 정죄하던 자들이다. 두 감람나무를 죽이는 역사에 함께했던 종자들이다.

두 감람나무가 사역할 때 그의 입에서 불이 나오기에(계 11:5-6) 대항하지 못하던 자들이 두 감람나무가 죽자 서로 기뻐하며 예물을 보낸다(계 11:10). 그런데 그의 생전의 증거대

로 3일 반 만에 살아나자 이제는 자기들이 더 이상 심판을 피할 수 없는 대상이라는 것을 알게 됨으로 무섭게 이를 갈고 대적하는 것이다.

하늘에서 내려오는 거룩한 성 새 예루살렘은 누구인가?

> 계 21:2 또 내가 보매 거룩한 성 새 예루살렘이 하나님께로부터 하늘에서 내려오니 그 예비한 것이 신부가 남편을 위하여 단장한 것 같더라

> 계 21:9-10 일곱 대접을 가지고 마지막 일곱 재앙을 담은 일곱 천사중 하나가 나아와서 내게 말하여 가로되 이리 오라 내가 신부 곧 어린 양의 아내를 네게 보이리라 하고 성령으로 나를 데리고 크고 높은 산으로 올라가 하나님께로부터 하늘에서 내려오는 거룩한 성 예루살렘을 보이니

사도 요한이 하늘에서 내려오는 거룩한 성 새 예루살렘을 보았는데 그 새 예루살렘 성이 건축물이 아니라 신부, 곧 어린 양의 아내라는 것이다.

왜 하늘에서 내려오는 새 예루살렘, 산 자의 신부를 가리켜 거룩한 성이라고 표현했는가? 그 성의 주인은 신부이지만 신부 혼자 강림하는 것이 아니라, 신부의 신성조직을 함께 데리고 오기 때문이다.

> 계 21:12-14 크고 높은 성곽이 있고 열두 문이 있는데 문에 열두 천사가 있고 그 문들 위에 이름을 썼으니 이스라엘 자손 열두 지파의 이름들이라 동편에 세 문, 북편에 세 문, 남편에 세 문, 서편에 세 문이니 그 성에 성곽은 열두 기초석이 있고 그 위에 어린 양의 십이 사도의 열두 이름이 있더라

새 예루살렘 성에는 열두 기초석과 열두 문이 있는데 동서남북에 각각 세 문이 있다.

초림주에게는 네 생물과 24보좌가 있다(계 4:2-6). 그러나 재림주에게는 일곱 금 촛대와 일곱 별이 있다(계 1:12-16). 성경에서 일곱 촛대는 일곱 교회를 말하고, 일곱 별은 일곱 교회의 사자라고 하였다(계 1:20).

> 슥 4:2-3 그가 내게 묻되 네가 무엇을 보느냐 내가 대답하되 내가 보니 순금 등대가 있는데 그 꼭대기에 주발 같은 것이 있고 또 그 등대에 일곱 등잔이 있으며 그 등대 꼭대기 등잔에는 일곱 관이 있고 그 등대 곁에 두 감람나무가 있는데 하나는 그 주발 우편에 있고 하나는 그 좌편에 있나이다 하고

일곱 교회는 두 감람나무로부터 기름을 공급받아 불을 밝히게 되어 있다. 두 감람나무에게는 두 감람나무에게 소속되어 있는 두 촛대가 있다. 두 촛대는 일곱 금 촛대에 소속된 촛대가 아니다. 두 촛대는 두 감람나무에게 소속된 교회를 말한다. 즉 두 촛대는 일곱 금 촛대를 주관하며 다스리는 존재이다.

그렇다면 흰 구름이 되며, 천사들의 나팔소리가 되어주는 거룩한 신성조직의 사람들은 누구인가?

신부가 새 예루살렘 성으로 이 땅에 내려올 때 함께 오는 사람들은 누구인가? 요한계시록 7장에 14만 4천 명이 인침 받는 내용의 세계가 기록되어 있다(계 7:1-8). 그런데 14만 4천 명 외에 또 셀 수 없는 흰 옷을 입은 많은 무리가 있다(계 7:9-17). 그들은 어린 양의 피로써 정결함을 받은 구원 받은 사람들이라고 하였다. 그들은 14만 4천 명과는 별개의 사람들이다.

신부의 신성조직은 14만 4천 명이 아니라 어린 양의 생명록에 새롭게 기록된 사람들이다. 그들은 신부가 되시는 그리스도께서 마지막 재림의 마당에서 구속사의 끝을 완성하시는 과정 안에서 그를 위해서 택함을 받아 그에게 소속되어 있는 사람들이다. 마치 "인자가 아버지의 영광으로 올 때 거룩한 천사들과 함께 오리라"(마 16:27, 25:31, 막 8:38)고 하신 것처럼, 그들이 좋은 씨알들로 추수를 받아 거룩한 성조직(聖組織)으로 이 땅에 오는 모습을 가리켜서 하늘에서 새 예루살렘 성이 내려온다고 표현한 것이다.

고전 15:22-24 아담 안에서 모든 사람이 죽은 것 같이 그리스도 안에서 모든 사람이 삶을 얻으리라 그러나 각각 자기 차례대로 되리니 먼저는 첫 열매인 그리스도요 다음에는 그리스도 강림하실 때에 그에게 붙은 자요 그 후에는 나중이니 저가 모든 정사와 모든 권세와 능력을 멸하시고 나라를 아버지 하나님께 바칠 때라

"먼저는 첫 열매인 그리스도요 다음에는 그리스도 강림하실 때에 그에게 붙은 자요"(고전 15:22-23)라고 하신 붙은 자는 누구인가?

초림 때에는 하늘 보좌에 올라갔다 오신 예수님 안에서 아버지께서 주신 약속의 성령, 보혜사 성령을 통해서 첫 열매를 맺은 120문도가 붙은 자들이었다. 초림 때의 첫 열매는 부활의 첫 열매이신 예수님이시고, 120문도가 두 번째로 열매 맺은 대상들이 되는 것이다.

그러나 "그리스도 강림하실 때에 붙은 자"란 재림 마당에 해당되는 내용이다. 왜냐하면 "저가 모든 정사와 모든 권세와 능력을 멸하시고 나라를 아버지 하나님께 바칠 때"란 인류 구속 사역을 완성한 때를 가리키기 때문이다. 재림 마당의 첫 열매는 변화의 첫 열매인 신부, 그리스도이시고 그에게 붙은 자는 그리스도의 신성조직으로 그에게 소속된 좋은 씨알들이다(마 13:24-30). 제 밭에 뿌려진 좋은 씨로 인해 본 가지와 무성한 먼 가지에서 열매를 맺는 자들이다(사 17:6).

> 시 23:5-6 주께서 내 원수의 목전에서 내게 상을 베푸시고 기름으로 내 머리에 바르셨으니 내 잔이 넘치나이다 나의 평생에 선하심과 인자하심이 정녕 나를 따르리니 내가 여호와의 집에 영원히 거하리로다

재림의 마당에서 그들을 위해 원수의 목전에서 자랑스럽게 상을 주신다는 것이다. 거기서 말하는 원수들은 누구를 말하는

가? 제 밭에 뿌려진 가라지들이다.[29] 가라지들 앞에서 좋은 씨알들에게 상을 주신다는 것이다. 신부의 신성조직을 산 자로 만들어주시어 상을 주시되 더 영화롭게 해주시기 위해서 원수들의 목전에서 상을 즈신다는 것이다. 가라지들이 대적했던 좋은 씨와 좋은 씨알들이 하나님께 영광을 받는 모습을 보고 그들이 "산아 바위야 제발 나를 가려다오"(눅 23:30, 계 6:16)라고 절규한다는 것이다. 그 때는 스스로 죽을 수도 없는 때이다. 그런 가라지들이 다 보는 데서 신부의 신성조직을 데리고 오신다는 것이다.

> 살전 4:16-17 주께서 호령과 천사장의 소리와 하나님의 나팔로 친히 하늘로 좇아 강림하시리니 그리스도 안에서 죽은 자들이 먼저 일어나고 그 후에 우리 살아남은 자도 저희와 함께 구름 속으로 끌어 올려 공중에서 주를 영접하게 하시리니 그리하여 우리가 항상 주와 함께 있으리라

야곱의 70가족이 이스라엘이라는 나라를 이룩하는 기초가 되고 근거가 되고 근본이 된 것처럼, 어린 양의 신부가 이 땅에 공중 재림의 영광으로 올 때 그의 신성 조직 속에는 제 밭에 뿌려졌던 좋은 씨알들이 함께 온다. 그렇기 때문에 공중 재림의 때에는 먼저 잠든 자들은 부활시켜 데리고 오시고, 그때까지 신앙의 정절과 순결을 지키며 살아있던 사람들은 원수들이 보는 앞에서 살아서 공중으로 끌어올림을 받게 하는 것이다.

---

29) '종말론적 구속사 시리즈' 제 5권 <666, 그들은 누구인가?> 479-483쪽, 벽암 조영래 저, 도서출판 오색이슬

그렇다면 신랑 되시는 아버지의 영광은 언제 나타나는 것인가? 하늘에서 새 예루살렘 성이 내려올 때, 이 땅의 주가 되시는 재림주 멜기세덱께서 그 영광을 인도해주시고 불러주시는 것이다. 성화(聖畵)에 보면 이 땅에 계신 예수님이 손을 들고 계시고, 하늘에서 구름을 타고 천만 성도들이 내려오는 모습이 있다. 성화에는 다 예수님으로 그려놓았다. 그런데 그분은 예수님이 아니라 재림주 멜기세덱, 아버지이시다. 재림 마당의 이 땅의 주, 아버지께서 그 영광을 허락하시고 축복하시고 인도하시는 가운데 공중 재림의 영광이 나타나는 것이다.

그런 공중 재림의 영광이 있기에 예수께서 "절대 재림주가 여기 있다, 저기 있다 해도 나가지 말라"(마 24:26, 막 13:21, 눅 17:23)고 하신 것이다. 공중 재림의 영광의 빛이 동에서부터 서에 이르기까지 나타난다고 하였다. 공중 재림의 영광은 어느 장소에 임재한다고 해서 임재하는 특정 장소의 사람들만 보는 것이 아니다. 그 빛은 일곱 날의 빛, 거룩한 빛이기 때문에 지구 반대편일지라도 그 영광이 다 비추어진다. 그 빛은 동서남북 어디든지 다 볼 수 있고, 하늘에까지도 그 영광이 비추어지게 되어 있다. 그렇기 때문에 그 영광은 누구나 다 볼 수 있는 것이다. 그 거룩한 구름, 즉 거룩한 신성조직을 더욱 영화롭게 만들어주시기 위해서 원수들이 보는 앞에서 공중 재림의 영광을 나타내주시는 것이다.

제 6장
맺음말

제 6장
맺음말

1. 왜 하나님 오른손에 있던 책이 사도요한에게 줄 때는 작은 책이 되었는가?

계 5:1-5 내가 보매 보좌에 앉으신 이의 오른손에 책이 있으니 안팎으로 썼고 일곱 인으로 봉하였더라 또 보매 힘 있는 천사가 큰 음성으로 외치기를 누가 책을 펴며 그 인을 떼기에 합당하냐 하니 하늘 위에나 땅 위에나 땅 아래에 능히 책을 펴거나 보거나 할 이가 없더라 이 책을 펴거나 보거나 하기에 합당한 자가 보이지 않기로 내가 크게 울었더니 장로 중에 하나가 내게 말하되 울지 말라 유대 지파의 사자 다윗의 뿌리가 이기었으니 이 책과 그 일곱 인을 떼시리라 하더라

계 10:8-9 하늘에서 나서 내게 들리던 음성이 또 내게 말하여 가로되 네가 가서 바다와 땅을 밟고 섰는 천사의 손에 펴 놓인 책을 가지라 하기로 내가 천사에게 나아가 작은 책을 달라 한즉 천사가 가로되 갖다 먹어버리라 네 배에는 쓰나 네 입에는 꿀 같이 달리라 하거늘

분명히 보좌에 앉으신 이의 오른손에 있었던 것은 책이라고 했다(계 5:1-5). 그리고 해를 입은 여인이 넘겨받은 것도 책이었다. 그런데 힘센 천사가 사도 요한에게 책을 줄 때는 그 책이 '작은 책'이 되었다(계 10:9).

이해를 돕기 위해서 말하면 큰 책이 작은 책이 되었다는 의미 속에는 책의 내용이 축소되었다는 것을 알 수 있다. 책의 내용이 본래 내용보다 적어진 것이다. 본래 하나님 오른손에 있던 책의 내용은 구속사의 전체 계획을 담고 있다. 그 책의 내용이 구속사의 세계를 달려오면서 필요에 따라 필요한 대상들에게 전해지며 이루어진 것이다. 그래서 사도 요한에게 전해질 때에는 본래의 구속사의 계획에서 마지막 남은 부분이 전달된 것이다. 그런 의미에서 '작은 책'이라고 말할 수 있는 것이다.

하나님 오른손의 책에는 본래 어떤 내용이 담겨 있는가?

> 히 4:7 오랜 후에 다윗의 글에 다시 어느날을 정하여 오늘날이라고 미리 이같이 일렀으되 오늘날 너희가 그의 음성을 듣거든 너희 마음을 강퍅케 말라 하였나니

다윗이 어느 날을 정하여 '오늘날'이라고 외칠 때 너희는 마음을 강퍅하게 하지 말라고 했다. 그 말의 의미는 이스라엘 백성들이 광야길을 걸으며 우상숭배하고 간음하고 하나님을 시험하고 원망한(고전 10:7-10) 네 가지 죄에 빠지지 말라는 것이다. 그 말은 다윗이 '오늘날'의 의미를 알고 있다는 뜻이다.

'오늘날'의 역사가 가진 특징은 광야길이다. 성경에는 세 번의 광야길이 소개된다. 구약 마당에서 이스라엘 백성들이 걸었던 40년의 광야길이 있었고, 신약 마당에서 세례 요한이 예수님의 길을 예비하는 광야길로 등장했고, 재림 마당에서 '이 땅의 주 앞에 섰는 두 감람나무'가 광야길로 등장한다. 광야길에는 만나가 내리고, 구름기둥과 불기둥이 등장한다.

따라서 만나도 세 종류의 만나가 있다. 구약 마당에서 이스라엘 백성들이 한 달 모자라는 40년 동안 먹은 만나가 있었고(출 16:14, 민 11:9), 신약 마당에서는 초림주 예수님이 공개된 만나로 역사하셨고(요 6:48-51, 6:58), 재림 마당에서는 주고받은 자 밖에는 알지 못하는 감추인 만나가 등장한다(계 2:17).
구약 마당은 실물교육의 때이기에 보이는 물질로 이루어진 만나와 광야길이 등장하지만 신약 마당에서부터는 인자의 역사로 전환되어 인자의 입장에서의 만나와 광야길이 등장하는 것이다. 예수님보다 6개월 먼저 태어난 세례 요한이 예수님의 길을 예비하는 광야길이 되었고(사 40:3), 예수님은 공개된 만나로 역사하셨다(요 6:35, 6:41, 6:48, 6:51). 그 광야길에서 역사하시는 말씀이 바로 '오늘날'의 말씀이다.

왜 하나님께서 '오늘날'의 역사를 통해 인류 구속사역을 이루시는가? 하나님은 일곱 눈을 가지신 분이기 때문에 구속사 세계의 시작과 끝을 동시적으로 바라보시는 분이시다(계 5:6). 하나님은 과거·현재·미래의 시간에 종속되지 않는다. 한정된 운명을 살고 있는 인간들은 시공의 한계에 갇혀있기 때문에 과거·현재·미래라는 시간의 제약을 받고 시한부적인 삶을 살고 있다.

그러나 구속사의 시작과 끝을 동시적으로 바라보시고 주관하시며 섭리하시는 하나님의 입장에서는 오직 '오늘'만이 존재한다. 하나님께서 '카이로스'라는 하나님의 시간을 가지고 '호라'라는 믿음의 시간을 이용해서 구속사의 삶의 현장에 뛰어드시는 제한된 시간을 가리켜 '오늘날'의 역사라고 한다. 따라서 '오늘날'의 역사는 천사들이 주관하는 역사가 아니라 하나님께서 친히 주관하시는 주권적인 명령에 의해서 이루어지는 역사이다.

> 단 9:24-27 네 백성과 네 거룩한 성을 위하여 칠십 이레로 기한을 정하였나니 허물이 마치며 죄가 끝나며 죄악이 영속되며 영원한 의가 드러나며 이상과 예언이 응하며 또 지극히 거룩한 자가 기름부음을 받으리라 그러므로 너는 깨달아 알찌니라 예루살렘을 중건하라는 영이 날 때부터 기름부음을 받은 자 곧 왕이 일어나기까지 일곱 이레와 육십 이 이레가 지날 것이요 그 때 곤란한 동안에 성이 중건되어 거리와 해자가 이룰 것이며 육십 이 이레 후에 기름부음을 받은 자가 끊어져 없어질 것이며 장차 한 왕의 백성이 와서 그 성읍과 성소를 훼파하려니와 그의 종말은 홍수에 엄몰됨 같을 것이며 또 끝까지 전쟁이 있으리니 황폐할 것이 작정되었느니라 그가 장차 많은 사람으로 더불어 한 이레 동안의 언약을 굳게 정하겠고 그가 그 이레의 절반에 제사와 예물을 금지할 것이며 또 잔포하여 미운 물건이 날개를 의지하여 설 것이며 또 이미 정한 종말까지 진노가 황폐케 하는 자에게 쏟아지리라 하였느니라

70이레란 무슨 뜻인가? 하나님이 인류 구속사역의 세계를 이루시려면 친히 인간의 삶의 현장에 뛰어들어서 함께 하셔야만 한다. 그러나 아무리 하나님이라고 해도 인류 구속사역에 무한정 개입하실 수는 없다. 그래서 하나님께서 친히 인간의 삶의 현장에 뛰어드셔서 직접 개입하시는 기간을 70이레로 정하신 것이다(단 9:24-27). 구약 마당의 다니엘이 그 70이레에 대한 비밀을 깨달은 유일한 사람이다.

사도 바울이 하나님께서 이루시는 다섯 가지 경륜의 세계를 최초로 증거한 사람이다. 그 중에 때가 찬 경륜이 있다(엡 1:9). 처음부터 끝까지 모든 것이 정해진 때에 맞게 이루어져 역사된다는 것을 의미하는 것이다.

그런 의미에서 예수님도 때가 차매 오셨다(갈 4:4). 예수님이 오실 때, 선지자가 올 때, 특별한 하나님의 종들이 이 땅에 올 때 모든 것이 때가 찬 경륜을 통해서 이루어지도록 그 때가 처음부터 끝까지 정해져 있다는 것이다. 그 정해진 때를 가리켜 70이레라고 말하는 것이다.

그 70이레의 비밀이 하나님 오른손에 있는 책 속에 담겨 있는 것이다. 하나님 오른손의 책의 비밀을 아는 것이 완전한 은혜를 받는 것이고, 완전한 말씀을 받는 것이다. 그 완전한 말씀을 받아야 완전한 믿음을 가질 수 있는 것이다. 그렇기 때문에 하나님 오른손의 책의 내용을 알지 못하면 70이레의 비밀을 깨달을 수 없다.

70이레로 정해진 그 때를 주관하는 사람, 즉 하나님의 명을 받들어 '오늘날'의 역사를 주관하는 사람은 어떤 사람들인가? 하나님께서 친히 지명하여 부르신 자, 지시를 받은 자, 명령을 받은 자, 하늘의 신임장을 가진 자들이다. 그런 의미로 구약 마당에서 하나님이 모세에게 친히 신임장을 주셨다. 그렇게 하나님의 신임장을 받은 사람이 하나님을 대신하여 역사하는 인류 구속사역의 때가 70이레로 정해져 있다는 것이다.

그렇기 때문에 각 시대마다 하나님을 대신하는 사역자들이 등장한다. 개역 성경에는 구약 마당에 등장한 하나님이 여호와 하나님으로 기록되었으나, 히브리 원문 성경에는 엘, 엘로힘, 엘샤다이, 엘리온알라, 아도나이, 만군의 주 여호와, 야훼 등의 이름으로 기록되어 있다. 이 사람들을 다 동일한 한 사람이라고 말할 수는 없다. 역사하는 대상에 따라 여러 이름으로 등장했다는 것을 알 수 있다. "내가 아브라함과 이삭과 야곱에게 전능의 하나님으로 나타났으나 나의 이름을 여호와로는 그들에게 알리지 아니하였고"(출 6:3)라는 말씀을 보아도 역사하는 대상에 따라 각기 다른 이름으로 역사했다는 것을 알 수 있다. 이처럼 여러 사역자들이 등장하여 역사했기에 각기 등장하는 그 이름들은 절대적으로 한 사람이라고 말할 수 없는 것이다.

이렇게 하나님의 주도면밀하신 계획에 따라 하나님의 이름을 대신하는 자을 통하여 친히 구속사의 현장 속에 뛰어들어 역사하심에 따라 그 책의 내용이 본래 계획된 분량에서 점점 줄어들게 된다. 하나님의 뜻이 때가 찬 경륜(엡 1:9), 은혜의 경륜(엡 3:2), 비밀의 경륜(엡 3:9), 내게 주신 경륜(골 1:25), 믿음 안에 있는 하나님의 경륜(딤전 1:4)을 통해서 점점 이루어져 나감으로 하나님 오른손의 책의 내용이 점점 줄어들게 된다. 그런 의미로 하나님 오른손의 책이 작은 책이 되었다고 말할 수 있는 것이다.

70이레가 62이레, 7이레, 한 이레로 나누어 역사된다고 하면, 구약 마당에서 62이레가 이루어지고, 신약 마당에서 7이레가 이루어지고, 재림 마당에서 한 이레가 이루어진다. 그 한 이레의 역사를 통해서 이루어질 내용이 바로 작은 책이다.

왜 종의 시대인 구약 마당이 62이레라는 가장 긴 시간으로 역사되었는가?

종의 시대라는 말은 다른 말로 하면 율법의 시대, 정죄의 직분을 받고 있는 시대를 말한다. 율법으로는 구원을 받을 수 없고 죄를 깨닫게 하는 것이 율법을 주신 목적이라고 했다(롬 3:20). 그럼에도 불구하고 율법의 시대를 62이레로 정하신 이유가 무엇인가?

시내산에서 십계명을 중심으로 613가지의 율법을 주셨지만, 구약 마당에는 율법의 언약만 있는 것이 아니다. 창세기 14장에서 멜기세덱이 아브라함에게 떡과 포도주로 축복해주었고, 창세기 15장에서 여호와 하나님이 아브라함과 횃불언약을 맺었다.

그렇기 때문에 율법 시대 속에도 여호와가 역사한 시대가 있고, 멜기세덱이 역사한 시대가 있다. 그리고 잠정적으로 믿음의 의로 역사한 시대가 있었다. 즉 떡과 포도주로 축복을 받은 아브라함의 믿음의 의로 인류 구속사의 세계를 면면이 이어가는 역사의 흐름이 있었다. 그렇기 때문에 62이레는 단순히 율법을 이루기 위한 시대만은 아니라는 것이다. 죄를 깨닫게 하는 율법의 의,

정죄의 직분이 있었고 또 믿음의 의로 구원 받는 구원의 역사의 세계도 동시적으로 펼쳐지고 있었다.

그러나 구약 때에는 죄를 깨닫게 하는 율법이 보이는 입장에서는 가장 중심적인 역할을 하고 있었기 때문에 다른 도맥들은 감추어진 가운데 진행되고 있었다.

다시 말하면 "멜기세덱에 관하여는 우리가 할 말이 많으나 너희의 듣는 것이 둔하므로 해석하기 어려우니라 때가 오래므로 너희가 마땅히 선생이 될 터인데 너희가 다시 하나님의 말씀의 초보가 무엇인지 누구에게 가르침을 받아야 할 것이니 젖이나 먹고 단단한 식물을 못 먹을 자가 되었도다"(히 5:11-12)라는 말씀처럼 죄를 깨닫게 하는 그들에게 믿음의 의, 산 자의 도맥(道脈)의 세계를 말할 수가 없었다. 따라서 구약 마당에서 산 자의 도맥은 감추어진 입장으로서 그 도맥이 이어져 온 것이다. 그렇기 때문에 구약 마당의 역사가 가장 긴 62이레의 역사로 진행되었던 것이다.

정리하면, 구약 마당의 62이레의 역사는 여호와 하나님을 중심으로 이룩한 역사이고, 신약 마당의 7이레의 역사는 독생하신 하나님, 말씀이 육신으로 오신 분, 인류의 죄를 해결하러 오신 메시아 예수께서 이루신 역사이다.

왜 예수께서 친히 이루신 역사보다 구약 마당의 역사가 더 큰 비중을 차지하고 있는가?

그 이유는 62이레의 내용 속에는 멜기세덱이 아브라함에게 축복해준 떡과 포도주의 축복(창 14:18-19)과 여호와 하나님과 맺은 횃불언약(창 15:1-21)이 포함되어 있기 때문이다. 떡과 포도주의 축복은 산 자의 신랑이 탄생하는 역사인데 예수께서 이 땅에 오셔서 이루셨고, 횃불언약은 산 자의 신부가 탄생하는 역사인데 장차 재림 마당에서 이루어질 언약이다. 그런 의미에서 횃불언약이 큰 비중을 차지하는 중요한 언약인 것이다.

> 갈 3:17 내가 이것을 말하노니 하나님의 미리 정하신 언약을 사백삼십 년 후에 생긴 율법이 없이 하지 못하여 그 약속을 헛되게 하지 못하리라

> 히 7:18 전엣 계명이 연약하며 무익하므로 폐하고

일반적으로는 처음에 맺은 언약보다 나중에 맺은 언약이 더 중요하다. 그러나 횃불언약은 430년 후에 시내산에서 맺은 율법의 언약보다 더 중요한 언약이라는 것이다.

횃불언약은 산 자의 언약이다. 예수께서 "주를 아브라함의 하나님이요 이삭의 하나님이요 야곱의 하나님이시라 칭하였나니 하나님은 죽은 자의 하나님이 아니요 산 자의 하나님이시라"(눅 20:37-38)고 말씀하셨다. 즉 횃불언약의 주인공들을 가리켜 산 자들이라고 하셨기 때문에 횃불언약을 산 자의 언약이라고 말할 수 있는 것이다. 그런 언약들이 비록 정죄의 직분으로 역사하는 구약 마당이지만 구속사역의 세계를 함께 이루어나가고 있었다.

본래 하나님 오른손의 책에는 구속사의 세계를 이룰 하나님의 경륜이 들어있다. 70이레를 통해 이루시는 인류 구속사역의 청사진이 들어있는 것이다. 구약 마당에서 62이레를 이루셨고, 예

수님 자신이 33년 40일 동안 이 땅에서 일곱 이레를 이루심으로, 70이레 중에서 69이레가 이루어진 것이다.

요한계시록 10장에서 사도 요한에게 주시는 책은 70이레 중 69이레가 이루어지고 한 이레 속에서 이루어질 내용만 들어있기 때문에 '작은 책'이 되는 것이다.

또, 반 때의 주인공이 한 이레 역사를 하기에 작은 책이라고 표현한 것이다

> 마 13:24-30 예수께서 그들 앞에 또 비유를 베풀어 가라사대 천국은 좋은 씨를 제 밭에 뿌린 사람과 같으니 사람들이 잘 때에 그 원수가 와서 곡식 가운데 가라지를 덧뿌리고 갔더니 싹이 나고 결실할 때에 가라지도 보이거늘 집 주인의 종들이 와서 말하되 주여 밭에 좋은 씨를 심지 아니하였나이까 그러면 가라지가 어디서 생겼나이까 주인이 가로되 원수가 이렇게 하였구나 종들이 말하되 그러면 우리가 가서 이것을 뽑기를 원하시나이까 주인이 가로되 가만 두어라 가라지를 뽑다가 곡식까지 뽑을까 염려하노라 둘 다 추수 때까지 함께 자라게 두어라 추수 때에 내가 추숫군들에게 말하기를 가라지는 먼저 거두어 불사르게 단으로 묶고 곡식은 모아 내 곳간에 넣으라 하리라

산 자의 첫 열매로 하나님께 바쳐진 요셉이 재림 마당의 천국을 상징하는 제 밭에 뿌려진 '좋은 씨'로 등장하여 두 감람나무 역사의 중심인물로 역사하게 된다(계 11:4). 그는 재림 마당에서 바

쳐지는 산비둘기의 역할을 할 사람으로서, 자기에게 주어진 한 때·두 때·반 때를 역사해야 한다. 그러나 제 밭에는 알곡과 가라지가 추수 때까지 함께 자라고 있기에 공의적인 말씀의 한계를 뛰어넘지 못한다. 그래서 자기에게 주어진 한 때·두 때·반 때 중에서, 한 때와 두 때의 말씀만을 전할 수 있다.

하나님은 공의의 하나님이시다. 하나님이 비를 내리시는데 악인에게는 주지 않고, 의인들에게만 주실 수가 있는가? 악인이든 의인이든 공평하게 비를 내리셔야 한다. 하나님은 인애와 공평과 정직을 행하시는 분(렘 9:24)이기 때문에 공의의 한계 안에서 말씀을 전해야 한다.

그래서 한 때와 두 때의 말씀을 전하던 산비둘기가 자기 사명을 마치고 난 후, 무저갱에서 올라오는 짐승에 의해 죽임을 당하고 그 시체가 큰 성길에 3일 반 동안 누워있게 된다(계 11:7). 두 감람나무가 잠이 드는 순간 그동안 알곡인지 가라지인지 그 정체가 모호했던 가라지들이 단으로 묶여 구별된다. 알곡과 가라지가 구별된 상태에서 남은 반 때를 주관할 사람이 등장하여 반 때의 말씀을 증거하는 것이다.

> 창 15:9 여호와께서 그에게 이르시되 나를 위하여 삼년 된 암소와 삼년 된 암염소와 삼년 된 수양과 산비둘기와 집비둘기 새끼를 취할찌니라

아브라함이 횃불언약을 통하여 바친 제물 중에서 산비둘기와 집비둘기 새끼는 재림 마당에서 바쳐질 제물인 두 감람나무를 상징하고 있다. 두 감람나무 중에서 산비둘기의 사람이 한 때와 두 때의 말씀을 증거하고, 집비둘기 새끼에게 반 때의 말씀을 넘겨준

다. 마치 예수님이 십자가 상에서 흘리신 보혈 속에 태초의 말씀을 담아 아무도 모르게 이 땅에 떨치듯, 산비둘기의 사람이 남은 반 때를 이끌어나갈 집비둘기 새끼의 사람에게 반 때의 말씀을 넘겨준 것이다.

> 고전 2:7-8 오직 비밀한 가운데 있는 하나님의 지혜를 말하는 것이니 곧 감추었던 것인데 하나님이 우리의 영광을 위하사 만세 전에 미리 정하신 것이라 이 지혜는 이 세대의 관원이 하나도 알지 못하였나니 만일 알았더면 영광의 주를 십자가에 못 박지 아니하였으리라

예수님이 태초의 말씀을 이 땅에 떨치신 것을 마귀가 몰랐기에 "영광의 주인 줄 알았더면 그를 십자가에 못 박지 아니하였으리라"(고전 2:8)고 했다. 예수께서 영광의 주가 되시는 멜기세덱의 비밀은 만세 전에 감추인 비밀이기에 그 시대의 종교지도자들이 하나도 알지 못했다는 것이다.

마찬가지다. 산비둘기의 사람이 집비둘기 새끼의 사람에게 넘겨준 말씀이 반 때의 말씀이기 때문에 그 책이 '작은 책'이다. 한 때와 두 때의 말씀은 산비둘기가 하고, 남은 반 때의 말씀은 집비둘기 새끼가 해야 한다. 반 때의 말씀이기에 책의 양이 줄어들어 작은 책이 된 것이다. 반 때의 말씀을 하는 집비둘기 새끼를 가리켜 '소자'라고 한다. 소자가 여섯째 인을 떼고 일곱째 인이 떼어지기까지 반 때의 말씀을 하는데, 그 반 때의 말씀을 가리켜 '작은 책'이라고 하는 것이다.

또한 그 작은 책의 역사를 가리켜 '중간계시'라고 한다. 작은

책은 재림 마당에서 이루어지는 일곱 인·일곱 나팔·일곱 대접의 역사 중에서 여섯째 인을 떼고 일곱째 인이 떼어지기까지의 역사이다. 그 내용은 요한계시록 10장, 11장, 12장, 13장, 14장에 기록되어 있다.

왜 마지막 반 때에 집비둘기 새끼가 역사하는가?

> 단 9:27 그가 장차 많은 사람으로 더불어 한 이레 동안의 언약을 굳게 정하겠고 그가 그 이레의 절반에 제사와 예물을 금지할 것이며 또 잔포하여 미운 물건이 날개를 의지하여 설 것이며 또 이미 정한 종말까지 진노가 황폐케 하는 자에게 쏟아지리라 하였느니라

> 마 24:15 그러므로 너희가 선지자 다니엘의 말한바 멸망의 가증한 것이 거룩한 곳에 선 것을 보거든 (읽는 자는 깨달을찐저)

일반적으로 한 이레는 7년 대환난이라고 말하며, 전 3년 반과 후 3년 반으로 나뉘어진다. 전 3년 반에는 빛이 역사하는 때로서 빛의 주인공들이 등장하고, 후 3년 반에는 어둠이 역사하는 때로서 어둠의 주관자들이 등장한다. 빛의 역사에도 '이 땅의 주와 그 앞에 선 두 감람나무'로서 세 사람이 등장하고, 어둠의 역사에도 '붉은 용, 바다의 짐승, 땅의 새끼 양'이라는 세 사람이 등장한다.

어둠의 주관자들이 자기들의 때에 맞게 권세와 능력을 받아 역사하는 모습을 "미운 물건이 날개를 의지하여 설 것이며"(단 9:27)라고 했고, "멸망의 가증한 것이 거룩한 곳에 선 것을 보

거든 (읽는 자는 깨달을진저)"(마 24:15)이라고 했다. 성경에서 가장 난해한 구절이 "주검이 있는 곳에는 독수리들이 모일찌니라"(마 24:28)는 내용인데, 그에 못지않게 난해한 구절들이다. 필자는 "종말론적 구속사 시리즈" 제 5권 <666, 그들은 누구인가?>에서 그 내용에 대해 이미 소개한 바 있다.[30]

> 계 13:18 지혜가 여기 있으니 총명 있는 자는 그 짐승의 수를 세어 보라 그 수는 사람의 수니 육백육십 륙이니라

분명히 666은 컴퓨터나 바코드, 베리칩이 아니라 세 사람이라는 것이 성경에도 명백히 증거되고 있다. 지혜롭고 총명한 자들은 666이 '짐승같은 사람'이라는 사실을 알게 된다는 것이다.

> 계 13:11-15 내가 보매 또 다른 짐승이 땅에서 올라오니 새끼 양 같이 두 뿔이 있고 용처럼 말하더라 저가 먼저 나온 짐승의 모든 권세를 그 앞에서 행하고 땅과 땅에 거하는 자들로 처음 짐승에게 경배하게 하니 곧 죽게 되었던 상처가 나은 자니라 큰 이적을 행하되 심지어 사람들 앞에서 불이 하늘로부터 땅에 내려오게 하고 짐승 앞에서 받은바 이적을 행함으로 땅에 거하는 자들을 미혹하며 땅에 거하는 자들에게 이르기를 칼에 상하였다가 살아난 짐승을 위하여 우상을 만들라 하더라 저가 권세를 받아 그 짐승의 우상에게 생기를 주어 그 짐승의 우상으로 말하게 하고 또 짐승의 우상에게 경배하지 아니하는 자는 몇이든지 다 죽이게 하더라

---

30) '종말론적 구속사 시리즈' 제 5권 <666, 그들은 누구인가?> 465-471쪽, 벽암 조영래 저, 도서출판 오색이슬

땅에서 올라온 새끼 양이 가진 권세와 능력으로 실로 가공할 만한 기사이적을 행하는 모습이다. 그가 바다의 짐승에게 받은 권세로 하늘로부터 불이 내려오게 하고, 땅에 거하는 자들을 미혹하며, 짐승의 우상을 만들어 생기를 주어 우상으로 하여금 말하게 하며, 누구를 막론하고 짐승의 우상에게 경배하지 않는 자는 다 죽인다고 했다. 심지어는 죽은 사람까지 살리는 놀라운 이적을 행한다. 물론 새끼 양이 살리는 대상은 죽은 육체가 부패하지 않은 경우에 해당된다.

구약 마당에서 엘리야가 갈멜산 전투에서 850명의 거짓 선지자들과 싸울 때 하늘에서 불이 내려오게 한 경우가 있고(왕상 18:38), 두 감람나무의 입에서 불이 나와 그를 대적하는 자들을 심판한다고 했다(계 11:5). 또 엘리야가 죽은 사렙다 과부의 아들을 살려 주었고(왕상 17:19-22), 엘리사가 죽은 수넴 여인의 아들을 살려주었다(왕하 4:32-35). 엘리야와 엘리사는 생령의 차원에서 죽은 자들의 혼을 불러들여 살린 것이다. 그런 역사를 땅에서 올라온 새끼 양이 행하는 것을 볼 때, 그도 역시 생령에 준하는 권세와 능력을 가진 존재라는 것을 알 수 있다.

과연 그가 죽은 자를 살리는 기사이적을 행할 때 그 장면을 바라보는 사람들이 무엇이라고 생각하겠는가? 재림주가 오셨다고 생각하여 짐승의 우상에게 엎드려 찬양과 경배와 영광을 드리지 않겠는가?

그러나 이 점을 깊이 생각하고 명심해야 한다. 예수께서 죽은 회당장 야이로의 딸과(막 5:41, 눅 8:54), 나인 성 과부의 아들과(눅 7:14), 나사로를 살려주셨다(요 11:43). 이 중에서 회당장 야이로의 딸과 나인 성 과부의 아들은 죽은 지 만 하루가 지나지 않아 시신이 온전히 보존된 상태에서 살리신 것이다. 그것은 소생(蘇生)이다. 그러나 나사로는 죽은 지 나흘이 지나 시신이 부패된 상태에서 살리신 것이다(요 11:39). 그것은 부활이다.

구약 마당에서 엘리야가 죽은 사렙다 과부의 아들을 살린 것과 엘리사가 죽은 수넴 여인의 아들을 살린 것도 소생(蘇生)이다. 부활과 소생은 엄연히 다르다. 소생은 생령의 차원의 사람이면 누구나 행할 수 있지만, 부활은 창조주의 고유권한이다. 오직 말씀이 육신으로 오신 예수님만이 행할 수 있는 능력이다. 또 예수님의 권한을 대행할 수 있는 재림주 멜기세덱만이 행할 수 있는 능력이다.

부활과 소생을 분별하지 못하는 자는 재림 마당에서 666이 역사할 때 이마와 손에 표를 받게 된다. 그들에게 다 인침 받을 수밖에 없다. 빛의 때에는 회개할 수 있으나, 어둠의 때에는 한 번의 우상숭배, 한 번의 실수로 영원히 꺼지지 않는 불 못에 들어갈 수밖에 없다(계 20:14-15).

전 3년 반, 빛이 역사하는 때에 집비둘기 새끼가 마지막 사람으로 역사하는 것처럼 후 3년 반, 어둠의 때에도 땅에서 올라온 새끼 양이 마지막 사람으로 역사하는 것이다.

> 살후 2:4 저는 대적하는 자라 범사에 일컫는 하나님이나 숭배함을 받는 자 위에 뛰어나 자존하여 하나님 성전에 앉아 자기를 보여 하나님이라 하느니라

> 창 3:5 너희가 그것을 먹는 날에는 너희 눈이 밝아 하나님과 같이 되어 선악을 알 줄을 하나님이 아심이니라

어둠의 주관자들은 자기들도 하나님처럼 할 수 있다는 생각으로 빛의 주인공들과 동일한 역사를 하고자 한다. 그래서 666의 마지막 짐승도 땅에서 올라온 새끼 양이다. 그와 맞서 싸우기 위해서 집비둘기 새끼의 사명을 가진 사람이 반 때의 역사를 짊어지고 행하는 것이다.

2. 작은 책의 역사는 언제부터 시작되었는가?

작은 책, 중간계시, 다시복음의 역사는 여섯째 인을 떼고 일곱째 인이 떼어지기까지 역사되는 말씀이라고 했다. 그러나 재림 마당 이전에도 작은 책의 비밀을 간직한 사람들이 있었다는 것을 소개한 바 있다. 그렇다면 작은 책의 역사는 언제부터 어떻게 전개되었는가?

하나님 오른손의 책은 그 누구도 펴거나 보거나 할 자가 없는 책이지만, 하나님께서는 그 책을 가지고 인류 구속사역에 처음부터 끝까지 역사하셨다. 작은 책은 재림 마당에서만 역사된 것이 아니다. 성경 전체를 살펴보면 하나님께서 믿음의 사람들을 통해 직접 개입하셔서 역사하고 계셨다는 것을 알게 된다.

> 창 4:10 가라사대 네가 무엇을 하였느냐 네 아우의 핏소리가 땅에서부터 내게 호소하느니라

성경에 등장하는 인물 중에서 아벨, 이삭, 모세 등을 가리켜 예수님의 그림자라고 한다.

아벨은 순교자의 첫 사람으로서 그의 피가 지금도 소리치고 있다(창 4:10, 히 11:4)는 점에서 우편 보좌에서 지금도 기도하고 계시는 주님을 닮은 그림자라고 말할 수 있다(롬 8:34). 이삭은 순종의 조상이며, 약속의 첫 씨로서 예수님의 그림자라고 말할 수 있다(롬 9:7-8). 모세는 하나님의 집에서 사환으로 충성하였고, 예수님은 집 맡은 아들로 충성하였다(히 3:5-6)는 점에서 모세는 예수님의 그림자라고 할 수 있다.

그림자의 역사는 항상 실체에 앞서 이루어지며 진행되는 역사이며, 실체에 앞서 나타나는 하나님의 특별하신 배려이시다. 따라서 실체의 영광을 위한 그림자의 역사도 인간 스스로의 믿음으로 이루어진 역사가 아니라, 하나님께서 개입하시는 작은 책의 역사라고 말할 수 있다. 과연 하나님께서는 어떤 사람들을 통해서 작은 책의 맥을 이어나가실 수 있었는가?

가인과 아벨

> 살전 5:23 평강의 하나님이 친히 너희로 온전히 거룩하게 하시고 또 너희 온 영과 혼과 몸이 우리 주 예수 그리스도 강림하실 때에 흠없게 보전되기를 원하노라

사람은 영과 혼과 몸으로 구성되어 있다(살전 5:23). 아담은 타락하는 순간 무엇을 빼앗겼는가? 아담의 영과 혼과 몸 중에서

영만을 빼앗겼다. 생령으로서 가지고 있던 생기, 빛, 생령의 영광을 빼앗김으로 혼과 몸만 가진 상태가 되었다. 그 결과 아담이 가인과 아벨을 낳을 당시에 혼과 몸만을 전수해줄 수 있었다. 하나님은 인류 구속사역을 포기하지 않으시고 남아있는 혼과 몸을 통하여 다시 영을 회복하고자 시도하셨다.

아담은 타락했기에 스스로 후사를 결정할 자격을 상실하였다. 그래서 하나님께서 아담의 후사를 정하시고자 가인과 아벨에게 각자 고유적인 제물로써 하나님께 제사를 드리라고 하셨다. 제사를 드리라고 하신 하나님께서는 제사를 받으시는 기준이 있다. 하나님의 보좌가 의와 공의로써 그 보좌의 기초가 이루어진 것처럼, 가장 고귀하고 아름다운 제사의 기준도 하나님의 보좌가 그것을 정한 것이다. 그 기준의 첫째는 믿음이고, 둘째는 소속이고, 셋째는 예물이다. 이것이 하나님의 보좌의 기초가 되는 근거이며, 의와 공의로써 이루어진 하늘의 법도이다.

> 히 11:4 믿음으로 아벨은 가인보다 더 나은 제사를 하나님께 드림으로 의로운 자라 하시는 증거를 얻었으니 하나님이 그 예물에 대하여 증거하심이라 저가 죽었으나 그 믿음으로써 오히려 말하느니라

아벨은 믿음으로 제사를 드렸고 가인은 믿음으로 제사를 드리지 않음으로 하나님께서 믿음으로 드린 아벨의 제사는 받으셨고, 믿음으로 드리지 않은 가인의 제사는 받지 않으셨다. 그러자 가인이 아벨을 쳐 죽이고 말았다(창 4:8).

가인과 아벨은 혼과 몸을 가진 대상이었다. 그런데 제사 사건

으로 가인이 아벨을 쳐죽임으로 혼을 빼앗겼다(창 4:3-8). 즉 제사권, 예배를 드릴 수 있는 권위를 빼앗기고 몸만 남게 되었다. 만일 가인이 이런 비밀을 깨달았다면 아벨을 시기하여 죽일 것이 아니라, 아벨을 통하여 자신의 제물을 하나님께 드리는 방법을 선택했을 것이다.

> 창 6:2-3 하나님의 아들들이 사람의 딸들의 아름다움을 보고 자기들의 좋아하는 모든 자로 아내를 삼는지라 여호와께서 가라사대 나의 신이 영원히 사람과 함께 하지 아니하리니 이는 그들이 육체가 됨이라 그러나 그들의 날은 일백이십 년이 되리라 하시니라

아담 때에 영을 빼앗기고, 아벨 때에 혼을 빼앗기고, 마지막으로 남은 몸마저 셋의 계열의 아들들이 가인 계열의 딸들에게 빼앗김으로 완전 타락하여 육체가 된 것이다. 따라서 빼앗긴 영과 혼과 몸을 회복할 길이 사라지고 말았다. 그렇기 때문에 부득이 전 시대를 심판하고 새 창조 새 역사를 시도하셔야만 한다. 그래서 노아 때 물로 심판할 수밖에 없었던 것이다.

이런 역사의 가장 핵심이 되는 제사의 중심사상, 제사를 열납하는 기준 등이 모두 작은 책에서 나온 하늘의 법도이며 율레이며 규례였다. 이처럼 구약 마당에서 인류 구속사의 역사를 시작하는 서두부터 작은 책의 역사가 시작되었다는 것을 알 수 있다.

의의 후사 노아

> 창 6:8-9 그러나 노아는 여호와께 은혜를 입었더라 노아의 사적은 이러하니라 노아는 의인이요 당세에 완전한 자라 그가 하나님과 동행하였으며

하나님이 노아에게 주신 은혜로 말미암아 노아가 당대의 완전한 자, 의인이 되었다. 즉 노아에게 주신 은혜는 완전한 은혜라는 것이다. 완전한 은혜는 하나님이 주시는 것이고, 부분적인 은혜는 천사들을 통해서 주신다.

노아가 그런 완전한 은혜를 받았기 때문에 장이 300규빗, 광이 50규빗, 고가 30규빗이 되는 방주를 지을 수 있었다. 장이 300규빗이라는 것은 성부 하나님의 분량을 말하는 것이고, 광이 50규빗이라는 것은 성령 하나님의 척도를 말하는 것이고, 고가 30규빗이라는 것은 성자 하나님의 분량을 말한 것이다. 즉 노아가 성부·성자·성령의 암호를 알게 된 것이다. 노아가 방주 규격에 감추어진 비밀을 알았기 때문에 성부·성자·성령을 상징하는 방주를 지을 수 있었다. 노아가 완전한 은혜를 받았다는 것은 생명나무 안에 있는 완전한 비밀, 완전한 지식을 받은 것이다. 그 암호를 모르면 방주를 지을 수 없는 것이다.

노아가 성부·성자·성령의 암호로 이루어진 방주를 지었기 때문에 지구축이 흔들리는 거센 파도와 풍랑 속에서도 방주가 살아남은 것이다. 파도가 방주를 깨뜨릴 수 없는 것이다.

> 막 4:39-41 예수께서 깨어 바람을 꾸짖으시며 바다더러 이르시되 잠잠하라

> 고요하라 하시니 바람이 그치고 아주 잔잔하여지더라 이에 제자들에게 이르시되 어찌하여 이렇게 무서워하느냐 너희가 어찌 믿음이 없느냐 하시니 저희가 심히 두려워하여 서로 말하되 저가 뉘기에 바람과 바다라도 순종하는고 하였더라

예수님이 타신 배가 풍랑에 흔들리자, 예수께서 호령하시니까 바람과 파도가 잔잔해졌다(눅 8:22-25). 그 모습을 바라보던 제자들이 "저가 뉘기에 바람과 물을 명하매 순종하는고?"(눅 8:25)라고 하며 놀라는 장면이 기록되어 있다.

생각해 보라! 지구축이 움직여서 거대한 대양의 물이 지구를 한 바퀴 도는데 그 파도의 거셈은 말로 설명할 필요가 없지 않은가? 그런 파도를 만난다면 거대한 군함인들 무사하겠는가? 아무리 강철로 만든 항공모함이라도 거센 파도에 다 깨질 것이다. 그런데 잣나무로 만든, 강철 못 하나 없이 역청칠해서 만든 배인데도 불구하고 그 배가 끄덕도 하지 않았다.

그 이유가 무엇인가? 노아의 방주는 성삼위일체를 상징하는 방주이기 때문이다. 그런 방주를 파도가 깰 수 있는가? 설사 거센 파도가 일어나더라도 노아의 방주 앞에서는 잔잔한 호수 같이 조용히 움직였을 것이다. 그래서 방주가 150일 동안 물 위를 떠다닐 수 있었던 것이다.

노아에게 주신 완전한 은혜를 통해서 노아 가족들이 새 창조 새 역사를 펼쳐 나갈 수 있는 거룩한 성가정으로 변화를 받으려는 순간 마귀가 함께 역사하여 노아의 가정도 깨어지고 말았다. 하나님께서는 역산된 에덴동산의 질서를 바로 잡으시고자 시대마

다 중단하지 않고 역사하셨지만, 어둠의 권세가 대적함으로 하나님의 뜻이 무산되고 깨어지고 말았다. 비록 노아의 가정은 깨어졌지만 노아 개인은 승리하여 의의 후사가 됨으로(히 11:7) 노아에게 축복받은 셈의 후손 중에서(창 9:26-27) 10대인 아브라함의 가정이 다시 택함을 받게 된 것이다.

믿음의 조상 아브라함

> 창 22:1-2 그 일 후에 하나님이 아브라함을 시험하시려고 그를 부르시되 아브라함아 하시니 그가 가로되 내가 여기 있나이다 여호와께서 가라사대 네 아들 네 사랑하는 독자 이삭을 데리고 모리아 땅으로 가서 내가 네게 지시하는 한 산 거기서 그를 번제로 드리라

> 약 1:13 사람이 시험을 받을 때에 내가 하나님께 시험을 받는다 하지 말찌니 하나님은 악에게 시험을 받지도 아니하시고 친히 아무도 시험하지 아니하시느_라

하나님은 누구도 시험하지 않으신다고 했다. 그런 하나님께서 왜 아브라함을 '시험하시려고' 독자 이삭을 바치라고 하셨는가?

하나님께서 이삭을 바치라고 하신 것은 이삭을 유월절 양의 제물로 바치는지, 아사셀 양의 제물로 바치는지 아브라함의 믿음의 한계, 분량을 척량하기 위해서였다. 그런데 아브라함이 100세에 얻은 만득자 이삭을 유월절 양의 입장으로만 바쳤지, 아사셀 양의 입장으로는 바치지 못했다.

만일 아브라함이 이삭을 바칠 때 아사셀 양의 입장으로서 바칠 수 있었던 믿음을 가졌더라면 아브라함 당대에 멜기세덱 반차를 이루며, 완성할 수 있었을 것이다.

창 28:12 꿈에 본즉 사닥다리가 땅 위에 섰는데 그 꼭대기가 하늘에 닿았고 또 본즉 하나님의 사자가 그 위에서 오르락내리락하고

멜기세덱 반차는 하늘로 가는 사닥다리이다. 그 사닥다리는 하늘에서 만들어져 땅으로 내려오는 것이 아니라, 이 땅에서 만들어져야 하는 것이다. 그 멜기세덱 반차의 완성을 위해 아담부터 시도해 보았지만 아담의 타락으로 실패하고, 노아 가정을 통해 이루려 하셨지만 함으로 인해 노아 가정이 깨어짐으로 이루지 못했다. 이제 세 번째 인류의 조상 아브라함의 가정을 통해서 시도하시고자 아브라함을 시험하신 것이다.

하나님의 시험은 개인 대 개인의 시험이 아니라, 하늘에 정해진 기준을 근거로 시험하신다. 하나님 보좌의 기초가 되는 의와 공도로써 시험하신다. 그런 의미에서 아브라함에게 이삭을 바치게 하신 것이다. 노아, 다니엘, 욥 같은 의인이 되려면 누구든지 불시험을 받아야 하기 때문에 그 시험의 기준으로 아브라함도 시험하신 것이다. 아브라함이 이삭을 바칠 때 아사셀 양의 입장으로는 바치지 못했지만, 유월절 양의 입장으로는 바쳤다. 그 결과 하나님의 벗이 될 수 있었다(대하 20:7, 사 41:8, 약 2:23).

그렇다면 왜 하나님은 불로 시험하시는가?

> 고전 3:12-15 만일 누구든지 금이나 은이나 보석이나 나무나 풀이나 짚으로 이 터 위에 세우면 각각 공력이 나타날 터인데 그 날이 공력을 밝히리니 이는 불로 나타내고 그 불이 각 사람의 공력이 어떠한 것을 시험할 것임이라 만일 누구든지 그 위에 세운 공력이 그대로 있으면 상을 받고 누구든지 공력이 불타면 해를 받으리니 그러나 자기는 구원을 얻되 불 가운데서 얻은 것 같으리라

각자의 믿음의 공력을 시험하기 위해서 불로써 시험하신다고 했다. 하나님께서 공의를 전제로 모든 성도들에게 개인적으로 행하시는 시험이다.

> 벧전 4:12-13 사랑하는 자들아 너희를 시련하려고 오는 불시험을 이상한 일 당하는 것 같이 이상히 여기지 말고 오직 너희가 그리스도의 고난에 참예하는 것으로 즐거워하라 이는 그의 영광을 나타내실 때에 너희로 즐거워하고 기뻐하게 하려 함이라

위 구절은 '사랑하는 자들'에게 당부하시는 말씀이다. 불시험은 누구에게나 오는 시험이 아니라, 하나님께서 특별히 사랑하시는 대상에게 찾아오는 시험이다.

하나님께서 사랑하시는 대상은 누구인가? 고린도전서 3장에서 각자의 공력을 시험받는 불시험을 통해서 하나님께 인정받은 자들을 말한다. 하나님께서 공의로 모든 성도를 시험하시는 불시

험과 사랑하는 자들에게 주시는 불시험은 내용이 전혀 다르다.

왜 불시험이 오는 것을 이상히 여기지 말라고 하셨는가?

> 벧전 4:17-18 하나님 집에서 심판을 시작할 때가 되었나니 만일 우리에게 먼저 하면 하나님의 복음을 순종치 아니하는 자들의 그 마지막이 어떠하며 또 의인이 겨우 구원을 얻으면 경건치 아니한 자와 죄인이 어디 서리요

의인이 겨우 구원을 얻는다면 죄인들은 설 자리가 없다고 했다. 그래서 하나님의 집에서 심판을 시작하신다. 사랑하는 자들을 먼저 심판하신다는 것이다.

불시험에서 이기는 자는 누구나 예외없이 받아야 하는 심판에서 이기고 남을 수가 있다. 즉 긍휼이 있는 심판을 받는 것이다(약 2:13).

아브라함을 그 누구보다 사랑하시기에 백 세에 얻은 만득자 이삭을 바치라고 하셨다. "하나님이 아브라함을 시험하사"(창 22:1)라고 말씀하신 '시험하사'란 부정적인 시험이 아니라 더 큰 영광을 주시기 위한 과정에서 필요한 시험이었다. 아브라함에게 이삭을 바치라는 명령이 바로 불시험이었던 것이다. 아브라함이 그 불시험에서 합격함으로 하나님의 벗이라는 칭예를 받을 수 있었다.

> 왕하 2:1-6 여호와께서 회리바람으로 엘리야를 하늘에 올리고자 하실 때에 엘리야가 엘리사로 더불어 길갈에서 나가더니 엘리야가 엘리사

에게 이르되 청컨대 너는 여기 머물라 여호와께서 나를 벧엘로 보내시느니라 엘리사가 가로되 여호와의 사심과 당신의 혼의 삶을 가리켜 맹세하노니 내가 당신을 떠나지 아니하겠나이다 이에 두 사람이 벧엘로 내려가니 벧엘에 있는 선지자의 생도들이 엘리사에게로 나아와 이르되 여호와께서 오늘날 당신의 선생을 당신의 머리 위로 취하실 줄을 아나이까 가로되 나도 아노니 너희는 잠잠하라 엘리야가 저에게 이르되 엘리사야 청컨대 너는 여기 머물라 여호와께서 나를 여리고로 보내시느니라 엘리사가 가로되 여호와의 사심과 당신의 혼의 삶을 가리켜 맹세하노니 내가 당신을 떠나지 아니하겠나이다 하니라 저희가 여리고에 이르매 여리고에 있는 선지자의 생도들이 엘리사에게 나아와 이르되 여호와께서 오늘날 당신의 선생을 당신의 머리 위로 취하실 줄을 아나이까 엘리사가 가로되 나도 아노니 너희는 잠잠하라 엘리야가 또 엘리사에게 이르되 청컨대 너는 여기 머물라 여호와께서 나를 요단으로 보내시느니라 저가 가로되 여호와의 사심과 당신의 혼의 삶을 가리켜 맹세하노니 내가 당신을 떠나지 아니하겠나이다 이에 두 사람이 행하니라

엘리야가 승천하기 직전에 엘리사를 세 번 시험하였다. 길갈에서부터 벧엘로, 벧엘에서 여리고로, 여리고에서 요단으로 가고자 할 때마다 엘리사를 떼어놓으려고 했으나 그 때마다 엘리사가 "여호와의 사심과 당신의 혼의 삶을 가리켜 맹세하오니 내가 당신을 떠나지 아니하겠나이다"라는 고백과 함께 끝까지 동행하였다. 그 결과 엘리사가 엘리야의 승천을 보고 변화의 비밀을 깨달을 수 있었고, 엘리야의 갑절의 영감을 받을 수 있었다.

엘리야가 엘리사를 세 번 시험한 것도 불시험이었다. 엘리사를 변화의 비밀을 깨닫고 간직할 수 있는 자격자로 세우고자, 엘리사에게 마지막으로 불시험을 한 것이다.

> 왕상 19:15-17 여호와께서 저에게 이르시되 너는 네 길을 돌이켜 광야로 말미암아 다메섹에 가서 이르거든 하사엘에게 기름을 부어 아람 왕이 되게 하고 너는 또 님시의 아들 예후에게 기름을 부어 이스라엘 왕이 되게 하고 또 아벨므흘라 사밧의 아들 엘리사에게 기름을 부어 너를 대신하여 선지자가 되게 하라 하사엘의 칼을 피하는 자를 예후가 죽일 것이요 예후의 칼을 피하는 자를 엘리사가 죽이리라

엘리야가 마지막으로 받은 사명은 "하사엘에게 기름을 부어 아람 왕이 되게 하고, 예후에게 기름을 부어 이스라엘 왕이 되게 하고, 아벨므흘라 사밧의 아들 엘리사에게 기름을 부어 너를 대신하여 선지자가 되게 하라"는 것이다. "하사엘의 칼을 피하는 자를 예후가 죽일 것이요, 예후의 칼을 피하는 자를 엘리사가 죽이리라"는 말씀의 의미는 엘리사가 마지막 관문의 사람이라는 것이다. 엘리사의 칼은 피할 수가 없다는 것이다. 엘리사가 그런 막중한 사명을 감당해야 하기 때문에 마지막으로 불시험을 받아야 하는 것이다.

바벨론에 포로로 잡혀간 다니엘이 예루살렘 성을 향해 하루에 세 번 기도함으로 사자굴에 던져졌고(단 6:16-17), 다니엘의 세 친구들이 느부갓네살 왕이 세운 금신상에 절하지 않는다고 해서

평소보다 7배나 뜨거운 풀무불에 던져졌다(단 3:19-23). 사자굴에 던져진 다니엘은 천사가 사자들의 입을 봉함으로 몸이 상하지 않았고(단 6:22-24), 다니엘의 세 친구들도 신의 아들과 같은 사람이 함께 함으로 머리털 하나도 그슬리지 아니하였고, 불 탄 냄새도 나지 않았다(단 3:22-27).

그들 또한 불시험을 통해서 하나님께로부터 마지막 신앙의 의를 인정받을 수 있었던 것이다.

불시험을 주시는 목적은 하나님께 거룩한 산 제사, 영적 예배를 드림으로(롬 12:1) 하나님의 축복과 영광을 주시기 위함이다. 이처럼 불시험은 그리스도와 함께 영광을 받게 하기 위한 시험이기에 불시험이 오는 것을 이상하게 생각하지 말라는 것이다. "너희를 시련하려고 오는 불시험을 이상한 일 당하는 것같이 이상히 여기지 말라"(벧전 4:12)는 것은 인간적인 기준으로 판단하지 말라는 것이다. 인간적인 기준으로 보기에 합당하다면 불시험이라는 말이 해당되지 않을 것이다. 그렇기 때문에 불시험이 오는 것을 이상히 여기지 말고 오히려 그리스도의 고난에 참예하는 것을 기뻐하라고 했다.

불시험은 누가 할 수 있는 시험인가?

계 11:4-5 이는 이 땅의 주 앞에 섰는 두 감람나무와 두 촛대니 만일 누구든지 저희를 해하고자 한즉 저희 입에서 불이 나서 그 원수를 소멸할찌니 누구든지 해하려 하면 반드시 이와 같이 죽임을 당하리라 불을 가진 사람만이 불시험을 행할 수 있다. 성경에서 불을 가진 사람이 누구인가? '이 땅의 주 앞에 선 두 감람나무'가 불을 가진 사람이다. 그가 불을 가진 사람이기에 그의 입에서 불이 나오는 것이다.

두 감람나무가 불시험을 할 때는 하나님의 오른손에 있던 책의 기준, 내용, 의와 공도를 가지고 시험하고, 심판하는 것이다. 하나님의 자녀들이 작은 책의 기준에 합당한 결과를 얻게 하고자 시험하고, 연단하고, 훈련하는 것이다.

다윗

대상 28:11-18 다윗이 전의 낭실과 그 집들과 그 곳간과 다락과 골방과 속죄소의 식양을 그 아들 솔로몬에게 주고 또 성신의 가르치신 모든 식양 곧 여호와의 전의 뜰과 사면의 모든 방과 하나님의 전 곳간과 성물 곳간의 식양을 주고 또 제사장과 레위 사람의 반열과 여호와의 전에 섬기는 모든 일과 섬기는데 쓰는 모든 그릇의 식양을 설명하고 또 모든 섬기는데 쓰는 금기명을 만들 금의 중량과 모든 섬기는데 쓰는 은기명을 만들 은의 중량을 정하고 또 금 등대들과 그 등잔 곧 각 등대와 그 등잔을 만들 금의 중량과 은 등대와 그 등잔을 만들 은의 중량을 각기 적당하게 하고 또 진설병의 각 상을 만들 금의 중량을 정하고 은상을 만들 은도 그렇게 하고 고기 갈고리와 대접과 종자를 만들 정금과 금잔 곧 각 잔을 만들 금의 중량과 또 은잔 곧 각 잔을 만들 은의 중량을 정하고 또 향단에

> 쓸 정금과 또 타시는 처소된 그룹들의 식양대로 만들 금의 중량을 정하여 주니 이 그룹들은 날개를 펴서 여호와의 언약궤를 덮는 것이더라

위 구절은 다윗이 솔로몬에게 성전을 지을 식양, 설계도를 가르쳐주는 장면이다. 성경에는 하나님이 다윗에게 성전의 식양을 가르쳐주셨다는 기록이 없다. 그런데 놀랍게도 다윗이 솔로몬에게 지을 성전의 식양을 가르쳐주었다. 성전의 구조뿐만 아니라 성전을 지을 재료와 성물들의 규격 등을 자세히 가르쳐 주었다. 심지어 지성소 안에 있는 촛대에서 떨어지는 촛농을 담을 종지까지 그 규격과 거기에 사용될 금이 얼마나 들어가는지까지 솔로몬에게 다 설명해주었다.

다윗은 어떻게 성전의 식양을 알고 있는가? "또 성신의 가르치신 모든 식양"(대상 28:12)이라고 했다. 즉 성신이 가르쳐주어서 알고 있는 것이다. 그 비밀이 작은 책 안에 있는 비밀인데 성신이 다윗에게 그것을 다 가르쳐주었다는 것이다.

> 대상 28:19 다윗이 가로되 이 위의 모든 것의 식양을 여호와의 손이 내게 임하여 그려 나로 알게 하셨느니라

성전의 식양을 가르쳐주실 때 막연히 가르쳐주신 것이 아니라, 여호와의 손이 다윗에게 임하여 친히 성전의 식양을 그려서 알려주셨다는 놀라운 고백을 하고 있다.

> 시 51:11 나를 주 앞에서 쫓아내지 마시며 주의 성신을 내게서 거두지 마소서

위 구절에 보면 다윗은 구약 마당에 등장한 사람인데 자기 안에 성신이 있다는 고백을 하고 있다. 분명히 예수께서 십자가 사역을 마치시고 승천하신 후, 오순절에 처음 보혜사 성령의 역사가 있었다. 그런데 다윗은 어떻게 성신이 함께 하는 존재가 될 수 있었는가?

여기서 성신이라는 말을 다른 말로 하면 네 생물이 가르쳐주었다는 뜻이다. 그 비밀도 작은 책에 들어있는 비밀이다. 작은 책 안에 있는 비밀을 성신이 다윗에게 가르쳐주신 것이다.

> 겔 37:24-25 내 종 다윗이 그들의 왕이 되리니 그들에게 다 한 목자가 있을 것이라 그들이 내 규례를 준행하고 내 율례를 지켜 행하며 내가 내 종 야곱에게 준 땅 곧 그 열조가 거하던 땅에 그들이 거하되 그들과 그 자자 손손이 영원히 거기 거할 것이요 내 종 다윗이 영원히 그 왕이 되리라

이처럼 구약 마당에 등장했던 다윗이지만 성경에는 다윗에게 확실한 은혜를 주시고(사 55:3), 다윗을 영원한 왕으로 삼겠다는 언약을 세우신 하나님의 뜻이 분명하게 드러나 있다(겔 34:23-24, 37:24-25).

엘리야

> 왕상 17:15-16 저가 가서 엘리야의 말대로 하였더니 저와 엘리야와 식구가 여러 날 먹었으나 여호와께서 엘리야로 하신 말씀 같이 통의 가루가 다하지 아니하고 병의 기름이 없어지지 아니하니라

사렙다 과부가 먹고 죽을 마지막 양식을 하나님의 사람에게 드리라는 엘리야의 말씀에 순종함으로 통에 가루가 없어지지 않고, 병에 기름이 마르지 않는 결과를 이루었다. 그런 기사이적을 체험한 사렙다 과부도 세월이 흐르다 보니 처음의 믿음이 세속적인 믿음으로 변질됨으로 하나님께서 그의 독자를 죽이신 것이다.

> 왕상 17:19-22 엘리야가 저에게 그 아들을 달라 하여 그를 그 여인의 품에서 취하여 안고 자기의 거처하는 다락에 올라가서 자기 침상에 누이고 여호와께 부르짖어 가로되 나의 하나님 여호와여 주께서 또 내가 우거하는 집 과부에게 재앙을 내리사 그 아들로 죽게 하셨나이까 하고 그 아이 위에 몸을 세 번 펴서 엎드리고 여호와께 부르짖어 가로되 나의 하나님 여호와여 원컨대 이 아이의 혼으로 그 몸에 돌아오게 하옵소서 하니 여호와께서 엘리야의 소리를 들으시므로 그 아이의 혼이 몸으로 돌아오고 살아난지라

엘리야가 사렙다 과부의 아들을 위하여 기도함으로 그의 혼이 그 몸에 돌아와 살아났다. 그러자 사렙다 과부가 "내가 이제야 당신은 하나님의 사람이시요 당신의 입에 있는 여호와의 말씀이 진실한줄 아노라"(왕상 17:24)는 고백을 하였다.

"내가 이제야 당신은 하나님의 사람이시요"라는 말은 하나님의 사람을 세상 남자로 바라본 죄에 대한 뜨거운 회개의 고백이며, 아울러 "지금부터는 당신이 죽으라면 기꺼이 죽겠습니다"라는 신앙 고백이기도 하다.

하나님이 작은 책을 통하여 시험하시는 목적은 무엇인가? 사렙다 과부와 같은 신앙 고백의 사람을 만들기 위해서 시험하시고 연단하시고 훈련하시는 것이다.

엘리사

> 왕하 4:16-20 엘리사가 가로되 돐이 되면 네가 아들을 안으리라 여인이 가로되 아니로소이다 내 주 하나님의 사람이여 당신의 계집종을 속이지 마옵소서 하니라 여인이 과연 잉태하여 돐이 돌아오대 엘리사의 말한 대로 아들을 낳았더라 그 아이가 저으기 자라매 하루는 곡식 베는 자에게 나가서 그 아비에게 이르렀더니 그 아비에게 이르되 내 머리야 내 머리야 하는지라 그 아비가 사환에게 명하여 그 어미에게로 데려가라 하매 곧 어미에게로 데려갔더니 낮까지 어미의 무릎에 앉았다가 죽은지라

엘리사가 갈멜산으로 기도하러 다닐 때 길목에 사는 수넴 여인이 하나님의 사람을 위해 방을 마련하고 주도면밀하게 배려해 주었다. 그러자 엘리사가 수넴 여인에게 보답하는 의미로 "돐이 되면 네가 아들을 안으리라"고 했다. 그 때 마리아처럼 "주의 계집종이오니 말씀대로 내게 이루어지이다"(눅 1:38)라고 했으면 얼마나 좋았겠는가? 그러나 수넴 여인은 "내 주 하나님의 사람이여 당신의 계집종을 속이지 마옵소서"라고 했다.

왕하 4:35-37 엘리사가 내려서 집 안에서 한 번 이리 저리 다니고 다시 아이 위에 올라 엎드리니 아이가 일곱 번 재채기 하고 눈을 뜨는지라 엘리사가 게하시를 불러서 저 수넴 여인을 불러오라 하니 곧 부르매 여인이 들어가니 엘리사가 가로되 네 아들을 취하라 여인이 들어가서 엘리사의 발 앞에서 땅에 엎드려 절하고 아들을 안고 나가니라

그 결과 수넴 여인의 아들이 받을 축복을 마귀에게 빼앗긴 것이다. 그 축복을 회복하려면 그 아들의 생명을 내주어야 한다. 그래서 수넴 여인의 아들이 죽었다. 수넴 여인이 하나님의 사람의 말을 세상 소리로 듣고 농담으로 여긴 결과였다.

여호와께서 아브라함에게 "네 아내 사라에게 아들이 있으리라"(창 18:10)고 하셨을 때 사라가 그 말을 듣고 농담으로 여겨 웃음으로(창 18:12), 마귀에게 빼앗긴 이삭의 축복을 다시 찾아오고자 이삭을 번제로 바치라(창 22:2)고 하신 것과 같은 사건이다.

말씀이 나온 이상 그 말씀은 이루어지게 되어 있다. 그래서 수넴 여인이 아들을 낳기는 했지만, 그 아들의 영광을 마귀에게 빼앗기고 말았다. 그러니 빼앗긴 그 영광을 다시 찾아와야만 한다. 수넴 여인의 아들이 죽고 엘리사가 죽은 그 아들을 다시 살려준 것이 빼앗긴 영광을 되찾아오는 과정이다. 성경에 표면적인 기록은 없지만 수넴 여인 역시 사렙다 과부처럼 "내가 이제야 당신이 하나님의 사람인 줄 믿습니다"라는 고백을 하지 않았겠는가?

마 22:37 예수께서 가라사대 네 마음을 다하고 목숨을 다하고 뜻을 다하여 주 너의 하나님을 사랑하라 하셨으니

"마음과 목숨과 뜻을 다하여 하나님을 사랑하라"는 말씀은 하나님의 뜻이 목숨보다 중요하다는 것이다. 누가 하나님의 뜻을 목숨보다 더 귀중하게 생각할 수 있겠는가? 사렙다 과부와 같은 사람, 수넴 여인 같은 사람들이 자신의 목숨보다 하나님의 뜻을, 하나님의 사람을 더 귀중하게 여길 수 있는 믿음의 사람들이다.

렘 31:31-34 나 여호와가 말하노라 보라 날이 이르리니 내가 이스라엘 집과 유다 집에 새 언약을 세우리라 나 여호와가 말하노라 이 언약은 내가 그들의 열조의 손을 잡고 애굽 땅에서 인도하여 내던 날에 세운 것과 같지 아니할 것은 내가 그들의 남편이 되었어도 그들이 내 언약을 파하였음이니라 나 여호와가 말하노라 그러나 그 날 후에 내가 이스라엘 집에 세울 언약은 이러하니 곧 내가 나의 법을 그들의 속에 두며 그 마음에 기록하여 나는 그들의 하나님이 되고 그들은 내 백성이 될 것이라 그들이 다시는 각기 이웃과 형제를 가리켜 이르기를 너는 여호와를 알라 하지 아니하리니 이는 작은 자로부터 큰 자까지 다 나를 앎이니라 내가 그들의 죄악을 사하고 다시는 그 죄를 기억지 아니하리라 여호와의 말이니라

새 언약의 말씀은 누구에게나 주어지는 축복이 아니다. 천국의 비밀을 허락받은 자들에게만 주어지는 축복이다. 작은 책을 통해서 주시는 언약의 말씀이 새 언약의 축복이다. 사렙다 과부, 수넴 여인처럼 자신의 목숨까지 기꺼이 감사와 기쁨으로 바칠 수 있는 것은 그들이 작은 책의 말씀으로 새 언약을 받았기 때문이다.

> 요일 2:27 너희는 주께 받은바 기름 부음이 너희 안에 거하나니 아무도 너희를 가르칠 필요가 없고 오직 그의 기름 부음이 모든 것을 너희에게 가르치며 또 참되고 거짓이 없으니 너희를 가르치신 그대로 주 안에 거하라

하나님의 기름이 모든 것을 알게 해 주시고, 역사하시고, 인도하시고, 책임져 주시기 때문에, 기름부음을 받은 사람은 누구에게 가르침을 받을 필요가 없다. 마찬가지다. 작은 책의 말씀을 먹은 사람, 또 그로부터 작은 책의 말씀을 받은 사람은 그들의 영혼의 그릇에 말씀이 담겨있기에 그 말씀이 때에 맞게 다 역사해주시고 인도해주시는 것이다. 그들은 타의에 의해서 지배를 당하는 대상들이 아니다.

> 마 13:11-12 대답하여 가라사대 천국의 비밀을 아는 것이 너희에게는 허락되었으나 저희에게는 아니되었나니 무릇 있는 자는 받아 넉넉하게 되되 무릇 없는 자는 그 있는 것도 빼앗기리라

천국의 비밀을 아는 것이 허락된 자가 있는 것처럼, 새 언약의 축복과 작은 책의 말씀도 아무나 받을 수 있는 것이 아니라 허락받은 자가 있다는 것이다.

이처럼 작은 책의 역사는 재림 마당에서만 이루어지는 것이 아니라, 아벨 때로부터 시작된 것이다. 아벨, 아브라함, 다윗, 엘리야, 엘리사 등을 통해 작은 책의 역사가 점철되어 온 것은 작은 책을 통해서만 의의 열매를 맺을 수 있기 때문이다. 작은 책의 말

씀을 통과해야 하기에 하나님께서 그들을 그 기준에 맞게 시험하시고 훈련하시고 연단하신 것이다.

하나님은 인자를 통해서 하늘나라의 역사를 이루시는 분이다. 따라서 작은 책은 사람, 인자를 가리키는 것이다.

인자의 입장에서 어떻게 하늘나라의 역사를 이루시는가?

> 전 3:15 이제 있는 것이 옛적에 있었고 장래에 있을 것도 옛적에 있었나니 하나님은 이미 지난 것을 다시 찾으시느니라

하나님은 옛 것을 다시 찾아 회복하신다. 하늘 아래는 새 것이 없다는 말씀처럼 하나님이 새 일을 하신다고 선언하신 그 새 일조차도 사실은 처음 하시는 일이 아니다. 이미 아담 이후로 6천년에 이르는 오늘에 이르기까지 하나님이 이루시고자 하셨던 그 목적, 연대에 다함이 없는 하늘나라의 역사를 중단하지 아니하시고 머무르지 않으시고 결단코 이루신다는 것을 알게 된다.

그렇기 때문에 성경의 첫 시작이 되는 창세기에는 아브라함의 한 가정의 역사가 3분의 2이상의 분량을 차지하고 있다는 것을 깊이 생각해야 한다. 창세기의 1장부터 50장 중에 창조에 관한 내용은 1장부터 5장까지 기록되어 있다. 그리고 11장 후반부부터는 아브라함이라는 한 가정을 통해 역사하신 내용이다.

표면적으로 생각하면 하나님이 창조하신 창조의 세계의 영광과 비밀이 더 크지, 어떻게 아브라함 한 가정의 의미가 더 크냐고

반문할 수 있다. 그러나 이면적으로 보면 하나님이 창조하신 창조의 비밀보다 아브라함 한 가정의 비밀이 더 비중이 크고 중요하다는 것이다. 그 이유는 하나님의 창조 목적과 근본, 창조세계를 통해 이루시고자 하는 창조원리의 모든 비밀이 아브라함 한 가정의 역사 안에 다 감추어져 있기 때문이다.

"일이 끝이 시작보다 낫다"(전 7:8)는 말씀처럼 하나님은 시작할 때 이루지 못한 잘못된 인류구속사의 세계를 마지막 때에 가서 완전하게 이루신다는 것이다. 그렇기 때문에 세 번째 인류의 시조로 구속사역을 시작한 아브라함 가(家)에 감추어진 비밀의 세계를 알지 못하면 끝을 이루시는 마지막 하늘나라의 역사도 알지 못한다.

> 출 6:3 내가 아브라함과 이삭과 야곱에게 전능의 하나님으로 나타났으나 나의 이름을 여호와로는 그들에게 알리지 아니하였고

하나님은 아브라함·이삭·야곱에게는 여호와라는 이름을 가르쳐주지 않고 전능하신 하나님이라는 이름을 가르쳐주셨다.

그 말씀의 의미 속에는 이런 뜻이 있다. 아브라함·이삭·야곱은 하나님의 약속의 자녀들, 장자들이기 때문에 그들에게 가르쳐준 하나님의 이름은 종들에게 가르쳐준 여호와라는 이름이 아니라, 멜기세덱이라는 이름으로 가르쳐주셨다는 것이다. 그렇기 때문에 창세기 14장에서 최초로 멜기세덱이 아브라함에게 나타나서 떡과 포도주로 축복해주신 것이다.

하나님께서 아브라함·이삭·야곱·요셉을 통해서 시작하신 구속사의 세계가 재림 가당에서 '이 땅의 주 앞에 선 두 감람나무·두

촛대'라는 영적 역사, 즉 하늘나라의 역사로 마쳐진다고 말할 수 있는 것이다.

성경을 볼 때 멜기세덱과 여호와 하나님이 인자로서 아브라함에게 역사하시고, 이어서 이삭과 야곱과 요셉을 통해서 끊임없이 역사하시는 모습을 보게 된다. 그것은 추상적이고 관념적인 입장에서 환상과 계시로 등장하시는 하나님과 사람의 관계가 아니다. 아브라함 가(家)를 통해 역사하신 말씀의 세계는 분명히 인자 대 인자의 역사로 점철되어 진행되고 있다. 창세기 14장에 등장한 멜기세덱도 인자로서 아브라함에게 떡과 포도주로 축복하였고, 창세기 18장에 등장한 여호와 하나님도 아브라함의 집에 찾아와서 붉은 암송아지와 무교병으로 대접을 받으며 함께 먹고 마시는, 인자 대 인자로서 역사하는 모습이 역력하게 기록되어 있다(창 18:1-8).

마찬가지로, 마지막 재림 마당에서도 하나님의 사람이 이 땅에 살고 있는 사람들과 똑같이 인간 사회 속에서 가정을 이루며 평범하게 생활하는 가운데 하늘의 일을 하는 것이다. 인간들의 육의 눈으로는 보이지 않지만 하나님의 사람들, 약속의 자녀들이 육신의 혈통을 따라 난 자들과 이 땅에서 함께 동거하며 살고 있는 것이다. 인간적인 잣대로 보면 동일한 삶이라고 생각할 수 있지만, 약속의 자녀들과 육신의 자녀들의 삶은 하늘과 땅 차이다.

마지막 재림 마당에서 이루어지는 하늘의 역사의 세계가 어떤 사람들을 통해서 어떻게 이루어지는지 알려면 구속사의 첫 마당의 역사를 분명하게 알아야 한다. 구속사의 첫 마당에서 이루어진 그들의 역사와 동일한 역사로 구속사의 마지막을 이루시기 때문이다. 분명히 멜기세덱과 여호와 하나님이 인자로서 아브라함·이삭·야곱·요셉, 산 자의 4대를 통한 구속사를 행하였다.

"인자가 아버지의 영광으로 올 때 거룩한 천사들과 함께 오리라"(마 16:27, 25:31, 막 8:38, 눅 9:26)는 말씀처럼 재림 마당에서도 '아버지의 영광으로' 오신 인자와 함께 거룩한 천사들이 이 땅에 사람으로 와서 사람들의 삶의 중심에서 거룩한 하늘의 역사를 실제적으로 이루고 있다. 그런데 아무도 그 사실을 모른다는 것이다.

그것을 가리켜 "주의 날이 도적같이 오리라"(살전 5:2, 벧후 3:10, 계 16:15)고 한 것이다. 도적같이 오신다는 것은 아무도 모르게 홀연히 오시겠다는 것이다(살전 5:3). 예수님은 보이지 않는 하나님이 사람으로 오신 분이다. 그는 하나님의 영광의 광채이시며(고후 4:4, 히 1:3), 본체이신(빌 2:6, 히 1:3) 분으로 우주만물을 창조하신 분이다(요 1:3). 우주만물을 창조하신 분이 여인의 태를 통해서 이 땅에 오신 것처럼 마지막 때도 차원과 영광은 다르지만 하나님의 사람들이 실제로 이 땅에 사람으로 와서 마지막 하늘나라 역사의 장(場)을 이루고 있는 것이다.

3. 인자의 입장에서 작은 책은 누구라고 할 수 있는가?

> 요 5:39 너희가 성경에서 영생을 얻는 줄 생각하고 성경을 상고하거니와 이 성경이 곧 내게 대하여 증거하는 것이로다

영생을 얻기 위해 상고하는 성경이 곧 예수님을 증거한 것이라고 하셨다. 성경책이 예수님이고, 예수님이 성경책이라고 말할 수 있다.

그렇다면 하나님 오른손에 있는 책은 인자의 입장에서 누구라고 말할 수 있는가?

> 레 19:23-25 너희가 그 땅에 들어가 각종 과목을 심거든 그 열매는 아직 할례 받지 못한 것으로 여기되 곧 삼 년 동안 너희는 그것을 할례 받지 못한 것으로 여겨 먹지 말 것이요 제 사 년에는 그 모든 과실이 거룩하니 여호와께 드려 찬송할 것이며 제 오 년에는 그 열매를 먹을찌니 그리하면 너희에게 그 소산이 풍성하리라 나는 너희 하나님 여호와니라

첫 해부터 3년째까지 맺히는 열매는 할례받지 못한 것이니 먹지 말고, 4년째 맺히는 열매는 하나님께 드리라고 했다. 4대째 맺히는 열매가 누구인가? 아브라함·이삭·야곱, 산 자의 3대를 통해 4대째 맺히는 열매는 이스라엘의 영적 장자인 요셉이다. 요셉이 산 자의 첫 열매로서 하나님께 바쳐진 존재라면, 인자의 입장에서 하나님 오른손에 있던 책은 요셉이라고 말할 수 있지 않겠는가?

요셉이 세겜 땅에 묻힘으로 표면적으로는 횃불언약이 692년 만에 완성되었다. 그러나 아직 횃불언약의 영광을 받지는 못했다. 예수님이 사망 권세를 깨시고 부활의 능력으로 비로소 하나님의 아들로 인정받으신 것처럼(롬 1:4), 요셉이 죽었다 3일 반 만에 살아나 산 자의 영광을 받을 때, 비로소 횃불언약의 영광이 완성되는 것이다. 그가 철장 권세를 가진 아이로 탄생하여 하늘 보좌로 올라가 하늘의 전쟁을 통해 붉은 용을 내쫓는 역사를 하기 위해 재림 마당에 '이 땅의 주 앞에 선 두 감람나무'(계 11:4)로 등장하는 것이다. 하나님께 바쳐진 4대의 열매인 요셉이 바로 작은 책의 주인공이다.

이 모든 내용이 작은 책 속에 들어있는 말씀이다. 그렇기 때문에 작은 책은 주고받은 자만이 알 수 있는 말씀이다(계 2:17). 책을 먹은 사람과 그 달씀을 듣는 사람과의 관계에서 이루어질 수 있는 은총의 내용이다.

작은 책을 받을 수 있는 사람들은 어떤 사람들인가?

계 7:9-14 이 일 후에 내가 보니 각 나라와 족속과 백성과 방언에서 아무라도 능히 셀 수 없는 큰 무리가 흰옷을 입고 손에 종려 가지를 들고 보좌 앞과 어린 양 앞에 서서 큰 소리로 외쳐 가로되 구원하심이 보좌에 앉으신 우리 하나님과 어린 양에게 있도다 하니 모든 천사가 보좌와 장로들과 네 생물의 주위에 섰다가 보좌 앞에 엎드려 얼굴을 대고 하나님께 경배하여 가로되 아멘 찬송과 영광과 지혜와 감사와 존귀와 능력과 힘이 우리 하나님께 세세토록 있을 찌로다 아멘 하더라 장로 중에 하나가 응답하여 내게 이르되 이 흰옷 입은 자들이 누구며 또 어디서 왔느뇨 내가 가로되 내 주여 당신이 알리이다 하니 그가 나더러 이르되 이는 큰 환난에서 나오는 자들인데 어린 양의 피에 그 옷을 씻어 희게 하였느니라

어린 양의 피로써 흰옷을 입고 어린 양의 보좌에 함께 한 자들이 작은 책의 말씀을 받은 사람들이다. 그들이 손에 들고 있는 종려나무 가지는 의의 나무를 상징한다. 그들은 이스라엘의 12지파에서 인침을 받은 144,000명과는 구별된 사람들이다. 그들은 많은 사람들에게 영원한 생명과 평안과 영생을 줄 수 있는 다시복음을 전하는 사람들이다.

시 68:11 주께서 말씀을 주시니 소식을 공포하는 여자가 큰 무리라

사 52:7 좋은 소식을 가져오며 평화를 공포하며 복된 좋은 소식을 가져오며 구원을 공포하며 시온을 향하여 이르기를 네 하나님이 통치하신다 하는 자의 산을 넘는 발이 어찌 그리 아름다운고

"복되고 좋은 평화의 소식을 가져오는 그들의 발이 어찌 그리 아름다운고"라고 하셨다. 그들이 많은 백성과 나라와 방언과 임금에게 작은 책을 전파하는 사람들이다(계 10:11).
그들이 "인자가 아버지의 영광으로 올 때 거룩한 천사들과 함께 오리라"(마 16:27, 마 25:31, 막 8:38, 눅 9:26)고 하신 거룩한 천사들이다. 그들은 이 땅에 처음 온 존재가 아니다. 하늘에서

아버지와 함께 하던 자들인데 구속사역을 이루기 위해서 이 땅에 두 번째, 혹은 세 번째 오는 자들이다. 왜냐하면 그들도 이 땅에 와서 이기는 자로서 영광을 받아야 하기 때문이다.

> 계 10:10 내가 천사의 손에서 작은 책을 갖다 먹어버리니 내 입에는 꿀 같이 다나 먹은 후에 내 배에서는 쓰게 되더라

작은 책은 입에는 다나 배에는 쓴 말씀이다. 작은 책은 새로운 말씀이기에 입에는 달지만, 소화시키는 과정은 만만치 않다. 작은 책의 말씀은 과거의 말씀과는 전혀 다르게 구별되는 말씀이다. 따라서 기존의 고정관념을 가지고는 작은 책의 말씀을 소화하지 못한다.

예수께서 "내 말이 너희 안에 거할 곳이 없다"(요 8:37), "새 술은 새 부대에 담아야 한다"(마 9:17, 막 2:22, 눅 5:38)고 하셨다. 새 말씀으로 새 언약을 받으려면 기존의 옛 것을 버려야 한다. 사도 바울도 예수복음을 영접한 후에는 기존에 가지고 있던 율법을 배설물처럼 버렸다고 고백하고 있다(빌 3:8). 율법을 전 남편으로 비유하여 "만일 그 남편 생전에 다른 남자에게 가면 음부라"(롬 7:3)고 하면서 예수님을 영접하려면 기존의 고정관념, 율법을 버려야 한다고 강조하고 있다.

하나님께서 인류 구속사역을 위해 정하신 70이레 중에서 69이레가 이루어지고 한 이레만 남았다. 그 한 이레를 통해서 역사하는 말씀이 작은 책이다. 그 작은 책의 말씀은 산 자의 말씀이다. 작은 책의 말씀은 죽는 자들을 구원하는 복음이 아니다. 죽어서

천당에 가는 복음이 아니다. 그렇기 때문에 목사, 신부, 총회장이라 할지라도 작은 책의 말씀을 받지 못하면 첫째 부활, 의인의 부활에 들어갈 수 없다. 그 말씀 앞에는 어느 누구도 열외가 없다.

노아, 다니엘, 욥, 세 의인이 세 가족 중에서 한 사람을 놓고 기근, 짐승, 칼, 온역에서 구원해달라고 네 번 간구할 때 하나님께서 다 거절하셨다(겔 14:13-20). 누구든 자기의 의로써만 구원을 받는다고 하신 구원은 첫째 부활, 의인의 부활로 받는 구원을 말한다.

> 마 13:47-50 또 천국은 마치 바다에 치고 각종 물고기를 모는 그물과 같으니 그물에 가득하매 물 가로 끌어내고 앉아서 좋은 것은 그릇에 담고 못된 것은 내어 버리느니라 세상 끝에도 이러하리라 천사들이 와서 의인 중에서 악인을 갈라내어 풀무 불에 던져 넣으리니 거기서 울며 이를 갊이 있으리라

예수께서 천국에 대해 말씀하신 일곱 가지 비유 중 마지막 말씀이다. 재림 마당의 심판은 의인과 악인을 구별하는 것이 아니다. 의인 중에서 악인을 골라내는 심판이다. 의인 중에 있는 의인이란 성별된 성도를 말하고, 의인 중에 섞여 있는 악인이란 일반적인 성도를 말한다. 한 마디로 말하면 작은 책을 받지 않고 하나님을 믿는다는 자들을 골라내기 위해서 성전 안을 척량하는 것이다. 성전 밖 마당은 이미 어둠의 권세에 넘어간 자들이기에 척량의 대상이 아니다.

마지막 때는 교회만 다닌다고 구원받는 때가 아니다. 작은 책을 받지 못한 자들은 산 자의 말씀을 경험하지 못한 자들이다. 그러기에 창세 이후 전무후무한 환난이 오면 성도의 권세는 다 깨어

지게 되어 있다(단 12:7). 붉은 용이 한 번 꼬리를 휘두르면 하늘의 별 3분의 1이 떨어진다고 했다(계 12:4). 하늘의 별과 같은 성도의 차원에 머물러 있으면 붉은 용, 바다의 짐승, 땅의 새끼 양으로 구성된 666과 싸워 이길 수가 없다.

작은 책을 통해서만 노아가 받은 완전한 은혜를 받을 수 있고, 완전한 지혜를 얻을 수 있고, 성별된 성도로서 666과 싸워 이길 수 있다. 오직 작은 책의 말씀을 영접하여야만 첫째 부활, 의인의 부활에 들어갈 수 있는 성별된 성도가 되는 것이다.

그런 하늘의 보화가 담긴 책이기에 은밀한 가운데 역사하다가 마지막 때에 가서야 공개하는 것이다.

왜 지금까지 신학자들, 주석학자들이 작은 책의 내용을 공개하지 못하고 있는가? 왜 작은 책의 역사가 중간계시, 다시복음으로서 재림 마당에서 이루어질 한 이레의 역사이며, 횃불언약의 성취라고 소개하지 못하는가?

그 이유는 보좌에 계신 하나님의 오른손에 있는 책은 어느 누구도 펴거나 보거나 읽을 자가 없기 때문이다. 일곱 인으로 봉한 책이기에 하나님께서 직접 주신 자 외에는 아무도 그 비밀을 알지 못하기 때문이다. 필자는 지금까지 공개되지 못한 그 비밀을 지금 이 책을 통해 공개하고 있는 것이다.

"이것을 비사로 너희에게 일렀거니와 때가 이르면 다시 비사로 너희에게 이르지 않고 아버지에 대한 것을 밝히 이르리라"(요 16:25)고 하셨다. 일곱 인으로 봉한 것은 영원히 감추기 위해서가 아니다. 때가 되면 천국의 비밀을 허락받은 자들에게 밝히 이르기 위해서 고이 간직해두신 것이다.

물론 이 말씀이 인정을 받고 환영받게 될지, 돌팔매를 받게 될지는 필자도 알지 못한다. 새로운 문을 여는 사람, 새 말씀을 하는 사람은 항상 도전을 받게 되어 있다. 예수님도 유대인과 제사장에 의해서 '바알세불 지핀 자'라고 하여 정죄를 받았고(마 12:24, 막 3:22, 눅 11:15), 사도 바울도 '이단의 괴수'라고 하여 정죄를 받았다(행 24:5). 하물며 작은 책의 말씀이 어둠이 짙어가는 오늘날 기득권의 세력 앞에서 어떤 취급을 받을지 알 수 없다.

> 계 10:11 저가 내게 말하기를 네가 많은 백성과 나라와 방언과 임금에게 다시 예언하여야 하리라 하더라

그러나 하나님께서는 많은 백성과 나라와 방언과 임금들에게 작은 책의 말씀을 다시 전하라고 하셨다. 작은 책을 먹은 자는 전해야 할 책임이 따르는 것이다. 필자가 사도 요한은 아니지만 작은 책의 말씀을 주신 분으로부터 전하라는 명령을 받았기에 이 책을 출간하는 것이다.

> 겔 2:5 그들은 패역한 족속이라 듣든지 아니 듣든지 그들 가운데 선지자 있은 줄은 알찌니라

> 겔 33:33 그 말이 응하리니 응할 때에는 그들이 한 선지자가 자기 가운데 있었던 줄을 알리라

그들이 믿든지 아니 믿든지 이 땅에 다시복음을 전하는 선지자가 있었다는 흔적을 남기기 위해서 열심히 책을 출간하고, 세미나를 개최하는 것이다.

작은 책의 말씀은 하늘이 인류에게 베푸시는 마지막 자비와 긍휼의 말씀이다. 이 말씀이 생명록에 기록될 수 있는 생명의 동아줄이라면 쉽게 판단해서야 되겠는가? 인간의 한정된 지식, 좁은 소견으로 어찌 영의 세계의 일을 판단할 수 있겠는가?

오직 살아 역사하시고 무소부재하신 전능하신 하나님께 기도한다면, 참 말씀을 찾고자 애쓰는 자녀들의 간절한 기도를 분명히 외면하지 않으시고 들어 응답해주실 것이다.

참고문헌

- 개역한글 성경
- 개역개정 성경
- 공동번역 성경
- 새번역 성경
- 현대인의 성경
- 쉬운 성경
- 성경주석, 박윤선 저, 영음사
- 옥스퍼드 원어성경사전, 제자원
- 한영 해설 성경, 대한기독교서회
- 라이프 성경사전, 가스펠서브 저, 생명의 말씀사
- 구속사 시리즈 제 1권 〈창세기의 족보〉, 제 2권 〈잊어버렸던 만남〉, 제 4권 〈언약의 등불〉, 박윤식 저, 휘선
- 호크마 종합주석, 강병도 편저, 기독지혜사
- 엣센스 국어사전, 민중서림
- 두산 백과사전
- 한국어대사전, 고려대학교 민족문화연구원
- 표준국어대사전, 두산동아
- 새국어사전, 동아출판사
- 전자용어사전, 성안당
- 비전 성구사전, 하용조 편찬, 두란노
- 성구대사전, 이성호 편저, 성서연구원
- 기독교 대백과사전, 기독교문사
- 라이프성경사전
- 재림교 성경주석
- 물은 답을 알고 있다-에머토 마사루 저, 나무 심는 사람
- 대박해와 밀라노칙령, 트레이더
- 유대전쟁사, 요세푸스 저, 생명의 말씀사
- 교회용어 사전

작은책
The Little Book

| 발 행 일 | 2019년 4월 11일 |

| 저　　자 | 조영래 |
| 발 행 인 | 최정옥 |

펴 낸 곳	도서출판 오색이슬
주　　소	27829 충북 진천군 진천읍 문화로 181-18
전　　화	043-537-2006
팩　　스	043-537-2050
블 로 그	blog.naver.com/osbooks

저자와의 협약 아래 인지는 생략되었습니다.
이 책은 저작권법에 의해 보호를 받는 저작물이므로 저작권자의 허락없이
이 책의 일부 또는 전체를 무단 복제, 전재, 발췌하면 저작권법에 의해 처벌을 받습니다.
저작권 등록번호: 제C-2019-010175호

| ISBN | 979-11-959397-7-0 |
| 값 | 20,000원 |